鉄道
廃線跡
を歩くVII

鉄道廃線跡を歩くVII……目次

大扉(鹿児島本線旧線・仮塚峠)

廃線探訪

北陸本線の旧線跡

宮脇俊三

北陸本線は、鉄道黎明期から日本海側の鉄道としては最も重要な路線であった。江戸時代は京・大阪、西国と北国とを結ぶ北前船《きたまえぶね》が盛んに往来し、敦賀・三国《みくに》をはじめとする港町が殷賑を極めていた地域だけに、明治期でも物流の幹線として重要視されたのだろう。早い時期に鉄道が着工されている。

明治一七年に長浜―金《かね》ヶ崎《さき》(のちの敦賀港)間が開通したのを皮切りに、富山までは明治三二年、大正二年には直江津まで全通したのだが、これは異常な早さといってよい。

しかもそのルートたるや、非常に鉄道を敷設しにくい地形で、いくつもの峠越えを克服しなければならなかった。また、親不知《おやしらず》などの断崖絶壁もあった。それらは大変な難工事であったにちがいない。豪雪地帯でもある。

開通した北陸本線は、当然ながら急勾配とトンネル、急曲線が多かった。補機をつけねばならぬ区間も三カ所あった。輸送量の増加に伴い、この旧態な北陸本線の改良が必須の課題になった。改良計画は戦前から検討され、一部は着工したのだが、戦争を挟んだこともあってなかなか実行でき

石積みの坑門が往時の面影を伝える柳ヶ瀬トンネル出口(刀根方)

ず、ようやく勾配・曲線の緩和や複線化・電化などの近代化に全面的に着手したのは、昭和三〇年のことだった。改良工事完了は四四年（１９６９）である。一三八七〇メートルの北陸トンネルをはじめ長大トンネルを何本も掘るなどして、これほどまでに在来線に大々的に手を入れて近代化した路線は、北陸本線が第一であろう。

ちなみに非電化時代の最後にあたる昭和三一年一二月号の時刻表を開いてみると、米原―富山間は急行で約五時間三〇分かかっていたが、改良後は特急で約二時間五〇分。近代化によってこれほど顕著な時間短縮が実現できた路線はほかに例がないだろう。もちろん、時間短縮のみならず、格段に輸送力の増大をみたことはいうまでもない。

廃線跡には二種類ある。ひとつは赤字のために全線を廃線にしてしまった路線、もうひとつは近代化を図った結果、路線変更をおこない旧線が見捨てられたもの、である。北陸本線の廃線区間は後者を代表する路線で、さまざまなハイライトが期待できるとっておきの廃線跡だ。今回は木ノ本―敦賀間の柳ヶ瀬峠、敦賀―今庄間の山中峠、牛《うし》ノ谷《や》峠のルート変更に、倶利伽羅《くりから》峠を加えて探訪することにした。

探訪する区間は、峻険な地形で、冬期は雪が深く、ただ通行するだけでも大変な難所であった。そのことは歴史的にも大きな意味をもち、南から攻める者も、北からの者も、非常に困難を極め、柳ヶ瀬峠周辺の賤ヶ岳や、木の芽峠、倶利伽羅峠など、この難所をめぐって幾多のドラマが展開された。

駅名標が残る中ノ郷駅ホーム跡

五月二七日（木）、午前一一時五〇分米原駅。大野雅弘さんの運転するレンタカーで国道8号を北へ向かう。まもなく左に石造りの旧長浜駅舎が見えてくる。明治一六年に建てられた、現存する日本最古の駅舎で、鉄道記念物に指定されている。その頃は東海道本線はまだ全線開通しておらず、この長浜駅が終点で、乗客は汽船に乗って琵琶湖を渡り、大津からふたたび汽車に乗り継いで京都、大阪に向かった。

刀根トンネルの要石

そのまま国道を北上し、浅井長政・朝倉義景の連合軍と織田信長軍とが激突し、川の水を赤く染めたという古戦場、姉川を渡る。右には長政の居城があった小谷山《おだにやま》が見えている。信長の妹、お市の方とその娘、茶々（淀君）たちが秀吉によって救出された戦国ドラマの舞台である。左には賤ヶ岳。秀吉と柴田勝家が戦った地で、加藤清正、福島正則など七本槍が勇名を馳せたことで名高い。

車は新線と旧線の分岐駅、木ノ本駅前に着いた。北国街道の宿場だった町で、屋根に袖壁の「うだつ」が乗っている古い家並みなどが残り、往時の雰囲気が色濃く漂っている。

木ノ本駅から新線に沿う廃線跡の道を三キロほど行くと、新線は左にカーブし、遠ざかっていく。この新線は昭和三二年に建設されたもので、西に向かって余呉湖《よごのうみ》の北を通り、余呉トンネルを抜けて湖西線と合し、さらに五一七〇メートルの深坂《ふかさか》トンネルを経て敦賀に向かっている。このルート変更によって施工基面の最高は二四六メートルから一四三メートルに下った。

車は分岐点から旧線跡が拡幅されて国道365号に転じた道をまっすぐ進む。まもなく中之郷《なかのごう》集落で、かつては急行も停車して補機をつけた中ノ郷駅のプラットホームが小さな公園になっていた。駅名標も傾いてはいたが、廃棄されずに残っていた。

明治14年に完成した小刀根トンネルは、最もよく原型をとどめている

両側の山が迫り、勾配が急になる。右から北陸自動車道が密着してくる。

柳ヶ瀬集落に入る。駅舎跡はバス停になっていたが、ホーム跡は面影をとどめていない。

柳ヶ瀬からは二五‰の急勾配が続く。人家は皆無になり、約二キロで雁《かり》ヶ谷《や》駅跡。ここが長浜—敦賀間のサミットである。バス停はあるが往時の痕跡はない。その先に柳ヶ瀬トンネルが見える。

柳ヶ瀬トンネルは明治一七年四月の竣工で、延長一三五二メートル。当時は日本最長のトンネルで、初めてダイナマイトを使用するなど、新技術を導入したことでも知られている。もちろん単線トンネルだが、口径が非常に狭い。建築限界ギリギリに掘削されたのだろう。

雁ヶ谷方からは二五‰の下り急勾配だが、敦賀方からは逆に上り一方で、蒸気機関車は懸命に石炭を焚いて力をふりしぼって上らなければならなかった。口径の小ささもあって、トンネル内は煙が充満し、機関士や乗客が失神することもしばしばで、「魔の柳ヶ瀬トンネル」と呼ばれたのであった。昭和三年には、貨物列車の乗務員が三名、窒息死するという痛ましい事故も起きている。その後、昭和八年、雁ヶ谷方坑口に安全のために垂れ幕式の排煙送風設備が設けられた。

昭和三二年に新線ができてから、旧線は一時ローカルの柳ヶ瀬線として生き延び、廃線後は国鉄バスが木ノ本—敦賀間を走っていた。私は昭和六〇年九月にこの国鉄バスに乗ったことがあり、「このトンネルは国鉄専用です。一般車の通行はできません」という立て札があったことや、バスがやっと通れるほどの狭さで、ちょっとハンドルを誤れば煉瓦の壁に接触しそうだったことなどを思い出す。

急勾配を上りきり柳ヶ瀬トンネルを出て雁ヶ谷に進入するD51上り列車。入口に幕が見える。昭和32年8月/写真：権田純朗

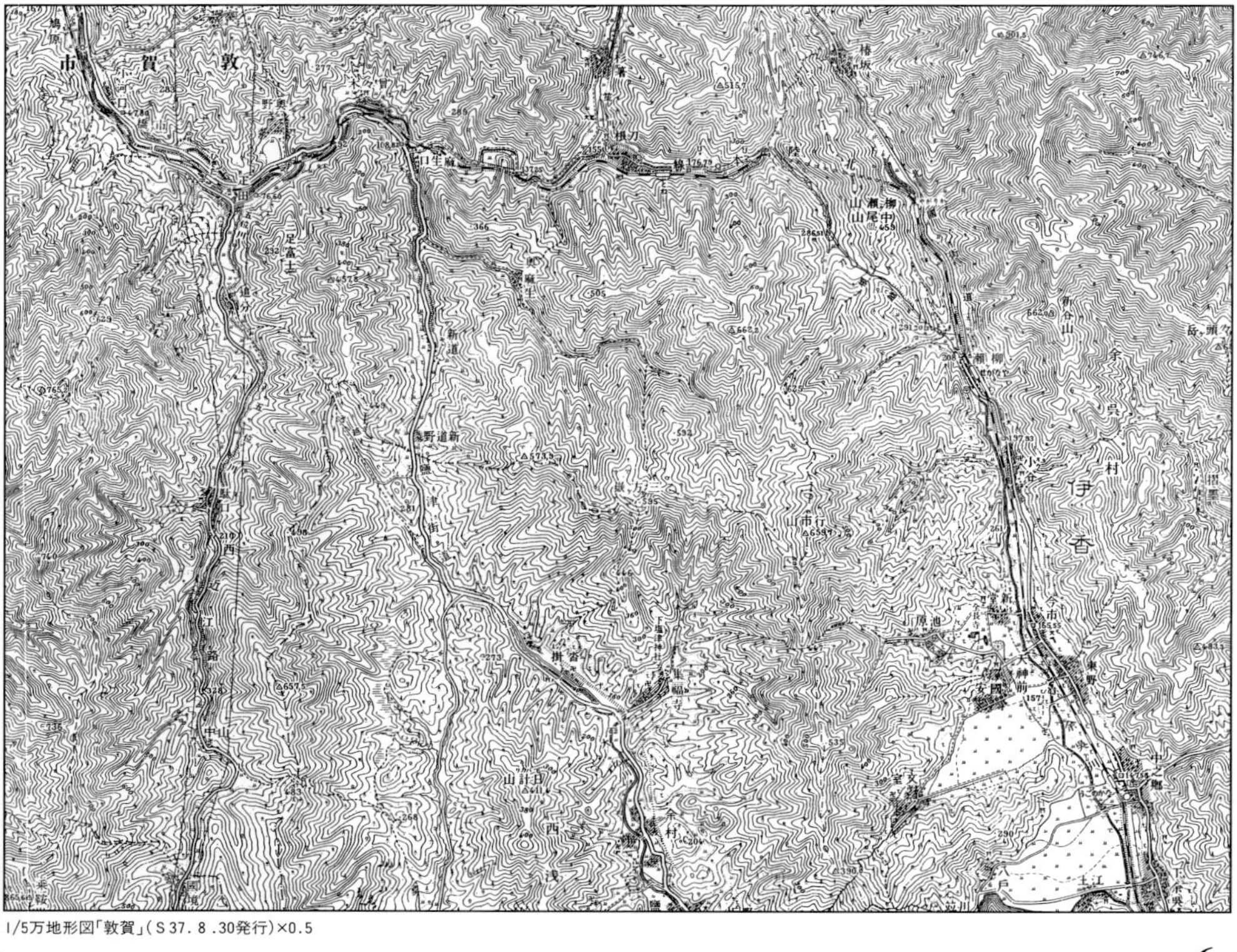

1/5万地形図「敦賀」（S37.8.30発行）×0.5

現在は国鉄バスは走っておらず、一般車のみが通行している。単線の跡なので一車線。入口には信号機があり、交互通行式だ。時計を見ていると、六分三〇秒間隔である。二、三台の乗用車が出てきて、青になるのを待って進入する。トンネル内はじめじめしており、いかにも陰気な気配。両側は煉瓦積みだが、補強のためセメントの吹きつけがなされている。保線係の待避用の窪みがところどころにあって、それが不気味な陰影をつくっていた。まさに陰々滅々というところである。

柳ヶ瀬トンネルの中央が滋賀県と福井県の県境で、トンネルを出たすぐ先にガーダー橋が残っていた。視界が開け、明るくなった。刀根《とね》駅跡である。が、けしからぬことに、北陸自動車道がすごい幅でどっかとあらわれ、上に覆いかぶさっている。鉄道なら複々線以上の幅がある。そして、考えてみるに、現代の象徴のような高速道路が旧北陸本線のルートを「借用」しているのは滑稽だ。トンネルに弱い自動車と明治時代の鉄道とが一致したのだろう。駅舎やホームの跡はほとんどパーキングと化していた。

明治一五年に停車場として開設されたのがこの刀根駅で、わずかに引き込み線の跡らしき道が認められる。それを、しげしげと眺める。嬉しかったのは、国道トンネルに拡幅改築されて消滅した刀根トンネルの入口の要石《かなめいし》(トンネルの表札)が刀根の集落の中に保存されていたことである。

刀根集落を過ぎ、しばらく行くと国道から少しはずれたところに、小刀根トンネルが見えてきた。ここは柳ヶ瀬トンネルから二・五キロ敦賀寄りの地点になるわけだが、このあたりはほとんど国道が旧線を侵食している。ただ小刀根トンネルの前後だけわずかにずれているためか、煉瓦積みのトンネルがきれいに、いい風情で残っていた。いかにも廃線跡のトンネルらしい雰囲気だ。要石には竣工年の明治一四年の文字が見てとれた。なんと一一八年前である。これは柳ヶ瀬トンネルより古いということである。

そのあたりの事情はこの区間の建設状況の進捗にかかわっている。

明治一三年四月　柳ヶ瀬トンネルの工事着工
明治一四年二月　敦賀金ケ崎—疋田《ひきだ》間仮開業
明治一四年十月　曽々木《そそぎ》、刀根、小刀根トンネル完成
明治一五年三月　敦賀金ケ崎—洞道《どうどう》口《ぐち》(柳ヶ瀬トンネル西口)、柳ヶ瀬—長浜間開業
明治一七年三月　柳ヶ瀬トンネル完成
明治一七年五月　敦賀金ケ崎—長浜間開業

つまり、柳ヶ瀬トンネル工事を進める一方、長浜方からと敦賀方から敷設工事を進行させており、柳ヶ瀬トンネル西口(敦賀方)まで開通させる過程で、工事列車を通すために曽々木、刀根、小刀根トンネルをいち早く完成させたという、いきさつである。それにしても明治一四年といえば、新橋—横浜間開通のわずか九年後。ここでも北陸本線の鉄道建設がいかに早く実行されたかがわかる。曽々木、刀根、小刀根トンネルは、北陸本線中最古のトンネルになるわけだが、当時のままの状態で現存するのは小刀根トンネルだけである。残そうと意図したわけではないと思われるが、国道から少し離れた地点にあったため、たまたまこのように完全な形をとどめることができたのだろう。幸いであった。

五七メートルのトンネル内を大野さんと歩いてみる。天井からは水が滴り落ち、路面はぬかるみ、ここもやはり不気味な空洞なのであった。

ふたたび廃線跡の国道8号を行く。しばらく走ると平地が開け、左上から新線が接近してくる。合流する手前が疋田駅跡である。ここは交通の要衝で、検問所があったりしたところだ。国道そのものが廃線跡だと思っていた私たちは、国道の道端にたたずんで、「このあたりにホームがあったのか、何もないですね」などと言い合い、なかば諦めながら、駅跡らしき面影を探した。

が、たまたま通りかかった地元のおじさんに訊ねてみると、予想と違っていた。国道から五〇メートルほど疋田の集落の中に入ったところに駅舎があったという。案内されて行ってみる

疋田駅跡には石積みのプラットホームと側溝が残っていた

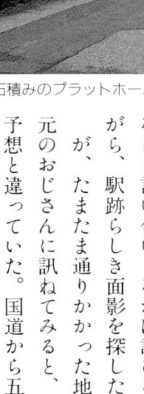

旧線跡の道が鳩原ループの米原方で現在線(下り線)に合流している

と、駅本屋側のプラットホームの石積みがはっきり残っているではないか。さらに上下線の線路と線路の間に溝を掘り、水を流していた側溝の痕跡も確認できる。これは雪を落とし入れて、とかし流すためのものである。

おじさんに案内されるままに駅跡から刀根方向に戻ってみると、細い線路跡の道に通じていた。その延長線上に笙《しょう》の川を斜めに渡っていた橋梁があったという。なるほど川の中に橋脚の土台が、さらに対岸には石積みの橋台も見つかった。いずれも教えてもらわなければ気がつかなかったろう。

おじさんに感謝して、車を進める。

疋田の先で左上から接近してきた新線の下り線と合流する地点にやってきた。新線と旧線との高低差がなくなり、なめらかに合流し、そこから先は旧線に接続している。なごやかな眺めで、旧線、新線ともによくやった、という感じである。これで木ノ本—敦賀の廃線跡探訪を終わる。ちなみに複線化にあたって建設された新線の上り線はここで下り線と交差し、鳩原《はとはら》ループで一回りして、山側を走っていた。その光景を確認して、一日目の行程を終え、敦賀に宿をとった。

五月二八日(金)、二日目は敦賀から山中峠を越え、今庄にいたる旧線跡の探訪である。

この区間は古来からの難所でとくに豪雪時は交通が困難だった。南北朝時代、足利尊氏と戦って敗れ、北国へ落ちのびようとした新田義貞の軍勢は、山中峠の東の木ノ芽峠で多数の凍死者を出している。また木ノ芽峠が京都の権力から北国を守ってくれたという意味で、これまた重要な山越えである。一世紀にわたって独立国を築いた加賀一

1/5万地形図「今庄」(S37.10.30)×0.5

向一揆衆も、木ノ芽峠などの天然の要害があったればこそであろう。

宿を発ってまず新旧路線の分岐点に行く。現在線に沿って進むと、まもなく現在線はまっすぐ北陸トンネルに入っていく。それを見送り、私たちは左に曲がり、旧線跡の国道476号を行く。

敦賀―今庄間、つまり現在北陸トンネルが貫いている区間は、明治二九年に開通した当時、急峻な木ノ芽峠を避け西側を迂回するルートを選んだのだが、それでも勾配がきつく、急カーブも多く、柳ヶ瀬や親不知とともに、北陸本線の難所であった。スイッチバックの駅や信号場が三カ所、トンネルは一二カ所にも及んだ(一一カ所が現存)。したがって、路線の近代化のためにはこの区間の大改造をやり遂げなければならなかったのである。改良案としては、現在線の複線化というおとなしいものをはじめ、さまざまな案が出された。敦賀を通らないなどという乱暴な案もあった。

結局、敦賀―今庄間をほぼ直線で結ぶ複線トンネルを掘るという思い切った案に決定したのであった。工事は昭和三二年に着手され、三七年に完成をみた。一三八七〇メートル、当時、日本最長のトンネルであった。

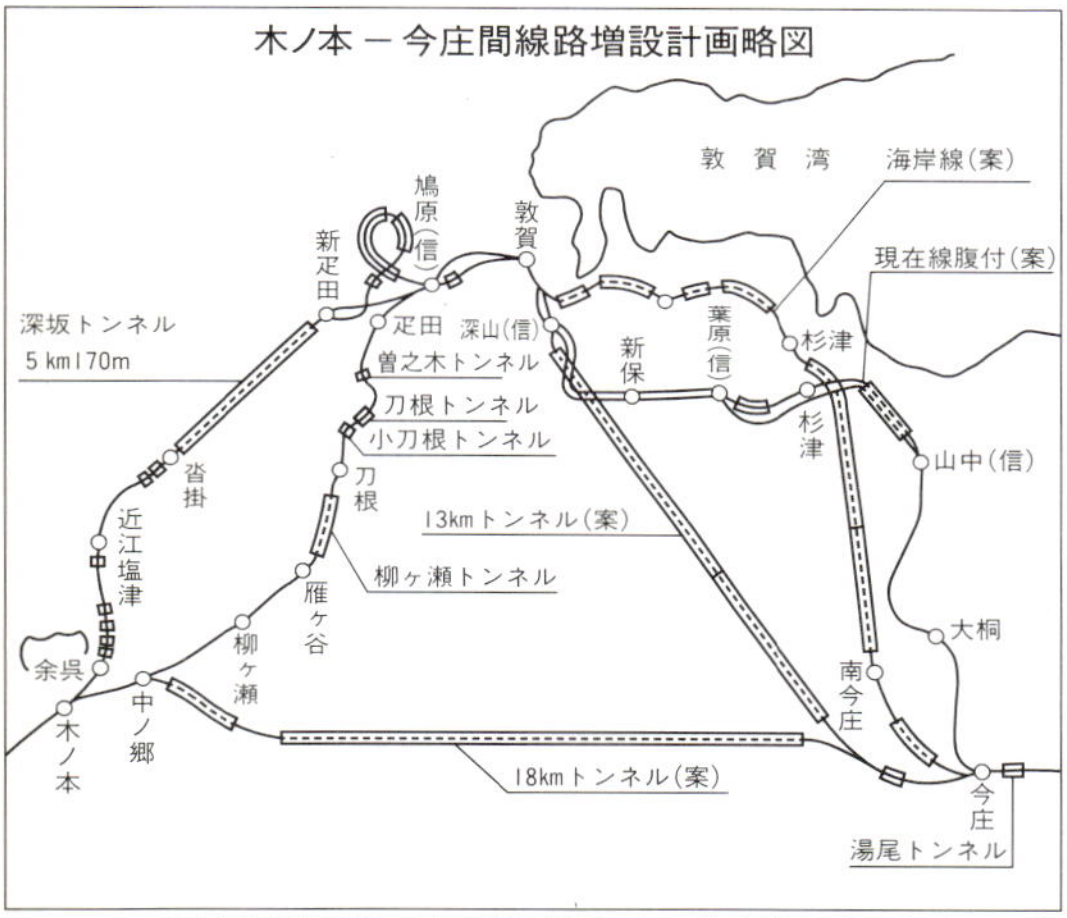

山中信号場の引き上げ線跡に残る、レールを組んだスノーシェッド

これによって最急勾配は二五‰から一二‰に緩和され、敦賀―今庄間の距離は七・二キロも短縮されたのであった。

私には北陸トンネルが開通する前のこの区間には特別の思い出がある。その頃、昭和三三年一一月のことである。幸田《こうだ》文《あや》さんが『婦人公論』に「男」というシリーズを連載していた。男らしい仕事の現場を見たいというのがテーマである。担当編集者だった私は「鉄道の機関士はいかがですか」と誘うと、大いに興味を示してくれた。女人禁制の職場だが、幸田さんなら、ということで許

新保駅跡に設けられたスイッチバックの構内配線図を記した記念碑

山中トンネルの左側に延びる折り返し線跡。奥のトンネルに続いている

可が出て北陸本線の敦賀―福井間のSLに乗っていただいた。いつも和服をきりりと着ている幸田さんはその日ももちろんその出で立ちで、着物の上に機関士の青い上っ張りを羽織って、運転帽をかぶり、なかなかのものだった。急勾配にかかり、トンネルの連続になると凄まじいまでに煙が運転席に入ってきた。首に巻いた濡れタオルを口に当てるのだが、そんなものでは防ぎようもない。私たちは運転席とテンダの間の狭い空間に立っていたのだが、そこはしきりに尻を振る場所で、乗り心地は最悪。それでも幸田さんはキャッキャッと言って喜んでくれたが、あれは機関士や助士や私に対するサービス心からだったのだろうと思う。そういう人だった。

D51の運転台に立つ幸田 文さん。昭和33年11月/写真提供:「婦人公論」

　こうしてこの区間を蒸気機関車で通ることの苦労ぶりを実感したわけだが、二五‰のトンネル内を上るというのは、こういうことなのだ、とその過酷さは今でも忘れられない。どの列車に乗ったかは覚えていないが、昭和三一年一二月号の時刻表によれば、敦賀発12時59分、福井着15時09分という各停列車がある。たぶんそのあたりの列車に乗ったと思われる。

　さて、大野さんの運転する車は木ノ芽川沿いに徐々に勾配を上げながら旧線跡をたどる。またしても北陸自動車道がまつわりついてくる。これは下り線で、上り線は別ルートなのだが、鉄道の廃線跡が高速道路の体質に合っているのだろう。目ざわりでしょうがない。樫曲《かしまがり》トンネル、獺河内《うそこうち》トンネルと煉瓦積みのトンネルが続く。右に大きくカーブすると、新保《しんぼ》駅跡だ。ここはスイッチバック駅で、駅跡の中心にはその様子が一目瞭然とわかる配線図が刻まれた記念石碑が立っている。どういう篤志家が立ててくれたのか、嬉しくなる。スイッチバックの跡は北陸自動車道に呑みこまれ、痕跡をとどめないが、駅舎の建っていたあたりだけが広い敷地のまま残っている。

　しばらく行くと、また山が迫ってきて、右から北陸自動車道が見えてくると葉原《はばら》の大カーブにさしかかる。葉原信号場を過ぎると、その先がすぐ葉原トンネルだ。長さ九七五メートルで、この区間に一一残るトンネルではこの先の山中トンネルの次に長い。内部でカーブしていて見通しが悪いため、入口には信号機が設置されている。これは北陸本線跡では柳ヶ瀬トンネルとここだけである。

　小さなトンネルをふたつ抜けると、杉津《すいづ》駅跡に着く。標高二〇〇メートルのここは左手に敦賀湾を見下ろす景勝地で、幸田さんと機関車に乗った時も敦賀湾のパノラマの素晴らしさに一息入れたことが思い出される。現在、杉津駅跡は北陸自動車道上り線のパーキングエリアになっている。またしても自動車道がわが廃線跡を侵略している。杉津からは短い石積坑門トンネルが五つ連続する。

　いよいよこの区間のハイライト、山中トンネルだ。古くから山中峠は難所として知られる。トンネルの延長は約一二〇〇メートルと長いが、一直線のため見通しはよく、信号機はつけられていない。暗

敦賀湾を望む旧線を行く上り貨物列車。DD50＋D51…D51。新保～杉津間。昭和37年5月17日／写真：権田純朗

杉津から山中トンネルにかけて、短いトンネルが連続している

大桐駅跡に設置されている記念標

闇の向こうにヘッドライトが見えなかったら、先に進入したもの勝ちというところだ。単線の廃線跡が道路に転用されている典型のようなところである。出た途端、つまり無事に山中トンネルを抜けたわけだが、そこに山中信号場があった。単線だった旧線はここで上下線がすれ違ったのである。

トンネルを出たすぐ右側に敦賀方の折り返し線が認められ、その奥に続く行き止まりのトンネルがある。さらに車を進めると、左手に今庄方の引き上げ線跡がある。車を置いて引き上げ線を歩いてみた。まだ夏草が生い茂る前だったので、歩くのは容易だ。しばらく行くと古レールを組んだ雪崩れよけ（スノーシェッド）があり、二本の列車が並んで待避できるようになっていた。それにしても長い引き込み線だ。これは北陸本線が物流の幹線で、長大編成の貨物列車が走っていたことを物語っているのだろう。

その引き上げ線をたどっていくと、本線跡とみるみるうちに高低差が出てきた。今庄へ向かう道路はもうはるか下に見える。かたや平坦な地に敷かれた引き上げ線、かたや二五‰の勾配で下っていく本線、こんなところにも急勾配が厳然と現れており、あらためて実感させられる。えんえんと引き上げ線を歩き、またえんえんと戻ってきた。

山中トンネルの先は下り坂である。あとは坦々と今庄まで下るばかりである。途中大桐《おおぎり》駅跡を通るが、路傍の草むらに「大桐駅跡」と書かれた立派な記念標が立っている。これがなければ駅跡はまったくわからない。付近にはまぎれもなくホームの残骸があった。さらに行くと右から北陸トンネルを出た新線が鮮やかに現れた。まもなく今庄である。

今庄はひなびた古い町並みが続く、かつての宿場町である。砦《とりで》などもあり、古来から要害の地であったが、北陸本線が開通してからは鉄道の町として興隆してきた。というのも、北陸本線の上り列車は急勾配の山中峠越えをするためにこの地で後ろに補機を付けた。また、敦賀からの下り列車はここで補機をはずし、福井に向かって行った。給水塔や給炭場も姿をとどめていたが、蒸気機関車時代が去った今、鉄道の町は静かにたそがれていくばかりのようであった。

柳ヶ瀬トンネル、山中峠越えのハイライトをたどる行程は、無事終わった。が、今庄駅の先の丘を急カーブで抜けていた短い湯尾《ゆのお》トンネルがあった。複線化の際に廃棄されたのだが、それを確かめることにする。現在は道路に転用されているが、往時の姿をよくとどめている。これも石積みのなかなか趣のあるトンネルだった。

さてつぎに訪れたいのは福井県と石川県の境の牛《うし》ノ谷《や》峠を抜ける熊坂《くまさか》トンネルの跡である。わずかな改良区間なので無視してもよいのだが、こういうこまかい路線付け替えには格別の味わいがある。「行きますか」「行きましょう」という会話があって、これまでいろいろ悪口を言った北陸自動車道の今庄インターから入り、福井平野を快走して金津《かなづ》インターで地上に出る。

牛ノ谷駅に行く。山峡の無人駅で、その先に熊坂トンネルが残っているはずだ。

ここはS字カーブのトンネルを直線化するため

今庄駅構内に残る給水塔と給炭台が峠越えの蒸気機関車で賑わった歴史を物語っている

湯尾トンネルは道路に転用された。急曲線の様子が石積み擁壁から偲べる

に路線が付け替えられた箇所である。しかし、熊坂トンネルの入口がなかなか見つからなかった。現在線のトンネルの東側にあることは、地図でわかっているのだが、そこに至る道が見つからないのである。結局、線路際の排水溝の上を歩き、ようやく見つけた。なんのことはない、現在線のすぐ右側にそれはあった。下り線の右側車窓を凝視していれば見つかるはずだ。北陸本線は何回も通った路線なのに、一度も気がつかなかった。

　大野さんと足腰の衰えてきた私との二人組の廃線探訪では、一つのルールができていた。大野さんが雑草をかき分けて先へ行き、私は立ち止まる。大野さんがすごすごと戻ってきたら何もなかった、ということ。大きく腕で丸をつくったら、見るべきものがあるから来いということ。私は大野さんが丸をつくるのを期待しながら待っているというのがいつものパターンだ。この時もじっと大野さんの後ろ姿を見送っていると、果たせるかな、大きな丸。勇んで行ってみると、熊坂トンネルは煉瓦が崩れかかっており、漏水が滴り落ちている。あたりは樹々が鬱蒼としていて、まさに幽界といった趣。一人で来たなら恐ろしくなるようなところだが、大野さんと二人で、来てよかったと喜び合った。

　もう一方の出口の様子も確かめようということになって、反対側に行ってみたが、見つけることはできなかった。道路の拡幅に伴って、埋められてしまったようである。

　これできょうの探訪は終る。福井駅前でレンタカーを返却し、JRの特急で富山へ向かう。窓に顔を張りつけて熊坂トンネルを見る。金沢を過ぎて倶利伽羅トンネルを抜け、富山に着いて一泊。

　それにしてもこの二日間、旧線跡を探訪しながらつくづく感じ入ったのは、北陸本線の新線への改良がじつにきめ細やかにおこなわれたことである。湯尾、熊坂の両トンネルに象徴されるように、短いトンネルをいくつもつくり、カーブは小まめに直線化する。湯尾と熊坂の両トンネルはそこまでやったのか、と思うほどであった。

　五月二九日(土)、富山駅前でレンタカーを調達し、きのうのコースを逆行して倶利伽羅峠の西側へ行く。金沢で一泊したほうが手順だが、大野さんが富山でおいしい店を案内したいと誘ってくれたからである。

　倶利伽羅峠は柳ヶ瀬や山中峠のような大規模な路線変更ではないが、九四六メートルの旧線トンネルを廃棄し、新トンネル(下り二四六七メートル、上り二四五九メートル)を掘削したところである。区間でいうと津幡《つばた》—石動《いするぎ》間にこの峠はあり、木曽義仲が牛の角に松明《たいまつ》をくくり付け、峠を一気呵成に下り、敵将平維盛を驚愕させ、打ち破ったとの奇襲作戦で有名だ。

　まず倶利伽羅駅に行く。ここから石動の間に峠を抜ける新旧の倶利伽羅トンネルがある。線路断

牛ノ谷峠の旧熊坂トンネル入口
現在線のとなりに取り残された

倶利伽羅駅の旧線のホーム。現在線ホーム左下に

新旧分岐点付近の築堤。旧線の急勾配の築堤が峠に向かって右手奥に延びている

コンクリートで塞がれた九折トンネル出口(石動方)。倶利伽羅峠で唯一往時の姿をとどめている

面図から勾配改良の様子をみると、トンネル出口(東側)付近をサミットとして旧線時代は米原方は一八・二‰、直江津方は二〇‰で、急勾配であったことがわかる。これが新倶利伽羅トンネルによって最大一〇‰に緩和された。

さらに断面図からは、峠付近だけでなく、倶利伽羅駅の津幡方にも一八・二‰の急勾配区間が存在したことがわかる。二万五〇〇〇分の一地形図で見るかぎり、まったく同じ路線を走っているようにしかみえないのだが、事前調査の行き届いている大野さんは、そこに行きたいと言う。

津幡方に行くとまず、津幡川を渡っていた石積みの橋台を発見。それによって確かに新線は旧線のすぐ隣に土盛りをし、徐々に勾配を上っていく新しい路盤が敷設されたことが確認できた。この位置でもすでに三メートルほどの高低差がある。この差は二万五〇〇〇分の一の地図ではもちろんわからない。橋台の位置をみれば、旧線がいかに急勾配の線路を走っていたかがわかる。

ではその新旧の合流点はどこなのだろう。さらに、線路に沿った道を津幡方に行き、長坂踏切の上に立って見る。旧線跡の草むらと、そのすぐ隣りに敷設された現在線が踏切の西方で合流している様子がわかった。

現在線はこの踏切付近から10‰の勾配で徐々に上っているが、旧線跡の草むらは、しばらく倶利伽羅方に向かって平坦のまま続き、急勾配で一気に上っていた様子も確認できた。倶利伽羅駅構内も急カーブしていた線が真っ直ぐに付け替えられたため、駅舎の位置は変っていないが、新線と旧線の間は埋められ、現在のホームは旧線より数メートル低いところに設けられている。そして倶利伽羅駅の東方でいったん、旧線と新線は合流している。そのあと、新線は緩い勾配で新倶利伽羅トンネルに通じていた。旧線は新線とクロスする形で北側に移り、一八・二‰の急勾配で築堤を上っていったはずだ。しかし、現在線の南側からは旧線の築堤が確認できない。線路を横断する築堤下の小さなトンネルをくぐって反対側へ行ってみることにするが、複線幅にしてはずいぶん長い。反対側に出て振り返ってみて、はじめてわかった。夏草におおわれた急坂の旧線跡の築堤が目の前に現れた。すなわち、ここが分岐点で旧線の急勾配の築堤の南側に勾配を緩和した築堤を設けたわけである。さらに少し行くと、煉瓦のアーチ橋がみつかった。この上に築堤があったわけだ。その先が九折《つづれおり》トンネルのはずだが、ここもまた探すのに骨を折った。倶利伽羅方の入口方坑門は旧線の上に国道8号のバイパスを通す際、コンクリート支柱を立てるために埋め戻されてしまっていたのだ。これも地元の人に訊ねて、ようやく知ったこと

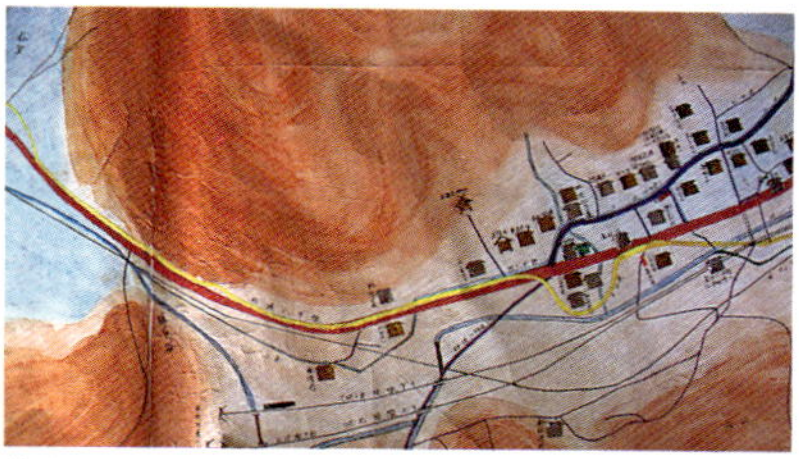
林清正氏が描いた倶利伽羅線の概念図

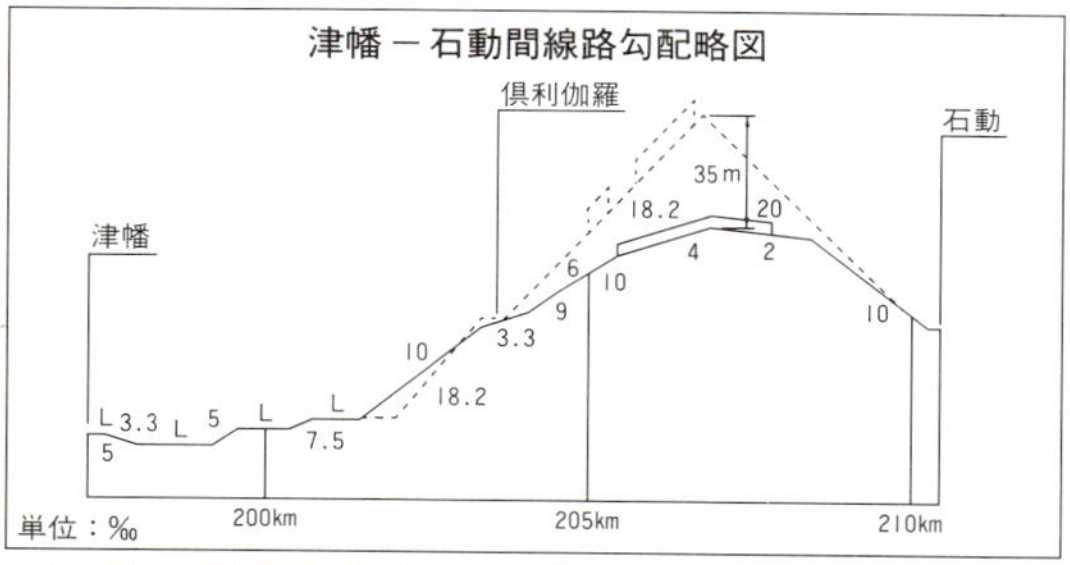

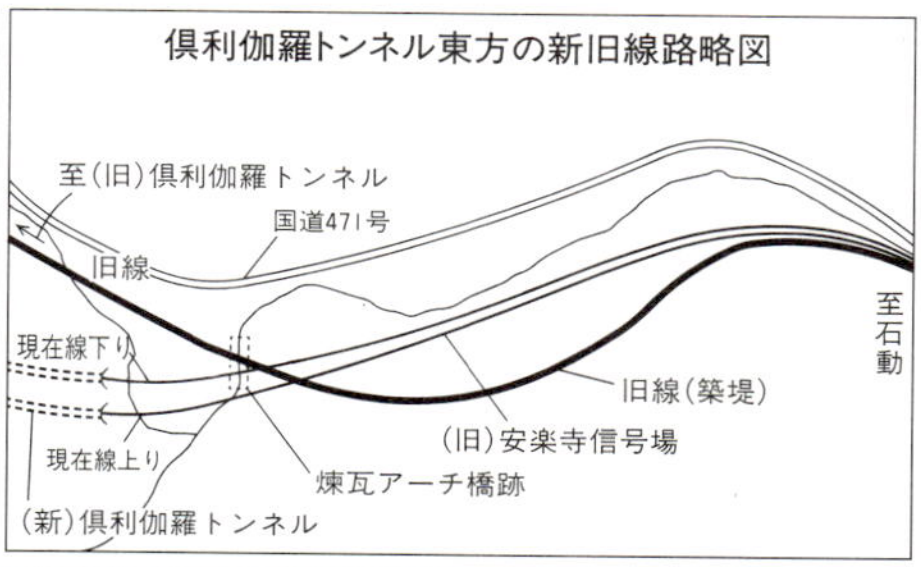

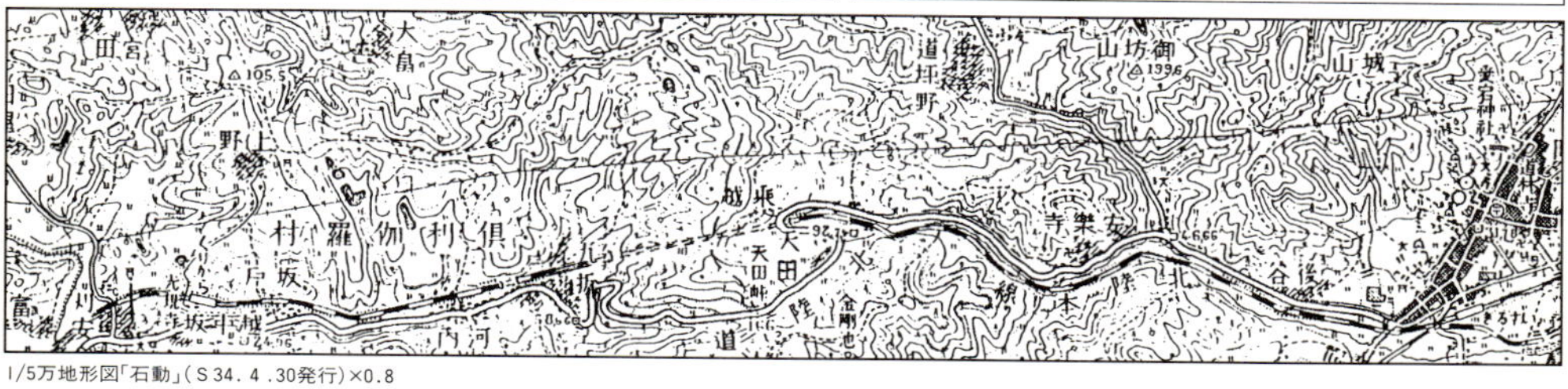
1/5万地形図「石動」(S34.4.30発行)×0.8

である。

　そこで、反対側の出口方坑門を探してみることにする。反対側に回ると、国道の高架下に雑草の生い茂った道があったので、例によって大野さんが先発隊を務める。大きな丸サインが出たので、私も後をたどっていった。こちら側の坑門はよく残っている。入口はコンクリートで塞《ふさ》がれてはいるものの、苔むし赤茶けたトンネルが時代を感じさせる。おそらく高架の支柱を立てるとき邪魔にならなかったので、放棄されたのだろう。こうした例はよくある。

　九折トンネルの東側からは、廃線跡は国道8号に転用されており、かつての倶利伽羅トンネルも拡幅されて面影をとどめていない。

　倶利伽羅峠を越えると、石動側だ。砂川沿いの廃線跡の対岸の旧国道を下って行くと、複線化された新線がいきなり颯爽と現れ、合流してくる。新旧地形図を照合してみると、新トンネルを出てきた新線に、手前から旧線跡が寄り添って合流していたようにみえる。しかし、合流地点と思われるところには、川が流れており、そのスペースがない。高低差もかなりある。疑問に思い付近の人に訊ねると、「そういうことは林清正さんに聞くといい」ということで、お訪ねした。清正さんは国鉄に勤めていた人で、この付近の線路配線図を詳細な絵にして、持っておられるのであった。なんとそれは三メートルにも及ぶ大作で、そこにははっきりと旧線と新線の位置関係が描かれていた。当然のことながら、合流地点も歴然だった。

　新線の向こう側に高い築堤が続いていたが、なんとその築堤こそ旧線の廃線跡だったのだ。ということは、新線と旧線は合流ではなくて交差していたことになる。

　そうか、そういうことかと、さっそく私たちは現地に確認に赴いた。すると、その地点には新線に分断された旧線の高い築堤があり、下には川が流れているのであった。旧線の煉瓦のアーチ橋まで残っている。旧線の築堤を切り崩して、新線を交差させた様子がはっきりと認められた。川に架かっていたアーチ橋のむき出しになって崩れた煉瓦の断面が新旧線の交差地点を教えてくれている。そして、旧線は砂川沿いに急勾配で上って行き、峠を目指していた。さらに石動方向は二〇‰の下り勾配で旧線の高い築堤がしばらく続いており、徐々に高度を下げ、やがて現在線に合流していることもわかった。

　ここは、昭和三〇年一一月に新しいトンネルが完成し、単線の新線に切り替えられたとき、安楽《あんらく》寺《じ》信号場が設置されたところで、この信号場は昭和三七年九月の複線化の際に廃止されている。

　この一連のことは廃線跡探訪のキーポイントかもしれない。もし私たちが合流地点に疑問を持たなかったら、林清正さんにたどりつくことはなかったろう。清正さんに教えを請わなかったら、私たちは正しい廃線跡にはけっして出会わなかったろう。平面で表現する地図だけではけっして到達できないことだった。

　ここ倶利伽羅峠では、立体的に、かつ多面的に線路の状況を把握することが廃線跡歩きには必要なことを学んだ。それはたんに廃線探訪の域にとどまらないと思った。


　この『鉄道廃線跡を歩く』のシリーズは今回で終りです。思いがけぬ好評で第七冊まで刊行できたことを感謝しています。しかし、廃線跡には歩行危険な箇所がありますので、探訪の際は十分に足もとにお気をつけてください。

旧線の築堤下にはレンガのアーチを崩した跡が残っている

新旧交差地点。旧線の築堤は右手から斜めに横断していた

丸田祥三

鉄道廃景 VII

篠ノ井線旧線

【長野県本城村】

厳しい山地を越え松本と長野を結ぶ、一九〇二年全通の篠ノ井線。その明科～西条間は一九八八年の複線化の際別ルートで新線が造られた。旧線跡にはほぼ全線にわたって、赤錆びた線路と架線柱が遺っている。同線の全線電化は七二年のことなので架線柱は比較的新しい。電化後、同線には八〇系電車が走り国電ファンに親しまれた。その当時沿道は行楽客・スキー客の車で終始混雑していたが、今は高速道の落成により静寂の中にある。

P15

住友別子鉱山鉄道

【愛媛県新居浜市】

住友城下町と呼ばれた新居浜の港から約10キロ先の旧別子銅山跡に向かって、古びた木製架線柱が断続していた。銅山から産出される鉱石を選鉱場へ、港へと運んだ鉱山鉄道の遺構である。開通は一八九三年。一九二九年より五五年までは旅客輸送も行った。七三年の銅山閉山によって使命を果たし、七七年に廃止となった。運行は当初SLによっていたが、石炭・油の入手が困難だった五〇年に電化され四両のELが最後まで使われていた。

中央本線旧線

【長野県富士見町】

第五巻で信濃境～富士見間の鉄橋跡を紹介したが、小淵沢～信濃境間も一九八三年六月二十八日の複線化の際別線に移されている。跡地は廃線の風情に親しむ散策道として遺っている。そこに富士急行を引退したモハ3100形電車が保存された。ここことは無縁ながら、同車はカルダン電車の先駆の一両、鉄道史に刻むべき優秀車だったが、四両しか造られず（内二両は事故廃車）多くの旧型車の中で真価を発揮できないまま終えた悲運な車両であった。今は蝉時雨の中で静かに眠っている。

常磐炭鉱中郷鉱山専用線

【茨城県北茨城市】

同市の常磐自動車道沿道には炭田地帯だった頃の遺構が多く遺っている。が、それらも道路整備等により急速に姿を消しつつある。中郷鉱は、明治末年の創業。長らく常磐南部炭田の中心的鉱山として発展してきたが、一九七一年、大規模な資本投下によって開かれた新坑道が突如出水に襲われて水没。そのまま閉山となった。縦横に廻らされていた、SLやエンドレスロープを動力とする鉱石運搬用線路も用済となり、放棄された。

（「棄景」（洋泉社）より）

旧国鉄丸山変電所

【群馬県松井田町】

信越線碓氷越えは勾配の続く難所でSL逆走や乗員の窒息事故が多発。鉄道院はその対策として初の幹線電化を行い、一九一二年横川〜軽井沢間にELの運転を開始。続いて各幹線の電化も計られたが、有事の際の発送電施設への攻撃を恐れた軍部が難色を示し、信越線全線電化は六九年のこととなった。写真は一一年建造の変電所。洋館を思わせる外観を誇ったそれは半世紀に渡り重用されたが、六三年の路線変更と昇圧により放棄された。

（「棄景」〈洋泉社〉より）

昭和電工
大町工場専用側線

【長野県大町市】

八〇年代中頃まで大糸線信濃大町より分岐し、昭電工場へと至る二キロ弱の引込線があった。DD1形という、大分交通D33と同形のクラシックDLが働いていた。路線は工場街を堀割でぬけていたが、跡地は全て埋め戻され、無用となった陸橋の欄干だけが遺っている。水量豊富な糸魚川の流れる、環境のよい大町周縁には古くから昭電、呉羽等の大工場が造られていたが、今は大型スーパーが立ち並び、ここも消費の場にかわりつつある。

東海道本線沼津港貨物線

【静岡県沼津市】

東海道線沼津駅より港に向かって遊歩道が断続している。蛇松線と称された貨物線の名残である。同線は一八八七年に東海道線建設の資材運搬線として敷設され、その後約八十年、材木や鮮魚輸送に供された。晩年はDLのDD13が主用された。トラックに座を譲り一九七四年八月三十一日に廃止となったが、最終日に初めて旅客列車が入線、沿線の子らを喜ばせたという。跡地は七六年に緑道として整備されたが、一部は旧状を留めている。

京都市電の廃線跡とその遺構

須田 寛

わが国最初の電車が営業運転を始めたのは京都市で、明治28年(西暦一八九五年)のことであった。後に京都市電に買収される京都電気鉄道による塩小路東洞院(下京区)伏見下油掛町間の七キロメートルの開業がそれで、今から百四年前にさかのぼる。この伝統ある京都の市営路面電車も昭和53年(一九七八年)を最後にすべて廃線となった。

廃線後すでに二十年余を経過し、市電の存在を物語る遺構もほとんど姿を消している。しかし、京都に生まれ育ち、市電で通学し毎日市電の姿に接してきたものにとって、今でも町を歩くと市電最盛期の姿がまぶたに焼きついて離れない市電思い出の場所が何箇所か存在する。そのようなところを辿りながらやや視点を変えて「廃線跡」を訪ねてみたい。

大都市の路面電車にとって多くの場合、市内の主要街路が廃線跡そのものというケースが多い。京都市の場合、大正時代から昭和10年代にかけて市内の主要道路の拡幅整備がなされたが、それは市電を通すための拡幅でも

稲荷〜動進橋間の稲荷線専用軌道を行く、古参の508号。昭和45年３月31日／写真：福田静二

[稲荷線勧進橋から稲荷方面をのぞむ]
稲荷線(0.7km)は全線専用軌道であった。その跡は現在稲荷新道と名付けられ、道路(西行一方通行)となっている

あった。戦時中の資材不足で戦後に市電開通が持ち越された白川線、河原町、今出川延長線も道路の真中の軌道敷予定地は道路整備時に準備されていた。しかしいわゆる「廃線跡」として今も市電運行当時の面影を残すものは専用軌道跡や陸橋の部分に多い。その何箇所かをあげてみたい。

①専用軌道等の廃線跡

道路拡幅整備に先立って、市電(買収前の京都電気鉄道を含む)が敷設された区間に専用軌道が多い。伏見線の一部、稲荷線全区間、北野線の一部が専用軌道であった(二五頁の別図参照)。又、路面軌道ではあったが道路中央でなく、いわば路肩ともいうべき道路の片側によせて線路が敷設されていた、準専用軌道区間も開通年次の古い区間(伏見線、北野線、蹴上線)に残っていた。これらの区間では今も市電の跡を探ることができる。

【伏見線】

棒鼻《ぼうばな》〜丹波橋《たんばばし》間、肥後町《ひごまち》付近、中書島《ちゅうしょじま》終点が専用軌道になっていた。そのほとんどが現在道路になっているが、カーブなどに市電線路の名残がある。軌道敷が狭いため、一方通行になっているところが多い。中書島終点は、低床ホームが京阪中書島駅前に設けられており線路撤去後、バス停となったが現在は使用されていない。全線専用軌道の支線の稲荷線

[稲荷終点跡]
疎水橋上の終点も上の写真とつながる公園になっている

[京阪交差跡]
京阪線の線路の右手柵と、塀のあるところが稲荷線の線路跡である

[伏見線棒鼻付近]
伏見線は棒鼻〜丹波橋間の疎水橋梁を挟む部分が専用軌道であった。この写真は棒鼻の南専用軌道に入った所で、現在は北行一方通行の道路となっている。伏見線の棒鼻以南は軌道間隔が狭くボギー車の入線禁止区間となっていたので、ちょうどこの部分に折返し線がありり団体臨などで入線してきたボギー車両はここで折り返した。昭和26年頃改良工事が行なわれ全線ボギー車の入線が可能となった

[稲荷終点跡から京阪線をのぞむ]
この部分は線路跡が児童公園になっている。当時のカーブがそのまま公園にも残る

も大部分が道路（稲荷新道）となり一部は児童公園となった。

【北野線】

ほとんどが道路端の準専用軌道で堀川中立売の堀川橋梁のみが専用軌道（鉄橋）である。鉄橋架台が残っており、アプローチ部分は小緑地となっている。

【蹴上線】

明治28年開通の大部分が疎水沿いの道路端軌道であった。その後開業した南禅寺前〜蹴上間では疎水インクライン（船台に船を乗せてケーブル方式で傾斜線路を上下させる）と並行し船と市電が並走する珍しい光景を見ることができた。この区間は独特の鉄骨を組んだ架線支柱があったが今もその基礎が残り往時を偲ばせる。

②陸橋に残る市電の遺構

昭和になって開通した市の西南部の路線は、線数の多い鉄道との立体交差を伴なう区間があり、道路と併用の大規模な陸橋が作られた。とくに昭和12年に開通した九条陸橋は京阪本線、JR奈良線、鴨川を一気に高架橋で渡る五〇〇米に及ぶ壮大なもので地元の人は九条《くじょう》高橋《たかばし》と呼んだ。又、大宮陸橋（昭和10年開通）はJR東海道・山陰両線をひとまたぎするもので、昭和39年開通の新幹線は、高架でこの橋の東寺側の真上を走り、これに東寺の塔を配

[市電蹴上線蹴上終点跡]
昭和20年2月廃線の同線は、西行線レールは直ちに撤去、梅津線の新線工事に転用された。東行線のレールはそのまま残され戦時中は電車の疎開線に、又、戦後は仁王門通りの一部区間が貨物線として使われたため20年半ばまでレールも残り昔の姿をとどめていた。現在は道路が整備されたが、道路端の準専用軌道だったためその足跡が残る。この終点跡も石垣、桜の老木、架線支柱跡など昔のままである

[伏見線中書島終点]
終点手前約100メートルは道路と離れ専用軌道となって京阪中書島駅前に乗入れていた。アプローチ線路の跡で現在は道路になっている

[中書島終点跡]
専用軌道で低床ホームがあったレールを撤去し、舗装してそのままバス停になっていた。狭い線路敷なので突き当りにターンテーブルがあってバスの転向をしていた。
現在はバスの乗入れがなくなって改造工事が始まっている

堀川中立売の堀川橋梁を渡る北野線N電28号。
昭和36年7月／写真：藤原 寛

[北野線堀川中立売橋梁跡]
鉄橋に北野方からアプローチする専用軌道跡は現在小緑地となっている

[北野線堀川中立売橋梁跡]
堀川通りと中立売通りが直交しており、かつてはターンテーブルで方向転換していたという。その後この部分に専用軌道の橋梁が設けられた。写真は北野方の橋台跡である

した光景は近代京都の象徴としてひろく紹介された。この両陸橋には今も市電の架線柱がそのままの姿で残っている。とくに大宮のそれは架線ビームも往時のままで残り、今にも電車が走ってきそうな錯覚におちいるほどだ。

③その他の遺構

市電運行の最盛期(昭和30年頃)壬生《みぶ》、烏丸《からすま》、九条《くじょう》、錦林《きんりん》、北野《きたの》の五車庫(営業所)があった。壬生以外はバス車庫に転用されたが(現在北野は廃止、再開発、錦林は操車所となる)、錦林車庫は当初線路を残したままで急拠バス車庫となったこともあり、市電車庫としての原型を今もとどめている。又、九条車庫は市電当時の事務所が現在もバス営業所に使用されており、市電の配車室がそのままバスの配車室として健在である。

しかし、何といっても京都市電最大の遺構は蹴上水力発電所のそれであろう。明治の京都振興策として琵琶湖から疎水を開削して導水し、これを京都の水道水源とすると共に琵琶湖と京都との高低差を利用し、水力発電事業を起こし(わが国最初の水力発電所)、この電力を電車運転と工業動力に用いる壮大な計画であった。又、疎水そのものも前記のインクラインに示されるように運河として水運にも利用した。そして市電開通に先立つ明治24年水力発電を開始、その後の増強を経て今日に至っている。最初は京都

蹴上線のこの付近は独特の鉄骨を組合わせた架線柱があり、その礎石と鉄骨を焼き切った跡は今も残っている。バックは疎水インクラインの船台(静態保存中)

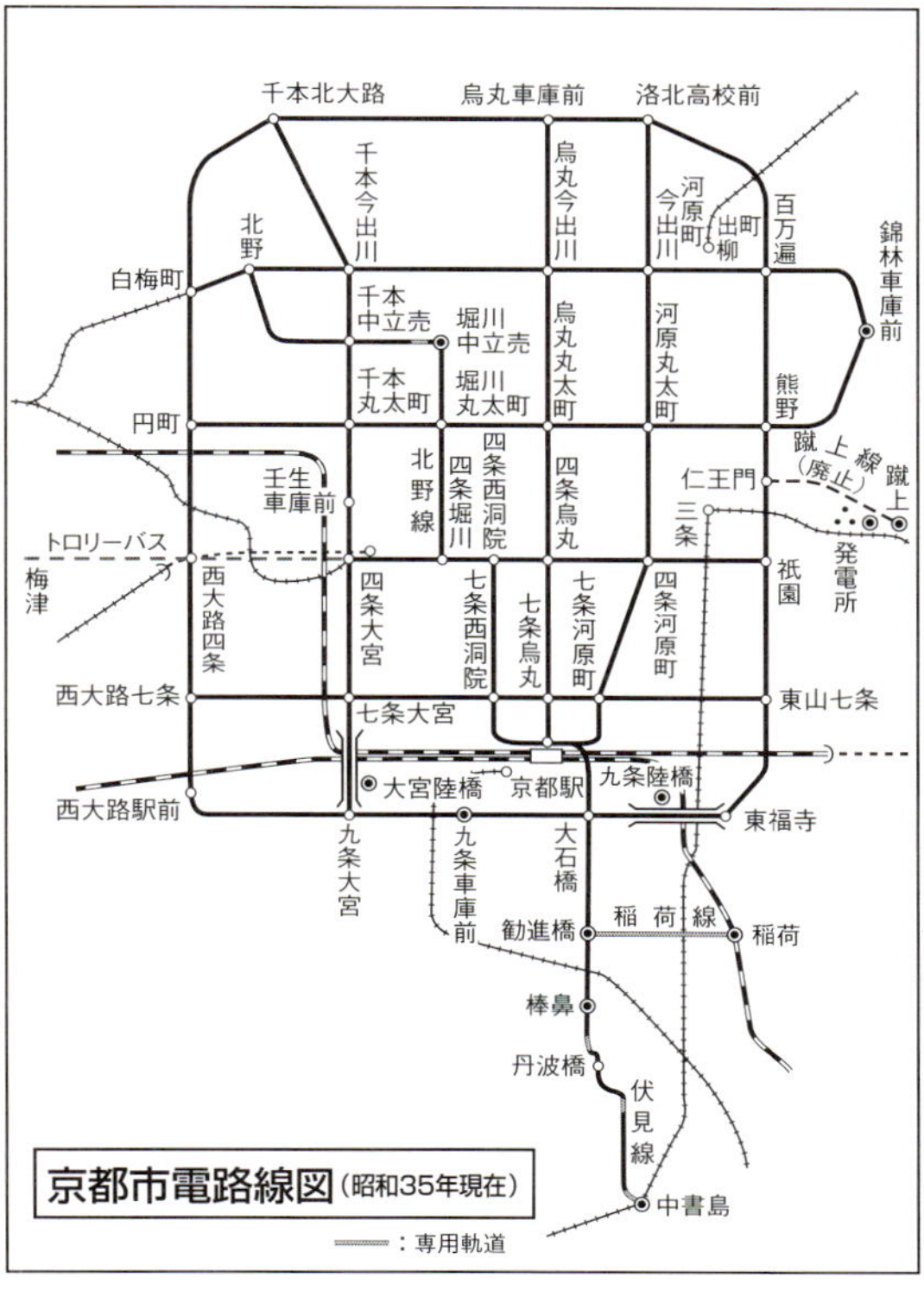

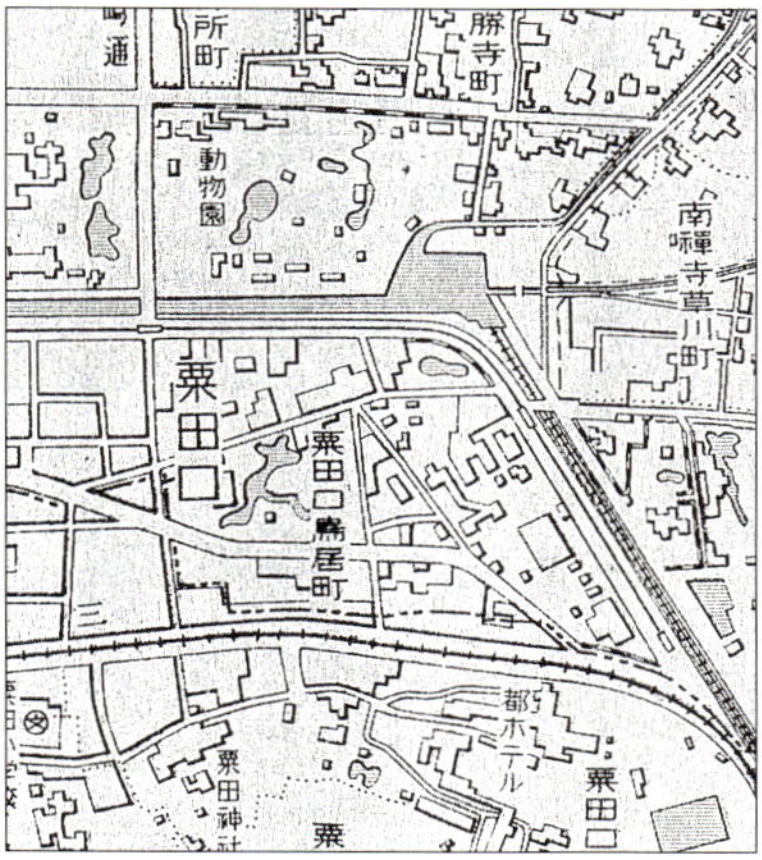

市電蹴上線終点付近「京都市街図」(昭和8年大黒屋発行)

市の直営発電所として発足し、戦時統制で関西配電会社を経て、関西電力会社に移管されたが今日も健在である。そして市電の動力源はすべてこの発電所に依存していたという。

京都の市電は自家水力発電所をもつ市電として全国唯一のものであり、その経営成績もきわめて良好であったという。京都がわが国の電気鉄道発祥の地であり、しかも最盛期には約四百両にのぼる車両をようし、市内七五キロの路線で六十万人(日)の乗客を運んで、文字どおり市民の足として活躍できたのは、この疏水開削に始まる明治の先人の先見に負うところが多い。

京都市電の特色はまさにこの点にあり、今に残る蹴上発電所の遺構こそ路面電車の原点として、又、近代京都の出発点として永遠に保存されるべきものといえよう。

（東海旅客鉄道㈱代表取締役会長）

[九条陸橋から東福寺方面をのぞむ]
ビームは外されているが架線柱が残る

九条陸橋を行く市電22系統。昭和52年11月23日/写真：福田静二

[大宮陸橋七条大宮から南をのぞむ]
市電の架線柱、ビームはそのまま残されており、今にも電車が走ってきそうな錯覚におちいる

[九条陸橋から大石橋方面をのぞむ]
京阪線の上をピークに西へなだらかな下り坂となっているが、写真中央の部分に平坦なところが見える。これが橋上にあった九条大橋電停の跡だ。勾配途中の停留所部分だけ平坦にした跡が今も残っている。乗降客は橋側階段で一般道路から上下していた

[蹴上発電所遺構]
明治時代建築の遺構で、現在建物のみ保存されており、発電は右後方の新館で行なっている

本邦水力発電発祥地の記念碑(同発電所構内)

[錦林車庫(現・市バス錦林操車所)]
白川線の廃線後すぐバス車庫に転用されたため、今も往時の市電車庫の姿をとどめている

[九条車庫(現・市バス九条営業所)]
今も市電車庫当時の事務所、配車室をそのままバスの事務所、配車室に使っている

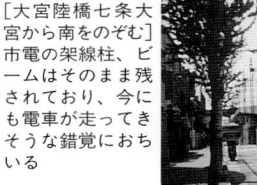

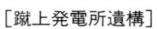

美幸線

未完に終わった天北国境越えの夢

【美深～北見枝幸】

北海道のローカル線区間の多くが大正時代や昭和初期の開拓期に建設されたものだった。しかし、いくつかの路線は昭和30年代になっても建設が続けられた。その中のひとつが美幸《びこう》線である。

計画では宗谷本線の美深《びふか》から仁宇《にう》布《ぷ》を経て天北国境を越え、歌登《うたのぼり》を経由して北見枝幸《きたみえさし》に至る総延長79kmの鉄道になるはずだった。工事開始は昭和32年（1957）、美深～仁宇布間21・2kmの開業が昭和39年（1964）のこと。その後も工事は続けられ昭和51年（1976）までにほとんどの路盤工事が完成していた。しかし、昭和55年に国鉄再建法が公布され、未完部分を含めて美幸線は一挙に廃止予定線となり工事も凍結された。一時「日本一の赤字線」として有名になったこの線の廃止は昭和60年（1985）年9月17日だった。

【美深～仁宇布】

美深町交通ターミナルに生まれ変わった宗谷本線美深駅だが、その2階に美幸線記念館が設けられている。

この美深駅の一番東側ホームが美幸線が発着していた所だ（Ⓐ）。

今はレールもなく砂利道が宗谷本線に沿って南下している。その先で線路跡は左にカーブして畑の中に消えているが美深市街のはずれに、線路に沿って建てられていたらしい倉庫が道路とは不自然な角度で残っていた（Ⓑ）。

その先は美深盆地が仁宇布川に沿って広がっている所で、線路も整地され広大な畑になっている。東美深《ひがしびふか》駅は河川改修の工事現場になっていたが辺渓《ぺんけ》駅はすぐ近くの小河川を渡るコンクリート橋だけを残していた（Ⓒ）。美幸線はここから終点の仁宇布までの14・9kmはほとんど無人の渓谷地帯を走るために駅はない。辺渓を過ぎた所で線路跡は再び消えているが、ところどころで仁宇布川を渡る橋梁を残している（Ⓓ）。その途中、仁宇布に向かって右手に高広の滝が見えてくるあたりから道床にレールが残されていた（Ⓔ）。ここから仁宇布駅跡までの約5kmの間は仁宇布の住人有志が線路を町から借り受け「びふかトロッコ王国」として夏場の休日を中心にエンジン付きの軌道自転車を走らせている所だ（Ⓕ）。このため線路周辺も草刈りや補修がなされ、現役当時そのままの鉄道風景を見せている。

仁宇布駅は羊の放牧が盛んな小盆地の中の、まばらに家が建つ集落にあった。駅舎はすでになく、その跡にトロッコ王国のログハウスと1面のホームを残しているだけだが、レールがあるだけに駅らしい雰囲気を漂わせている（Ⓖ）。そのレールは駅の北側に100mほどのび、小さな跨線橋の下で終わっていた（Ⓗ）。

レールが撤去された美深駅ホーム。美幸線が全通すれば道北の拠点駅になるはずだった（A地点）

辺渓駅から1kmほどの所にあった仁宇布川の橋梁、まだ砂利が残っている（D地点）

高広の滝付近から突然始まっているレール。ここから仁宇布まで約5km続いている（E地点）

美幸線のラインに沿って建てられていたらしい倉庫（B地点）

橋の前後は整地されて牧草地に。ここにあった辺渓駅は跡形もない（C地点）

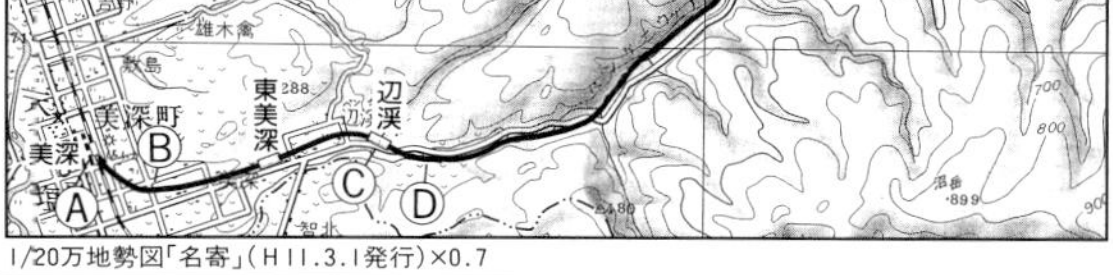

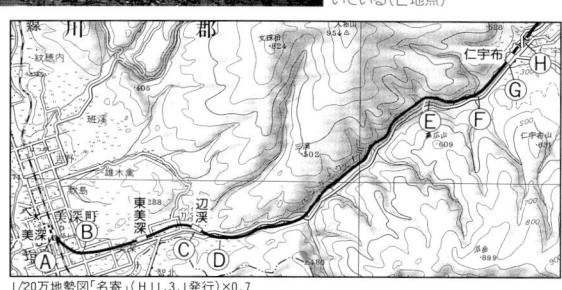

1/20万地勢図「名寄」（H11.3.1発行）×0.7

【仁宇布～北見枝幸（未成区間）】

仁宇布駅跡からほぼ完成していた路盤がまっすぐ北上している。これからは昭和40～50年代に設計施工されたものだけにほとんど立体交差で、仁宇布駅から見える所に2カ所の陸橋を残していた。そして築堤となった路盤はヒツジが遊ぶ牧草地を横切りそのまま美深町と枝幸町を隔てる峠に向かってのびている(Ⓘ)。資料によるとここを全長670mの黒岩トンネルで越えているはずだが、確認できなかった。付近は標高300m前後の丘陵地帯で人家はまったく見られない。それにしてもよく、こんな所に鉄道を敷設しようとしたものだと思う。再び線路跡のラインが見えてくるのは道路と並行するレップ川沿いで、狭い渓谷をいくつもの橋とトンネルで抜けていた(Ⓙ)。その中のひとつのトンネルに上ってみると、森の中に立派なコンクリート橋梁がそのまま放置されている(Ⓚ)。このあたり、沿線の最深部に至った道床は再びトンネルに消え反対側に迂回すると立派な自動車道路になっていた。その先、全長1337m、美幸線最大の難工事といわれた第2大曲トンネルの場所はどうも自動車道路のトンネルの位置らしい。案内板によるとやはり放置されていた鉄道トンネルを拡幅利用したものだと

仁宇布の牧草地を貫いて築堤が峠に向かって一直線に進む（I地点）

5月～10月の土曜、日曜、祝日にトロッコ王国のエンジン付き軌道自転車で走ることができる（F地点）

旧仁宇布駅前には美幸線の記念碑が建立されていた。トロッコ王国は奥の建物で受け付け（G地点）

むなしく途切れている旧美幸線のレール。路盤は北見枝幸まですでに完成していた（H地点）

美幸線の第2大曲トンネルを再利用した天の川トンネル（L地点）

まさに無人の山野に鉄道の路盤がのびていた。第3大曲トンネルの上から仁宇布方向を見る（K地点）

堂々としたコンクリート橋が続く志美宇丹駅予定地の付近（M地点）

砂利の路盤の先に閉鎖されたトンネルが見える。未成区間には12ヵ所、総延長6866mものトンネルがあった（J地点）

歌登から枝幸に抜ける街道に沿って美幸線のスノーシェッドがあった（O地点）

14 改正　美深 ―― 仁宇布（美《び》幸《こう》線）

列車番号	921D			923D		925D		927D			営業キロ	換算キロ	列車番号	922D			924D		926D		928D				列車番号
美深発	710	…	…	1352	…	1557	…	1853	…	…	0.0	23.3	仁宇布発	804	…	…	1429	…	1633	…	1929	…	…	…	にうぷ
東美深〃	716	…	…	1358	…	1603	…	1859	…	…	14.9	6.9	辺渓〃	820	…	…	1445	…	1649	…	1945	…	…	…	ぺんけ
辺渓〃	721	…	…	1403	…	1608	…	1904	…	…	16.9	4.7	東美深〃	824	…	…	1449	…	1653	…	1949	…	…	…	ひがしびふか
仁宇布着	740	…	…	1422	…	1627	…	1923	…	…	21.2	0.0	美深着	830	…	…	1455	…	1659	…	1955	…	…	…	びふか

交通公社の「時刻表」昭和60年3月号より転載

昭和50年代中頃、路盤、トンネル、橋梁等の工事はほとんど完成していた。歌登駅予定地にはレールも敷設され、コンクリート枕木、レールが積まれていた／写真提供：歌登町企画振興課

歌登駅の予定地はこのあたりか、この前後に築かれていた築堤はかなり崩されている（N地点）

橋の下が下幌別の駅が予定されていた所。もうオホーツクは近い（P地点）

枝幸市街にはエサシウエンナイ川を渡る。対岸に台形の築堤が見える。これも未成に終わった興浜線との共用区間（Q地点）

いう(Ⓛ)。未成区間もまったく無駄にはならなかったようだ。トンネルを抜けて歌登町に入ると北見大曲《きたみおおまがり》駅予定地があるはずだったがこれも分からなかった。しかし、築堤や切通しをくり返して線路跡は進み(Ⓜ)、駅予定地だった上徳志別《かみとくしべつ》や辺毛内の小集落を過ぎるともう歌登の市街地だ。この町はかつて天北線から町営簡易軌道(『鉄道廃線跡を歩くII』参照)がのびていた所で、美幸線が完成したら沿線最大の町になるはずだった。歌登駅は北見幌別川に沿って大きくカーブする所が予定地だったらしい(Ⓝ)。未成線のラインはそのまま河原の茂みの中に隠れてしまうが、最後の狭隘部で2カ所に大きなスノーシェッドを残している(Ⓞ)。ここを過ぎると前方に広々とした平原が見えてくる。仁宇布から見て最後の駅予定地は下幌別《しもほろべつ》だが、ここは跨線橋とバス停を残すのみだ(Ⓟ)。道床は北見幌別川の河口デルタを進み、やがて北にカーブして北見枝幸市街に吸い込まれていった。かつて興浜線と分岐するはずだったエサシウエンナイ川の傍にはまだ立派な築堤を残している(Ⓠ)。

【杉崎行恭】

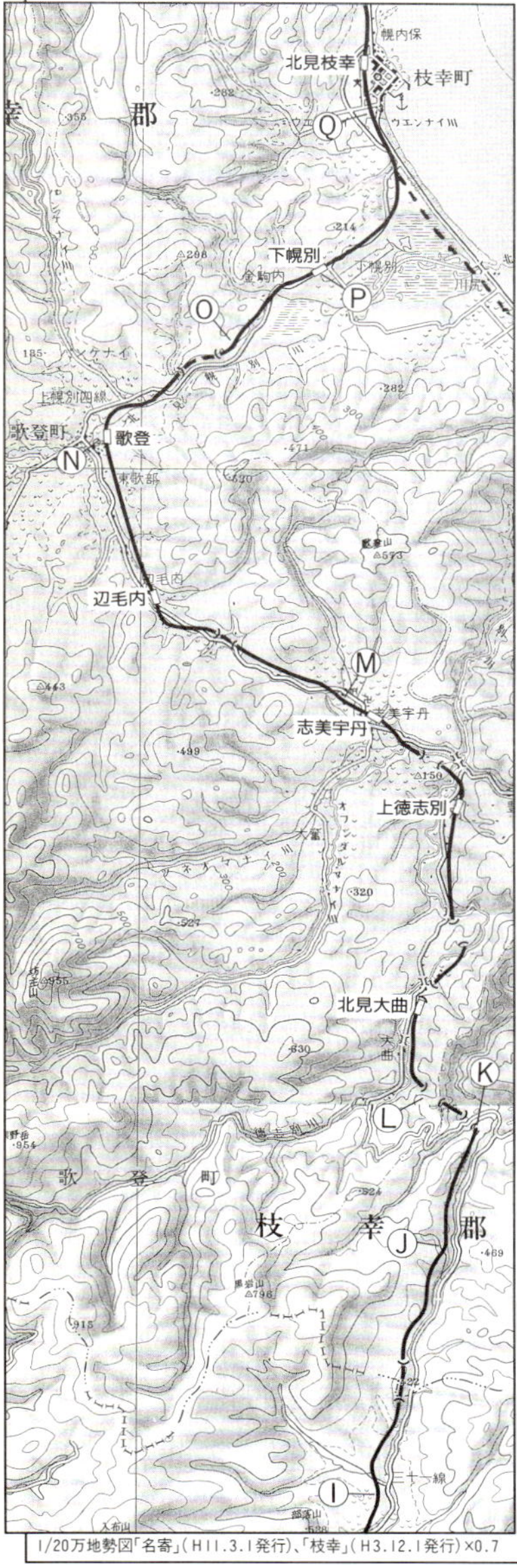

1/20万地勢図「名寄」（H11.3.1発行）、「枝幸」（H3.12.1発行）×0.7

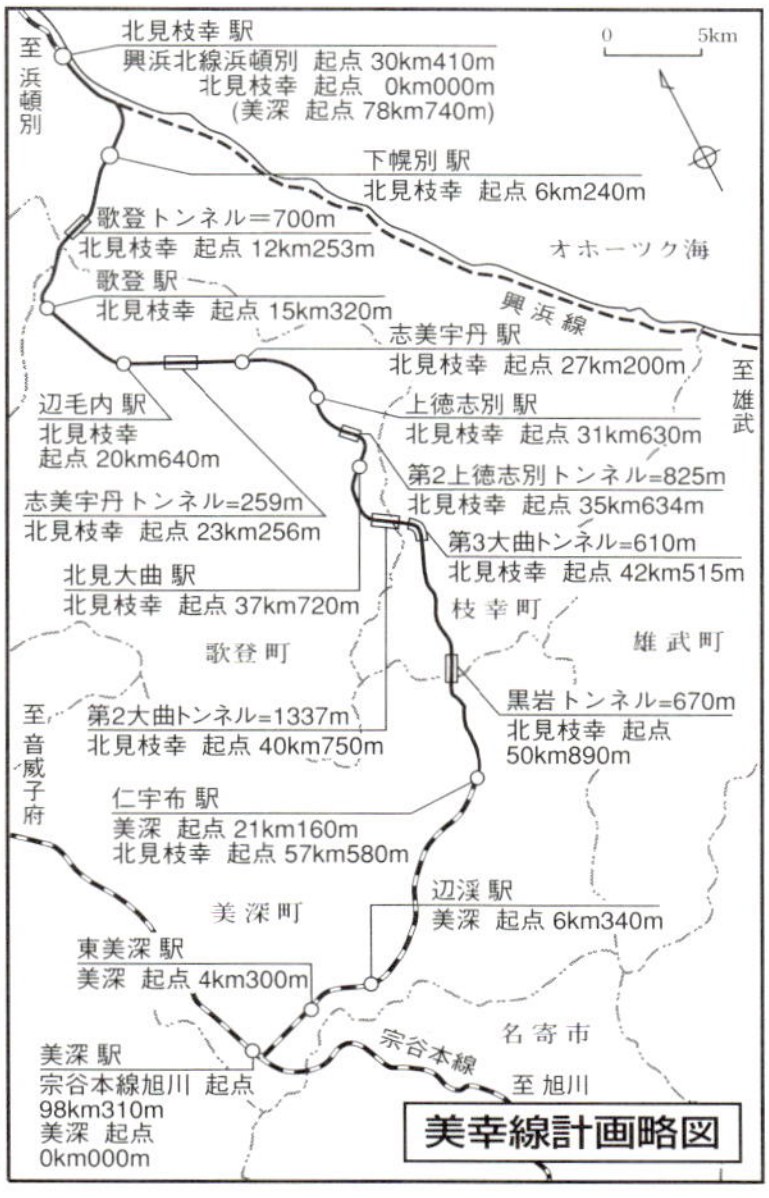

興浜北線 興浜南線

時代に翻弄された未完のオホーツク縦貫線

【浜頓別～北見枝幸】
【未成区間：北見枝幸～雄武】
【雄武～興部】

北海道で赤字線の廃止ラッシュが始まる直前の昭和60年(1985)の鉄道路線図を見ると、津々浦々に巡らされた路線図だけで北海道の地形に見えるほどだった。今ではとても考えられないが昭和40年代以前は石炭や農・林・漁業の生産高で北海道のバランスシートは黒字だったのだ。つまり、北海道に投資すれば儲かったのである。このため鉄道も積極的に建設されその人口の割に濃密度の鉄道網が出来上がった。

その鉄道網の右上、オホーツク沿岸を走る鉄道線が一部切れている所があった。ここが本来オホーツク海岸縦貫の興浜《こうひん》線となるべき北線と南線を隔てる未開業区間だった。

この興浜線の着工は昭和8年(1933)のこと。天北《てんぽく》線の浜頓別《はまとんべつ》と名寄《なよろ》本線の興部《おこっぺ》という南北から建設された興浜線は昭和10年(1935)に興部～雄武《おむ》間が開業し興浜南線となった。また北側の浜頓別～北見枝幸《きたみえさし》間は翌昭和11年(1936)に開業して興浜北線と名乗るようになる。

しかし、両者をつなぐべき50kmあまりの未成区間はその後の戦中戦後の混乱で建設が後回しになっていた。

やがて昭和41年(1966)になって雄武方から着工、鉄道建設公団の手により音標《おとしべ》付近まで路盤工事が完成したところで興浜南・北線そのものが廃止の方針となり、昭和52年(1977)度で工事が凍結された。

いわゆる盲腸線として細々と走っていた興浜南・北線の廃止は昭和60年(1985)7月のこと。北海道では相生線、渚滑線、美幸線、万字線、岩内線などが消えた年だった。

【興浜北線】

旧天北線の浜頓別駅のあった場所はバスターミナル(Ⓐ)になっていて、南北にのびていた駅構内は新しい道路などに整備されている。浜頓別駅を出た興浜北線は天北線と並行して南下し、両線をまたぐ旭ガ丘跨線橋

浜頓別駅の跡に建てられたバスターミナル。鉄道の雰囲気は微塵もない(A地点)

浜頓別市街に残る旭ガ丘跨線橋。天北線と興浜北線を越えていた(B地点)

浜頓別の湿地帯にのびる砂利道の道床。土木工事の通路や無線基地として利用されていた(C地点)

神威岬灯台のすぐ下が線路跡。北海道の鉄道風景を代表する場所だった(E地点)

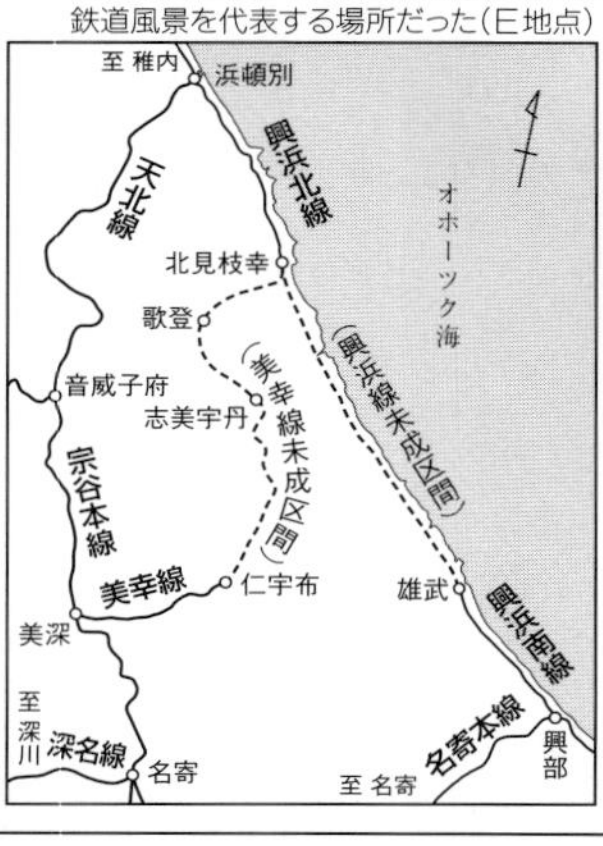

神威岬を通過する9600形牽引の下り貨物列車。昭和49年12月26日／写真:大野雅弘

民家として使われていた斜内駅駅舎、ホームは埋められていた(D地点)

の下で東に大きな曲線を描いて分岐していた(Ⓑ)。この付近の市街のルートはほとんど分からなくなっているが、頓別川を渡る前後の湿地に築堤となって姿を見せている。以前は放置されていた築堤だが最近は建設用道路として利用されているようだ(Ⓒ)。興浜北線はここから終始東側にオホーツク海を見ながら走ることになる。やがて西側から山が迫ってくるあたりに豊牛《とようし》駅、豊浜《とよはま》仮乗降場と小駅が続いていたが跡形もない。しかし、線路のラインは国道238号に沿って続き、ひときわ海に突き出た斜内《しゃない》山道の神威《かむい》岬手前に斜内《しゃない》駅駅舎が残っていた(Ⓓ)。プレハブ作りの簡易駅舎は個人が住宅にしている様子だがホームなどはない。以前、列車の撮影のために多くの鉄道ファンがこの斜内駅から岬まで歩いた思い出の駅だ。

その神威岬は比較的平坦なオホーツク沿岸で唯一といってもいい難所で、標高400mを超す斜内山が一気に海に落ちている。線路跡はしだいに山腹を走り岬の灯台直下を急カーブする(Ⓔ)。今も道床ははっきりと残り、極力トンネルを避けた時代の苦労ぶりを伝えている。

そして岬の山腹に線路のラインを刻んで下ってきた線路は(Ⓕ)目梨泊《めなしどまり》の集落に空地になった駅跡を残している。今では目梨泊駅舎の右隣にあった樹木だけが寂しく残るだけだ(Ⓖ)。すでに枝幸町内に入った線路跡は国道の山側に断続的に築堤を残し(Ⓗ)、今は水道管用地として利用されていた。次の問牧《といまき》駅はコミュニティセンターとなり、再びクマザサの築堤となったラインはウスベタイの千畳敷海岸に沿って続いている。やがて国道の跨線橋(Ⓘ)をくぐり枝幸町内に入っていく線路跡は「興浜通り」という道路となり駅跡の小公園には「北見枝幸駅跡」の碑を残している(Ⓙ)。その前にはかつての駅前食堂も残り、向かい側のバスターミナルには交通記念館があって興浜北線の資料を展示していた。

【北見枝幸〜雄武(未成区間)】

北見枝幸の駅跡からの南側にあった未成区間のラインは市街再開発によって失われているが枝幸中学校の前からのびる一本道が予定線跡地につくられ、その先は砂利道となっていた(Ⓚ)。ただしこれは美幸線の工事のもので、この付近は興浜線としての工事は行われなかったようだ。計画では美幸線と分岐する北見幌別川近くに南枝幸《みなみえさし》信号場を設ける予定だったが、その付近は国道バイパス工事で予定地すら分からなくなっている。これより南は工事未着手の区

神威岬を回り込む国道の上、電柱が並ぶラインに興浜北線が走っていた(F地点)

立ち木だけが残る目梨泊駅の跡(G地点)

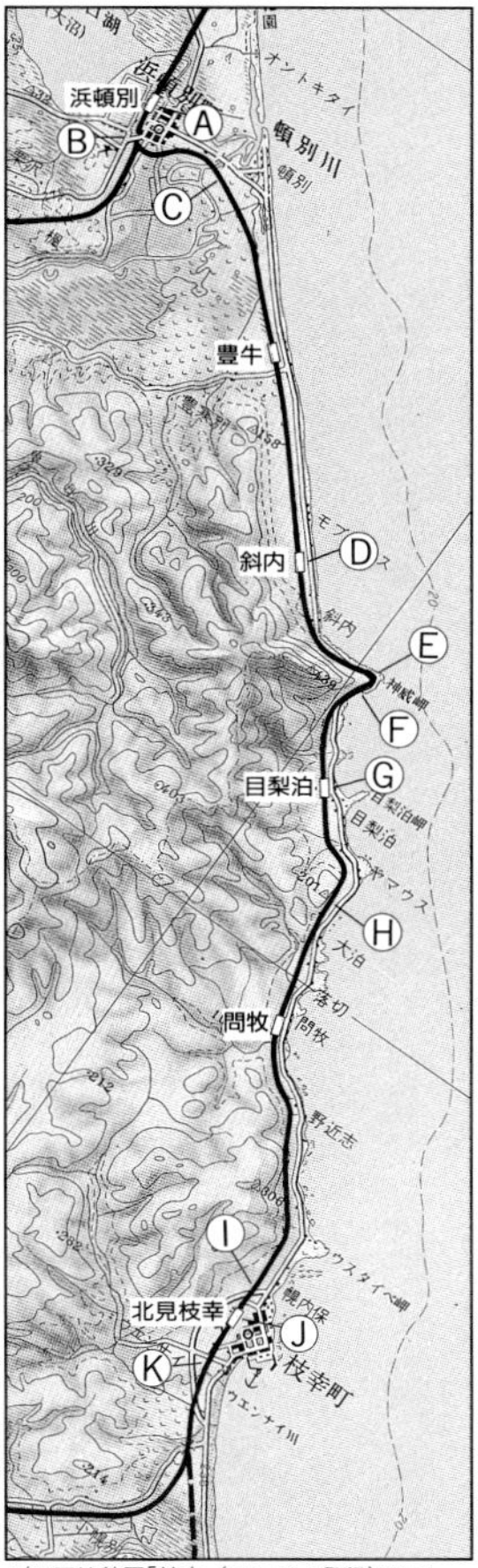

1/20万地勢図「枝幸」(H3.12.1発行)×0.7

民家の後ろにクマザサが茂る築堤が高々と残っていた(H地点)

北見枝幸市街の「興浜線通り」の末端は国道の跨線橋になっていた(I地点)

かつて旅行者はこの北見枝幸駅から500mほど離れた雄武行きバス停に歩いたものだった(J地点)

間でオホーツク海岸と牧草地に挟まれた街道が延々と続いている。計画では岡島《おかじま》、徳志別《とくしべつ》、北見山臼《きたみやまうす》、乙忠《おっちゅう》部《べ》、風烈布《ふうれっぷ》と集落ごとに駅を設けて進むはずだった。

さて、興浜線未成区間で最初に見た工事の跡は音標《おとしべ》から2kmほど北側で、特徴的な台形の築堤が切断されたまま牧草地の中に残されていたⓁ。さらにそこからラインを推定した延長線上に線路用地が断続的に見え始めこの付近まで工事が進んでいたことを教えている。音標の町には北見音標《きたみおとしべ》駅予定地を利用した音標緑地公園がありⓂ、敷地まで用意して待っていた地元の無念さを見る思いがした。

さて、その先は防雪林の内側を路盤跡は進み、雄武町に入った所で牧草地に消滅している。しかし、これも駅予定地だった枝枝幸《えだえさし》の北側、大沢さんという民家裏手の牧草地に唐突にコンクリートの小橋梁があり、その周辺にレールや電柱などの鉄道建設資材が散乱していたⓃ・Ⓞ。ここは建設基地だったのだろうか。しかも砂利の線路跡は再び姿を現し、小河川にコンクリート橋を残しながらⓅ未成区間最大の幌内川橋梁に至っているⓆ。

その先、北見幌内や北見音稲府《きたみおといねっぷ》にも駅が設けられるはずだったが、はっきりとした予定地は分からなくなっていた。今もなお興浜線築堤の撤去が進められている模様だⓇ。それでも残された築堤を辿っていくとしだいに雄武の市街地に入り、高台にある雄武小学校の前は興浜線唯一の全長325mのトンネルで抜けていたⓈ。そして雄武駅は新築したばかりの地域交流センターになっていて、エレベーターで上る展望室からは雄武市街の興浜線のラインがはっきり見ることができたⓉ。

北見枝幸の町はずれに残る路盤(K地点)

音標付近で見た未成線の築堤の末端。これより北に工事跡は見られなかった(L地点)

枝枝幸の牧草地にあったコンクリート橋、川はほとんど枯れていた(N地点)

昭和50年代の建設だけにコンクリート橋梁が多用されている(P地点)

鉄道用地らしい細長い敷地、音標駅予定地跡の公園(M地点)

牧草地の草むらに放置されたレールや鉄道建設資材(O地点)

秋になると大量にサケが遡上する幌内川の橋梁。堂々とした鉄道橋だ(Q地点)

幌内の南側では線路築堤の撤去作業が行われていた(R地点)

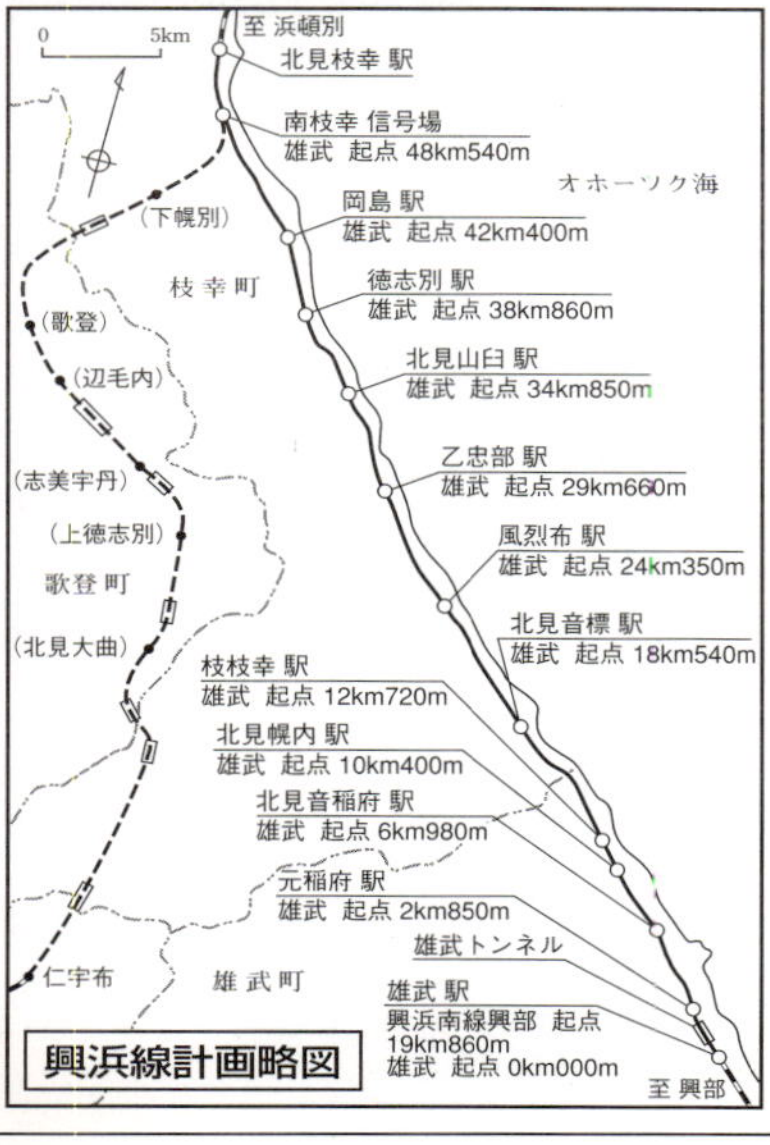

興浜線計画略図

雄武小学校前のトンネル。以前はレールも敷設されていた(S地点)

左手奥にトンネル出口が見える。そこからの道路が興浜南線の跡だ(T地点)

【興浜南線】

雄武《おむ》駅から南下していた興浜南線は市街地にあるオコツナイ川を越え、砂利道となって雄武川に向かって南下していた。しかし、すでに橋は撤去され築堤が両岸に残るだけだった(Ⓤ)。その先の雄武共栄《おむきょうえい》仮乗降場のあたりから線路のラインは道路より海側に移り、オホーツク海を背景に栄丘《さかえおか》駅(Ⓥ)、元沢木《もときわき》仮乗降場といった寂しげな無人駅が続いていた。しかしそれぞれの駅は跡形もない。

単調な興浜南線だったが、その先で海岸線に飛び出す日の出岬は沿線の名所だった。今では岬にリゾートホテルが建ち、そこに向かう道路がかつての線路跡になっている(Ⓦ)。しかし、岬を過ぎて沢木の漁港に下る所から線路跡は遊歩道として整備され、手作り風の小公園になっている沢木駅跡に続いていた(Ⓧ)。かつて、ここから線路は道路と分かれ御西沼の湖沼地帯を横断して興部川の河口に至っていた(Ⓨ)。線路付近に道路や人家はなく、北海道らしいさいはての鉄道風景を見せた所だ。ただ現在この海岸部は立ち入ることが難しくなっている。

しかし、その先の撤去された興部川橋梁からは築堤が断続的にサイクリングロードとなって興部市街に向かっていた(Ⓩ)。

【杉崎行恭】

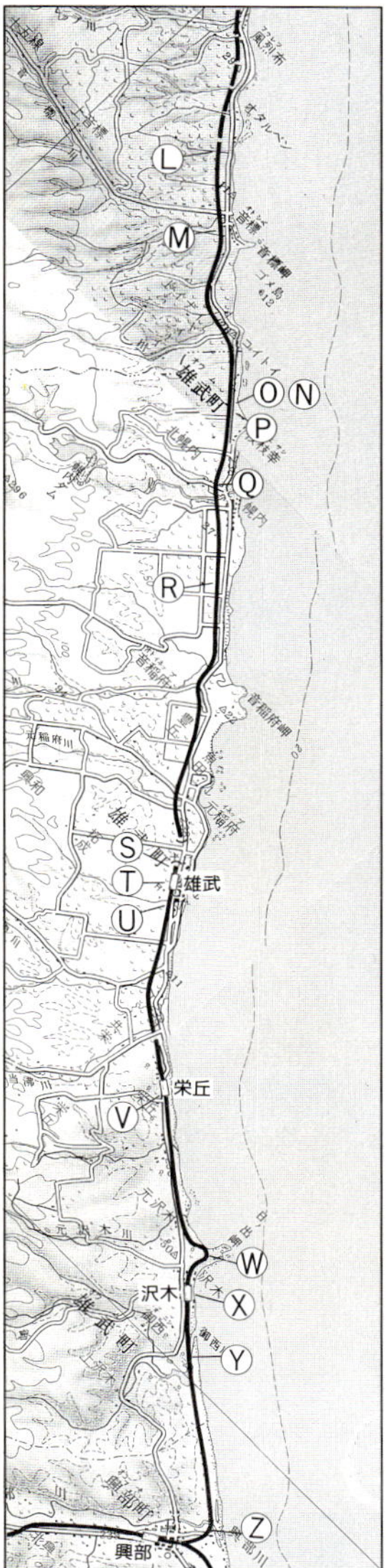

1/20万地勢図「枝幸」(H3.12.1発行)、「名寄」(H11.3.1発行)、「紋別」(H3.3.1発行)×0.7

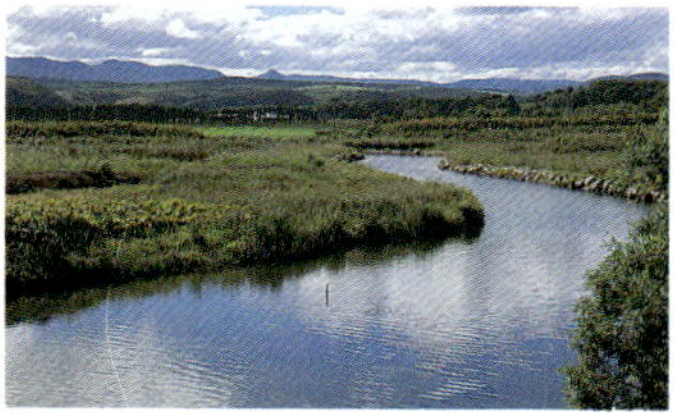

雄武川の渡河地点。左右に築堤だけが残る(U地点)

古い木造駅舎だった栄丘駅の跡(V地点)

日の出岬のホテル前が線路跡、緩やかな勾配で岬を越えていた(W地点)

沢木駅跡の公園に駅名標が残されている。国道から一段下がった場所だ(X地点)

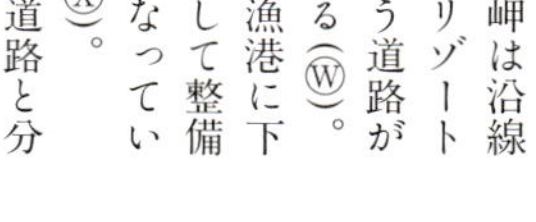

丘の上から見る御西沼。この海岸部を興浜南線は走っていた(Y地点)

興部駅に向かって線路跡のサイクリングロードはのびていく(Z地点)

深名線

【深川～名寄】

北海道内陸の秘境を貫く最後の大ローカル線

平成7年(1995)9月4日に廃止された深名線は、北海道にある廃止対象路線の中で最後まで残った121・8㎞だった。しかし、ここまで生き残ったのはひとえに冬期の代替交通機関が確保できなかったことによる。それほどまでに山奥を走る鉄道で、ローカル線の魅力を存分に備えた鉄道として北海道を旅する人たちから愛された路線だった。

深名線の歴史は朱鞠内《しゅまりない》ダムの建設計画に始まる。これは雨竜川上流域の水を天塩川に落として発電しようという壮大な計画だった。まずダム建設用の軽便線(後に改軌)として深川～多度志《たどし》間が大正13年(1924)に開通、昭和6年(1931)に添牛内《そえうしない》、翌年の昭和7年(1932)には朱鞠内と順次路線を延ばした。また名寄側からも工事が進み、起工から17年目の昭和16年(1941)になってついに名寄～深川間が全通した。

最初は雨竜線、やがて幌加内線、そして名雨線と工事が進捗するたびに線名も変わり、晴れて深名線となったのは全線開通のときだった。

深川駅の旧深名線ホーム。奥にはSL時代の給水設備も見える(A地点)

手前から奥へ線路が走っていた。道路の舗装面に注意(B地点)

片面ホームだけだった円山仮乗降場の跡、深川方を望む(C地点)

現在、留萌本線が発着している深川駅の西側ホームが深名線が発着していた所(Ⓐ)。そこから1㎞ほどの所で深名線は左に分かれ北上していた。現在は再開発で軌道敷は失われているが、わずかに舗装道路の補修跡でかつてここに踏切があったと分かる程度だ(Ⓑ)。しかしその先は広々とした耕地に消えていた。前方には背の低い丘陵が広がるが、その山麓に深川を出て最初の円山仮乗降場があった。場所は畑の中に建つ開進会館という集会所の前あたりにあった(Ⓒ)。やがて線路跡は最初の峠である丘陵にさしかかり、森の中を進んでいく。現在この深川～多度志間には廃線跡の一部を利用して道道多《た》度志《どし》一已《いちゃん》線の工事が進み、峠部分を抜けていた多度志トンネルも鉄道トンネルを拡幅利用している模様だ(Ⓓ)。その先、平地に下った所にあった上多度志駅と多度志駅は駅舎はすでに取り壊され空地になっている(Ⓔ)。ここから深名線は雨竜川に沿って線路は北上する。川沿いの小盆地にあった宇摩仮乗降場や幌成駅跡は整地されてしまったが、わずかに幌成駅と書かれた簡易駅舎が農機具工場の事務所として利用されていた(Ⓕ)。線路跡は草に覆われた築堤となって進み、やがて木造の鷹泊《たかどまり》駅が見えてくる。窓や扉に板が打ちつけられたまま残されていたが(Ⓖ)、駅前にあった大トド松はなくなっていた。

線路はここから幌加内峠に挑む25‰の急勾配となって山に入っていく。山腹に廃道状態の線路跡が大きくカーブして進み、峠の直下では国道275号の下をクロスしている(Ⓗ)。かつてディーゼルカーが車体を大きく揺らしながら上っていた難所だ。そして幌加内《ほろかない》トンネルを抜けた深名線は一気に下って下幌加内ダムの湖畔を走り、広々とした幌加内盆地に向かっていた。しかし、現在幌加内

工場用地として整地されていた多度志駅跡、第一期開業時の終着駅だった(E地点)

車掌車を改造した幌成駅舎、若干移動して事務所として利用されている(F地点)

集落のはずれに残る鷹泊駅舎。大正15年以来の建物もこのまま朽ちていくのか(G地点)

深名線のトンネルを拡幅して利用したらしい道路トンネルの工事現場(D地点)

峠付近の線路跡踏査は茂みに阻まれて不可能な状況だ。

さて、幌加内町に入って最初の駅が沼牛だった。ここも鷹泊駅同様にホームと駅舎が保存。というよりは放置されている（Ⓘ）。その先、ソバの名産地で知られるこの平原を線路跡は一気に北上する。

やがて、この地方の中心地幌加内に入っていく。駅舎は現役当時そのままに残され、地域の集会所として活用されていた（Ⓙ）。駅前には食堂も残り、今も名物のソバを味わうことができる。

幌加内から北はしばらく国道に沿って線路跡はのびる。所々で畑になっているが築堤や橋梁（Ⓚ）を目印に線路のラインが描ける。列車が踏切にかかって停車した上幌加内仮停車場も空き地になり、趣のある駅舎だった雨煙別《うえんべつ》駅はすでに撤去されて農業倉庫が1棟残るだけだった。

雨竜川は次の政和《せいわ》駅との間に小さな狭隘部を作っているが、ここに連続橋脚のガーダー橋と見事なトラス鉄橋を残している（Ⓛ）。

再び平原に入った所にある政和駅舎も閉鎖されて、駅前に開拓の記念塔がむなしく残されていた（Ⓜ）。続く添牛内駅舎も閉鎖状態で残されている（Ⓝ）。この付近から森林が迫り、雨竜川も大きく蛇行しながら山に入っていく。線路の築堤もほぼそのまま残され、今は跡形もない共栄《きょうえい》仮停車場を過ぎた所に第一雨竜トンネルが口を開けていた（Ⓞ）。そして緩やかに左右から山が迫った谷を進むと、山間の鉄道基地

幌加内峠の勾配区間で道路と交差。バラストの残る道床が続いている（H地点）

ホームや駅舎、周囲の農業倉庫まで昔のままだった沼牛駅（I地点）

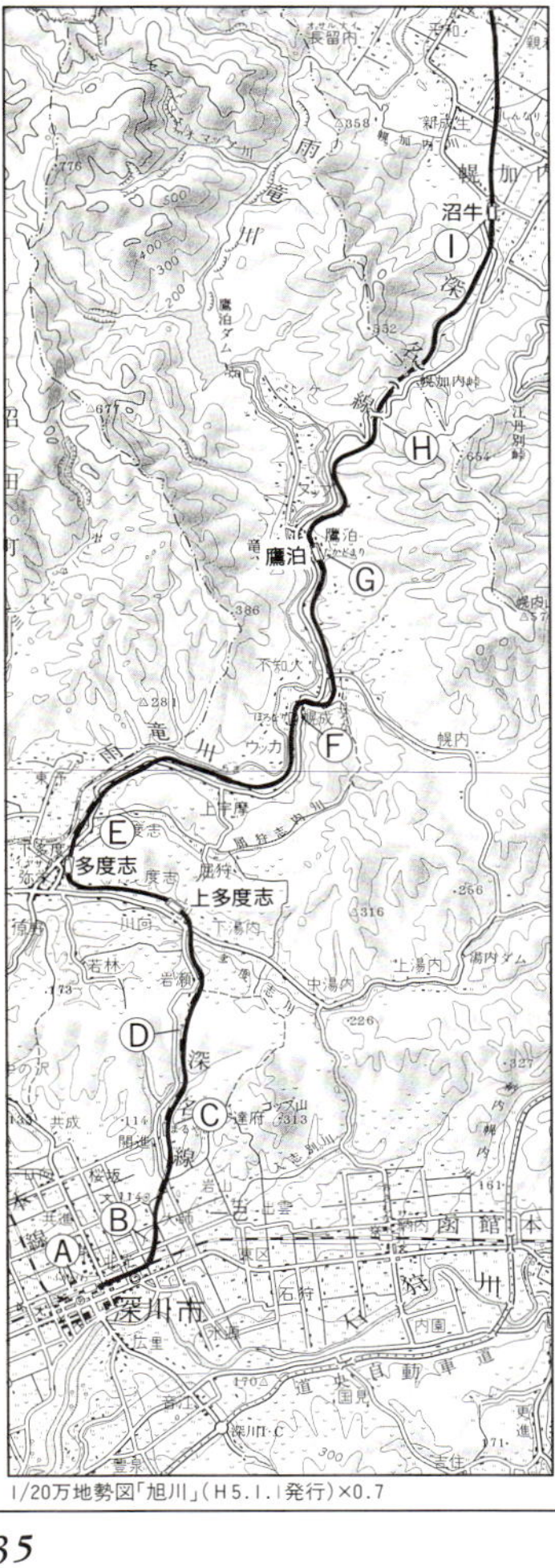

1/20万地勢図「旭川」（H5.1.1発行）×0.7

雪深い幌加内駅でのタブレット受け渡しによる列車交換風景。平成5年2月

今も駅前の花壇の手入は行き届き、町の人たちの駅への気持ちが伝わってくる（J地点）

手作り風の集会所になっていた幌加内駅。壁には深名線を偲ぶ言葉が掲げられている（J地点）

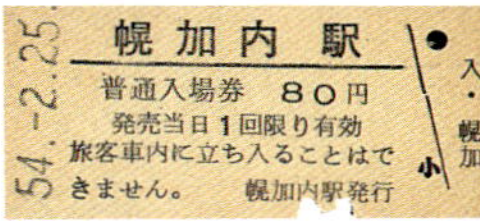

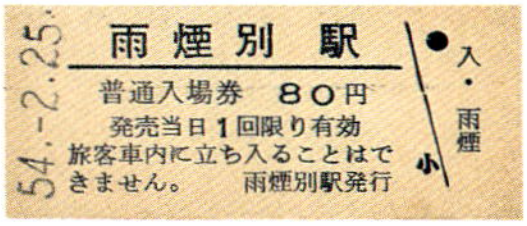

政和〜雨煙別間で、雨竜川を渡るプレートガーダー橋がそのまま残されていた（K地点）

だった朱鞠内《しゅまりない》駅のコンクリート駅舎が現役当時のまま残されていた(Ⓟ)。かつてここには機関庫や保線事務所もおかれ、鉄道員と家族が100人ほども暮らしていたまさに鉄道の集落だったという。

朱鞠内を出た深名線は最初の踏切を過ぎたあたりから左に分岐する道床がある。今ではかなり分かりにくくなっているが、これが未完成に終わった名羽《めいう》線の跡だ(『鉄道廃線跡を歩くIII』参照)。そして右手に朱鞠内ダムが見えてくる所に湖畔仮乗降場の跡があった(Ⓠ)。湖畔とはいっても日本一の人造湖である朱鞠内湖までは30分も歩かなくてはならなかった駅だ。そして砂利道となった線路跡は深い森に入っていく。

ここから深名線は北大演習林の中を通過していて容易に近づくことができなくなっている。現役当時は車窓から幻想的な朱鞠内湖が見え隠れしていた最も深名線らしい区間だ。

次の蕗ノ台《ふきのだい》駅はその名の通り一面のラワンブキに覆われた湿地帯だった所で、戦時中は食用になるフキを採取するため臨時列車が走ったこともあるという。その蕗ノ台駅跡は現在線路撤去作業の基地となっていて、レールや枕木が積み上げられていた。そして驚くことにまだ線路は健在で、線路撤去用の保線機関車と貨車が停車していた(Ⓡ)。平成11年9月現在、廃止された深名線の最深部でまだ列車が走っていたのだ。この区間が今もトラックも入れないほどの土地であることを物語っている。

蕗ノ台駅からは名寄方向にもレールはのび、100mほど行った所で鉄橋を渡り(Ⓢ)、第二雨竜トンネルの中に消えていた(Ⓣ)。

次の白樺駅にはクマザサに覆われた階段が残り、一段下がった構内跡地にポツンと取り残された転轍器が、駅の所在を示している(Ⓤ)。線路跡は再び森の中に消えるが、ここからは朱鞠内湖の北岸で、入り組んだ湖畔と針葉樹が見事なコントラストを見せていた所だ。さて、線路跡と再び出合うのは昭和53年(1978)に日本での観測史上最低のマイナス41・2度を記録した北母子里《きたもしり》だ。その駅舎はすでに取り壊されホームだけが虫の音の中に佇んでいた(Ⓥ)。

深名線は北母子里を出るとトドマツの林と牧草地が交互に現れる開拓地の中を南下して、名寄との境を成す山脈に入っていく(Ⓦ)。

この峠は長大な名雨トンネルで抜けていたが、その場所までは猛烈な茂みに阻まれて行くことができない。そこで名寄側に回り天塩弥生《てしおやよい》駅の近くで再び山から下ってきた線路跡を見つけた。天塩弥生は小集落の駅だったが、今は跡地が残るだけだ。このあと深名線は名寄の平原に出てまっすぐ市街に向かう。早くも耕地整理が進んで西名寄《にしなよろ》駅や天塩川の橋梁もすでに撤去されているが、しかし、天塩川を越えると再び深名線の築堤が現れ、一本道の廃道となって名寄《なよろ》駅に向かっていた(Ⓧ)。

廃止後まだ日の浅い深名線には、多くの駅舎やホーム跡などが残されているが、年を経るごとに他のローカル線同様、その痕跡は次第に失われていくことだろう。【杉崎行恭】

垂直材つきのワーレントラス橋も見られた。造りもしっかりしていて再利用できそうな施設だ(L地点)

鷹泊駅や沼牛駅とほぼ同じ図面で作られた政和駅舎、幌加内町開基70周年記念塔が駅前に(M地点)

草むすプラットホームがもの悲しい添牛内駅、このあたり周囲の民家も次第に少なくなってくる(N地点)

山中に口を開く第一雨竜トンネル。このあたりで広大な幌加内の盆地も終わりだ(O地点)

そのまま残る朱鞠内駅、かつて深名線を全線乗ろうとすると、必ずここで長時間待たされた(P地点)

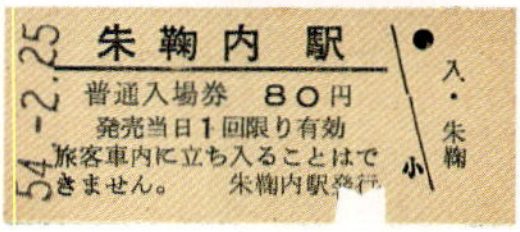

まだレールの残るウツナイ川橋梁。今にも列車が走ってきそうだ(S地点)

平成2年に一足早く廃止された諸ノ台駅跡は線路撤去の基地に、まだ線路上にモーターカーがいた(R地点)

深名線は朱鞠内から雨竜川上流の森林地帯を分け入って行く、中央左に鉄橋が見える(Q地点)

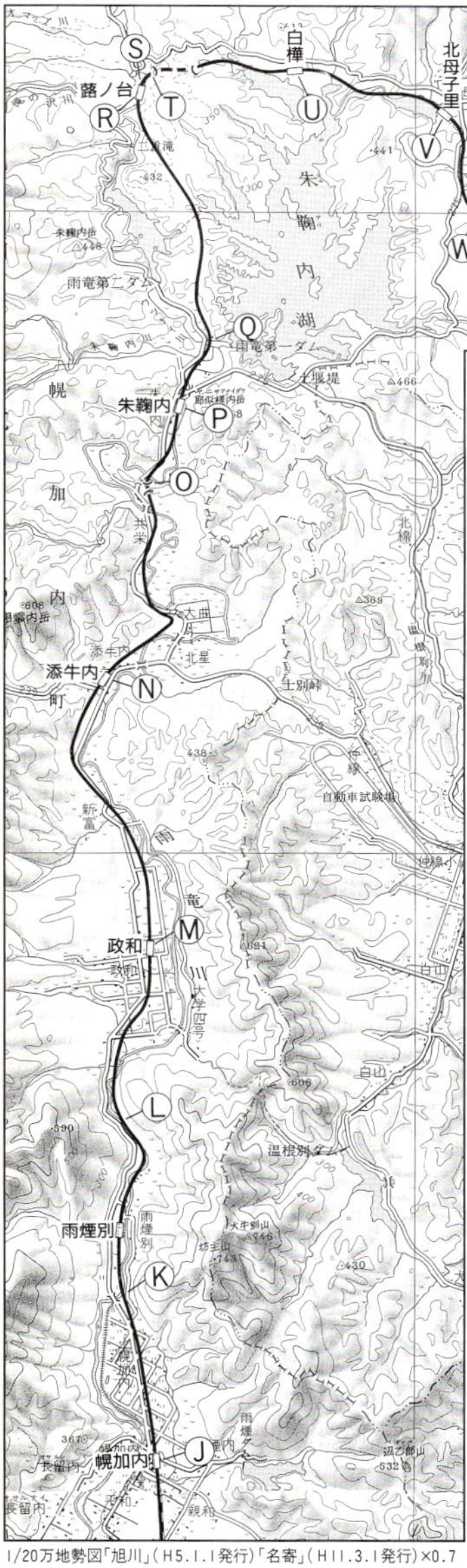
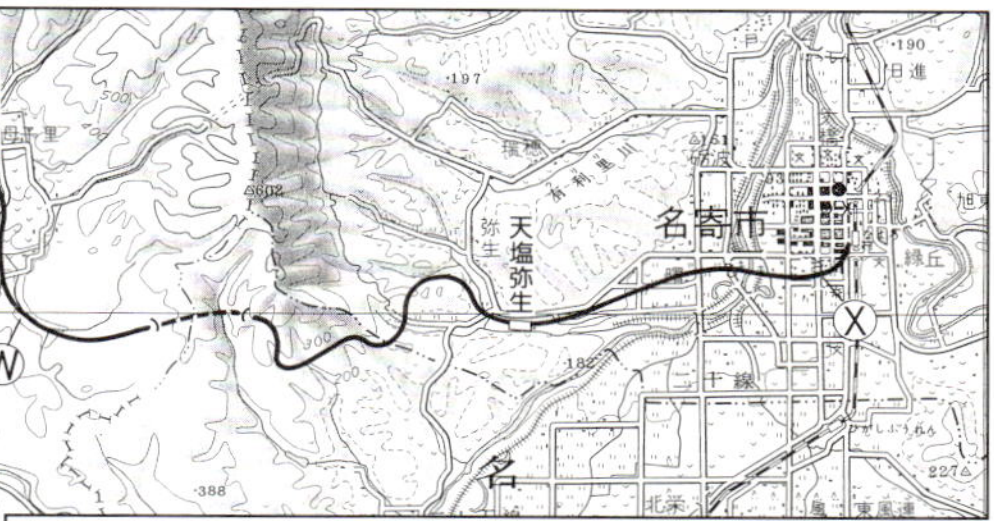

1/20万地勢図「旭川」(H5.1.1発行)「名寄」(H11.3.1発行)×0.7

第二雨竜トンネルは昭和16年の開業区間。トンネルには補修を重ねた跡が残る(T地点)

諸ノ台とともに平成2年に廃止された白樺駅。かつての入植地の跡だ(U地点)

簡素な木造駅だった北母子里駅舎はすでになく、ホームだけがあった(V地点)

最後の難所、名雨トンネルの峠に向かって高度を上げる。白樺林の砂利道が線路跡(W地点)

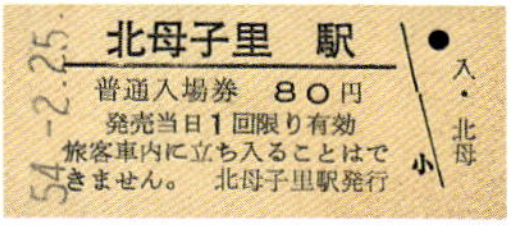
北母子里　駅
普通入場券　80円
発売当日1回限り有効
旅客車内に立ち入ることはできません。　北母子里駅発行
54.-2.25
入・北母
小

白銀の世界が広がる北母子里駅に進入する名寄行きディーゼルカー。平成5年2月

名寄の街中に砂利道となって名寄駅に向かって路盤がのびていく(X地点)

名寄本線

【名寄～興部】

オホーツク開拓の使命を果たした峠越えの幹線鉄道

昭和55年に公布された国鉄再建法で、全国の数多くの路線が廃止対象となった。そのなかで唯一「本線」と名がつく路線だったのがこの名寄《なよろ》本線だ。確かに大正10年（1921）に名寄～遠軽《えんがる》間が全通したときは札幌方面と網走方面を結ぶ唯一の鉄道だった歴史を持つ「本線」だった。

その後、昭和7年（1932）に旭川と北見をショートカットする石北本線が開通すると幹線の地位を譲り、以後オホーツク沿岸の市町村を淡々と結ぶ生活路線に徹してきた。

平成元年（1989）4月30日をもって廃止、この時は相前後して標津《しべつ》線、天北《てんぽく》線が廃止され、鉄道ファンにとって忘れられない春になった。

今回は、名寄本線の天北峠越え区間、名寄～興部《おこっぺ》間を歩いてみた。

名寄本線は、名寄駅から南下して道路の跨線橋をくぐった所から東に分岐して上り勾配となっていた。その場所が名寄公園として整備され、線路をそのまま使ってSLと除雪車を組み込んだ「キマロキ」5両編成の除雪列車が堂々と保存展示されている（Ⓐ）。線路跡はそのまま名寄市北国博物館の脇を抜けて森を抜け、畑の中をカーブして下川《しもかわ》まで続く広い谷を進んでいく（Ⓑ）。

最初の駅が名寄から5・8kmの中《なか》名寄《なよろ》駅だ。ここには北海道のローカル線の末期によく設けられたプレハブ造りの簡易駅舎が残されていて、中には現役時代の看板やポスター類がきれいに保存されていた（Ⓒ）。地元の鉄道に対する熱き想いが伝わってくるようだ。

築堤となって続いていた線路跡は、やがて水田地帯に消えている。それでも用水路を渡る小さなガーダー橋が取り残され（Ⓓ）、その位置から線路の方向を判断することができる。

豪雪地帯だったことを伝える除雪列車が線路跡に保存。奥に宗谷本線が見える（A地点）

まだ踏切跡には予備の遮断機入れと信号機器の箱が残されている、奥が興部方向（B地点）

昭和50年代にローカル区間に多く設けられたプレハブ駅舎の中名寄駅（C地点）

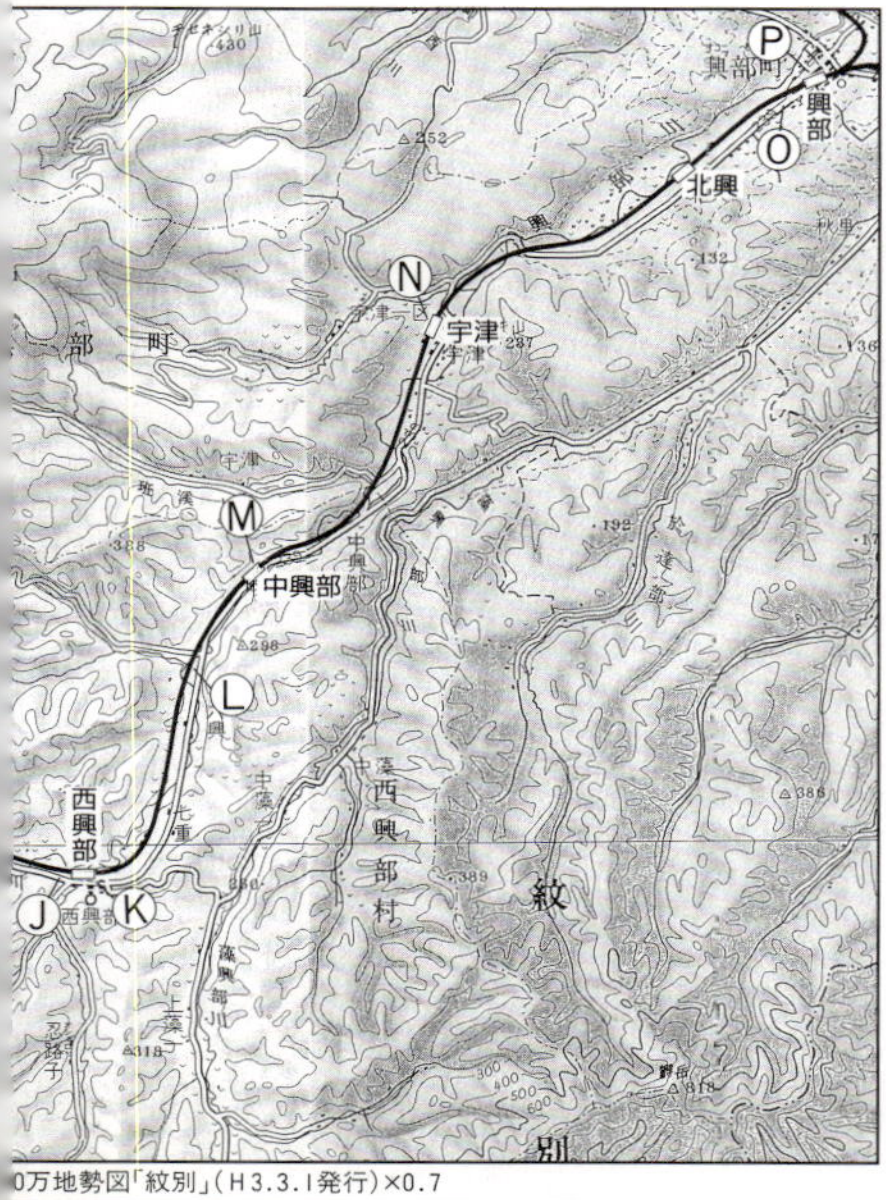

0万地勢図「紋別」（H3.3.1発行）×0.7

中名寄駅の内部には懐かしい看板や標識類が展示されていた。ちょっと盗難が心配（C地点）

プレートに「鉄道省」の文字があったＩビーム橋。その前後は畑に戻っていた（D地点）

かつては林業や鉱山の町だった下川駅跡は商工会館とバスターミナルの複合施設に（E地点）

続く上名寄《かみなよろ》駅は貯木場となり跡形もない。またこれに続いていた矢文《やぶん》駅、岐阜橋《ぎふばし》駅というホームだけの無人駅も同様に姿を消している。次に鉄道の名残を見るのは下川《しもかわ》駅跡で、バスターミナル合同センターという立派な施設に生まれ変わっていた(Ⓔ)。中のロビーには鉄道コーナーがあり旧駅の写真が展示されていた。またすぐ隣にはキハ22が2両保存されている(Ⓔ)。下川市街は鉄道跡がすっかり再開発されているが、家並みが途切れると再び草に覆われた築堤となって線路跡が現れる。そして、下《しも》糠川《ぬかがわ》には鉄桁が残っていた(Ⓕ)。施設の撤去が進み、大型橋が姿を消している名寄本線にあって貴重な存在だ。このあたりから左右に森が迫って、次第に山線の様相になってくる。

線路と並行して走る国道239号は列車の走らない跨線橋を何度も越える。無人駅だった二ノ橋《にのはし》駅(Ⓖ)や幸《こう》成《せい》仮乗降場は跡形もなく、次の一《いち》ノ橋《はし》駅は集落のコミュニティセンター

下川駅跡におかれているキハ22。集会所として今も使われている(E地点)

立派な円柱のピアをもつ下糠川橋梁が残る。なにかに再利用するのだろうか(F地点)

この跨線橋の下に二ノ橋駅があった。今は道床跡を利用して用水路の工事が進む(G地点)

国道左側のくぼんだ切通しを名寄本線が走っていた。天北峠付近から興部方を見る(H地点)

猛然と煙を吹き上げて峠を目指して25‰の急勾配に挑む9600形牽引の下り貨物列車。一ノ橋~上興部。昭和49年12月29日/写真:大野雅弘

上興部駅は本格的な鉄道記念館に、ホームにはキハ27が1両保存されている(I地点)

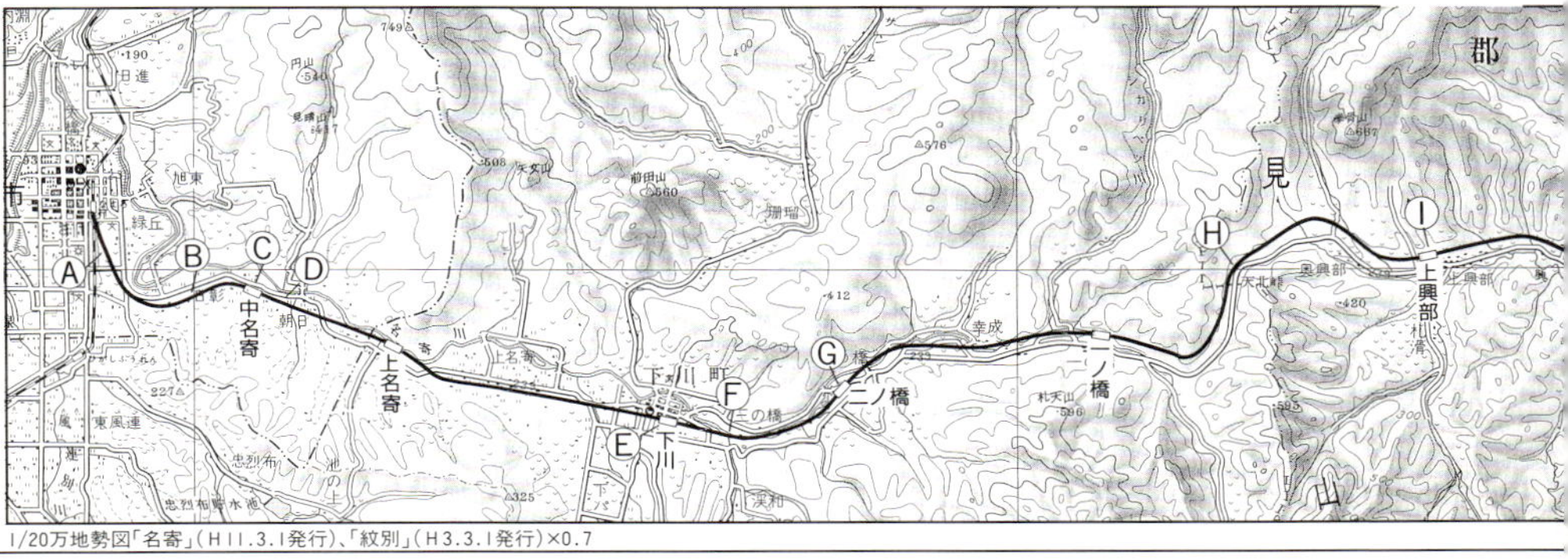

1/20万地勢図「名寄」(H11.3.1発行)、「紋別」(H3.3.1発行)×0.7

水際のコンクリートが興部川にわずかに残る名寄本線の橋梁跡（L地点）

西興部駅近くのプレートガーダー橋。国道から離れた目立たない橋ほど残されている傾向がある（J地点）

になっていた。

ここを過ぎると天塩と北見を隔てる天北峠だ。25‰の急勾配が連続する線路跡はクマザサの線となって木立ちの中に残り、やがて標高239mの峠に出る。標高が低く山がなだらかなのでこの峠にトンネルはなく、国道のすぐ脇を切通しで線路が通過していた（Ⓗ）。

分水嶺を越えて下っていくと小盆地の上興部《かみおこっぺ》に出た。木造駅舎の上興部駅は自由に見学できる鉄道記念館になっていて、かつてこの駅の北にあった石灰石鉱山から専用軌道がのびていたことも伝えている（Ⓘ）。

線路跡のラインは牧草地や畑に寸断されながらも続き西興部《にしおこっぺ》駅の名寄側にはプレートガーダー橋を残していた（Ⓙ）。さて、橋を渡った所にある西興部駅は仰天するほどの変貌を遂げていた。駅跡は真新しいホテルが建ち（Ⓚ）、線路用地に沿って行政の施設が並んでいる。

ここから線路跡は興部川に沿って北西方向に大きく方向を変える。線路は興部川の支流を幾度も渡っているがほとんど橋台が残るだけだ（Ⓛ）。谷筋を線路跡と国道、それに興部川が並んで進み次第に高度を下げていく。仮乗降場だった六興《ろっこう》は場所も分からなくなっているが中興部《なかおこっぺ》駅は旧木造駅舎がほぼ完全な形で残されていた（Ⓜ）。ホームや植え込みまでもあってまるで映画のセットのようだ。今でも近くの人が定期的に掃除をしている様子で好感が持てる。

しかし、次の宇津《うつ》駅は駅舎までの舗装道路を残すだけで建物は消失していた（Ⓝ）。廃止から10年、駅跡利用もさまざまのようだ。この宇津駅の先で最後の狭隘部を抜け興部の平野に出る。今では古いバス停のみとなった北興《ほっこう》駅を過ぎると線路のラインは途切れ途切れに続き、やがてサイクリングロードに変わる。そして跨線橋を過ぎるとオホーツク沿岸の町興部《おこっぺ》だ（Ⓞ）。かつて興浜南《こうひんなん》線の分岐駅だった興部駅はバスターミナル兼用の道の駅になっていて、ここにも名寄本線の資料館が併設されていた（Ⓟ）。ホームが120mはあったというだけにその跡地は広く、公園などに生まれ変わっていた。名寄本線はさらにここからオホーツク沿岸を走り、石北本線と接続する遠軽まで続いていた。その遠軽まではまだ70㎞の彼方である。【杉崎行恭】

駅舎や構内の信号施設まで見事に保存されていた中興部駅（M地点）

西興部駅跡は街が経営するリゾートホテルに（K地点）

空地になっていた宇津駅跡、開業以来の古い駅舎があった所だ（N地点）

「天北こ線橋」の文字が残る陸橋、下を廃線跡利用のサイクリングロードがのびる（O地点）

「道の駅おこっぺ」となっていた興部駅跡、かなり大きな施設だ（P地点）

内部には鉄道コーナーがあり興部駅駅舎の模型や廃止当日の写真が展示（P地点）

相生線

【美幌～北見相生】

釧路延長の夢果たせずに消え去った南北縦貫線

網走川に沿って美幌《びほろ》～北見《きたみ》相生《あいおい》間36・8㎞の区間を走った相生《あいおい》線の歴史は、釧路から阿寒を抜けて美幌を結ぶ釧美《せんび》線鉄道建設の請願に始まる。釧美線敷設運動は、明治45年（1912）から具体化し、第一次世界大戦の影響で運動は一時停止したものの、大正11年（1922）に念願かない、美幌～相生間が着工される運びとなった。工事は順調に進み、大正13年（1924）11月17日に美幌～津別《つべつ》間が開通、翌年11月15日に津別～北見相生間が開通し、相生線の全線が開通した。しかし、当初の目的は、あくまで北見相生から路線を延長して釧路に結ぶ釧美線の全通であり、延長実現の運動は、その後も継続されて行われていったが、進展は見られなかった。

相生線開業後40数年を経て釧美線全通は幻となったが、昭和40年代、にわかに阿寒線鉄道建設の世論が高まった。これは、当時工事線であった白糠《しらぬか》線（白糠～足寄《あしょろ》 町《ちょう》螺湾《らわん》）と相生線を阿寒湖畔経由で接続し、さらに予定線の北十勝線（足寄～螺湾）と

旭通仮乗降場付近を力行する9600（C地点）昭和50年2月／撮影：前田武夫

旭跨線橋の上に相生線の銘板があった（C地点）

相生線が使用した1番ホームは使用されず駅舎も建て替えられた（A地点）

旭通仮乗降場のホーム土台と思われるレールの杭が何本か並んでいる（C地点）

旭通仮乗降場付近の線路跡は、公園の遊歩道に整備されている（C地点）

さよなら列車が出発する美幌駅（A地点）。昭和60年3月30日／撮影：前田武夫

魚無川に架かる小さなガーダー橋（D地点）

旭通仮乗降場と上美幌間に残る築堤と橋台（E地点）

石北本線の脇に相生線の道床のバラストが残っている（B地点）

魚無川の渓流に沿って走るさよなら列車。手前のガーダー橋（D地点）は今も残っている。旭通仮乗降場～上美幌間。昭和60年3月30日／撮影：前田武夫

も連絡するもので、足寄町の呼び掛けで、阿寒町、津別町、美幌町の4町が共同戦線を張って敷設運動が展開されていった。しかし、この頃には相生線廃止の動きも出ており、昭和54年（1979）12月11日に貨物輸送を廃止、昭和56年には、国鉄再建法に基づく第一次廃止対象路線となり、昭和60年（1985）3月31日をもって、最後まで望んだ路線延長の夢かなわず廃止となった。

始発駅の美幌駅は、1番線ホームを相生線が使用していたが、現在は線路も撤去され使用されていない（Ⓐ）。また、駅舎と続いて美幌町交通記念館があり、相生線に関する資料が展示されている。石北本線と分岐した相生線の線路跡には、住宅が建てられて美幌町役場の裏付近まで続く。国道243号の跨線橋の下付近には、旭通仮乗降場があり、乗降場のホームを支えたと思われるレールの杭が残されている（Ⓒ）。また、きっぷを販売していた商店も残っている。この付近から、線路跡は遊歩道に整備されて魚無川の公園沿いに南下する。右岸に渡った線路跡は、現在も遊歩道として整備されつつある。また、魚無川を渡る地点には、短いガーダー橋が残されており（Ⓓ）、これが、相生線跡に残された唯一の橋梁。その他の橋梁はすべて取り払われ、橋台部が残されているのみだ。

構内がパターゴルフ場に利用されている上美幌駅跡（Ⓕ）から津別駅跡にかけての区間は、ほとんどの線路跡がタマネギやジャガイモ畑の中に吸収されて、その跡を辿ることが難しい。ただ、各所の川に架けられた橋梁部分は、橋台が残されているので、ピンポイントでその跡を見つけることができる。

木材を中心に貨物の積出し量が多かった津別駅は、昭和44年（1969）4月1日からコンテナ補助基地としても機能し、昭和54年（1979）まで1日2個〜4個のコンテナが津別駅に割り当てられていたという。現在も駅跡の美幌側は、木材が並ぶ土場が広がり、土場の一角の線路跡に、腕木信号機が1機残されている（Ⓘ）。なお、駅舎やホームがあった

パターゴルフ場になった上美幌駅構内（F地点）

倉庫だけが駅跡の雰囲気を伝える活汲駅跡（G地点）

橋脚と橋台だけが残された網走川を渡っていた橋梁跡。築堤は撤去されて畑となった（K地点）

津別駅の土場の一角に腕木信号機がポツンと立っている（I地点）

石積みの立派な橋台が国道の脇にあった（H地点）

背の低いバス停が布川駅の跡を示す（M地点）

奥の森からまっすぐのびていた線路跡も客土によって消え去った。手前の土が露出している付近が大昭仮乗降場跡。本岐方を望む（L地点）

明確な線路跡の道が津別駅跡からのびる（J地点）

津別町営バスの待合所になっている北見相生駅舎(N地点)

付近は、道路が通り抜けて雰囲気が一変し、当時の面影は残っていないが、高校前仮乗降場方面の線路跡が、街並みの中に残っている(Ｊ)。

津別駅跡から北見相生駅跡までの区間も、畑の中に線路の痕跡を消してしまった所が多いが、本岐《ほんき》地区多目的公園になった本岐駅跡の前後には、わずかな線路跡が残っている。

また、土砂を削られてむき出しになった橋台や橋脚も近くで見ることができる(Ｋ)。北見相生駅手前のユウ谷の沢川に架かる橋梁付近は、国道から雄大な風景が楽しめる場所だったが、現在は樹木に覆われて見通しが利かず、鉄道跡も橋台部分を含めて撤去されてしまった。

終着の北見相生駅は、交通公園として保存され、駅舎は町営バスの待合所としても利用されている(Ｏ)。また、構内には、除雪用のキ703をはじめ、3両の貨車、スハフ42502、キハ22 69などの車両が展示されている。なお、構内にあった給水タンクやターンテーブルは撤去されているが、木造の単線車庫が今も構内のはずれに残っている(Ｎ)。

【村田正博】

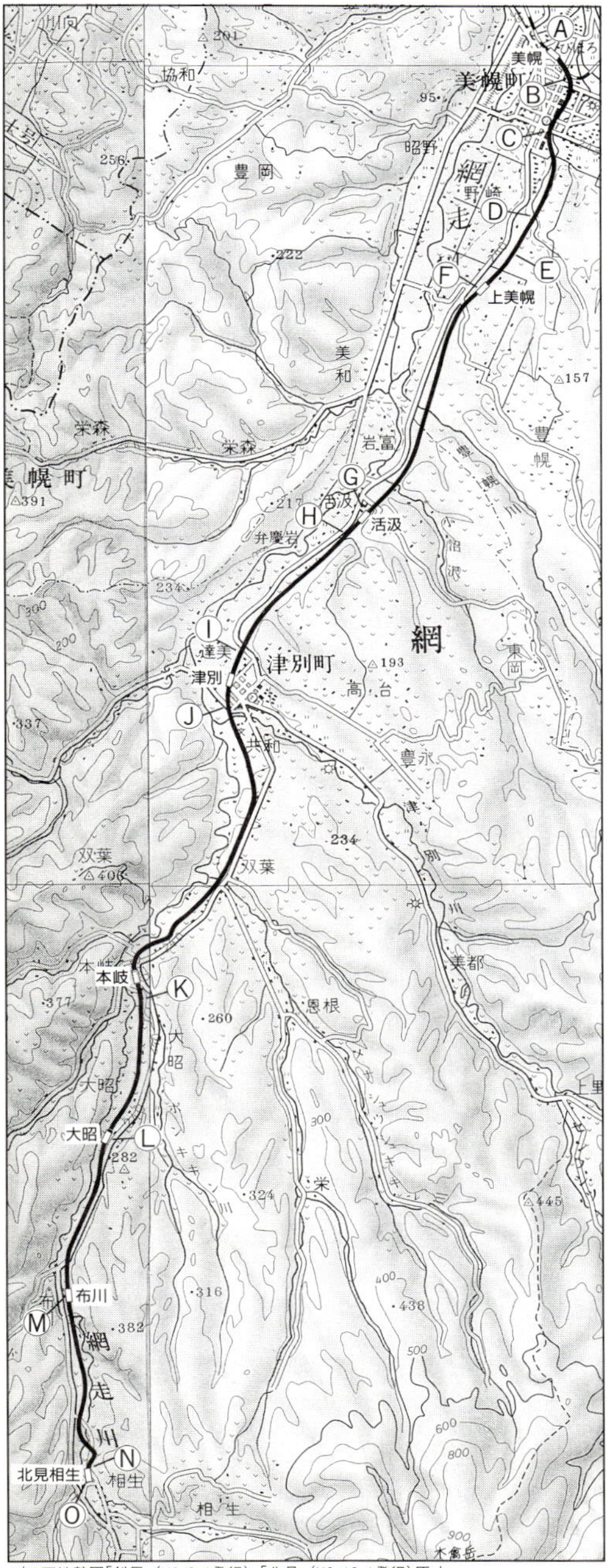

1/20万地勢図「斜里」(H3.9.1発行)、「北見」(H3.12.1発行)原寸

交通公園になった北見相生駅構内にはキ703をはじめとした車両が展示されている(O地点)

一面に生えたセイタカアワダチソウの海を掻き分けていくと木造車庫が現れた(N地点)

廃止になる前に展示車両が運ばれていたことが分かる(O地点)。昭和60年3月30日/撮影:前田武夫

雄別炭礦鉄道

霧の港街・釧路から炭山へとのびた鉄路

【釧路～雄別炭山】

″霧の町″″東洋のロンドン″と呼ばれ、小説『挽歌』の舞台ともなった詩情あふれる釧路市は一方で、製紙、水産、石炭など道東の豊かな資源を背景とした産業都市でもある。現在では太平洋炭礦が操業するだけだが、かつて釧路炭田には周辺の阿寒町、白糠町、音別町を含め数多くの炭礦があった。

阿寒町の雄別炭礦は太平洋炭礦と並び釧路炭田の中心的炭鉱であった。この雄別炭礦と釧路を結んだのが雄別炭礦鉄道である。

雄別炭礦は阿寒川の支流・舌辛《したから》川の上流に位置し大正6年（1917）に個人により坑口が開かれるが、本格的採掘は大正8年（1919）の北海炭礦鉄道㈱の設立による。当初馬車軌道や炭舟に頼った石炭輸送も大正11年（1922）には釧路～雄別炭山間・延長44・5kmの鉄道が完成、翌12年（1923）1月に正式開業した。

大正13年（1924）には第一次世界大戦後の反動不況で北海炭礦鉄道は経営不振となり、当時美唄・大夕張の両炭鉱を経営していた三菱鉱業㈱の傘下となり雄別炭礦鉄道㈱となった。

戦後の傾斜生産により石炭産業は脚光を浴びたが、昭和32年（1957）には合理化の一環として気動車を導入、昭和34年（1959）には鉄道部門が雄別鉄道㈱として独立した。

しかし、石炭産業の合理化が進むなか、昭和44年（1969）の雄別茂尻炭礦（赤平市）の事故で企業の存続が困難となり、昭和45年（1970）2月には鉄道を再度炭礦会社に吸収し全山閉山・倒産となったが、列車は代替のバス輸送が確保された4月まで運行された。

起点の釧路駅5番ホーム北側には現在も雄鉄線ホームの地下道入口が残っている（Ⓐ）。釧路駅を出た雄鉄線はやがて根室本線を離れ大きなカーブを描き、釧路市の北部を西に向かっていた。かつて転車台や給水塔があり、雄鉄線の拠点であった新釧路駅付近の廃線跡は市道となっているが、その周囲は住宅が建ち並び往時の面影はない。しかし同駅からの引込線があり、雄別炭礦の機械・車両の製造・修理をしていた㈱釧路製作所釧路工場の事務所前（Ⓑ）には新釧路の駅名標とともにSL・8722号が保存されている（見学の際は要許可）。

廃線跡は同工場の東側の国道44号を通り、鶴見橋まで片側2車線の釧路環状線・雄鉄線通りとなって続いている（Ⓒ）。かつて、江南高校の生徒や労災病院の利用者で賑わった中園駅周辺も都市化の進展でその確認は困難である。鶴見橋西側より廃線跡は仁々志別川沿いに進むが、この先は道道釧路・阿寒自転車道（26・1km）として整備されている。

かつて鶴野線を分岐していた鶴野駅あたりには釧路環状線・鶴野パーキングが設置され自転車道の休憩所としても整備されている（Ⓔ）。

この先、鶴居村簡易軌道との交点を過ぎ北斗、山花、桜田と自転車道

釧路駅に残る雄別線ホームへの地下道出入口（A地点）

㈱釧路製作所釧路工場に保存されている8722号SLと新釧路駅駅名標（B地点）

釧路環状線には″雄鉄線通″の名称がついている（C地点）

釧路川橋梁跡に架かる鶴見橋（D地点）

サイクリングロードとなった廃線跡、釧路・阿寒自転車道、かつての鶴野駅付近（E地点）

釧路・阿寒自転車道となり一直線にのびる線路跡、山花駅付近（F地点）

阿寒町商工会館横に立つ雄別鉄道記念碑、かつての阿寒駅跡でもある（G地点）

は続く(Ⓕ)。

自転車道の終点である、かつての阿寒駅跡には阿寒町商工会館が建てられ、その横には雄別鉄道記念碑が建立されている(Ⓖ)。また同駅は木材の集散地としても賑わっており、周辺に残る木工場はかつての賑わいを彷彿とさせる。

ここから阿寒湖畔寄りの同町上阿寒の資料館・雄鶴駅には雄別の炭礦・鉄道の資料とともにSL・C1165号が保存されている(Ⓗ)。

廃線跡は国道240号を横断し町道阿寒雄別道路となり(Ⓘ)、舌辛川沿いに古潭駅跡に続く。古潭駅前には現在も布伏内郵便局(Ⓙ)があり、かつての炭礦で賑わった頃の駅前通りの面影が残っている。古潭駅を出ると再度舌辛川が寄り添い右手には断崖が迫る。ここは、通称・熊の穴と呼ばれた所で断崖には1957の年号が刻まれている(Ⓚ)。これは昭和32年に、導入されたばかりの新鋭気動車の記念写真を撮影した時の痕跡である。

ここから廃線跡は一車線の砂利道となるが、新雄別駅跡近くには対岸の炭住街と駅を連絡した廃橋が残っている。真澄町駅跡から先は砂利道も行き止まりになっているが、その先には鋼鈑桁4連の舌辛川橋梁が残っている(Ⓛ)。

道道雄別釧路線を迂回し雄別炭山を目指すと第2号橋付近より廃線跡が右手から寄り添い、鋼鈑桁2連のベルツナイ橋梁が残っている(Ⓜ)。道路改良によりカーブが修正された横山踏切の痕跡も残り(Ⓝ)、ここから先は廃線跡は左手に移る。雄別炭砿記念碑の先にはコンクリート単版桁の然別川橋梁が残り、間もなく終点雄別炭山である。

かつて、インターン時代に雄別炭礦病院に勤務したことのある渡辺淳一氏は「Y炭山は炭礦の常で、低い山並みと川に沿ってのびた、細長い山峡の町であった」(『廃礦にて』角川文庫)と記しているが、今では駅の痕跡は線路沿いの道路のコンクリート擁壁しかなく(Ⓟ)、炭礦の痕跡もかつての、総合ボイラーの煙突ぐらいで

かつての炭住街、古潭の駅前に残る郵便局(J地点)

断崖に1957の刻印が。新鋭DCの導入を記念し、写真撮影した痕跡という(K地点)

緑深い山峡に赤い舌辛川橋梁が残っていた(L地点)

道道雄別釧路線沿いに残るベルツナイ橋梁(M地点)

雄別炭砿記念碑(O地点)

上阿寒にある炭礦と鉄道資料館“雄鶴駅”の展示。屋外にはSL、C1165号も保存されている(H地点)

町道阿寒雄別道路、舗装もやがては砂利道に。舌辛川の断崖沿いに廃線跡が続く(I地点)

道路改良により修正された横山踏切のカーブの跡。ここが炭山の入口であった(N地点)

大祥内専用線跡に残る錦沢のアーチ橋(R地点)

雄別炭山駅跡、道路沿いのコンクリート擁壁、道路右側の広場がかつての炭山駅構内(P地点)

炭礦の総合ボイラー煙突が今も残る(Q地点)

ある（Ⓠ）。この先にのびていた大祥内専用線の痕跡も錦沢にレンガ造りのアーチ橋が残るだけである（Ⓡ）。

　また、釧路市内には釧路港への石炭輸送路線であった鶴野線の根室本線跨線橋の橋台（Ⓢ）と、埠頭線の新釧路川橋梁が残っている（Ⓣ）。【奥山道紀】

埠頭線の新釧路川橋梁（T地点）

鶴野線、根室本線跨線橋橋台（S地点）

雄別炭山機関庫の8721号SL、デフ未装着時代／写真 大谷正春

かつての雄別炭山駅構内、昭和40年頃／「雄別炭礦鉄道」より転掲

雄別炭山機関区に到着した新鋭DCキハ49200Y形（国鉄キハ21と同形）、昭和32年／写真:大谷正春

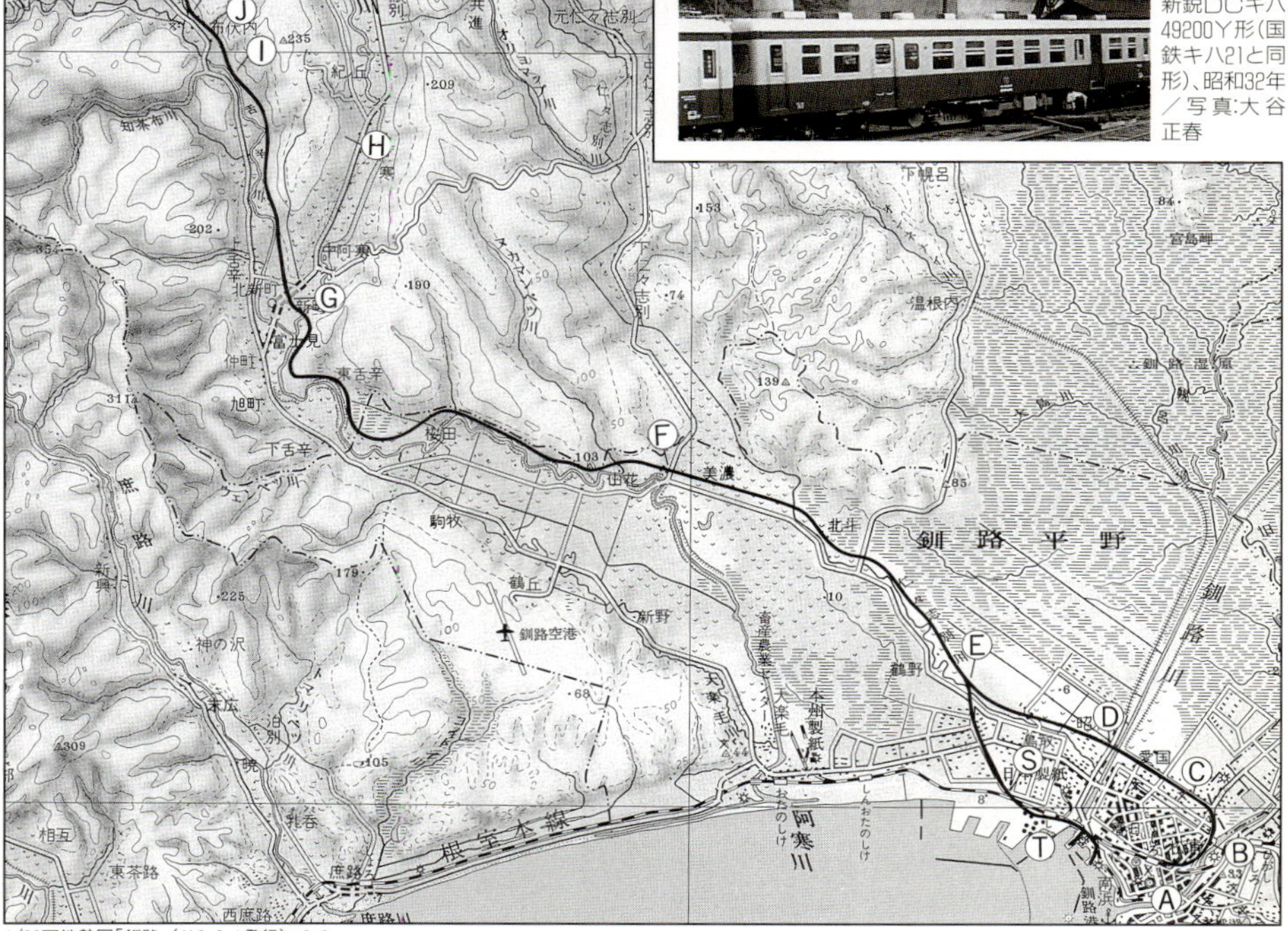

1/20万地勢図「釧路」（H3.9.1発行）×0.8

白糠線

【白糠～北進】

北進の夢かなわず全通後わずか11年で消えたローカル線

キハ40が停まっている３番ホームから白糠線が出ていた（A地点）

昭和39年にまず白糠～上茶路間が華々しく開通した（A地点）。昭和39年10月７日／写真提供:白糠町役場

根室本線の白糠《しらぬか》駅から茶路《ちゃろ》川に沿って北進《ほくしん》駅まで33・1㎞の距離を結んだ白糠線は、上茶路にあった炭鉱の石炭搬出と、沿線の森林開発を目的に建設されたもので、当初、白糠から池北《ちほく》線の足寄《あしょろ》駅を結ぶ予定で計画された。昭和33年（1958）9月から白糠～上茶路間で工事が開始され、昭和39年（1964）10月7日に同区間が開通した。さらに、上茶路～北進間の工事は、昭和41年（1966）7月から日本鉄道建設公団の手によって開始され、2年後の昭和43年11月に竣工したが、昭和45年（1970）に上茶路鉱山が閉山するなど、沿線の貨物輸送の営業が望めないことから、開業が昭和47年（1972）9月8日まで延ばされている。また、終着駅となる北進の駅名も、当初予定された釧路二股から、足寄まで路線が延長されることを願って北進と変更になった経緯がある。しかし、営業当初より上茶路鉱からの出炭量が伸び悩むなど、高い営業成績は望めず、年々増大する赤字の中、北進の願いもむなしく、他の赤字ローカル線の先陣を切るように、昭和58年（1983）10月23日をもって廃止された。わずか11年と短命な路線だった。

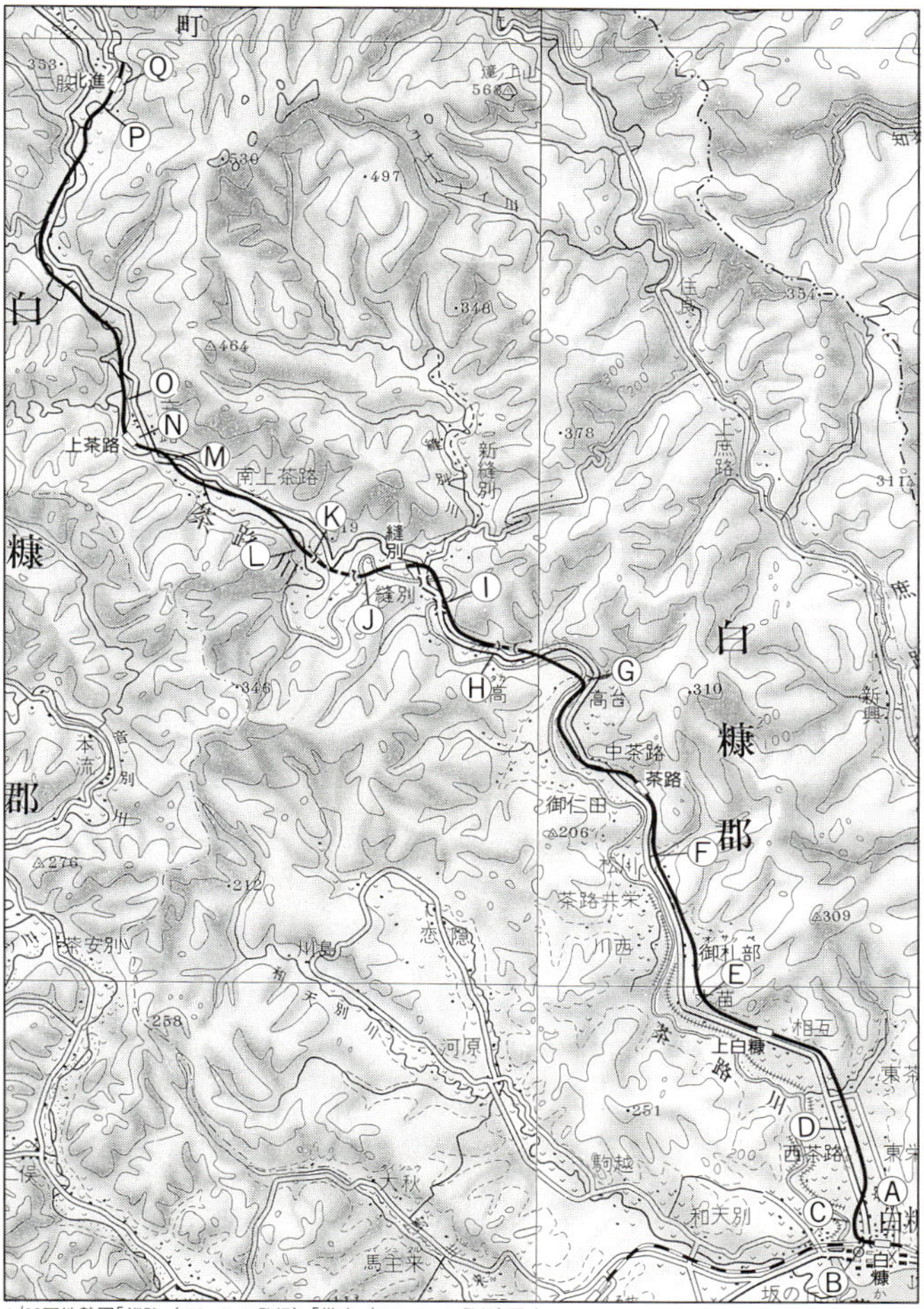

1/20万地勢図「釧路」（H３.９.１発行）、「帯広」（H８.11.１発行）原寸

根室本線の分岐点付近までレールが残っている（B地点）

根室本線白糠駅の3番ホームを出た白糠線の線路は、国道392号の陸橋付近で根室本線と分岐して上白糠駅へ向かう(Ⓑ)。陸橋の少し先までは、レールも残されているが、そこから先は、未舗装の道路となって茶路川沿いに北上する(Ⓒ)。国道を渡った先からは、畑や原野の中を一直線の荒れ地となって、さらに北上を続ける(Ⓓ)。広い空き地になっている上白糠駅跡の前後は、線路跡が所々築堤となって明確にその姿を現す。また、牧場地帯の中や、山際を進む線路跡には、電流を流した電線やシカ除けの柵が巡らされている(Ⓔ)。なお、平地部分の茶路川支流の沢には、小さなコンクリート橋梁がいくつも残されている(Ⓕ)。

茶路《ちゃろ》駅跡は、当時からあった桜の木が目印になるが、カマボコ形の納屋がある付近にあったホームなどは、埋設されてその跡は分からない。

茶路駅跡から約2・5kmほど縫別《ぬいべつ》駅に向かって進むと、やがて築堤と長いコンクリート橋梁が現れる(Ⓖ)。茶路駅から縫別駅にかけての区間では、4ヵ所で茶路川本流を渡り、支流の縫別川を含めて5ヵ所にコンクリート橋梁が残されている。茶路川に沿う白糠線では、全線合わせると実に56ヵ所に橋梁が架けられていたが、そのすべての橋梁が撤去されずに残されているのは特筆されるだろう。また、沿線に2ヵ所あった鍛高《たんたか》トンネル(Ⓗ)と縫別トンネル(Ⓚ)も坑口が閉鎖されずに残っている。鍛高トンネルは、全長が145mと短く、通り抜けるのもやさしい。また、縫別トンネルを挟んだ2ヵ所の橋梁

原野の中を北上する線路跡(D地点)

砂利道となって茶路川河畔を行く線路跡。白糠方を望む(C地点)

茶路川支流の松川に架かる小さなコンクリート橋(F地点)

緩くカーブを描いて牧場の中を線路跡がのびている(E地点)

何ヵ所も茶路川を渡るコンクリート橋梁(I地点)

茶路川に架かるコンクリート橋は、柵で塞がれて渡ることはできない(G地点)

コンクリート橋の多かった白糠線では珍しいガーダー橋梁(J地点)

鍛高Tの銘板も残っている鍛高トンネルの北進側坑門(H地点)

は、他のコンクリート橋梁と違ってガーダー橋が用いられ、橋桁の上には枕木も残っている(Ⓙ・Ⓛ)。特に上茶路側の長大な橋梁(Ⓛ)は、新しく建設された観渓橋の上から眺めると、文字どおり見事な景観を観賞できる。

上茶路駅跡は、荒れ果てた駅舎やホームが雑草の中に残され、廃墟同様に残っている駅前商店とともに、いかにも廃線跡らしい雰囲気を醸し出している(Ⓝ)。白糠線廃止直後は、上茶路駅から上茶路跨線橋付近(Ⓞ)までレールが残され、トロッコ遊びが楽しめる施設として活用されたそうだ。今は、すっかり忘れ去られているが、このようないきさつが、上茶路駅構内を更地に帰すことなく、現状を保たせているのだろう。なお、現在も上茶路駅構内から上茶路跨線橋付近まで錆びたレールが残っている。

上茶路駅から下北進駅を経て北進駅に至る区間も、美しい渓流に架けられた多くのコンクリート橋を眺められる。終着駅となった北進駅は、二股集落から離れた場所にあり、小学校先の砂利道を下っていくと、細長い空地となってその姿を現す(Ⓠ)。ホームなどは撤去され跡形もないが、やや広い空地は、工事区間の最先端であったことを示しているようだ。

【村田正博】

国道をオーバークロスするコンクリート橋梁、とても廃線とは思えない(M地点)

ガーダーとコンクリート橋梁を併用した長大橋梁は白糖線の見所の一つ(L地点)

蕗に覆われた縫別トンネルの北進側坑門(K地点)

上茶路跨線橋の上から北進側の橋梁を見る(O地点)

上茶路駅の駅舎内には信号操作盤も残っている(N地点)

駅名標も残る上茶路駅ホーム(N地点)

廃線跡の雰囲気が漂う上茶路駅跡(N地点)

橋梁を渡って上茶路駅に進入する上り列車(O地点)。／写真提供・白糠町役場

北進駅南方のコンクリート橋上の道床はきれいに撤去されている(P地点)

永久の終着駅となった北進駅跡(Q地点)

留萌鉄道

雨竜山地に分け入った石炭鉄道の夢の跡

【恵比島～昭和炭鉱】

留萌鉄道は石狩北部の雨竜《うりゅう》炭田から日本海岸の留萌港まで石炭を積み出すために設けられた鉄道だった。線路は留萌本線恵比島《えびしま》駅から昭和炭鉱までの14・3kmと留萌港内の1・5kmの船積用引き込み線からなっていた。開業は昭和5年（1930）7月1日の恵比島～太刀別《たちべつ》間に始まり、同年10月には終点昭和まで開通した。同時期に留萌港の船積線も開業したが、こちらは昭和16年（1941）に鉄道省に買収されている。

留萌鉄道は石炭増産の国策もあって、開業当初は貨物、旅客とも国鉄が運行していた。しかし、昭和27年（1952）に自社運行を始め、昭和35年（1960）に全列車を自社運行できるようになった。

しかし炭田の枯渇は早く、昭和44年（1969）に閉山に伴って運転休止となり、2年後に正式廃止となった。地方鉄道として自立してから10年後の幕切れだった。

留萌鉄道の起点だった恵比島駅だがNHKの連続ドラマ「すずらん」の架空の駅「明日萌《あしもい》」のセットが置かれて一躍観光地になっている。ホームから見ると側線のあったスペースが草むらになっていることが分かる。

留萌鉄道は駅裏の貯炭場の所Ⓐから北上していたが、その先は広大な畑となって線路跡のラインは確認できない。次に痕跡が見られるのは恵比島から1kmほど先の太刀別川がU字型に曲がる地点でコンクリートの橋脚が隠れていたⒷ。しかし、前後にも軌道敷はない。機械で耕作する北海道では廃線跡が消されるのも早い。旧版地図によると線路は道道沼田小平線の西側を走っていたがやがて道路の東側に移る。直線道路がわずかにカーブしているのがその名残だⒸ。昭和27年（1952）に設けられた本通停車場はこの付近だがここも痕跡はない。

SL「すずらん号」が走る恵比島駅東側の踏切。奥の貯炭場の所が分岐線の場所（A地点）

太刀別川のコンクリート橋脚、恵比島近くでは唯一の遺構だ（B地点）

ルートはしだいに太刀別川の狭隘部にさしかかり、道路右手の斜面に軌道敷の造成がはっきりと分かるようになってきたⒹ。幌新駅跡がどこかにあるはずだが密生する茂みに阻まれて特定できない。ただその先の幌新温泉付近で、道路右手に見える導水管がかつての鉄道線路の場所

山の斜面に鉄道線のスペースが残る（D地点）

幌新温泉で導水管となって現れた留萌鉄道の線路跡（E地点）

浅野炭鉱の大施設が水中に眠るポロピリ湖。沼田、深川地域の農業用水だ（G地点）

沼田ダムへ続いているこの道路が鉄道線だったらしい。下に導水管が埋設される（F地点）

直線道路に残る緩やかなカーブが留萌鉄道と道路の交差を示している（C地点）

を示している(Ⓔ)。上流の沼田ダムからの導水管が線路跡に敷設されているのだ。このあたり幌新温泉から沼田ダム間はダム工事のためか風景が一変している(Ⓕ)。そして留萌鉄道の主力鉱だった浅野炭鉱は沼田ダムが造り出したポロピリ湖の下に消えている(Ⓖ)。

　浅野炭山、宝沢、太刀別とあった各駅も湖に沈むか、湖畔の茂みに隠されているようだ。唯一ポロピリ湖最上流の春月橋からコンクリートの橋台を見ることができる(Ⓗ)。かつて線路はここからトンネルを抜け、幌新太刀別川の渓谷をさらにのぼっていった。いくつかの沢に朽ち果てた橋台を見ながら(Ⓘ)やがてルートは未舗装の林道へと入る。この分岐から2kmほどで終点の昭和炭鉱付近はすでに雨竜山地の最深部で、昭和炭鉱駅があったとされるコンクリート橋(Ⓙ)の先は今となっては駅跡の確認は難しくなっている。さらにその奥には炭鉱の廃墟が不気味に広がっていた(Ⓚ)。ちなみに、ここは営林署の入山許可が必要の上、奥地で稼働中の露天掘り炭鉱のダンプが林道を頻繁に通過するのでみだりに立ち入らないほうが無難だ。

【杉崎行恭】

春月橋から見た鉄道の橋台。以前は周辺に住宅が広がっていたという(H地点)

この橋が昭和炭鉱駅前のメインストリートだった。左手の茂みが駅跡か(J地点)

道路に沿ってこのような橋台が点在する。かすかに残る鉄道の痕跡だ(I地点)

石炭を満載したDL牽引の列車が昭和炭山を出発する/写真:鎌田 繁

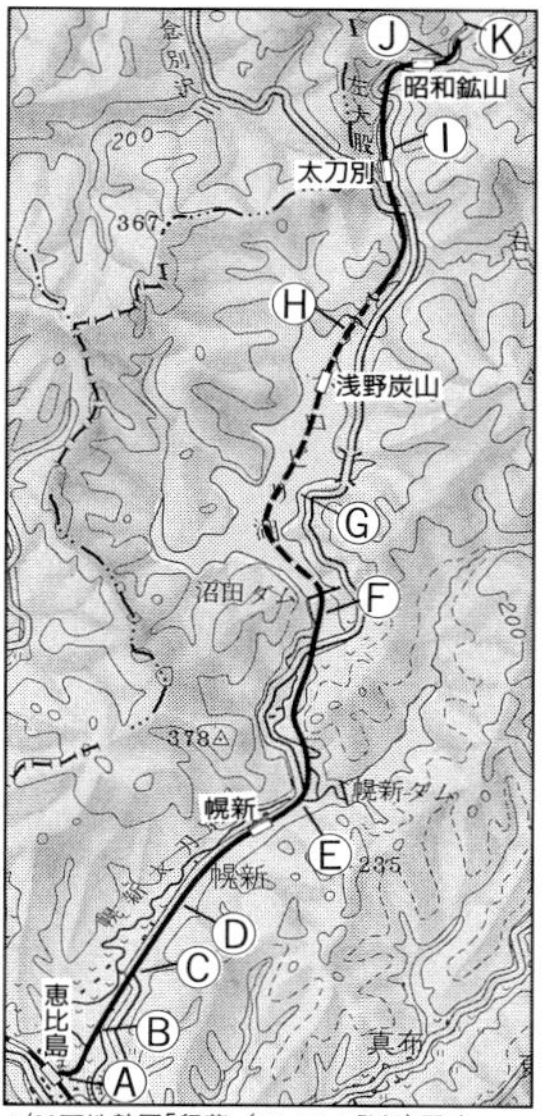

1/20万地勢図「留萌」(H6.11.1発行)原寸

閉山後30年、炭鉱施設の廃墟群が山奥に残る(K地点)

沼田町に保存されているクラウス製15号蒸気機関車写真/白川 淳

留萌鉄道のキハ2000(写真左・キハ20の私鉄型)は今も茨城交通湊線で健在。寒冷地仕様で床は木製のまま

夕張鉄道の専用鉄道

石炭輸送の最前線として活躍した専用鉄道の枝線群

【鹿ノ谷～熊の沢他】

夕張鉄道は、本シリーズの第1巻に掲載されたが、その産業鉄道としての性格から野幌《のっぽろ》～夕張本町53・2kmの本線以外に、北炭《ほくたん》の鉱業所用地内等に数多くの専用鉄道がのびていた。いずれも廃線となっているが、その跡を辿ってみることにしよう。

北海鋼機前駅跡に残る腕木式信号機（A地点）

北海鋼機工場前の歩道に設置された夕張鉄道のモニュメント（信号機と説明板）、工場構内には、かつての専用鉄道DLの機関庫が残っている（B地点）

【北海鋼機専用鉄道】

野幌駅のすぐ隣・北海鋼機前駅より分岐していた新日鉄系列の薄板メーカー・北海鋼機株式会社の専用鉄道。昭和39年（1964）9月14日運輸開始で路線延長は工場までの0・5km。昭和50年（1975）3月の夕張鉄道廃止以降も野幌～北海鋼機前間を譲り受け運行されたが、国鉄の貨物合理化により昭和62年（1987）3月12日に廃止された。廃線跡は広域農道となっているが歩道には腕木式信号機がモニュメントとなり残っており、かつての機関庫も工場構内に残されている（Ⓑ）。

夕張鉄道の北海鋼機前から分岐していた北海鋼機専用鉄道を行くDL列車。昭和59年7月／写真：赤城英昭

角田炭礦専用鉄道の分岐駅、新二岐駅（C地点）

【角田炭礦専用鉄道】

昭和2年（1927）に開坑した北炭角田炭礦の石炭運搬線として、昭和9年（1934）4月新二岐～角田炭礦間4・7kmが開通。他に交通機関のない山間僻地のため、夕張鉄道から客車を借り入れ便乗扱いで客車の運行も行われていた。昭和24年（1949）には旭川市街軌道より2両の半鋼製低床式2軸電車を導入し運行を開始、その後角田炭礦は昭和29年（1954）7月に北炭より分離独立し角田炭礦㈱新二岐礦となった。昭和40年（1965）2月には電車1両を焼失、6月より夕鉄バスの乗り入れにより電車の運行は廃止となった。

夕張鉄道により行われていた石炭の搬出も昭和45年（1970）4月の角田炭礦の閉山で皆無となり専用鉄

農道として利用されている専用鉄道跡、このあたりに学校前乗降場があった（E地点）

学校前乗降場に停車する角田炭礦専用鉄道の電車。昭和40年／写真提供：栗山町郷土資料館

かつての角田炭礦専用鉄道、新二岐乗降場跡（D地点）

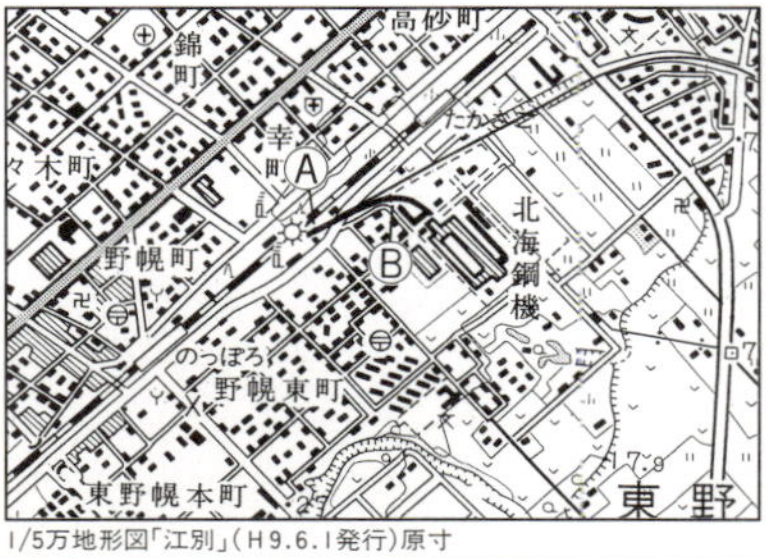

1/5万地形図「江別」（H9.6.1発行）原寸

道も同時に廃止となった。

札幌から夕張へと向かう道道札幌夕張線に沿い新二岐駅は往時の姿をとどめている(Ⓒ)。かつての広い構内は空地となっているが、専用鉄道の乗降場は駅舎から100mほど離れた構内の隅にあった(Ⓓ)。新二岐駅の東側で専用鉄道は夕鉄線から離れ道路を横断し阿野呂川沿いに北上する。踏切から先の廃線跡は一部が農道として使用され残っているがこの付近にあった学校前乗降場の痕跡はない(Ⓔ)。その先も道路沿いに廃線跡は確認できるが途中松原前・社宅前の乗降場の痕跡もなく、終点の事務所前乗降場もずり山の残骸だけが、かつてここに炭礦が存在したことを示している(Ⓖ)。

【平和炭礦専用鉄道】

昭和12年(1937)1月に開坑した北炭平和炭礦の石炭輸送線として、昭和13年(1938)8月1日平和貨物駅(昭和35年・一般駅)を設置し平和炭礦との間に1・1kmの専用鉄道を敷設・開通した。平和炭礦は夕張鉄道沿線で一番最後まで操業した炭礦であり、平和駅から21形SLが石炭貨車の入れ換えに活躍した。同専用鉄道も昭和50年(1975)3月、平和炭礦の閉山とともに廃止された。SLが石炭貨車の入れ換えに活躍していた平和礦ポケット付近は現在平和運動公園として整備されており(Ⓙ)、その痕跡はサイクリングロードとして整備された夕鉄本線の志幌加別川橋梁下流に残るコンクリート橋だけである(Ⓘ)。

【北炭化成工業所専用鉄道(若菜辺専用鉄道)】

北炭のコークス工場として昭和9年(1934)に開業した北炭化成工業所の原料や製品の運搬線として、昭和11年(1936)5月1日若菜辺《わかなべ》(昭和29年若菜に改称)~化成工業所間0・9kmが運輸開始した。もともとこの区間は明治42年(1909)5月に石狩石炭㈱が鹿ノ谷~若鍋

道路に並行する専用鉄道跡(F地点)

ずり山がかつての炭礦の存在を示す(G地点)

平和炭礦跡は運動公園に整備されている(J地点)

(右)平和炭礦専用鉄道で石炭貨車の入換えをする夕張鉄道21号機。昭和49年/写真提供:柴原新平

(右下)平和炭礦専用鉄道を分岐した平和駅跡(H地点)

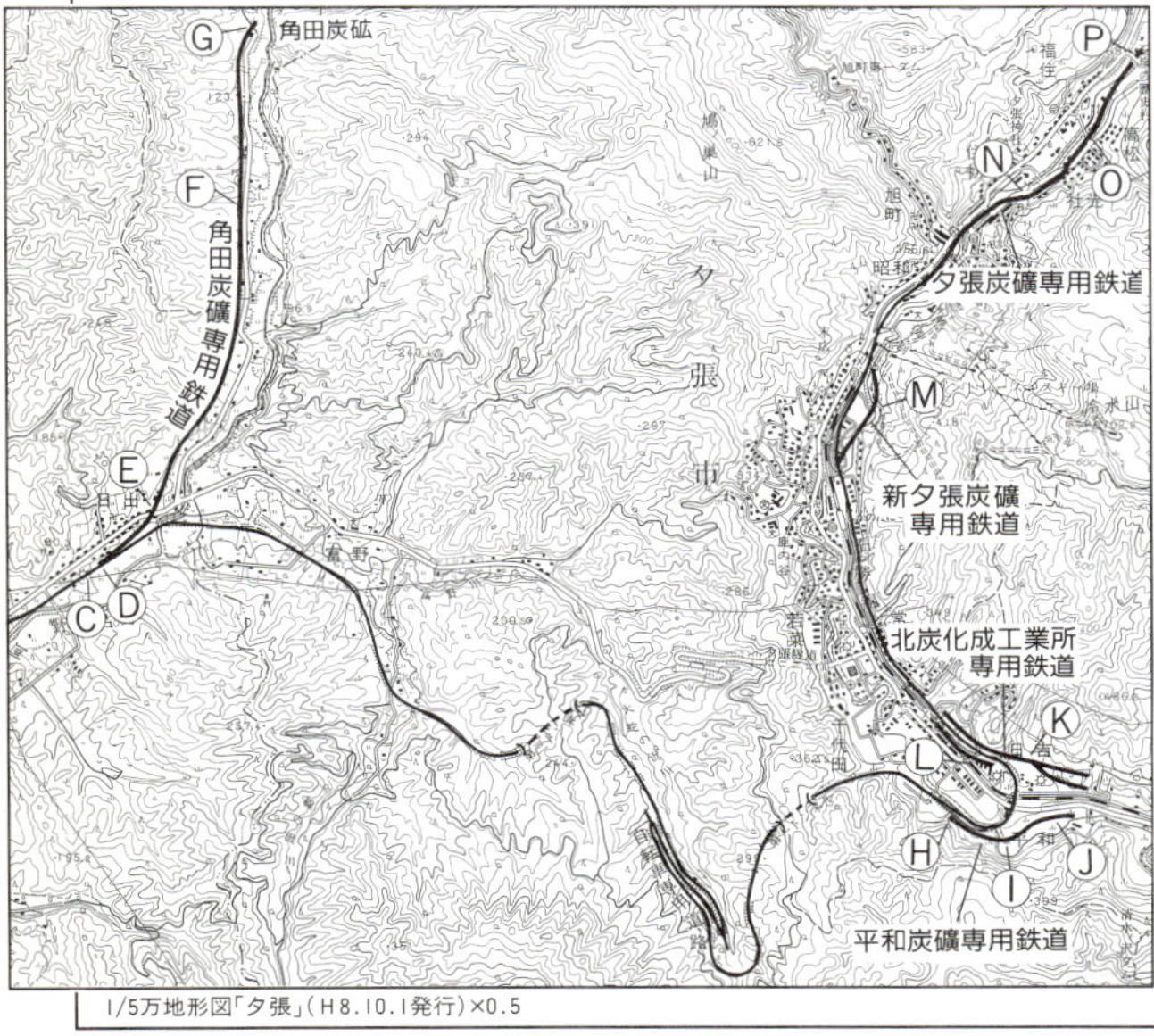

1/5万地形図「夕張」(H8.10.1発行)×0.5

志幌加別川に架かる、平和炭礦専用鉄道のコンクリート橋(I地点)

北炭夕張炭礦専用鉄道、昭和32年頃。すでに国鉄夕張駅へと接続が変更となっているが炭住街の間を専用鉄道がのびている／写真提供：夕張市石炭博物館

北炭化成の大煙突は、いまでは温泉のシンボルに。北炭化成工業所専用鉄道跡も温泉へのアクセス道路となっている（K地点）

北炭機械工業専用鉄道がのびていた旧北炭機械工場棟（L地点）

（後に若菜辺）坑間を専用鉄道として開業、その後北炭の経営となり夕張鉄道の開業に際しその一部区間が地方鉄道に編入された。若菜辺坑の閉山により専用鉄道は廃止となったが、その一部区間が化成工業所開設により復活したわけである。夕張鉄道の廃止により昭和50年（1975）4月より鹿ノ谷～若菜間を譲り受け夕張運送㈱により運行されたが化成工業所の閉鎖に伴いこの専用鉄道も昭和53年（1978）4月に廃止された。

化成工業所跡には現在公共温泉「ユーパロの湯」が開業しておりコークス炉の煙突がシンボルタワーとして残されている。廃線跡は温泉へのアクセス道路（Ⓚ）となり拡幅されておりかつての面影はない。

【北炭機械工業専用鉄道】

北炭各礦で使用する炭鉱機械の製作・修理部門として昭和13年（1938）に操業を開始した㈱夕張製作所の資材・製品の輸送を目的に昭和15年（1940）2月27日若菜辺～夕張製作所間0・4kmが運輸開始、その後夕張製作所は産業機械等の製造にも進出、昭和40年（1965）に北炭機械工業㈱と改称した。専用鉄道は自動車輸送への転換により昭和46年（1971）に廃止されたが、若菜駅から線路がのびていた北炭機械の工場棟は今も残っている（Ⓛ）。

【新夕張炭礦専用鉄道】

現在スキー場となっている冷水山の麓では明治35年（1902）頃より新夕張炭山として本格的な炭坑の開発がなされたが明治39年（1906）からは石狩石炭㈱がその操業に当たった。専用鉄道は当時の夕張線・鹿ノ谷駅～熊の沢間0・9kmが明治42年（1909）11月6日に運輸開始、その後夕張鉄道の開業に際し同鉄道・鹿ノ谷駅接続に変更された。炭礦は北炭夕張炭礦第三礦を経て新夕張炭礦㈱として昭和47年（1972）4月まで操業を続けたが、冷水山麓の志幌加別川には米国のAmerican Bridges社・1907年製造の鋼鈑桁が残っている（Ⓜ）。またこの専用鉄道の途中からは北炭農林の工場内へ木挽場線を分岐していた。

【夕張炭礦専用鉄道】

北炭夕張炭礦の坑内充塡用火山灰の輸送のため昭和2年（1927）1月8日新夕張駅（後の夕張本町）～中央砂壗間2・6kmが運輸開始した。かつては中間の高松に乗降場が設けられ通勤列車が運行された時期もあったが、昭和26年（1951）6月国鉄・夕張駅構内に専用鉄道の接続が変更され廃止になった。廃線跡はサイクリングロード（Ⓝ）として石炭博物館付近から整備されているが、歴史村の薔薇園のはずれにも跨線橋が残っている（Ⓟ）。

【奥山道紀】

急勾配で上る夕張炭礦専用鉄道跡利用のサイクリングロード（N地点）

夕張炭礦専用鉄道跡に残る跨線橋、炭砿住宅と共同浴場の間に架かり、風呂帰りにSL列車の通過にあった人は、再度浴場に戻り"スス"を落としたという（O地点）

歴史村の薔薇園に残る廃線跡（P地点）

冷水山ふもとに残る1907年米国American Bridges社製造の鋼鈑桁橋梁（M地点）

新夕張炭礦専用鉄道で入れ換えに活躍する夕張鉄道6号機、昭和33年／写真：安藤文雄

幌内線

【岩見沢～幾春別・三笠～幌内】

官営幌内鉄道の歴史を引き継いだ石炭輸送鉄道

沿線の北炭幌内《ほろない》礦、北炭幾春別砿、住友奔別《ほんべつ》砿などから産出される石炭輸送に大きな役割を果たした幌内線の歴史は古く、北海道最初の鉄道として誕生し、弁慶号や義経号などが活躍した官営幌内鉄道にそのルーツを持つ。官営幌内鉄道は、明治13年(1880)11月28日に札幌～手宮間が開業したのに続き、明治15年(1882)11月13日に札幌～幌内間が開業した。また、明治22年(1889)年2月には、幌内太《ほろないぶと》(三笠)～幾春別《いくしゅんべつ》間が開通している。

やがて官営幌内鉄道は北海道炭礦鉄道に譲渡され、さらに明治39年(1906)10月1日に国に買収された。明治42年(1909)10月12日に線路名称が制定され、幌内線は、岩見沢～幌内間および幌内太～幾春別間と制定された。

昭和に入ってからは、9600形やD51形SLが石炭輸送や旅客輸送に活躍したが、昭和47年(1972)11月1日に三笠～幌内間が旅客営業を廃止して貨物線となり、幌内線の区間も岩見沢～幾春別間および貨物支線(三笠～幌内)に変更になっている。やがて、炭礦閉山に伴って貨物輸送量も減り、昭和56年(1981)5月25日に三笠～幾春別の貨物営業が廃止、さらに、国鉄からJRに変わった昭和62年(1987)の7月12日限りで全線廃止になり、官営幌内鉄道時代から始まった長い歴史に終止符を打った。

岩見沢駅を出た幌内線の線路跡は、しばらく函館本線と並走し、利根別川を渡る付近で函館本線と分かれる。利根別川の橋梁は取り払われているが、前後の線路跡には、バラストも残っている。国道12号の見晴橋付近Ⓑから栄町駅跡付近までは、線路跡がしっかり確認でき、当時の標識も残っている(Ⓒ)。小さなホームが残る栄町《さかえまち》駅(Ⓓ)は、長年の設置運動がようやく叶い、昭和57年(1982)に営業を開始したものの、昭和62年に幌内線が廃止になり、わずか5年でその使命を終えてしまった駅だ。栄町駅跡から先の線路跡はやがて藪に覆われる。線路跡に沿って並ぶ電柱の電線は、撤去作業が始められていた。

広い構内跡が残る萱野《かやの》駅跡は、草原の中にポツンと駅舎が残されている(Ⓔ)。道央自動車道の下をくぐった線路跡は、やがて藪に覆われるが、前田の沢川には、短いガーダー橋が残されている。三笠駅跡は、跨線橋とホームの一部が残され(Ⓖ)、復元された幌内太駅舎には、幌内線の資料が展示されている。また、構内跡はクロフォード公園として整備され、DD51やキハ80系などの車両が展示保存されている。

幾春別に向かう線路跡は、公園から藪に覆われた道になり、やがて石炭の積み出しも行っていた唐松《とうまつ》駅跡に至る。唐松駅跡には、マンサード屋根の牛舎を思わせる特徴的な駅舎とホームが残っている(Ⓗ)。幾春別川を渡るガーダー橋はまだ残っており(Ⓘ)、弥生駅跡には、駅跡を示す石碑が立てられ、ホームも残っている。終着の幾春別駅跡は、すっかり姿を変えてしまい、駅跡には石碑と中央バスの待合所が建てられている(Ⓙ)。なお、構内のはずれに残されている人道用跨線橋が、わずかに当時の面影を伝える(Ⓚ)。

また、幾春別駅から住友奔別礦まで引き込み線が出ており、その跡を辿ることも可能だ。昭和46年(1971)10月に閉山したこの炭礦は、現在、

函館本線に並行する幌内線跡。一部にはレールも残っている(A地点)

国道12号の陸橋の下を幌内線の線路跡の路盤がのびる(B地点)

線路脇には錆びた標識も残っている(C地点)

駐在所の脇に残る栄町駅のホーム(D地点)

寒住プレハブに払い下げられ、竪坑や巻上機、巨大なホッパーなどがそのまま残されている(Ⓜ)。

　三笠駅から幌内に向かう列車は、一度岩見沢方面に戻り、スイッチバック式に出発して行ったという。三笠駅から幌内駅までの区間は、まだレールが残され、いつ列車が走ってきてもおかしくない雰囲気を残している。実際、SL列車を走らせる計画も立てられたそうだが、各踏切に人員を配置しなければならないなどの理由から断念されたという。幌内駅構内には、三笠鉄道記念館が建てられ、駅構内に道内で活躍したさまざまな車両が保存展示されている(Ⓟ)。また、新日鉄室蘭から鐵原コークス室蘭工場で使用していたS-304号機関車が動態保存され、幌内駅構内450mの距離を、4月下旬~10月までの土・日・祝日と夏休み期間を中心に運転されている。なお、線路跡は、駅から先の北炭幌内礦跡までのびており、小さなガーダー橋(Ⓠ)や、レンガ橋台

広い構内跡にポツンと残る萱野駅の駅舎(E地点)

ガーダー橋が残る前田の沢川(F地点)

明治20年当時の幌内太駅構内／写真:三笠市立博物館

跨線橋とホームの一部が当時の姿を再現する(G地点)

奔別炭砿のホッパーがそのまま利用されている(M地点)

屋根が特徴的な唐松駅の駅舎(H地点)

幾春別川に架かるガーダー橋(I地点)

S字カーブをセキを連ねたSLが向かってくるような錯覚を覚える(N地点)

中央バスのターミナルに変わった幾春別駅跡(J地点)

構内に架かっていた長い跨線橋が、石炭を積んだ貨車が行き来した往年の姿をとどめる(K地点)

廃線になって10年以上がたったとはとても思えない(O地点)

引き込み線が道道を渡る付近に残る橋台跡(L地点)

古いレンガ橋台は官営幌内鉄道当時のものだろうか（R地点）

鉄道記念館の先にある三笠幌内川にレールとガーダー橋が残っている（Q地点）

幌内駅構内跡を走るS-304号機関車（P地点）

幌内選炭場から引き出される石炭運搬列車（S地点）昭和42年／写真提供:三笠市立博物館

廃墟になった幌内炭鉱線（S地点）

幌内駅を出発するキューロク（P地点）。昭和49年／写真提供:三笠市立博物館

Ⓡなどを見ることもできる。北炭幌内礦は、平成元年（1989）9月に閉山になったが、ホッパーなどの施設は崩れ、廃墟になっている（Ⓣ）。【村田正博】

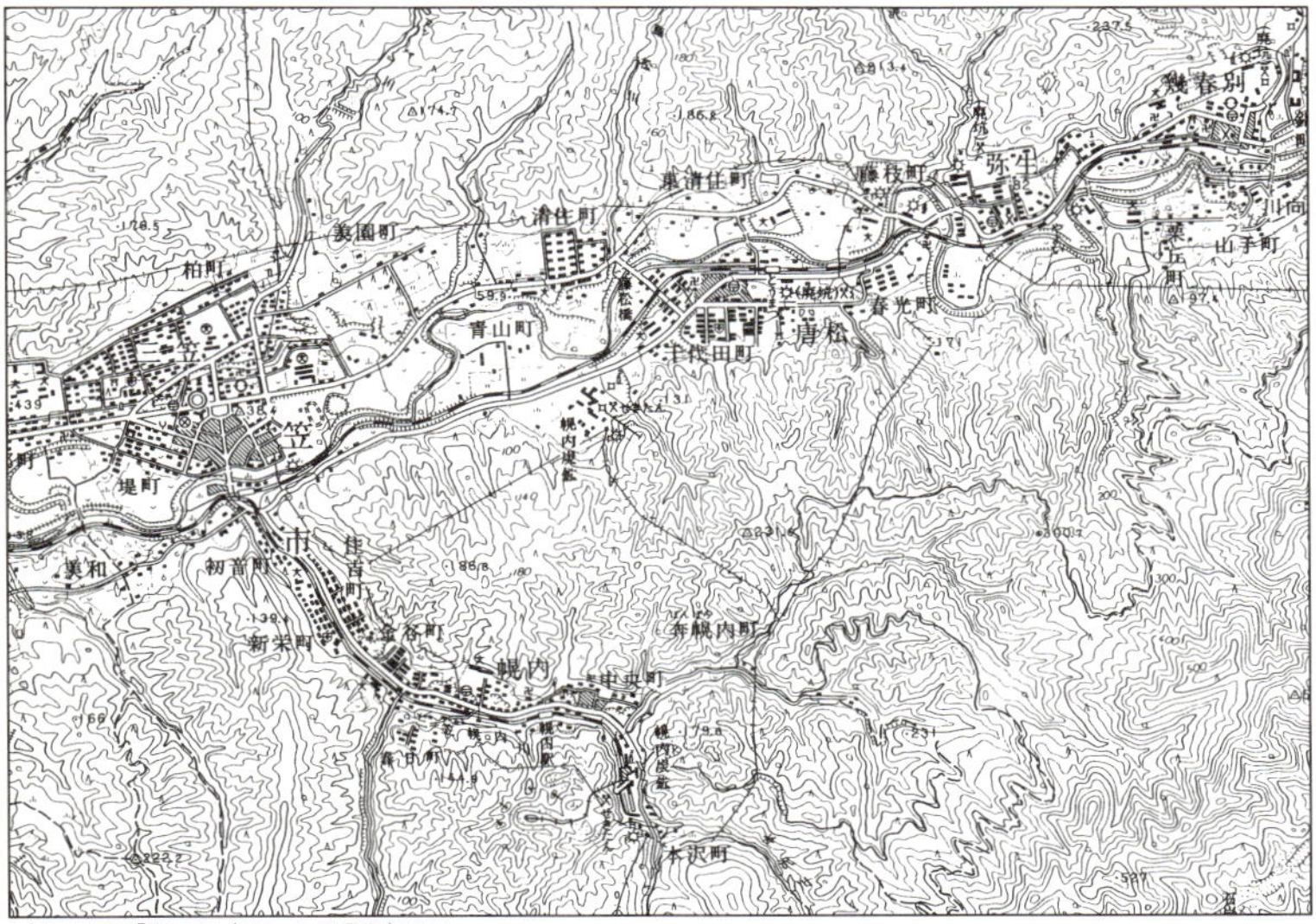

1/5万地形図「岩見沢」（S54. 2. 28発行）×0.6

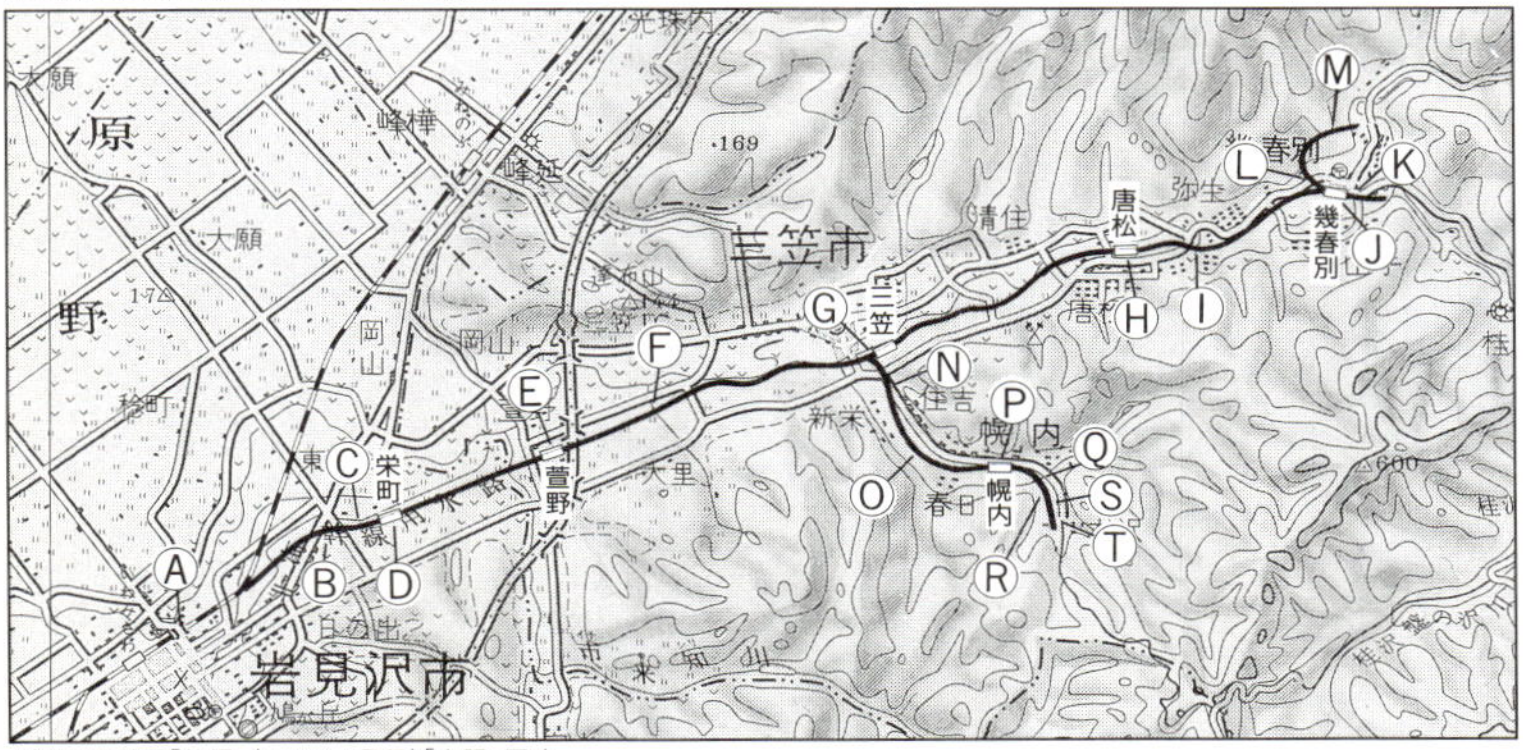

1/20万地勢図「札幌」（H10.2.1発行）「夕張」原寸

選炭場のホッパーも崩れ落ちている（T地点）

幾春別森林鉄道

桂沢湖に沈んだ森林鉄道

【幾春別駅土場～奥左股】

〃悲別《かなしべつ》〃、〃明日萌《あしもい》〃、〃幌舞《ほろまい》〃、いずれもドラマや映画に登場する北海道の架空の炭鉱街だが、三笠市の旧・幌内線幾春別《いくしゅんべつ》駅も、そんな美しい響きの駅名である。

北海道初の本格的な鉄道・幌内鉄道は明治13年（1880）に札幌～手宮間が開通、その2年後には札幌～幌内間が延長された。三笠（幌内太）～幾春別間は幾春別炭坑の開発に伴い明治21年（1888）に開通した。

その後、幾春別駅は北炭幾春別炭砿、住友奔別炭砿の発展とともに賑わうが、昭和10年（1935）には幾春別川上流の森林開発のため、帝室林野局岩見沢出張所により幾春別森林鉄道の建設工事が着手された。

昭和12年（1937）には総延長14・5kmの本線、翌13年（1938）には本線終点から奥左股に至る延長3・1kmの奥幾春別森林鉄道が完成、さらに昭和18年（1943）には延長1・3kmの幾春別貯木場線、昭和22年（1947）には延長3・3kmの菊面沢森林鉄道が開通した。

これらの森林鉄道は木材の輸送のほか、盤の沢炭礦の石炭搬出や桂沢農地の開発に貢献したが、昭和27年（1952）には桂沢ダムの建設工事が開始され、昭和32年（1957）には林道に転換され廃止となった。

昭和62年（1987）に廃止された幌内線の幾春別駅跡には現在代替の中央バスのターミナルがおかれ、かつての構内のはずれには石炭貨車で賑わった頃を偲ばせる跨線橋が残っている（Ⓐ）。北炭幾春別炭砿専用線を跨いだこの橋の先には、現在でも、かつての森林鉄道の拠点であった空知森林管理署（旧岩見沢営林署）の事業所がおかれている。

森林鉄道の廃線跡はここから幾春別川の右岸を上流に向かうが、約400m地点で同川を左岸に渡る。この橋梁は現在も水管橋として利用されている（Ⓑ）。

これから先約1・2kmはサイクリングロードとして整備されている（Ⓓ）。

その一部は三笠市野外博物館として要所要所に説明板が設置され（Ⓒ）、化石や断層などの地学学習、北炭幾春別砿錦坑口や竪坑・狸堀跡など郷土学習の場として整備されている。森林鉄道の遺構も橋台（Ⓕ）や、帝室林野局札幌支局管内初の神泉隧道（延長41・5m）等が残されている（Ⓗ）。

山鼻をまわり、サイクリングロードの終点あたりで廃線跡は対岸に渡るが、この先は農地や桂沢浄水場の天日乾燥床でその確認は困難である。桂大橋の下には、やはり森林鉄道の橋梁が水管橋として残っているが（Ⓘ）、廃

旧幾春別駅構内に残る跨線橋（A地点）

水管橋として利用されている旧森林鉄道橋脚（B地点）

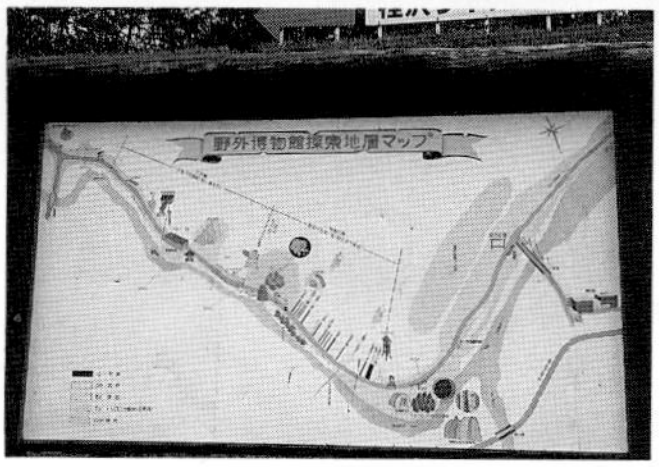

森林鉄道跡を利用した野外博物館案内看板（C地点）

森林鉄道跡を利用したサイクリングロード（D地点）

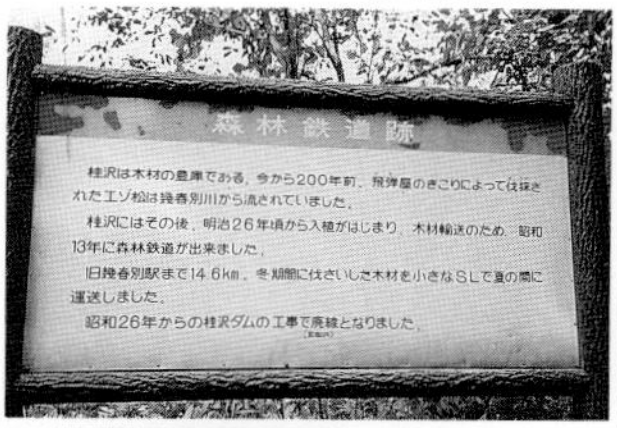

幾春別森林鉄道の説明板（E地点）

森林鉄道の橋台（F地点）

〃ひとまたぎ覆道〃この覆道を抜けると地層が5000万年変わる。野外博物館の整備で建設された（G地点）

線跡は幾春別川左岸の段丘上を桂沢ダムへと吸い込まれている(Ｊ)。
　この先、森林鉄道は幾春別川本流を2回渡り上流へと進んでいた。約120戸の桂沢集落とともに湖に水没し、その廃線跡の確認は困難だが、林道の上桂橋付近では渇水期にかつての森林鉄道の橋梁跡が姿を現すこともある(Ｋ)。

【奥山道紀】

素掘りのままのゴツゴツした岩肌が露出する神泉隧道の内部。幾春別森林鉄道随一の遺構だ(H地点)

桂大橋下流に残る森林鉄道の橋脚を利用した水管橋(I地点)

ダム下流の幾春別川の左岸台地上を森林鉄道が走っていた(J地点)

幾春別森林鉄道で活躍したSL。盤の沢合流点付近／写真提供:三笠市立博物館

上桂橋上流側に残る森林鉄道の橋台、橋脚、渇水期に姿を現す(K地点)

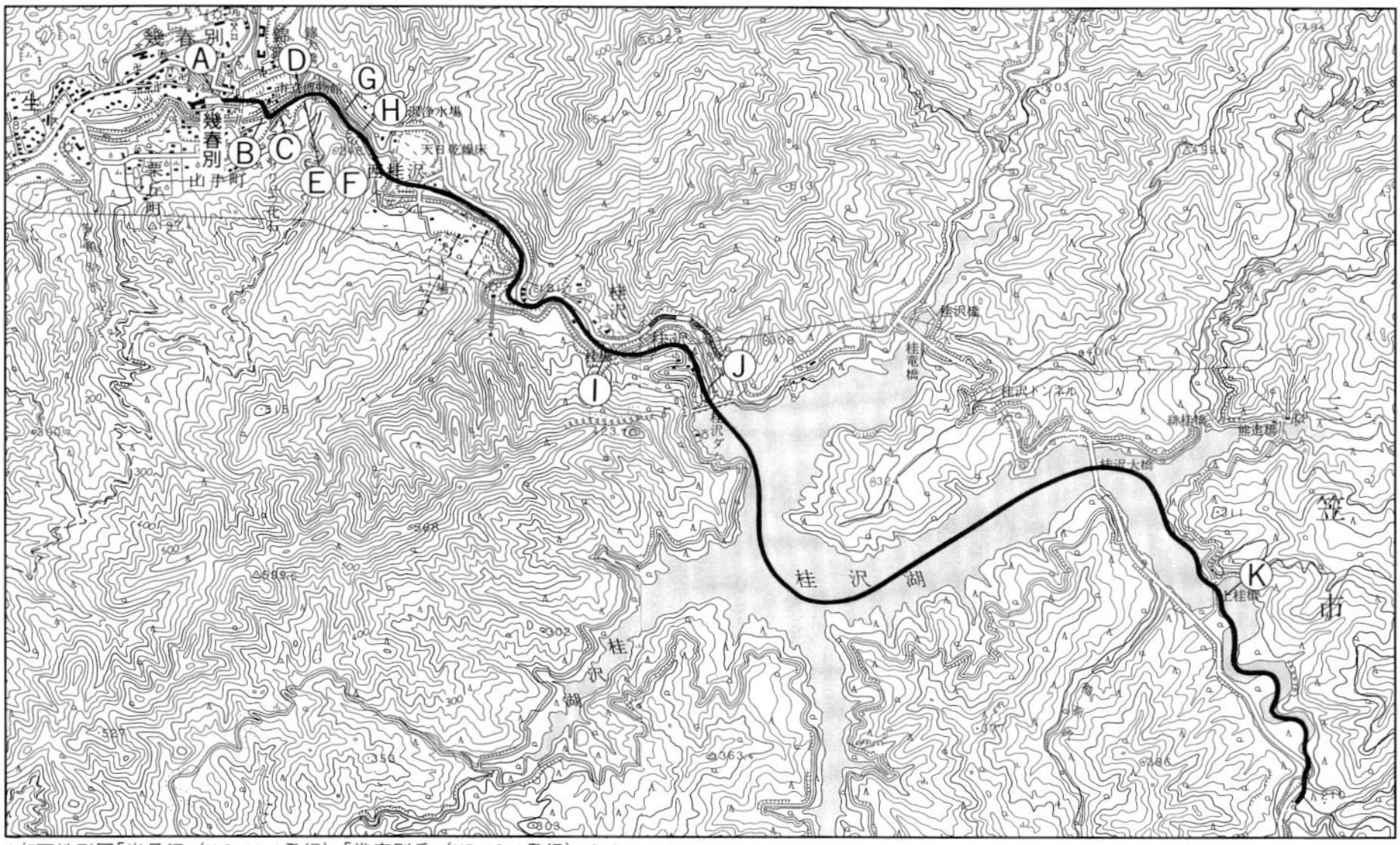

1/5万地形図「岩見沢」(H.8.11.1発行)、「幾春別岳」(H5.10.1発行)×0.6

万字線

【志文～万字炭山】

万字炭山の石炭とともに使命を終えた運炭鉄道

室蘭本線の志文《しぶん》駅から万字《まんじ》炭山駅まで23・8㎞の距離を結んでいた万字線は、幌内線と同様に石狩炭田からの石炭を搬出する運炭鉄道として敷設されたもので、大正3年（1914）11月11日に万字軽便として開業している。また、開業当初は、旅客営業は万字までで、万字炭山が旅客営業するようになったのは、大正13年（1924）9月1日からである。

万字線沿線には、万字炭山のほか、朝日炭山、美流渡《みなと》炭山があり、万字、朝日、美流渡、東幌内、栗沢、東光など10有余の炭鉱が開かれ、全国屈指の優良産炭地として隆盛を極めた。ピーク時には、年間63万tの石炭を輸送した万字線であったが、エネルギー革命によってその主役の座を石油に奪われると、炭鉱は次々に閉山となり、昭和51年（1976）12月の万字鉱山閉山を最後に、沿線から炭鉱は消えた。石炭搬出の使命を終えた万字線は、昭和53年（1978）に貨物営業を廃止したが、炭鉱閉山に伴う人口の流出も激しく、旅客営業の赤字も増大した。昭和56年（1981）6月10日に国鉄再建法による国鉄第一次赤字ローカル線廃止対象線に選定され、昭和60年（1985）3月31日をもって長い歴史を終えた。

室蘭本線の志文駅を出た万字線の線路跡は、幌向川を渡り夕張街道踏切付近から分岐して東に進路を変え、幌向川に沿って上流にある万字炭山を目指す。そして下流部の上幌向川橋梁をはじめに、第一幌向川橋梁～第五幌向川橋梁、奔幌向川橋梁の7カ所で幌向川を渡り、それぞれ立派な鉄橋が架けられていた。しかし、昭和60年（1985）11月に橋梁部分が撤去され、現在は橋脚や橋台部分も撤去されてその姿を見ることができず、わずかに美流渡二の沢川にコンクリート橋台が見られるだけだ（Ⓕ）。また、線路跡自体も水田や畑の区画整備に伴って姿を消している場合が多く、実際の線路跡に沿って歩くことは難しい。ただし、駅舎はよく残っており、2階に栗沢町万字線鉄道資料館を備えた交通センターに生まれ変わった美流渡駅（Ⓖ）を除いて、沿線すべての駅の駅舎が、ほぼ当時の姿をとどめている。特に朝日駅跡は、交通公園として駅舎やホーム、鉄道施設などが当時の姿で保存されている（Ⓔ）。また、万字炭山駅のモダンな駅舎は、個人住宅として利

万字線の旅客列車は岩見沢から直通運転された。当時使用されたホームの線路も撤去されている（A地点）

開通当時の第五幌向川橋梁、美流渡～万字間／「万字線建設概要・道立文書館」（大正3年11月1日刊）より

駅舎の一部がそのまま利用されている上志文駅跡（D地点）

交通公園として当時の姿をとどめる朝日駅跡（E地点）

耕成跨線橋の上から万字線の線路跡を見る（C地点）

夕張街道踏切に万字線の跡が見える（B地点）

用されており(Ⓘ)、ポンホロムイ川を渡った先にあった万字炭鉱は、万字森林公園に整備されているが、半分土砂に埋まった選炭場のホッパーを見ることができる(Ⓙ)。

また、美流渡駅からは、2・8km先の上美流渡炭山まで北星炭礦美流渡礦専用鉄道が引かれ、昭和42年(1967)に廃止になるまで、地元で「豆汽車」と親しまれた古典機関車のB6形とその改造形の2700形が活躍していた。その線路跡もその一部を辿ることができる(Ⓚ)。現在のパン屋のミルトコッペ付近に桜停留場があり、通勤・通学客などが利用したそうだ。終着の上美流渡は、厚く土砂が盛られた広大な更地の下に眠っている。【村田正博】

沿線で唯一残された美流渡二の沢川のコンクリート橋台部分(F地点)

簡易郵便局とバス待合所に利用されている万字駅の駅舎(H地点)

バスターミナルに生まれ変わった美流渡駅跡(G地点)

万字森林公園内に石炭のホッパーが残っている(J地点)

万字駅の駅舎から階段を下りるとホームがある。周囲は草木で覆われターンテーブルや給水タンクがあったとは思えない(H地点)

ポツンと車止めが残っている(G地点)

藪の中から現れた北星炭礦美流渡礦専用鉄道の跡(K地点)

万字炭山駅でのお別れ式の後、"さよなら万字線まんじ号"が出発して行った。昭和60年3月31日/写真:川合宏幸

モダンな駅舎が残る万字炭山駅跡。実際に使用した列車のホームは、駅舎から少し離れた万字駅側にあった(I地点)

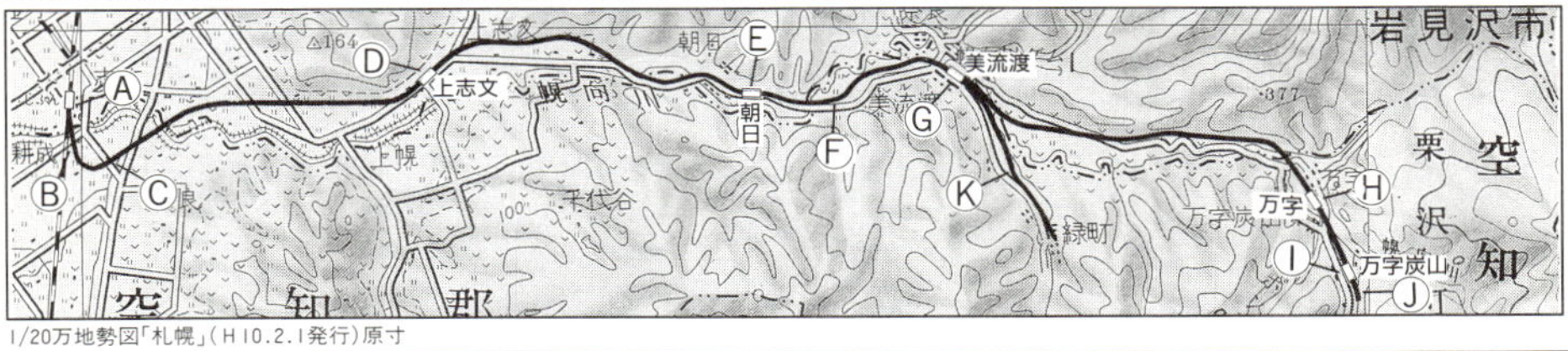

1/20万地勢図「札幌」(H10.2.1発行)原寸

岩内線

【小沢～岩内】

岩内地方の振興を支えたローカル線

ニシン景気に沸く港町岩内《いわない》では、早くから鉄道敷設の機運が高まり、明治30年（1897）には、岩内鉄道同志会が組織されていた。さらに、本格的な鉄道敷設に先駆けて、明治37年（1904）に岩内馬車鉄道株式会社が設立され、翌年7月、函館に次いで道内2番目の馬車鉄道が岩内～小沢《こざわ》間に開通している。念願の国鉄岩内線が開通したのは、大正元年（1912）11月1日で、以降、海産物や農産物、近くの茅沼《かやぬま》炭山の石炭輸送など、岩内地方の振興と住民の足として大きな役割を果たすことになった。昭和37年（1962）2月には、旅客列車のディーゼル化が行われ、札幌～岩内間に準急「らいでん」も2往復運行されている。しかし、道内の地方ローカル線の例に漏れず、大きな赤字を抱えた岩内線は、昭和56年（1981）に第1次廃止対象路線に選定され、昭和60年（1985）6月30日をもって住民の廃止反対運動も空しく、70有余年の歴史に終止符を打った。

岩内線の起点となる函館本線の小沢駅は、かつてC62重連の急行「ニセコ」が疾駆していた当時の面影はない。岩内線の列車が使用していた1番線ホームも線路が撤去されている（Ⓐ）。岩内線の線路跡は、札幌方にしばらく函館本線と並行し、やがて高度を下げて函館本線と離れていく（Ⓑ）。バラストが残る線路跡にはイタドリが繁茂しているが、時々刈られて整備されているようだ。コンクリート橋が残るセトセ川を渡り（Ⓒ）、国道5号の国富跨線橋をくぐると、やがて長いホームが残る国富《くにとみ》駅跡に至る（Ⓒ）。国富駅跡の岩内側には、シマツケナイ川と辰五郎川が流れているが、シマツケナイ川には、レンガ橋台が残っている（Ⓔ）。やがて国道276号の跨線橋をくぐった線路跡は、低い築堤となって幌似駅跡に至る。幌似駅跡は、幌似鉄道記念公

函館本線の山線区間も寂しいローカル線に転落した。岩内線のホームには線路がない（A地点）

バラストが残る岩内線跡は、やがて高度を下げて藪の中に消えていく（B地点）

現役当時の雰囲気が残されている幌似駅跡（F地点）

立派なレンガ橋台が岩内線の古い歴史を語る（E地点）

セトセ川にコンクリート橋が残されている（C地点）

国富駅構内にカーブを描いたホームが残されている（D地点）

園として整備され、付近の農業倉庫や保存された駅舎・ホームなどが現役当時の姿を彷彿させる（Ⓕ）。また、ここには、スハフ42257とワフ29587の車両も保存されている。

幌似駅跡の岩内側を流れる堀朱川の橋梁跡は何も残っていないが、堀朱川の先から西前田駅跡まで真っすぐ線路跡がのびている。周囲は水田地帯で、南側には、裾野をひいたニセコの山々が望める。前田駅跡にも長いホームが残されているが、その中央部を新たに作られた道路が貫いている（Ⓗ）。西前田駅跡は、小さなホームが草むらの中に埋もれている（Ⓘ）。ここで90度進行方向を変えた線路跡は、国道229号に並行して岩内市街地に入っていく。市街地の線路跡も明確で、やがて岩内駅跡のバスターミナルに到着する（Ⓚ）。

なお、岩内駅構内は広く、線路は岩内港付近までのびており、ここからニシンなどの海産物や茅沼炭化工業専用鉄道で茅沼炭山から運ばれてきた石炭などが、小沢に向けて積み出されていった。

【村田正博】

道路に分断された前田駅跡のホーム（H地点）

岩内市街地を抜ける岩内線跡。昭和37年まで茅沼炭化工業専用鉄道が並行して走っていた（J地点）

ニセコバスのターミナルになっている岩内駅跡（K地点）

水田地帯を貫く岩内線跡に水路のレンガ橋台を見つけた（G地点）

岩内駅に進入する準急らいでん（K地点）。昭和37年／写真提供：岩内郷土資料館

雑草に覆われわずかに見えた西前田駅のホーム（I地点）

1/5万地形図「岩内」（H4.11.1発行）×0.6

富内線

【鵡川～日高町】

鵡川・沙流川の流れに沿って木材と鉱石輸送に活躍したローカル線

富内《とみうち》線は、鵡《む》川《かわ》～日高町《ひだかちょう》間の82・5kmを結ぶ穂別町内に産する石炭・石油・クロームなどの地下資源開発を目的に、北海道鉱業鉄道金山線として大正9年（1920）5月17日に工事が着工され、まず、大正11年（1922）7月24日に沼ノ端《ぬまのはた》～生鼈《いくべつ》（後・旭岡）間が開通した。その後、大正12年6月12日に生鼈～似湾《にわん》（後・栄）間、同年11月11日に似湾～辺富内《へとない》（後・富内）間と順次開通し、大正13年3月3日には、北海道鉱業鉄道は北海道鉄道と改称されている。当初の計画では、根室本線金山まで路線が延長される予定であったが、不況と会社の経営不振により、なかなか着工できず、昭和6年（1931）6月9日、とうとう辺富内以遠の鉄道敷設免許を失効した。

昭和18年（1943）8月1日、北海道鉄道金山線は、同鉄道の札幌線（現・千歳線）とともに国によって買収され、同年11月30日、日高本線と並行する沼ノ端～豊城間を廃止して、新たに建設した鵡川～豊城間に切り替えた。この時、名称も金山線から富内線に変更された。富内以遠の区間が開通したのは、戦後10年以上たってからで、富内～振内《ふれない》間が昭和33年（1958）11月15日に、そして、残りの振内～日高町間が開通したのは、昭和39年（1964）11月5日であった。その後、日高山脈の豊富な木材や鉱産資源の輸送に重要な働きをした富内線であったが、モータリゼーションの波には勝てず、昭和61年（1986）10月31日限りで、国鉄再建法に基づいて64年の歴史に幕を閉じた。

日高本線の鵡川駅を出た富内線の線路跡は、鵡川大踏切付近から日高本線と分かれて豊城駅を目指す。踏切付近の線路跡は、住宅が建って判然としなくなっているが、残された柵にその跡を見ることができる。また、豊城駅跡までは、低い築堤となって残る線路跡を辿ることができる。

豊城駅跡Ⓑから先の線路跡は、3kmほど2車線の道路に整備されており、その先も春日駅跡付近まで工

鵡川駅の富内線の列車が利用したホームは使用されていない（A地点）

国鉄時代の名残が下河原商店に残っていた（D地点）

ホームと駅名標、駅舎が残されている春日駅跡（D地点）

駅前の木が豊城駅の跡を示している（B地点）

3ヵ所連続して残っている落石避けのシェッドは貴重な遺構だ（E地点）

道路工事が進み築堤やモイベツ川の橋梁も撤去されつつある（C地点）

事が進めれている。なお、豊城駅から富内駅にかけての区間は、鵡川右岸に沿って川沿いに北上していく。

　春日《かすが》駅跡は、駅舎とホームがそのまま残され、駅前の下河原商店には、きっぷ販売委託を受けていた頃の時刻表や運賃表などが店内に残されている(Ⓓ)。旭岡《あさひおか》駅は、かつて列車交換が行われ、駅弁の販売も行われていたという。また、SLの給水施設があり、木材や木炭が盛んに出荷されていたというが、広い空地や砂利置場になった構内跡から、当時の賑わいを感じることはできない。なお、線路跡は、旭岡駅跡から約3㎞ほど道路になってのびており、約1㎞先に3つ連続して落石避けのシェッドが残されている(Ⓔ)。

　穂別消防団第四分団の建物が立っている豊田駅跡近くを流れるキナウス川には、中路式のガーダー橋が耕作道の一部として残っている。これは、沿線で唯一残された橋梁だろう(Ⓕ)。穂別駅構内跡は、広い公園として利用され、鉄道官舎が並んでいた場所も芝生が植えられている。

　富内駅跡には、ホームと駅舎、腕木式信号機が保存され、オハフ33とスハ45の2両の客車が保存されている(Ⓗ)。富内駅の先から約90度南東に方向を変えた富内線は、鵡川を渡って分水嶺の峠を越え、沙流《さる》川の右岸に出る。鵡川を渡るコンクリート橋は、列車撮影の人気ポイントであったが、平成10年(1998)に撤去され橋台もない。また、峠を抜けていたトンネルは、入口がコンクリート封鎖されているが(Ⓘ)、幌毛志駅側にある短いトンネルは、そのままの状態で残っている。

　振内《ふれない》駅跡には、バスの待合所を兼

キナウス川に架かるガーダー橋は、唯一残された橋梁(F地点)

38km1/2のキロポストが残っている穂別～富内間の線路跡(G地点)

現役当時の良いムードが残る富内駅跡(H地点)

しっかりとコンクリートで封鎖されている分水嶺のトンネル入口(I地点)

幌毛志駅側にある短いトンネルは、当時の姿をとどめている(I地点)

峠をかけ降りる線路跡の道が築堤となって続いている(J地点)

線路跡の盛土路盤が水田に取り込まれて消滅する。幌毛志～振内間(K地点)

サハリンから戻ってきたD51が違和感なくたたずむ振内駅跡構内(L地点)

ねて振内鉄道記念館が建てられ、富内線に関した資料が展示されている。また、駅構内には、サハリンから里帰りしたD51-23やスハ45 37とスハフ42 519の2両の客車が保存展示されている(Ⓛ)。

振内駅から終着駅の日高町駅までの区間も、所々にバラストが残る線路跡を辿ることができ、勾配標や曲線標、警告表示板などを見つけることができる。しかし、橋梁部はすべて撤去され、トンネル入口も、トンネル事故感知センサーの実験に使用された短いトンネル(Ⓞ)を除いて、すべて封鎖されている。なお、国道から路地を入った場所にあった日高町駅跡は、施設が撤去された後、草原に還り、構内跡地の一部がJA北日高農産センターに利用されている(Ⓡ)。

【村田正博】

沿線随一の名勝竜門峡付近を列車が通過する(N地点)。昭和43年／写真提供・日高町

線路跡にはバラストもしっかり残っている仁世宇駅跡付近(M地点)

鉄道橋は撤去され国道のアーチ橋が架けられている(N地点)

橋台のみが残されている銀沢(P地点)

トンネル事故を感知する実験のためにセンサーが付けられているトンネル(O地点)

沙流川の河床に巨大な橋脚跡が残っている(N地点)

1/20万地勢図「夕張岳」(H8.10.1発行)原寸

さびしい草原の空地になって残っている日高町駅跡（R地点）

14‰の勾配標が残る日高町駅近くの線路跡（Q地点）

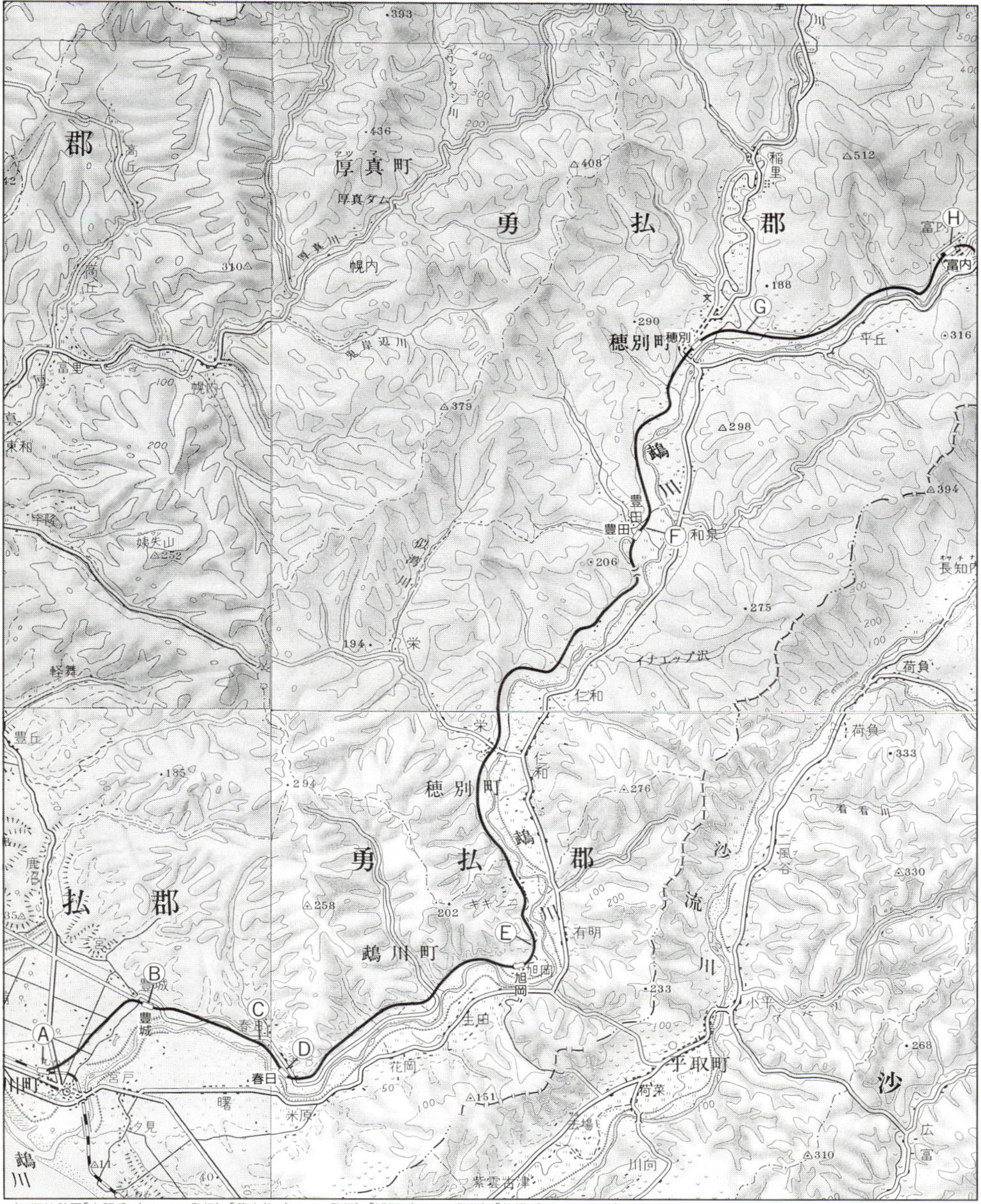

1/20万地勢図「夕張岳」（H8.10.1発行）、「苫小牧」（H5.2.1発行）、「浦河」（H3.2.1発行）、「札幌」（H10.2.1発行）原寸

王子製紙苫小牧工場専用鉄道「山線」

機関車と鉄橋が保存されている明治からの森林鉄道

【苫小牧工場〜上千歳・湖畔】

支笏《しこつ》湖は日本第二の水深を誇り、支笏洞爺国立公園の核をなすカルデラ湖である。大勢の観光客や余暇を過ごす家族連れで賑わう遊覧船乗り場のそばに、目にも鮮やかな朱色に塗られた鉄橋が架かっている。鉄道に興味のある人なら、これが鉄道用の鉄橋であり、しかも相当古い時期のものであることに気づくことだろう。この橋梁こそ、苫小牧と支笏湖畔を結んでいた王子製紙苫小牧工場の専用鉄道の遺構であり、明治期に建設された北海道官設鉄道の遺産でもある。

明治後期、高価な外国製の設備を備えた静岡県内の中部工場の水害と、経営陣の内紛などで経営危機に陥った王子製紙は、社運をかけて北海道に進出し、明治43年(1910)苫小牧工場の操業を開始した。それは、2年前の富士製紙北海道工場の操業とともに北海道における本格的な製紙工業の幕開けだったが、当時の北海道では、製紙原料の輸送手段である鉄道や安定した電力を供給する発電所をも、王子製紙が準備する必要があった。そのために建設されたのが千歳川流域の発電所群と、苫小牧工場とそれら発電所および支笏湖畔を結ぶ専用鉄道である。苫小牧工場内の貯木場を起点とし、第一発電所のある水溜までと、貯木場から坊主山火山灰採取地までの計24・5km、途中の分岐点から西に分岐し支笏湖畔までの3・2km、分岐点連絡線0・2kmの計27・9kmが、明治41年(1908)4月に竣工し、8月から輸送を開始、苫小牧工場の建設用材と第一発電所建設資材の運搬に使われた。その後大正4年(1915)に水溜〜第二発電所(後に牛ノ沢と改称)間3・3km、大正8年(1919)に第二発電所〜第四発電所(後に上千歳と改称)と延長され、発電所建設資材の輸送と、支笏湖周辺から産する木材の工場への輸送に利用されていた。

森林鉄道には、林野庁など森林管理者が建設するものが多いが、それらが未整備な場合には、このように需要者たる製紙会社が木材輸送のための鉄道を建設するケースが見うけられた。明治期の国有林では、森林

アカシア公園隣に保存されている蒸気機関車と客車。レプリカのテンダーが連結される前の姿(A地点)

廃線跡の大部分が転用されたサイクリングロードは、軌道終点の第四発電所を経て千歳市街に至る(B地点)

六哩(高丘)駅附近。ここから廃線跡は送電線沿いとなる(C地点)

六哩〜十哩間の廃線跡。前方左手に見える小さい山は丸山遠見(D地点)

分岐点駅跡を水溜方から見る。左が苫小牧へ向かう本線。右は湖畔へ続く支線への短絡線(F地点)

現在でも十哩と名付けられているバス停。廃線跡は左手の林の向こうである(E地点)

水溜駅跡は第一発電所前の駐車場になっている。廃線跡は正面のフェンスの前で右（東）に曲がる（G地点）

水溜～第三発電所間にもサイクリングロードから大きくはずれる区間がある（H地点）

管理者である農商務省（国有林）あるいは宮内省（御料林）が直轄で伐採する官行斫伐《かんこうしゃくばつ》（直営生産）よりも、需要者が立木を伐採する立木処分が主流であったことが、これら民間による森林鉄道建設の背景となっている。

王子製紙ではこのほかに三井物産と共同で、後に国鉄に買収されて日高線となる苫小牧軽便鉄道（苫小牧～富川）を経営しており、これを「海線」、支笏湖への専用鉄道を「山線」と通称していた。専用鉄道ではあるものの、観光地支笏湖への唯一の交通手段として早くから旅客輸送を開始しており、観光客はもとより林業関係者や皇族の視察も多かった。昭和22年（1947）の時刻表によると、苫小牧～湖畔間を1時間20分から2時間10分程度で1日3往復運行していた。

右手の林の中を通ってきた廃線跡は、再びサイクリングロードと送電線のある無木帯に合流するが、サイクリングロードとは別の小道となって残っている。水溜方向を望む（I地点）

起点の苫小牧工場貯木場は苫小牧駅裏なのだが、先に、苫小牧工場正門に続く道路に行ってみよう。道路脇に専用鉄道で使用されていた蒸気機関車と客車が保存されている（Ⓐ）。蒸気機関車は小樽の橋本鉄工所で昭和10年（1935）に製作されたNo.4サドルタンク・テンダ機。開通当初に導入されたポーター製機関車を見本につくられたものである。客車は苫小牧軽便鉄道機関庫で大正5年（1916）に製作され、大正11年（1922）の昭和天皇（当時皇太子）御乗車に際し貴賓車に改造されたもので、いずれも廃線後は東京都北区の紙の博物館に保存されていたが、平成8年（1996）9月に帰還し、故郷で安住の地を得たというわけである。なお、オリジナルの炭水車は紙の博物館保存当時にはすでになく、現在展示されているものはレプリカである。

第三発電所～第四発電所間に現存している築堤は、廃線跡の情景を感じられる遺構だ（J地点）

起点のあった所は現在も苫小牧工場の貯木場となっており、部外者は立ち入れない。貯木場から緑ヶ丘公園付近までは、住宅地として再開発され、軌道の痕跡を探すことは難しい。廃線跡は緑ヶ丘公園付近で国道276号と合流し、国道脇のサイクリングロードとなって第四発電所（上千歳）まで続いている（Ⓑ）。発電所群と工場を結ぶ高圧電線が南西から合流した地点が六哩（後に高丘と改称）である（Ⓒ）。ここから廃線跡は森林地帯の中を50mほどの幅で伐採された無木地帯の中をのびている。途中でサイクリングロードは並行する国道脇へと分かれ、そこから先は未舗装の高圧鉄塔用管理道路となって分岐点までのびていく（Ⓓ）。林を隔てた国道に、十哩という名のバス停があるが、十哩（後に下夕振と改称）の駅跡は判然としない（Ⓔ）。十哩の先で、廃線跡は再びサイクリングロードと合流し、千歳へ続く道道を越えた所が分岐点である。

終点の第四発電所駅跡。正面の送電設備の後ろは千歳川に落ち込む崖で、崖下に第四発電所がある（K地点）

分岐点では、右に向かう湖畔方面の線路と、左へ向かう水溜方面の線路が分岐し、さらに、デルタ状の短絡線が配されていて、現在でもそれぞれの軌道跡が確認できる（Ⓕ）。水溜方面は、引き続きサイクリングロードに転用されている。王子製紙第一発電所の前にあった水溜停車場の跡は駐車場となっており（Ⓖ）、廃線跡はフェンスをかすめて東へ曲がっていく。途中、サイクリングロードから離れるが（Ⓗ）、再び合流し（Ⓘ）、

湖畔への支線から短絡線（左）が分岐する付近から国道と交差する所までは、森の中の小道となっており、辿ることができる（F地点）

支笏湖に美しい姿を見せる湖畔橋(L地点)

千歳川呑口に架かる湖畔橋。線路はいったん橋左側の湖岸に出た後、スイッチバックして湖畔橋を渡っていた(L地点)

恵庭岳をバックに木製トラスの湖畔橋を渡る列車。この列車は右手の湖畔駅を出てバック運転しているところで、左手のスイッチバックに入った後、左下の線路を通って苫小牧へと向かう／「支笏湖橋」絵葉書(出版元不明)

橋台ともども美しく修繕された湖畔橋。英国人技師ポーナルが設計した明治期を代表するイギリス形トラスで、第一空知川橋梁からここに転用された(L地点)

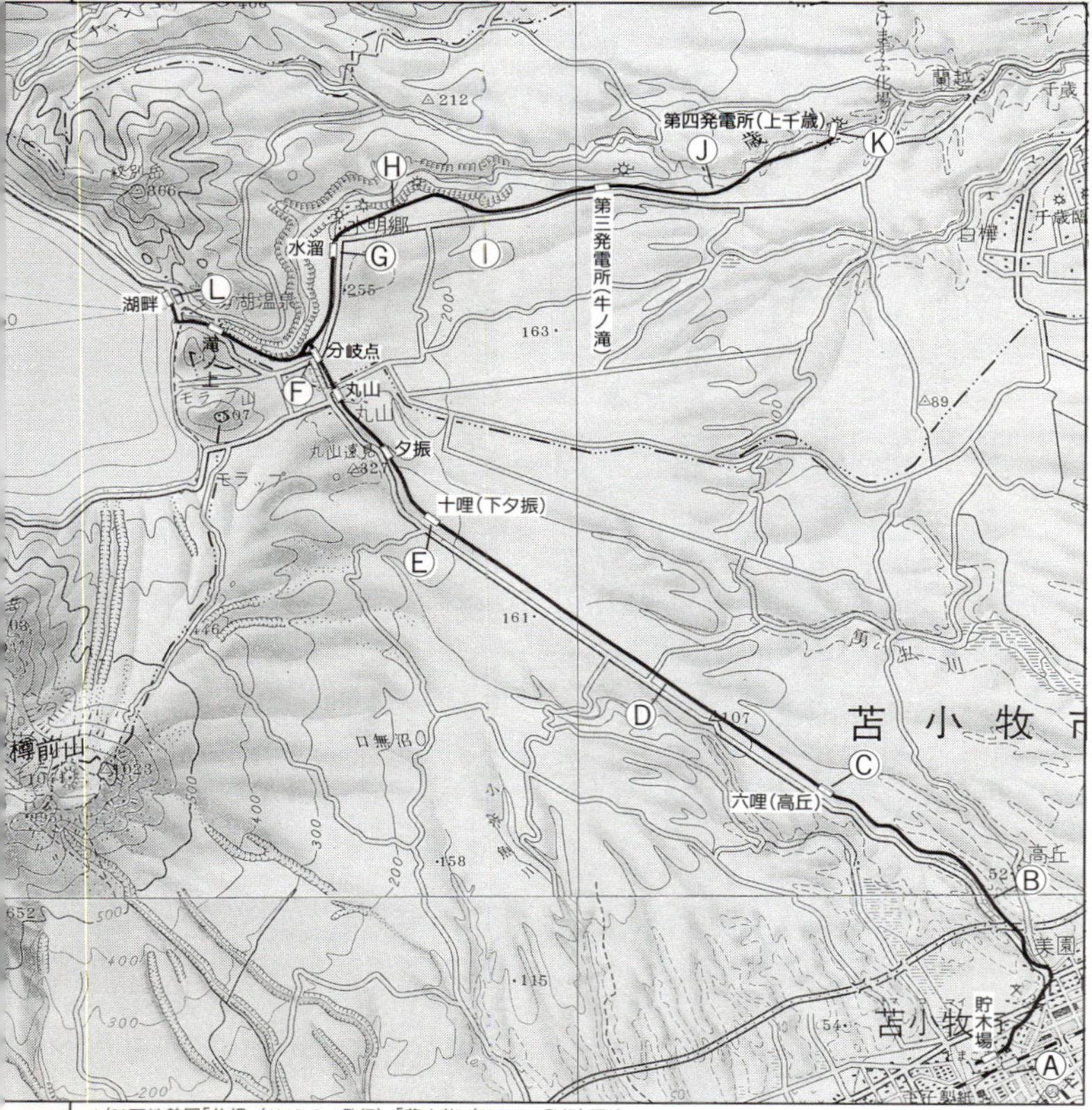

1/20万地勢図「札幌」(H10.2.1発行)、「苫小牧」(H5.2.1発行)原寸

サイクリングロードと第四発電所に至る地形図に表されていない電線に沿って伐採された帯の中を東進する。第三発電所で発電所への枝線を分岐し、千歳への道道と、それに並行するサイクリングロードと別れて電線の下を第四発電所に至り、現在の電線の経路そのままに第四発電所の南の崖上、千歳川と直角に位置する停車場で上千歳終点となっていた(Ⓚ)。

湖畔への支線は国道と交差する所まで森の中の小道となって残っている。国道から先は道路となっており、支笏湖の湖岸でスイッチバックして千歳川の呑口に架かる湖畔橋を渡り、湖畔の停車場となっていた(Ⓛ)。

冒頭でも触れた湖畔橋は、建設当初は木製トラス橋だったが、大正末から昭和初期に現在の鉄製トラス橋に架け替えられた。トラスの出自は明治32年(1899)に北海道官設鉄道空知太《そらちぶと》～滝川間(現在の函館本線砂川～滝川間)に架設された第一空知川橋梁で、廃線後も歩道橋として使われ、近年レストアされて往年の美しい姿に整備された。【河野哲也】

室蘭本線旧線

【洞爺～礼文】

複線化と線形改良に捨てられた「海線」の原形は廃トンネル銀座

洞爺トンネル隣に残る旧線の橋台（A地点）

室蘭本線を函館に向け南下すると、洞爺を過ぎた頃から列車は海岸線に迫る断崖を多くのトンネルで走り抜ける。かなたに駒ヶ岳を望む美しい噴火湾の車窓が、トンネルの漆黒で途切れるその刹那《せつな》、乗客は何度か廃トンネルの坑口を目にすることだろう。長輪《ちょうりん》線として建設された室蘭本線東室蘭～長万部間は、複線化とその際の線形改良により10本ものトンネルが廃止された廃トンネル銀座だ。

長輪線は、急勾配・急曲線が連続し輸送上の隘路となっていた函館本線長万部～小樽に対して、函館と道央およびそれ以奥への輸送力向上、時間短縮を目的として建設され、昭和3年（1928）9月10日に静狩～伊達紋別が開通し全通した。全通を機に室蘭線に編入され、樺太連絡を担う稚内行き急行が同線経由となるなど北海道内の輸送経路に変革をもたらした。しかし、昭和36年（1961）に北海道内初の特急「おおぞら」が誕生するまでは小樽回りの優等列車の方が多く、開通後すぐに室蘭本線が函館本線にとって代わったわけではなかった。のちに「海線」ともいわれた室蘭本線がメインルートの地位を得るには、複線化と改良により線路容量を増大し、最急勾配10‰という、「山線」にはない恵まれた線形をいかすことが必要だったのである。では洞爺から廃線跡を辿ってみよう。

国道の陸橋から見た黒岩トンネル。右手の現在線のトンネルに比べ、旧線のトンネルは岬の先端付近にあることが分かる（B地点）

【洞爺～豊浦】

この区間は、まず在来線より山側に単線の新線（現在の下り線）を建設し、在来線の廃止・新線への切り替えが行われた後、旧線の路盤を利用しながらトンネルとその前後のみ新線に切り替える方法で上り線の線形改良がなされた。そのため旧線の廃線跡は、現在の上り線と分離・合流を繰り返している。先行建設された下り線への切り替えで旧線が廃止されたのが昭和43年（1968）9月28日、その旧線路盤を利用した現在の上り線が開通し複線化されたのが昭和45年（1970）6月30日である。長大トンネルで直線的に通過する現在線と異なり、旧線は4ヵ所でトンネルを通るものの断崖が続く海岸線を忠実にトレースしており、災害が多かった。新線建設中の昭和42年にも、長雨による崖崩れで1ヵ月近く不通になったことがある。

現在線の洞爺トンネル手前から、旧線は海側に分岐する。トンネル手前の虻田川にはコンクリート製橋台が残っている（Ⓐ）。現在線がトンネ

同じ形態の坑門が並ぶ赤岩トンネル東口。現在線の新クリヤトンネル東口に隣接しており、上り列車の車窓から見ることができる（C地点）

赤岩トンネル西口付近は、待避設備のため広くなっている。坑口付近の崖が赤く見えるのが名称の由来であろうか（D地点）

崖下にのびる廃線跡。突端部を回り込むと現在線のチャストンネルが見えてくる（D地点）

建設当時で単線の赤石トンネル（手前）と黒岩トンネル（奥）（D地点）鉄道省北海道建設事務所「長輪線建設概要」より

ルで抜ける崖の横を通り抜けると現在線と合流し、その先は海岸沿いの上り線の路盤として利用されている。現在線の黒岩トンネルの手前から旧線は再び海側に分岐し、200mほど進んだ所に延長123mの旧黒岩トンネルが現存する(Ⓑ)。場所打ちコンクリート製のややカーブしたトンネルを出ると、ほどなく現在線の黒岩トンネル西口に路盤は吸収される。

赤岩トンネルは、建設後きわめて早い時期に同じ断面・構造のトンネルがもう1本建設され、前後の明かり区間とともに行き違い設備として使われていたらしい(Ⓒ)。石積みの2つのトンネル内は3カ所の連絡通路で結ばれており、建設当時の写真から海側のものが増設されたと思われる。西口付近はやや広くなっており、待避設備の跡をうかがわせる(Ⓓ)。

ここから旧線は崖下にへばりつくように進み、突端部を回り込むと現在線の第2チャス落石覆い、新チャストンネル坑口、さらにその上部に下り線の第1チャストンネル坑口が見えてくる(Ⓔ)。旧線が新クリヤトンネルの西口に吸収されたあと、新チャストンネルの脇から再び分岐し崖下の海岸沿いをやや高度を上げながら進んでいるのも見てとれる。延長98mの茶志内トンネルにより豊浦町側に出て、築堤の上を現在線の新チャストンネル西口付近まで進む。現在線建設時のトンネルズリと思われる土砂により不自然な勾配があるが(Ⓗ)、それを越え現在線の第3茶志内トンネルの脇を切通しで抜け、現在線と交差し、現在線の第2茶志内トンネルの山側で旧線第2茶志内トンネルの坑口に吸い込まれる(Ⓘ)。

この第2茶志内トンネル、着工当初は順調に建設されていたのだが、掘削が進むにつれて温泉沃土状の泥土となり、陥没や埋没が相次ぐ難工事のすえ完成した。そのためであろうか、トンネル内はSカーブを描いており、豊浦側の坑口は現在線より海側にあった。現在線の第2茶志内トンネルは、Sカーブを描く旧トンネルの中央部を直線的に横断している。旧トンネル内を覗くと、途中から海側に左側へSカーブしているのが分かるが、その先は見通すことができない。また、豊浦側の坑口は、付近に土砂が堆積し、現存しない。新トンネル建設の際のズリにより、埋められたものと思われる。

なお、この第2茶志内トンネルが通れないため、廃線跡を洞爺側から辿って来た場合、いったん洞爺まで引き返すか、下り線の第2茶志内トンネル東口付近から、崖を10mほどよじ登って国道に出るかしなければならない。

廃線跡から現在線のトンネルを望む。現在線は右手の崖の中を新クリヤトンネルで抜けており、上り列車は画面中央の第2チャス落石覆いを通り抜け、その奥の新チャストンネルに入る。上部にあるのは下り線の第1チャストンネル(E地点)

上り線新クリヤトンネルの右側に続く廃線跡を望む。旧線は断崖直下の地形を忠実にトレースしている(E地点)

現在線新チャストンネルの横を切通しで高度を上げる廃線跡(F地点)

茶志内トンネルを含めこの区間のトンネルには新中間型の断面が採用されており、建設当時すでに将来の電化が想定されていたことが分かる(G地点)

茶志内トンネルを抜けると高度がかなり上昇していることが海面からの高さで見てとれる(H地点)

現在の上り線トンネル山側に隣接している旧第2茶志内トンネル東口。内部は途中で左に曲がり、西口は現在のトンネルより海側にあった(I地点)

【豊浦〜大岸】

海岸線を2つの複数長大トンネルで貫く現在線とは異なり、弁辺トンネルで内陸の豊泉川流域に抜け大岸の海岸に至るルートであった。10‰の勾配区間が8割を占め、急曲線も多かったことから、昭和45年（1970）6月30日付け替えられている。

貫気別川橋梁までは、腹付線増されており、下り線の橋梁が開通当時からのものである。橋梁西側から、旧線は現在線の山側をカーブでやや迂回していたのだが、現在では付近の道路が改良されたため、その跡は不明瞭となっている。弁辺トンネルの東口は現在線のトンネルのすぐ山側に隣接しているが、3mほど高い位置にある（Ｊ）。その手前の旧線は、新線の下り線路盤に利用するために切り下げられており、山側のコンクリート擁護壁だけが残っている。

全長1504mの旧弁辺トンネル西口にまわると、コンクリートブロック積みの坑口が現存している（Ｋ）。坑口から700mほどの所には豊泉駅の相対式ホームと、駅舎の土台、それに2階建ての駅官舎が現存する（Ｌ）。豊泉は、戦時中の輸送力増強のため室蘭本線単線区間に設置され

現在線弁辺トンネルの山側に現存する旧弁辺トンネル東口（Ｊ地点）

弁辺トンネル西口はうち捨てられた切通しの奥にひっそりと存在する。右手にすぐ道央自動車道が通っており、建設工事で破壊されなかったのが不思議なほど（Ｋ地点）

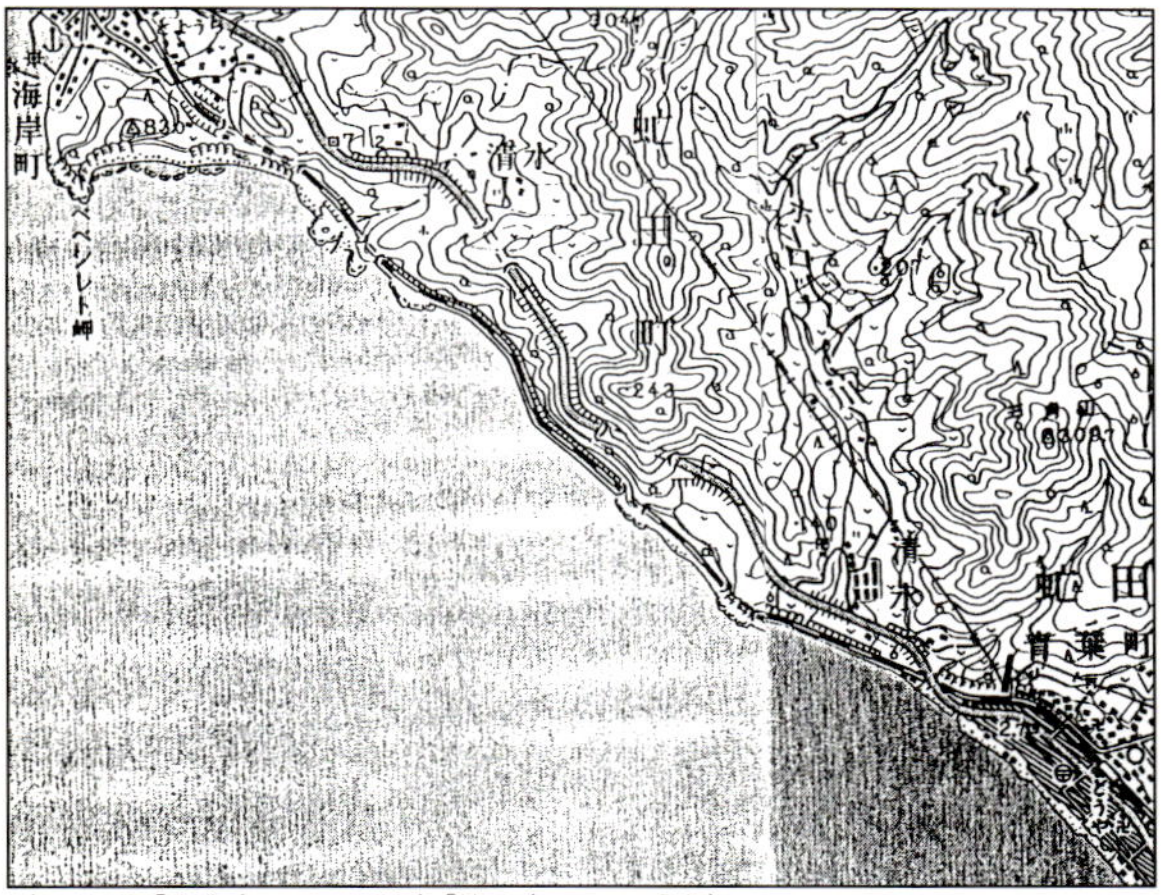

1/5万地形図「豊浦」（S45.3.30発行）、「蛇田」（S45.3.30発行）×0.8

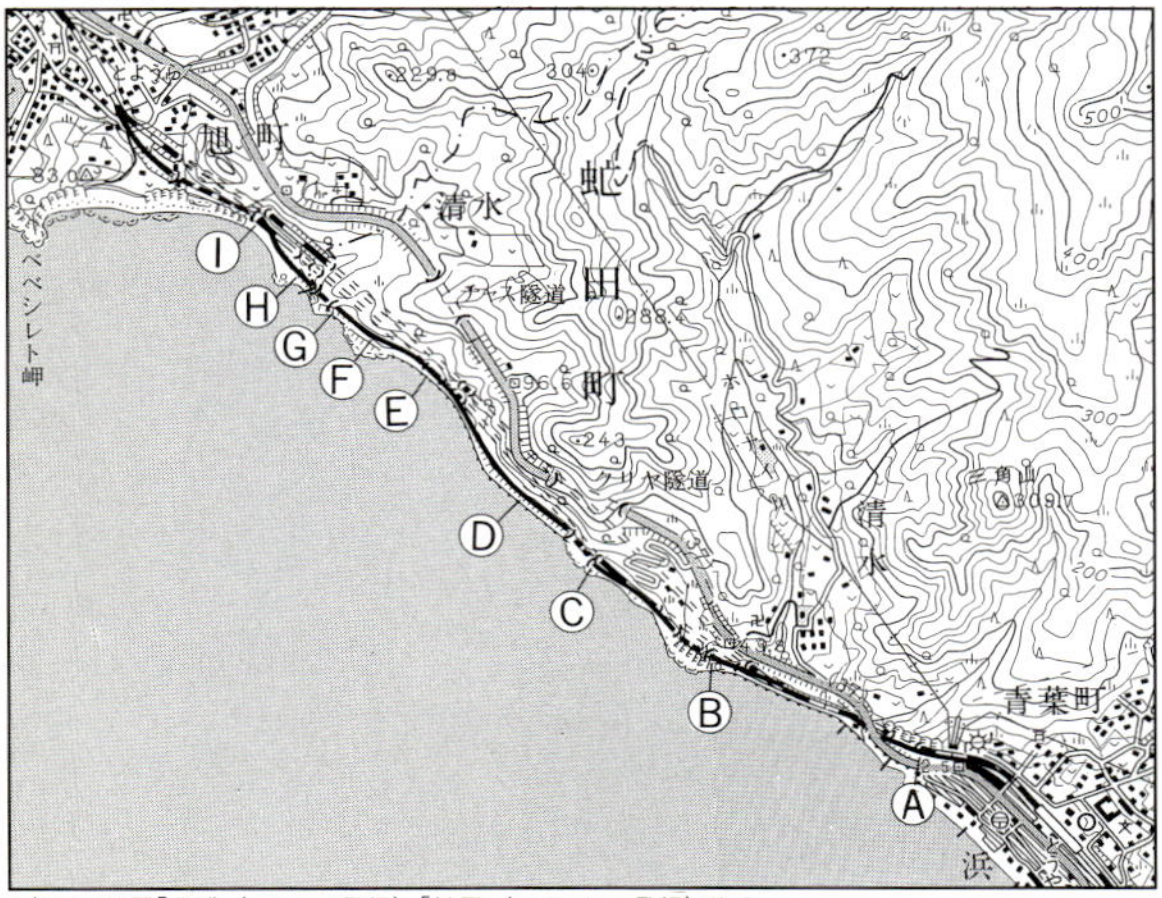

1/5万地形図「豊浦」（H3.5.1発行）、「蛇田」（H11.11.1発行）×0.8

相対式ホームが残る豊泉駅跡。駅舎はすでにないが、官舎は今でも個人住宅として使われている（Ｌ地点）

ゼブラマークと確認の文字が残る豊泉駅ホーム。豊泉は小幌、北舟岡などと同様に戦時中の輸送力増強のため設けられた信号場が前身（Ｌ地点）

豊泉〜大岸間の廃線跡は、高速道路と交差する部分をのぞき、このような小道となって現存している（Ｍ地点）

た信号場群の一つで、昭和19年(1944)10月に豊住信号場として開設された。昭和24年には仮乗降場に降格したが、昭和35年(1960)に豊泉に改称され駅に昇格している。

ここから大岸駅東方の小鉾岸《おふきし》川まで、旧線は築堤と切通しで下っていた。付近には近年高速道路が建設され、廃線跡への影響が心配されたが、交差部の路盤が消失しているだけで、他の部分の路盤は築堤や切通しも含めてほぼすべてが小道となって残り(Ⓜ)、大岸小学校裏の崖を回り込み(Ⓝ)、民家の裏を通って、小鉾岸川を渡った所で現在線に合流している。小鉾岸川橋梁は橋台・橋脚ともに現存しない。

【大岸～礼文】

旧線は断崖の迫った海岸沿いを護岸を築いて通過した。風化した断崖からの落石や、波浪による護岸擁壁の劣化、並行する道路と交差する見通しの悪い踏切など、安全性の確保に問題があったため、山側に複線を建設して昭和50年(1975)10月22日に現在線に切り替えた。その際、3つあったトンネルのうち2つを、1本の長大トンネルにして崖下の海岸線を通過する危険を解消している。

旧線は、現在線が築堤を上り始める大岸駅西方約800m付近から、築堤の海側に沿い西進し、じきに大岸と礼文を結ぶ道路に吸収される。この道路は現在線の新達古武トンネルの海側を真新しいトンネルで抜けるが、ここに数年前まで旧線の達古武トンネルがあったのである(Ⓟ)。次の茶津トンネルも同様に新しい道路トンネルとして生まれ変わっている(Ⓠ)。両トンネルともさらに海側に旧道路トンネルが現存している。

茶津トンネルを抜けると、道路の改良もここまでで、山側に旧線路盤と岩見トンネルの坑口が見えてくる(Ⓡ)。この先は、奇岩が海面に突出する断崖絶壁の直下を縫うように通過する室蘭線最大の難所であった。岩見トンネルを抜け、先ほどの道路と交差すると、海岸に築かれた護岸の上の廃線跡となるが、所々波の浸食によって護岸が崩壊している(Ⓢ)。同様にもう一度道路と交差する辺りから廃線跡は不明瞭となり、礼文浜トンネル西口付近で現在線と合流している。

茶津トンネルからここまでの区間は、特に落石の危険が大きいため、道路を全面通行止めにして数年がかりで崖のり面に落石防止ネットを設置するなど防災対策を施し、平成11年から再び美しい廃線跡の情景が堪能できるようになっている。現在線と旧線が達古武トンネルで抜ける岬を茶津岬といい、トンネル上部にアイヌの砦跡がある。アイヌ語で砦のことをチャシといい、たいていこのような見晴らしの良い丘の上に設けられていた。道南地方の和人が「ちゃつ」と発音していたため、付近一帯が茶津と呼ばれるようになった。同様の地名は各地に点在し、洞爺～豊浦の現在線にあるチャストンネルも、同じルーツを持つと思われる。また、茶志内トンネルは、「チャシ・ナイ(チャシの・川)」からと思われ、実際に現在線の第3茶志内トンネル東口付近

大岸に10‰で下る大築堤も現存している。右手の建物が大岸小学校(Ⓝ地点)

大岸駅東方の集落の裏に残る廃線跡(Ⓞ地点)

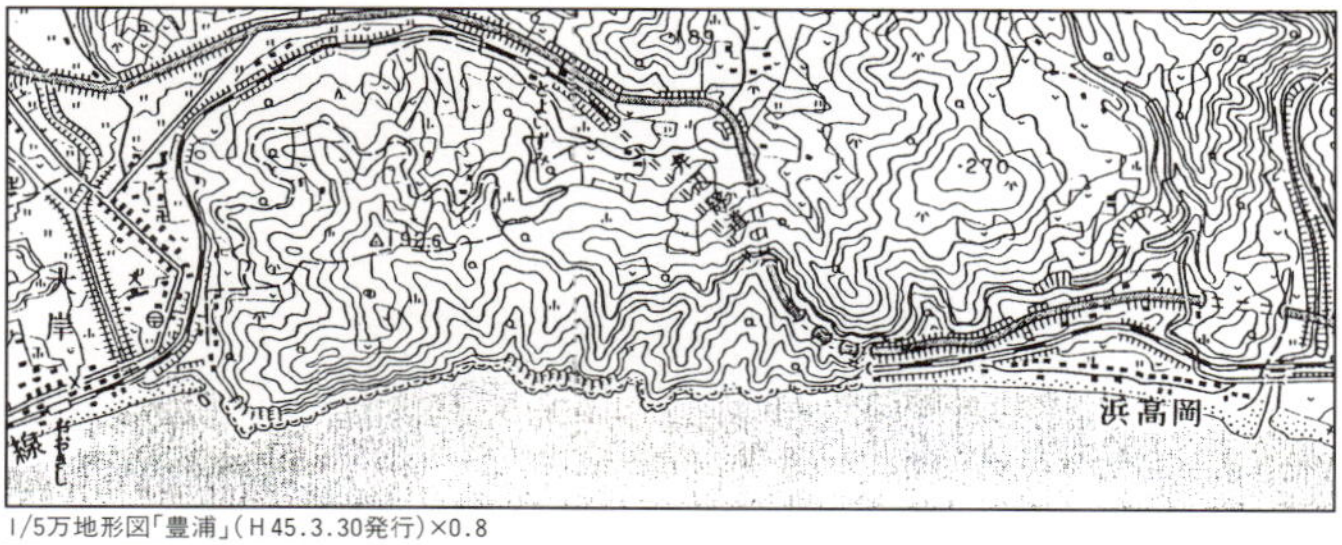

1/5万地形図「豊浦」(H45.3.30発行)×0.8

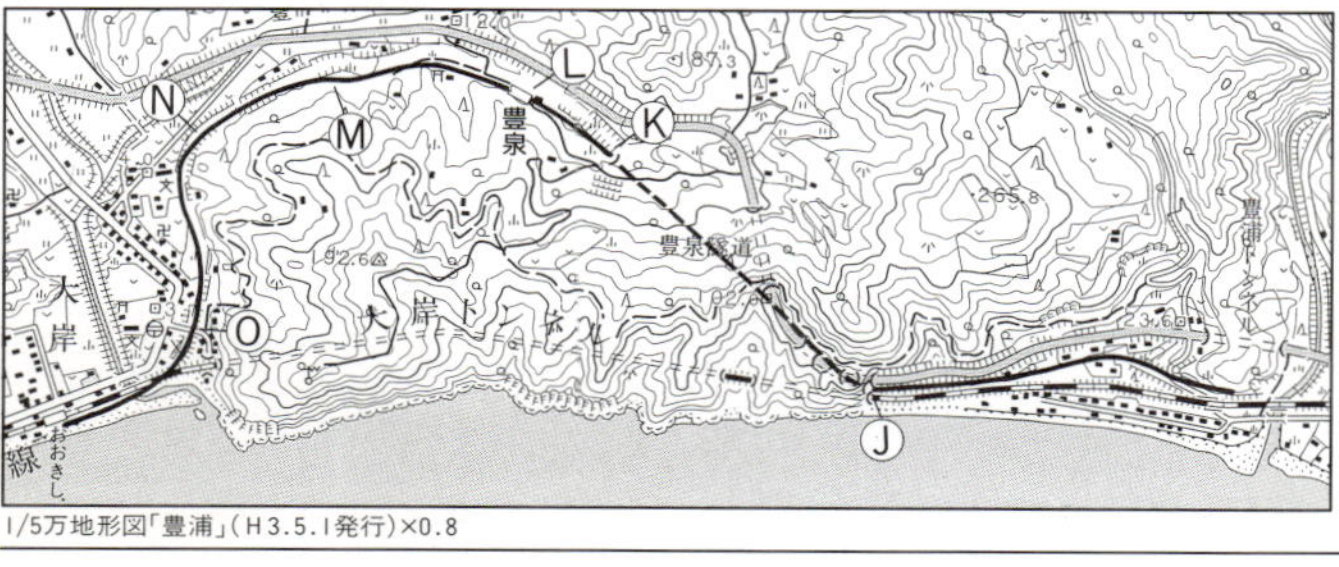

1/5万地形図「豊浦」(H3.5.1発行)×0.8

の谷に川が流れている。このようにアイヌ語に由来する北海道独特の地名は、地形をあらわしたものが多く、トンネル名や橋梁名に含まれるアイヌ語を考察しながら歩くと、廃線跡の旅がいっそうおもしろくなるだろう。【河野哲也】

岩見トンネル西口付近の路盤跡は、道路脇の護岸上に現存するが、浸食がいちじるしい。ここを走っていたDC特急の車窓風景はみごとだったことだろう(S地点)

奇勝礼文華海岸にのびる室蘭線の路線。岩見トンネル西口付近(S地点)
鉄道省北海道建設事務所「長輪線建設概要」より

激浪打ち寄せる断崖絶壁が続く礼文華海岸を行くD52牽引の下り貨物列車(大岸～礼文)。昭和46年7月19日／写真：大野雅弘

中央の新しい道路トンネルの所に達古武トンネルがあった。アイヌのチャシはトンネルの上で、現在は公園に整備されている。左は現在の新達古武トンネル(P地点)

茶津トンネルも道路トンネルに生まれ変わった。画面左手の海側の道路が旧道(Q地点)

子持ち岩など奇岩が多いこの海岸線は、保線屋泣かせでもあった(T地点)

現在でも鉄道時代の美しい護岸が残る礼文華海岸(T地点)

断崖の下を護岸を設けて通過する(T地点)鉄道省北海道建設事務所「長輪線建設概要」より

子持ち岩より遠望する茶津トンネル(左)と達古武トンネル(右)
鉄道省北海道建設事務所「長輪線建設概要」より

岩見トンネルは現存しているが、道路への落石防止の抜本策として道路トンネルへ改修される可能性は否定できない。東口(R地点)

岩見トンネル西口と海岸を縫う道路。トンネル出口には踏切があり、見通しが悪かったことも付け替えの一因という(S地点)

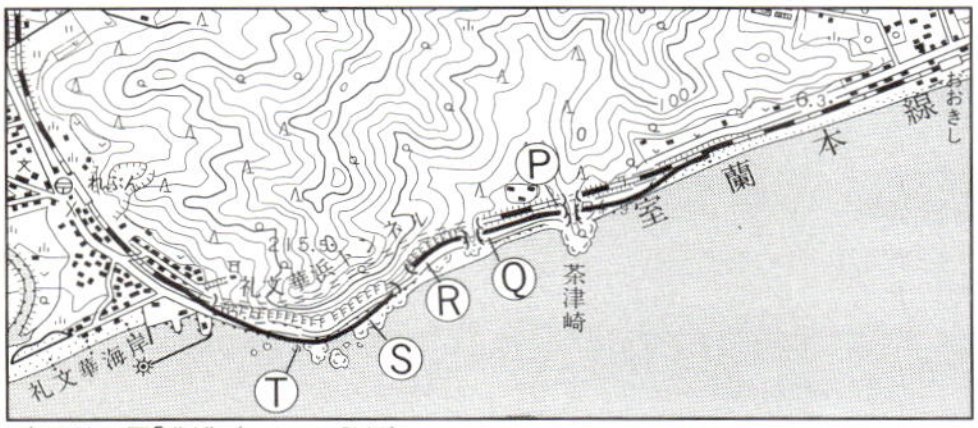

1/5万地形図「豊浦」(H3.5.1発行)×0.8

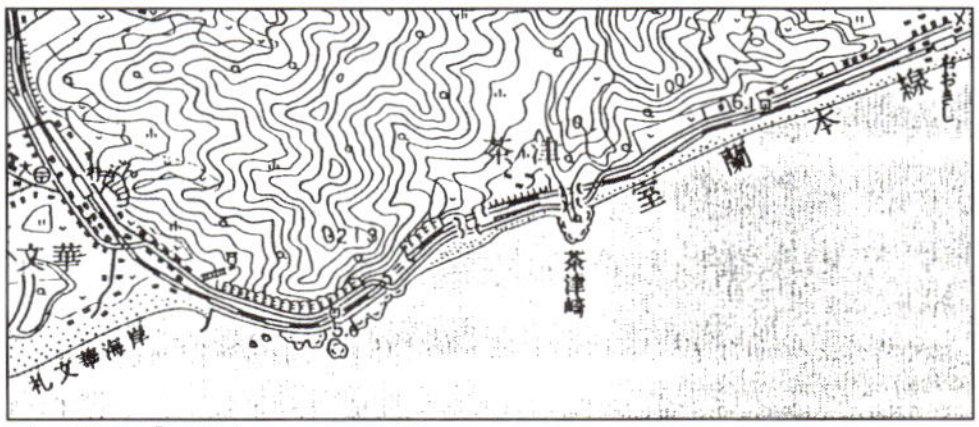

1/5万地形図「豊浦」(S45.3.30発行)×0.8

瀬棚線 【国縫～瀬棚】

函館本線と日本海の港町を結んだ渡島半島横断路線

函館本線の国縫《くんぬい》駅から日本海に面した港町の瀬棚《せたな》まで48・4kmの距離を結んでいた瀬棚線は、大正15年（1926）6月6日に着工し、昭和4年（1929）12月13日に国縫～花石間が開通、さらに翌年の10月30日に花石～今金間が開通し、残る今金～瀬棚間も昭和7年（1932）11月1日に開通して全線が結ばれた。開業当初からC12やC11などのタンク機関車が使用されてきたが、昭和31年（1956）には、早くも旅客列車がディーゼル化され、昭和41年（1966）10月1日には、函館～瀬棚間に急行「せたな」が運転されるほど活況を呈した。

しかし、道内のローカル線の例に漏れず、大きな赤字を抱える瀬棚線は、昭和58年9月に貨物営業が廃止され、さらに昭和62年（1987）3月15日限りで、国鉄から新生JRに引き継がれることなく、56年の歴史に終止符を打った。

瀬棚線の起点となる国縫駅は、1番線と3番線ホームが瀬棚線に割り当てられており、すべての列車が長

坑口付近が池になっている山瀬トンネル美利河側坑口（E地点）

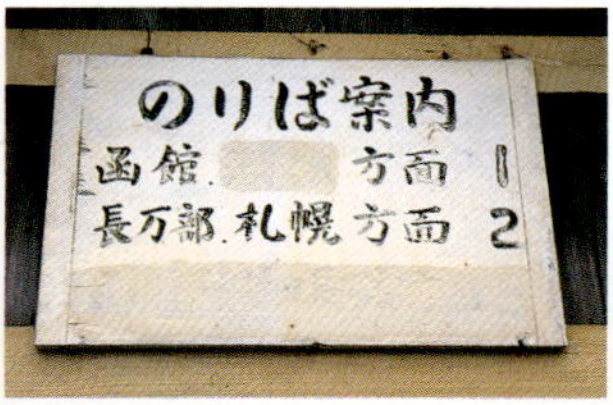

のりば案内の表示から瀬棚の文字は消されている（A地点）

跨線橋もホームも当時の姿とほとんど変わらない国縫駅（A地点）

三角屋根の形に坑門部分が延長されている（E地点）

国縫駅を出るとすぐに函館本線と分岐する（B地点）

草原の中にのびる線路跡（C地点）

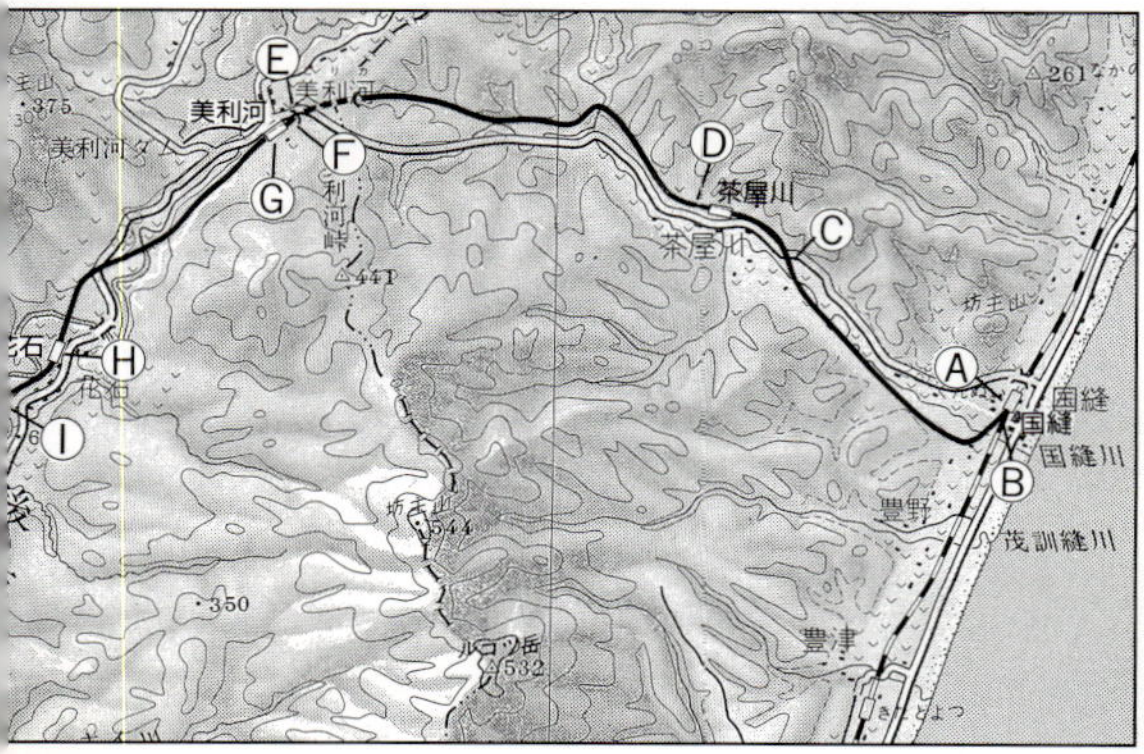

茶屋川駅近くにあったコンクリート橋台（D地点）

万部から直通運転されていた。跨線橋に掲示された発着番線を示す掲示板は、白ペンキを上塗りして消した瀬棚の文字を辛うじて見ることができる(Ⓐ)。

国縫道路踏切の先から函館本線と分かれた瀬棚線は、国縫川の右岸に渡って北上し、再び国縫川を渡って茶屋川駅に至るが、国縫川に架かっていた2カ所の鉄橋跡は、橋台部まで撤去されている。

茶屋川橋梁を渡るC11牽引の貨物列車。昭和46年9月16日／写真：荒川好夫

美利河駅の晩年の駅舎は三角屋根だった（G地点）。昭和58年頃／写真提供：今金町

ガーダー橋が残っている下ハカイマップ川（K地点）

空地になった美利河駅跡。国道脇には、当時の駅舎と同じような三角屋根のバス待合所がある（G地点）

こんな距離表示板が残されてる（F地点）

バイパス工事が進んで当時の姿が消えてしまった線路跡（I地点）

道路工事に伴う土砂が盛られている花石駅付近（H地点）

現役当時の色彩を保つ種川橋梁（L地点）

瀬棚線跡の側壁の先に道路用のトンネルになった花石トンネルの入口が見える（J地点）

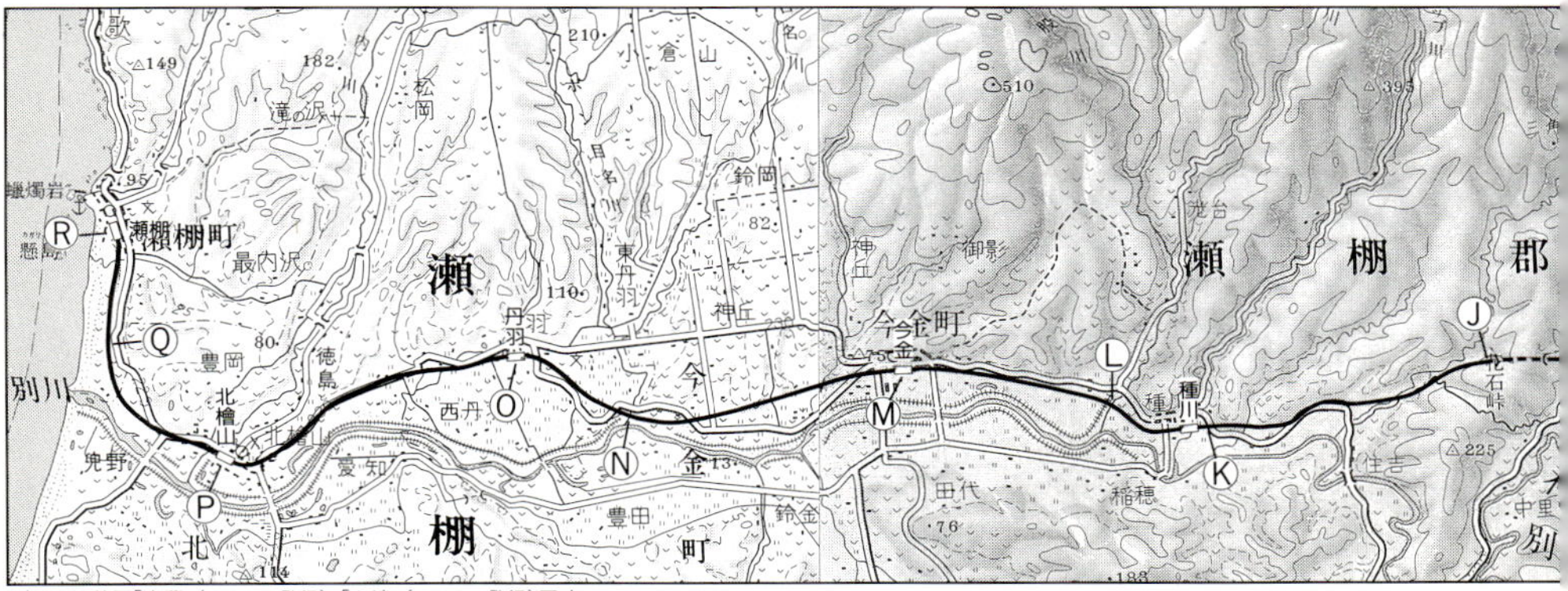

1/20万地勢図「室蘭」（H5.2.1発行）、「久遠」（H3.2.1発行）原寸

茶屋川駅跡は、バス停が駅前の位置を示しており、崩れたホーム跡が草に覆われている。

茶屋川駅から瀬棚方面に向かう瀬棚線は、分水嶺になっている美利河《ぴりか》峠を山瀬トンネルで抜ける。山瀬トンネルを抜けた先に美利河駅があったが、今は広い空地になっている(Ⓖ)。また、山瀬トンネルの美利河側坑門まで線路跡を辿ることができるが、水がたまって細長い池になっている(Ⓕ)。なお、美利河駅の北側には、瀬棚線が走っていた当時はなかった美利河ダムの細長い堰堤が続いている。

花石駅跡から北住吉駅跡付近にかけては、瀬棚線の跡地を利用して国道230号のバイパス道路工事が進められており、区間内の鉄橋はすべて架けかえられ、花石トンネルも広げられて道路のトンネルに利用されている(Ⓙ)。山間部を抜けた線路跡は、水田地帯の中の低い築堤となって残っている。小さな駅前商店街の様子をとどめる種川駅跡を挟んで、下ハカイマップ川(Ⓚ)とメップ川(Ⓛ)が流れているが、ここには、それぞれガーダーの橋桁が残されている。特にメップ川の3連ガーダー橋は、塗装も鮮やかで、1977年塗装の記録も残っている。

今金《いまかね》駅跡は、駅舎跡に函館バスの待合所が建てられ、風車を模した今金町のシンボル「デ・モーレン・いまかね」が空にそびえている。また、構内跡の一部には、レールと今金町内にあった6駅の駅名標が設置されて、かつて今金駅があったことを後世に伝えている(Ⓜ)。なお、周辺の線路跡は、オランダ通りと名付けられた遊歩道に整備されている。

今金駅から北檜山《きたひやま》駅までの間は、畑の中に路線跡を辿ることができ、利別目名川(Ⓝ)と冷水川などにもガーダー橋が残っている。また、丹羽《にわ》駅跡は、空地になっているが、残された農業倉庫が当時の駅周辺の雰囲気を残している(Ⓞ)。

北檜山駅跡は、駅舎がバスターミナルとして残されており、線路跡は埋め立てられてしまったが、駅舎の庇《ひさし》付近にホームの一部が見られる。また、背後には倉庫群があり、往年の駅周辺の雰囲気をよく残している(Ⓟ)。

北檜山駅を出た瀬棚線は、やがて北に大きく進路を変え、日本海に沿って砂丘地帯を進む。築堤の線路跡からは、日本海も眺められ(Ⓠ)、瀬棚駅に進入する列車の正面には、名勝の三本杉岩も顔を覗かせていた。

終着の瀬棚駅跡は、瀬棚町総合福祉センターややすらぎ館の敷地に利用されており、記念碑と駅名標、48キロポストがその跡に立てられている(Ⓡ)。線路跡の延長線上にまっすぐ港に下って行けば三本杉岩だ。

【村田正博】

構内跡に今金駅があった証拠が残されている(M地点)

キハ22の列車に乗り込む乗客の姿ものんびりしている(M地点)。昭和58年頃/写真提供:今金町

利別目名川を渡る鉄橋もガーダー橋だった(N地点)

農業倉庫と空地が鉄道の構内跡であることを示す丹羽駅跡(O地点)

背後には倉庫やコンテナが並び、現役当時と変わらない雰囲気がそのまま残る北檜山駅跡(P地点)

砂丘地帯の築堤が瀬棚の市街地へのびている。左手は日本海(Q地点)

瀬棚駅跡の先には三本杉岩のうちの1本が見える(R地点)

花巻電鉄

【軽便花巻～西鉛温泉・西花巻～花巻温泉】

山峡の温泉郷に湯治客を運び続けた〝馬づら電車〟

東北本線の花巻駅と接続して西《にし》鉛《なまり》温泉（鉛《なまり》線）と花巻温泉（花巻温泉線）の温泉郷を結んでいた花巻電鉄は、昭和40年代まで、温泉郷巡りの観光開発と沿線の開発に大きく貢献し、湯治客の輸送や、近郊鉱山の鉱石、農産物の輸送などに活躍してきた。また、併用軌道で車両限界が制限される鉛線には、車幅わずか1・6mと細長く〝馬づら電車〟と呼ばれた電車が走り、往年のファンの注目を浴びていた。

花巻電鉄は、大正元年（1912）に開業した花巻電気が、花巻北西部に開けた温泉地まで余剰電力を利用して電車を走らせる計画を立てたことに始まり、大正4年（1915）9月16日に、まず西公園～松原間8・17kmが開業し、翌年9月には、松原～志《し》度《ど》平《ひら》間が開業した。花巻側は、大正2年10月に開業した岩手軽便鉄道花巻駅に接続することとし、大正7年（1918）1月に開通、途中に西花巻駅と吹張《ふっぱり》停留場が設けられ、この区間は岩花線と名付けられている。同年8月には、鶯沢鉱山の鉱石搬出のために敷設された西鉛～志度平間の馬車鉄道が温泉軌道会社によって買収され、花巻から電車で志度平までやってきた乗客は、ここで馬車鉄道に乗り換えて、西鉛温泉まで容易に訪れることができるようになった。その後、大正10年（1921）に花巻電気と温泉軌道会社は、盛岡電気工業に吸収合併され、大正12年（1923）5月に志度平～大沢間2・2km、大正14年（1925）11月に大沢～西鉛間4・3kmが電化され、花巻～西鉛間18・1kmが電車で直通運行されることになった。

一方、花巻温泉線は、台《だい》温泉近くまで鉄道を敷設し、台温泉から引湯して新しい行楽温泉郷を開発する台鉄道建設計画が発端となって誕生した。大正8年（1919）8月に台鉄道株式会社に交付された鉄道建設の免許は、盛岡電気工業に引き継がれ、大正12年（1923）5月に着工された。そして終点となる台遊園地新温泉は、花巻温泉と名付けられ、路線名も花巻温泉線となった。大正14年（1925）7月に、西花巻～花巻温泉間8・39kmのレール敷設工事を終了したが、変電所の完成が

付近の建物から当時の駅の位置を探すのは容易だった（D地点）

西公園駅に停車中の電車（D地点）。昭和40年代／「栄光の軌道　花巻電鉄」

道路が上を覆う大堰川に花巻電鉄の橋脚を見つけた（B地点）

列車の交換が行われた熊野駅付近（E地点）

西花巻駅跡にある嶋二郎氏宅の車庫に、駅名標、発車時刻表、手廻品取扱所の木札などが保存されている（C地点）

岩手軽便鉄道の広い花巻駅構内跡地は、再開発で痕跡をとどめていないが石碑が花巻駅跡を教えてくれる（A地点）

間に合わず、岩手軽便鉄道の蒸気機関車と客車を借り受けて変則的に営業を開始し、電車による営業が始まったのは、同年11月1日からとなった。以降、盛岡電気工業から花巻温泉電気鉄道、花巻電気鉄道、花巻温泉電鉄と変遷し、昭和28年(1953)6月に花巻電鉄となった鉛線と花巻温泉線の電車は、各温泉郷に観光・湯治客を運び続けたが、クルマ社会の到来により赤字が増大し、昭和40年(1965)5月に西花巻～中央花巻間が廃止、また、昭和44年(1969)8月に鉛線全線と花巻温泉線の西花巻～花巻駅間が廃止となり、残る花巻温泉線の花巻駅～花巻温泉間も昭和47年(1972)2月16日をもって廃止となった。

【鉛線】

花巻電鉄の電車が乗り入れていた岩手軽便鉄道の花巻駅跡には、グランシエール花巻の裏手に石碑が立てられている(Ⓐ)。大堰川を渡った先には中央花巻駅があったが、現在は駐車場になっている。この駅は、軽便が国鉄釜石線になって廃止されて以降に始発駅となったもので、岩花線の線路は、緩くカーブを描いて東北本線を跨ぎ、西花巻駅に至った。当初、材木町交差点近くの寿司店付

鉛温泉のお別れ電車が停車する大沢温泉駅(G地点)。昭和44年8月31日／写真提供:花巻温泉

大沢温泉の駅舎跡は温泉の駐車場になった(G地点)

志度平温泉の駅は、バス停付近にあった(F地点)

右の路地が鉛線の跡。馬車鉄道は左の道路に沿ってのびていたという(H地点)

材木町公園の一角に「馬づら電車」のデハ3が保存されている(J地点)

鉛温泉駅跡に建てられた藤友商店(I地点)

かつてJRの跨線橋は花巻電鉄の駅までのびていた(K地点)

自転車専用道路になった築堤は当時の雰囲気をとどめている(L地点)

館跨線橋に架線を吊った金具とガイシが残っている(L地点)

花巻温泉線のさよなら電車が館跨線橋付近を走る(L地点)昭和47年2月15日／写真:小田島勝見

花巻駅に停車中の電車。西花巻側に車庫があった(K地点)／写真提供:花巻温泉

近にあった西花巻駅は、岩花線が廃止になって以降現在の消防署付近に移転している(Ⓒ)。鉛線の線路跡は、狭い路地となって坂道を下り、鉛温泉に通じる県道に出る。ここから先はほとんど併用軌道で、線路跡を判別することは難しいが、各駅跡付近の様子は、あまり変化がないようだ。鉛温泉駅は、県道から分岐した道路脇に建つ藤友商店付近(Ⓗ)で、終点の西鉛温泉駅には、駅舎はなかったという。

【花巻温泉線】

西花巻駅を始発にしていた花巻温泉線は、国鉄花巻駅に接続した後、専用軌道で花巻温泉駅に向かっていた。現在の花巻駅跡は、自転車置き場になっており(Ⓚ)、その先の線路跡は、ほとんどの区間が自転車専用道路に生まれ変わっている。ただし、ホームや駅舎、鉄橋などの施設は、ほとんど残っていない。わずかに、瀬川駅跡に引き込み線から米を積み込んだ倉庫の土台(Ⓜ)や、終着の花巻温泉駅跡に駅舎からホームに降りる円形のコンクリート階段(Ⓞ)などを見るのみだ。

【村田正博】

昭和40年代の瀬川駅での交換風景（M地点）／写真：小田島勝見

農業倉庫のコンクリート土台が残る瀬川駅跡（M地点）

終着駅の花巻温泉（O地点）。写真提供：花巻温泉

バスターミナルになった花巻温泉駅跡。円形の階段は当時のまま（O地点）

当時の風景とほとんど変わりがない。線路跡にはアジサイが植えられている（N地点）

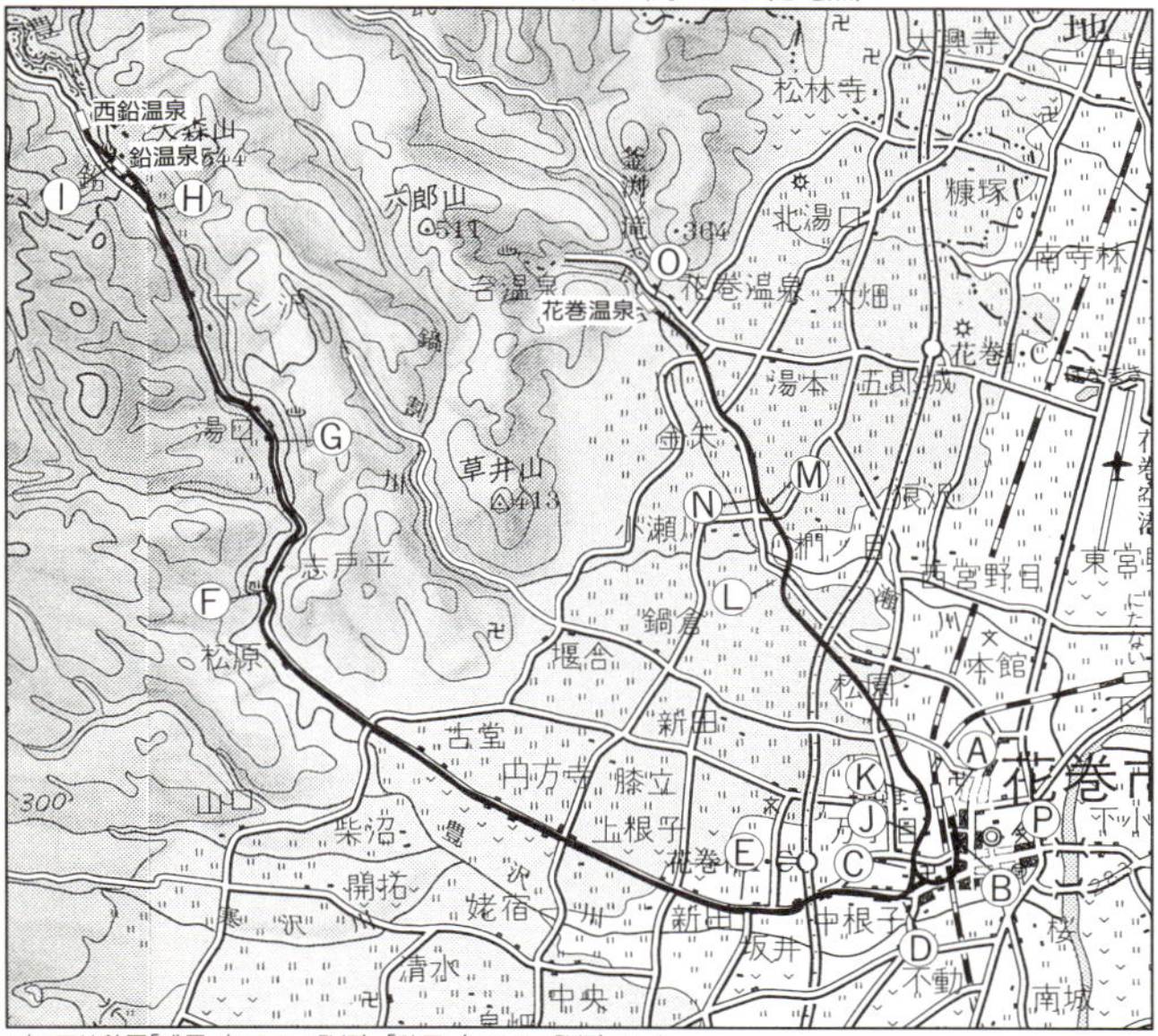

1/20万地勢図「盛岡」（H7.6.1発行）、「秋田」（H6.7.1発行）×1.2

電車が貨車を牽いて瀬川駅から花巻温泉に向かう（N地点）／写真提供：花巻温泉

仲町にある粉屋にも花巻電鉄の車両が残っている（P地点）

小坂鉄道花岡線

鉱山とともに歩んだ大館盆地の小鉄道

【大館～花岡】

大館周辺はかつて多くの銅や亜鉛の鉱山があり、奥羽本線が通過する大館市はヤマを支える町として栄えた歴史をもっている。鉱山で規模が大きかったのは小坂と花岡の二鉱山で、鉱石輸送用に明治42年（1909）に大館～小坂間を結ぶ小坂鉄道が開業し、また大正3年（1914）には大館～花岡間に花岡鉱山専用鉄道が開業した。この花岡の鉄道は大正4年に小坂鉄道に買収されて花岡線となり翌年から旅客輸送を開始した。

その後、小坂鉄道は小坂・花岡両鉱山を経営する同和鉱業の系列となり日本有数の大鉱山を支えてきたが、昭和59年（1984）花岡鉱山が閉山。翌60年3月31日で花岡線が廃止となった。残る小坂線も平成6年（1994）に旅客営業が廃止され、現在は精錬の副産物である濃硫酸の輸送だけに使われている。

花岡線の大館駅は、まだ稼働中の小坂鉄道と共用で駅舎もそのまま使われている（Ⓐ）。しかし、花岡行きが発着していた駅舎東側のホームは駐車場になっていた（Ⓑ）。小坂線の線路はそのまま御成町の踏切に向かっているが、その近くには大館駅名物の腕木式信号機が今も健在だ（Ⓒ）。

小坂・花岡両線が大館駅から並行して進んでいたが、踏切の先で北側の花岡線の空間がカーブしているのがはっきりと分かる（Ⓓ）。築堤となった線路跡は市街地を抱き込むように高度を上げ、JR奥羽本線をまたぐ橋台を残している（Ⓔ）。線路はそのまま北に直進し、細長い空間が住宅街の裏庭と化しているが、やがて大館と花岡を結ぶ県道と並行するようになる。国道7号のバイパスをくぐるあたりから水田地帯に入り、下内川を渡るところに赤錆びた見事なガーダー橋を残していた（Ⓕ）。その先に唯一の中間駅だった松峰停車場があった。県道から松峰神社への分岐点にあった無人駅だが遺構は失われている（Ⓖ）。大館の盆地を直進してきた花岡線はそのまま巨大な鉱山施設の脇を通り、右にカーブしてかつての鉱山町へと入っていった（Ⓗ）。周囲にはアパートや古い商店などが

花岡線も発着した小坂鉄道大館駅はJR大館駅前から100mほど離れた所、旅客営業廃止後もそのまま残る（A地点）

正面の小屋のある所が花岡線の発着ホームだった所（B地点）

かつては小坂鉄道の撮影ポイントだった大館駅の腕木式信号機。右側のスペースが花岡線の軌道敷（C地点）

今でもJR大館駅東側にはっきりと残る花岡線の築堤と跨線橋の橋台（E地点）

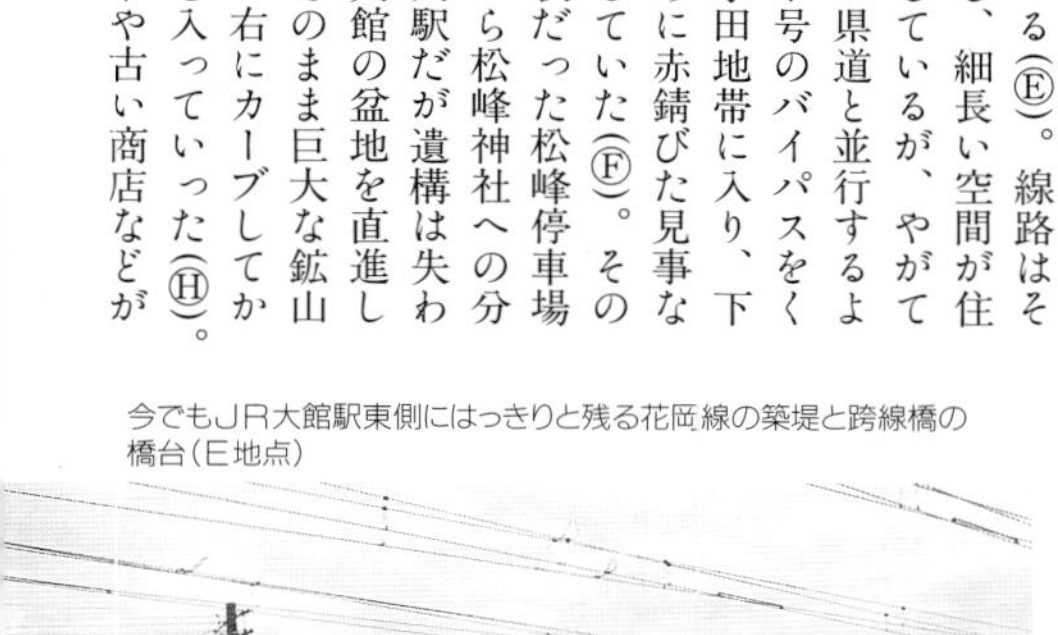

花岡線がここで分岐、奥羽本線を越える築堤がここから始まる（D地点）

集まり、以前は栄えていたことを物語っている。線路は小さな川にいくつも橋を残しながら進み、やがてかつての鉱山施設を転用した工業団地の中に消えていた。旧版地図で見ると「同和レアアース」という会社の敷地が駅跡(Ⅰ)で、その前には来訪客を迎えてきたであろう噴水池のある公園が残されていた。

比較的近年まであった花岡線だがその遺構は軌道敷と橋だけになっている。

【杉崎行恭】

花岡線最大の遺構が下内川の橋梁。コンクリートの橋脚に鋼製のプレートガーダーが架かる(F地点)

かつてこの施設から鉛精鉱や硫化精鉱(含有量を高めた鉱石)が積み出されて小坂の精錬所に送られていた。引き込み線跡も残っている(H地点)

松峰停車場はこのあたり、昭和48年にできたホームと待合室だけの駅だった(G地点)

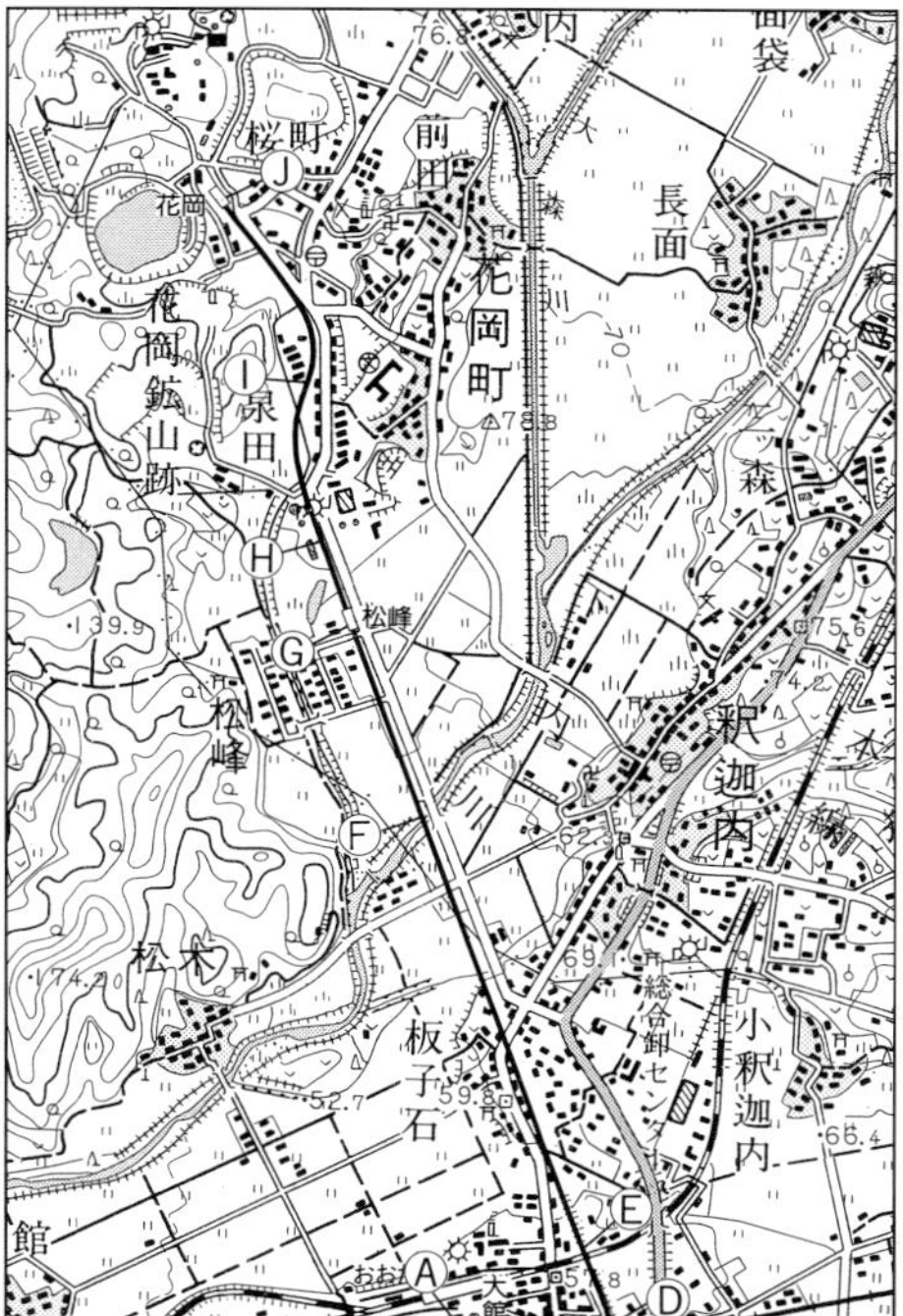

1/5万地形図「大館」(H3.3.1発行)原寸

団地のような鉱山住宅の前を花岡線は走っていた(I地点)

工場のある所が花岡駅だった。ここから引き込み線が鉱山内の各所にのびていた(J地点)

花岡駅に待機中のキハ2100形ディーゼルカー。昭和57年4月5日/写真:中野敏行

秋田中央交通

【一日市～五城目】

田園地帯をのどかに走っていた電気機関車牽引の気動車改造客車列車

奥羽本線八郎潟駅の跨線橋出口あたりにかつての秋田中央交通のホームがあった（A地点）

県道との合流地点から軌道跡はサイクリングロード兼用の歩道となっている（B地点）

鉄道反対運動によって町の郊外を鉄道が通過することとなり、後に不便を感じた地元が連絡用の鉄道を設ける。明治末期から大正にかけて各地で起きた出来事だが、秋田中央交通の前身である五城目《ごじょうのめ》軌道もこのようにして誕生した小鉄道だった。

線路は秋田市北方の木材業の町五城目駅（開業時は東五城目駅）と奥羽本線八郎潟駅（開業時は五城目駅、後に一日市《ひといち》駅さらに八郎潟駅と改称）を結ぶ3・8kmで、大正11年（1922）4月21日にガソリン機関車によって開業した。やがて昭和18年（1943）の戦時統合によって秋田中央交通と改称し、昭和25年（1950）には電化も果たしている。しかし最後まで電車を持たず、道路端の線路をキハを改造した客車を電気機関車が牽引することで鉄道ファンに知られたローカル鉄道だった。廃止は昭和44年（1969）7月11日。

奥羽本線八郎潟駅の西側に秋田中央交通のホームがあった。現在の跨線橋出入口付近がその場所だ（Ⓐ）。今では舗装道路になっている奥羽本線に沿った道が軌道の走っていた所で、300mほど先で県道15号線と合流し西に向かっている（Ⓑ）。その道路の北側路肩に軌道分の空間があり、ガードレールで区切られてサイクリングロードとなっている（Ⓒ）。国道7号線を横切った県道は軌道跡のサイクリングロードを従えて水田の中を進み（Ⓓ）川崎の小集落に出る。ここはかつて川崎停車場があった所で、今も朽ちたホームが土盛りになっていて待合室の土台も残っていた（Ⓔ）。

そして軌道は100mほど県道を迂回してまた合流していたが、そのラインが今も集落の間道として使われている（Ⓕ）。

再び県道沿いに戻った軌道跡はしだいに明確ではなくなり、道路が少しカーブしている所で南側に移ったようだ（Ⓖ）。かつてはそのまま築堤を築いて水田の中を行っていたようだが、今では拡幅された道路の端となって続いてる。

現在、五城目高校入口バス停のあ

踏切で越えていた国道７号線。昭和40年頃までは未舗装道路の併用軌道だった（C地点）

川崎停車場までは水田地帯を走る。今も雰囲気は昔のまま（D地点）

唯一の遺構といっていい川崎停車場のホーム。近くに迫った秋田自動車道工事で消える恐れもある（E地点）

川崎近くの間道にも軌道跡のサイクリングロードが設けられている（F地点）

る小公園のあたりがかつての高校前停車場だが（Ⓗ）、高校も鉄道があった当時より南に移転しているようだ。県道の敷地となった軌道のラインは町の入口でもある警察署前の三差路まで続いているが、現在のＪＡのガソリンスタンド北側から専用軌道になって終点の五城目駅まで向かっていたという。

現在の秋田中央交通のバス洗車場がその軌道に当たっているが（Ⓘ）、駅のあった五城目バスターミナルともども（Ⓙ）、鉄道があった片鱗もうかがうことはできない。

しかし、市街地北部の五城目小学校にはＥＢ１１１電気機関車＋カフタ形客車という現役時代そのままの編成で保存されている（Ⓚ）。

川崎停車場のホームとこの車両がわずかに残った鉄道の証拠である。【杉崎行恭】

五城目バスターミナルに五城目駅と機関区、本社があった（J地点）

五城目駅構内に休む電動貨車。右の倉庫は今も五城館として現存している。昭和44年頃／写真提供:秋田中央交通（所蔵:岸 由一郎）

廃止の昭和44年７月寄贈とある五城目小学校に保存されている電機と客車（K地点）

この付近で軌道は県道を踏切で横切っていた。幅広の歩道もここで終わる（G地点）

電動貨車デワ3003に牽引されて五城目に向かう２両編成の列車。昭和44年７月７日／写真提供:秋田中央交通（所蔵:岸 由一郎）

高校前停車場跡は道沿いの小公園に（H地点）

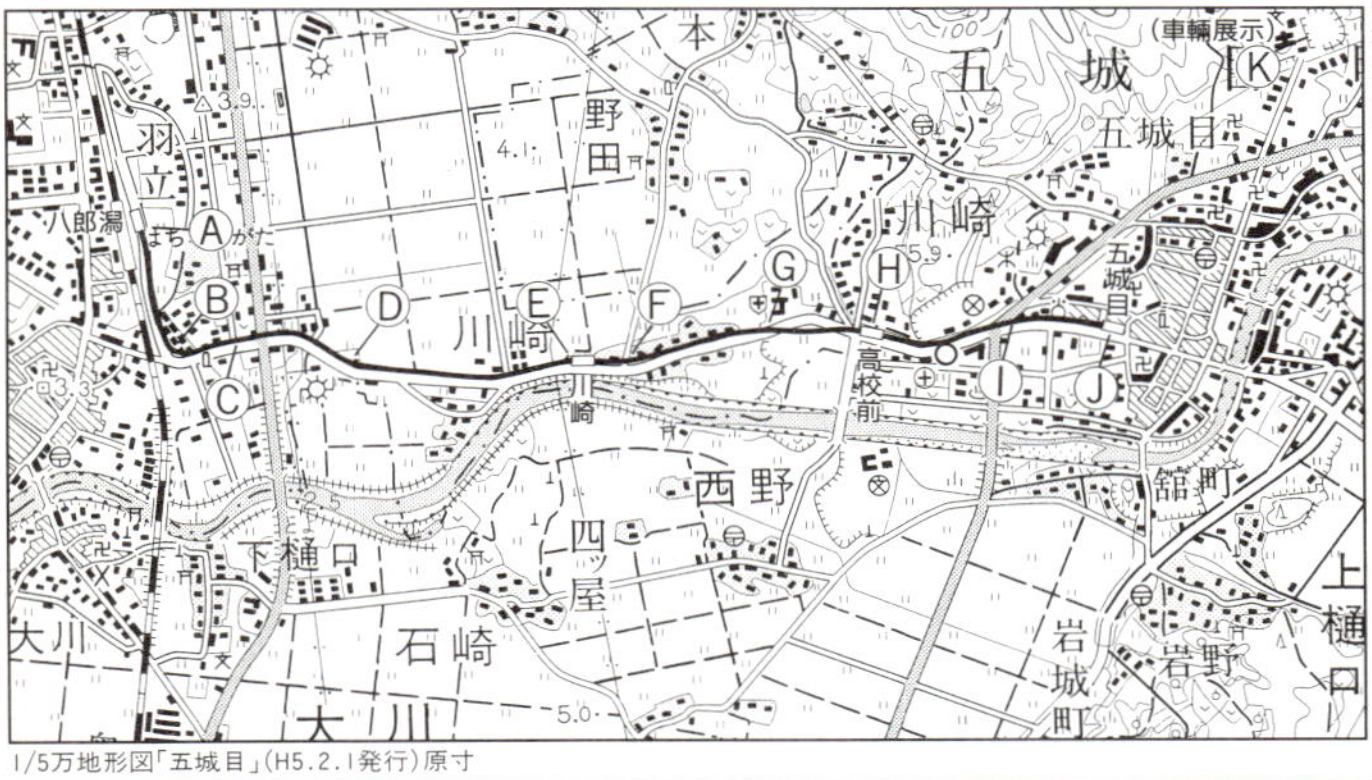

1/5万地形図「五城目」（H5.2.1発行）原寸

五城目市街は専用軌道を走っていた。細長く続く秋田中央交通関連施設がその場所を表す（Ｉ地点）

白棚線

廃線跡は日本唯一のJRバス専用道路として活況を見せる

【白河～磐城棚倉】

白河《しらかわ》と棚倉《たなぐら》を結ぶ鉄道の計画は明治36年(1903)に地元有志の間に起こり、紆余曲折の末、大正3年(1914)に白棚《はくほう》鉄道が創立された。この鉄道の目的は白河と水戸方面との連絡で、東北本線と常磐線との間を通過する輸送をあてにしていた。

工事は順調に進み、大正5年(1916)11月29日に全通した。

開業後しばらくの間の営業は順調であったが、大正末からの経済恐慌の影響で業績は悪化していく。貨物輸送が減ったので、旅客輸送は経済効率のいいガソリンカーを導入することになった。ガソリンカー専用の駅も3ヵ所新設して昭和4年(1929)4月から運転を開始した。黄色がかったエンジ色のガソリンカーは沿線の人々に好評のうちに受け入れられ、「モダン」の愛称で呼ばれるようになった。

好評「モダン」は経費節減にも貢献したが、白棚鉄道の業績は再び上昇することはなかった。

昭和5年(1930)4月、水戸からの水郡南線が東館《ひがしだて》まで開業した。これにより東京方面からの客貨の流れが変わり、輸送量が25%も減少した。貨物運賃の値下げなどの営業努力もしたが営業状態は改善しなかった。白棚鉄道の最後の望みは、水戸～磐城棚倉《いわきたなくら》開通後の常磐線と東北本線の通過運輸の大増加だけとなった。

昭和7年(1932)11月、待望の水郡南線磐城棚倉開通を迎えたが、会社の望みとは逆方向に営業が一変してしまった。貨物取り扱いが皆無になってしまったのである。これで地方の矮小私鉄は息の根を止められてしまった。

昭和8年(1933)4月10日、白棚鉄道は営業廃止を決定する。この廃止申請にはなかなか決定が出なかったが、昭和11年(1936)12月、政府への借り上げが決まる。そして、13年10月に借り上げられ白棚線となり、16年5月には買収された。

白河駅前付近の廃線跡。大きなアンテナのある建物が白棚白河駅跡地(A地点)

この買収は赤字に喘《あえ》ぐ地方私鉄の救済買収で、軍事上の目的で戦中に行われた買収とは性格が異なる。それゆえ、戦争が激化し資材不足が深刻になってきたとき、白棚線は緊急度の低い路線とされ、昭和19年(1944)12月10日限りで営業は休止、レールは剥がされてしまった。

戦後しばらくたつと、沿線からこの戦争犠牲の鉄道の復元を求める声

関辺バス停から専用道路に進むバス。車幅と道路幅の差のなさに注目(C地点)

白河高校前バス停付近から白河方向を望む。この道路は一般車も走れる(B地点)

白棚鉄道白棚白河駅。昭和8年頃／「白棚沿線表郷紹介写真誌」より

がおこりはじめた。復活の工事が進行と中断を繰り返していたとき、国鉄自動車局内に線路敷を自動車専用道路にするというアイデアが生まれた。当初は反対もあったが、やがて自動車道案への理解も得られて、昭和32年（1957）4月26日白棚線は国鉄バス路線として甦った。

　復活当初はほぼ全線が専用道路であったが、国道289号の改良工事に組み込まれるなどして、現在は関《せき》辺《べ》～表郷《おもてごう》幼稚園前付近と長者久保《ちょうじゃくぼ》～三森《みもり》付近だけが専用道路となっている。

　白河駅前を出発したバスは、廃線跡をほぼ忠実に辿る（Ⓐ）。整備された国道から見れば裏道のような廃線跡の道を走ると、旧・登町《のぼりまち》駅の位置に白河高校前バス停がある（Ⓑ）。

　もとは南湖の北側を通っていた国道の改良工事によりバイパスに変身した関辺までの区間では鉄道の痕跡はまったく残っていない。島式ホームのある関辺バス停の右側に進入する所から廃線転用の専用道路が始まる（Ⓒ）。築堤や切通しなどの鉄道らしい風景の中を走り、表郷幼稚園前（Ⓕ）を出て黄金川を渡った所で、再び国道に合流する。

専用道路には切通しもある（D地点）

社川を渡るバス。昭和３年10月には洪水で橋が流され、橋の両端で折り返し運転、徒歩連絡をしたこともあった（E地点）

国道から専用道路に入るバス。昼間でもヘッドライトは点灯している（F地点）

磐城棚倉方向から見た三森付近の専用道路入口（G地点）

白棚鉄道ガソリンカー・ガ１。昭和10年３月22日磐城棚倉駅／写真:伊藤東作「鉄道趣味」昭和10年５号より（資料提供:青木栄一）

1/20万地勢図「白河」（H7.7.1発行）原寸

表郷村役場前の長者久保から再度専用道路になる。三森の手前で廃線跡を拡張した国道に合流する（Ⓖ）。

檜木《ひのき》バス停の利用者が皆無だったため、1日1往復のバスだけが経由していた金沢内《かなざわうち》～檜木～浅川口《あさかわぐち》も専用道路であったが、平成11年（1999）7月15日の大雨による土砂崩れのため通行不能になってしまった。今後の復旧の可能性は低く、事実上の廃止である（Ⓗ・Ⓘ）。

浅川口付近（Ⓙ）から廃線跡の道路（Ⓚ）が磐城棚倉駅の方向にのびている。

【水谷昌義】

金沢内から檜木に向かう専用道路（H地点）

もう列車もバスも来ることはない檜木バス停（I地点）

写真を上下に走る2本の道路のうち右が国道289号線で、左の行き違い設備のある道が廃線跡転用のバス専用道路。現在は写真の下半分の専用道路は国道に呑み込まれている。古関～磐城金山付近、昭和58年5月9日／福島民報社発行「伸び行くふくしま」より

浅川口付近の廃線跡に建つ不動産屋。隣の建物との方角の違いに注目（J地点）

磐城棚倉駅の方にのびる廃線跡（K地点）

専用道路の交差点（昔の踏切）の際には立ち入り禁止の看板が立つ

道路脇の反射板のポールに書かれた国鉄バスの文字が専用道路の証拠

里見軌道 上州電気鉄道

謎の人車軌道と幻の電気鉄道

【上里見～室田発電所】

【高崎市内～吾妻方面（未成線）】

　鉄道史に興味をもつ人にとって、和久田康雄氏の著書、「私鉄史ハンドブック」は欠かすことのできない優れた参考書籍といえよう。その本の中に数多く掲載されている鉄道の中でも、とりわけ謎にみちた鉄道といえるのが、群馬県内に存在した里見《さとみ》軌道ではないだろうか。

　この軌道は、動力車を持たない人力を動力とする人車鉄道で、榛名《はるな》町の上里見《かみさとみ》から烏川《からすがわ》の右岸に沿って室《むろ》田《た》発電所に至る、約4kmという短距離の鉄道であった。

　開業は昭和6年（1931）7月で、翌年の昭和7年4月には早くも官報に廃止が掲示されているので、1年にも満たない営業期間で終了したとされている。が、実際の運行は、時期も官報とは異なるものであったと言う。

　わずか数ヵ月の営業期間ということを考えると、いったい何の目的で敷設され、営業され、そして消えていった鉄道なのかと興味がつきない。

　そこで、この謎の人車鉄道である里見軌道を調べてみることにしたが、その過程で様々な発見と新たな謎が浮上してきた。まず里見軌道の当初予定されていた起点が、塚沢村大字飯塚という場所である。これは現在の信越本線北高崎駅の北側付近で、距離的に見ると路線延長は約20kmにも及び、人力の鉄道にしてはかなりの長距離鉄道となる予定であった。

　次に新たな謎というのが、里見軌道が営業されていた頃、高崎市内から里見を経由して、吾妻《あがつま》とを結ぶ目的で一部が建設されたが実現には至らなかった軌間1067mmの上州電気鉄道があった。この未成鉄道の路線が、里見軌道の近くを通る予定であったことと、里見軌道が人車鉄道にもかかわらず、「私鉄史ハンドブック」によれば、軌間1067mmであったことから、里見軌道と上州電気鉄道との間に何らかの関係があったのではと想像された。しかし、里見軌道は、実際は軌間762mmであったことが地元の鉄道史研究家らの調べから判明し、その目的は烏川沿いの地域から産出される石材の搬出と、発電所建設のための資材輸送を目的とすることが分かってきた。それでは、上州電気鉄道とはまったく関係がなかったのかと言えば、まんざらでもなかったようである。

　以上が今のところ、判明している事実である。しかし、いま現在でも里見軌道の廃線跡と、建設途中で中止になった上州電気鉄道の痕跡の一部が残されているとの情報を得たので現地調査をしてみることにした。

【里見軌道】

　上州電気鉄道が通る予定であった上里見の烏川付近の集落から、川の上流に向かってのびていたとされる里見軌道は、相次ぐ道路改修工事により、現在でも追跡可能なのは約2kmとなってしまった。

　保古里という所から烏川の上流に向かって進む細い道が里見軌道の廃線跡である。この道の入口付近は舗装されているが、他は未舗装の道となっている。また廃線跡の道は木々に囲まれていてまるで森林鉄道跡のような雰囲気だ。歩いてみると、激しい勾配や急なカーブがまったくない道で、容易に線路跡だとわかる（Ⓐ）。

烏川に沿って廃線跡の道が残っている（B地点）

深い森の中を突き進む里見軌道の線路跡（A地点）

ところで、この廃線跡の道には、所々、竪坑なるものがある。これはこの道の下に掘られている上流からの発電所用導水路のトンネルのためのものである。このトンネル工事にも里見軌道はかかわっていたとされている。

烏川の対岸には、室田発電所がある。この建設工事にも里見軌道が活躍したとされている（D地点）

終点部にある発電用の取水口付近。このあたりの地形は、かなり変貌しているらしく当時の面影は見当たらない（C地点）

終点付近には導水路の取水口があり（Ⓒ）、さらに先に進むと対岸に室田発電所が見えてくる（Ⓓ）。かつての石切り場はこの場所からさらに奥に進んだ所にあった。

【上州電気鉄道・未成線】

当初の計画によれば、現在の上信電鉄の高崎駅南方に上州電気鉄道の高崎駅が設けられる予定で、上信電鉄を左手に見ながら並走して、大きく右に迂回しながら烏川を橋で越えて、対岸を榛名方面へと進み、さらに碓氷川を越える計画であったと伝えられている。続いて信越本線も越えてから烏川の右岸に近いあたりを通り、現在の国道406号のように榛名町上里見で、再び烏川を渡り、吾妻方面へ行く予定であったらしい。後にこの計画は、資金難のために高崎駅へ接続する計画は挫折して、北高崎を起点にする案に変更になる。しかし、またまた資金難で、最後には群馬八幡駅が起点という案に落ち着いたが、結局は全路線の2割ほど建設した後に会社そのものが倒産して上州電気鉄道は未成線となった。

なお敷設のための土地確保や、建設工事が行われたのは高崎から榛名町付近までだけだと伝えられている。

計画が中止になったのが昭和の初期であるから、いま現在残っている工事の痕跡は少ない。まず、最初の

高崎からのびている上信電鉄の線路。向かって左側に並行して上州電気鉄道の路線が敷設される予定であった

信号機の下の看板がのっているコンクリートのかたまりが、上州電気鉄道最大の遺構である橋脚（F地点）

計画であった高崎付近であるが、上信電鉄と分かれて烏川を越える付近では(Ⓔ)、現在ある城南小学校付近が、鉄道建設のために区画が一部整理され地盤工事が行われたとの話が地元では語られているが、確認できる痕跡は残されていない。

次に、いちばん分かりやすい痕跡が、旧国道18号が信越本線を越えている付近、板鼻という所に残されている道路を跨ぐための橋梁のコンクリート橋台が、片側だけ残されている(Ⓕ)。この延長線上には神社があるが、この付近に車庫が作られる予定だったとの地元の人の証言もある(Ⓖ)。さらに進むと、鉄道用地として整地されている細長い土地を発見した(Ⓗ)。

榛名町の中里見にある泉福寺の目の前には、近年までふたつの向かい合ったコンクリート橋台が存在していたが、現在ではまったく痕跡はなくなっている(Ⓘ)。その横には長野新幹線が走り、未成線の真上を横切っている。

ここまでが、上州電気鉄道が工事を積極的に行っていた場所で、その昔、長い鉄道用の土盛りがあったことが今でも地元の古老たちの語りぐさになっている。

【岡本憲之】

※取材協力：田部井康修・原田雄純・角田聡

この付近に車庫が建設される予定であった(G地点)

泉福寺の目の前にふたつの橋脚が近年まで残されていたらしいが、現在ではまったく分からなくなっている(I地点)

いかにも人工的に盛り土したと見られる痕跡が右側にある。このあたりは、緩やかな勾配となっている(H地点)

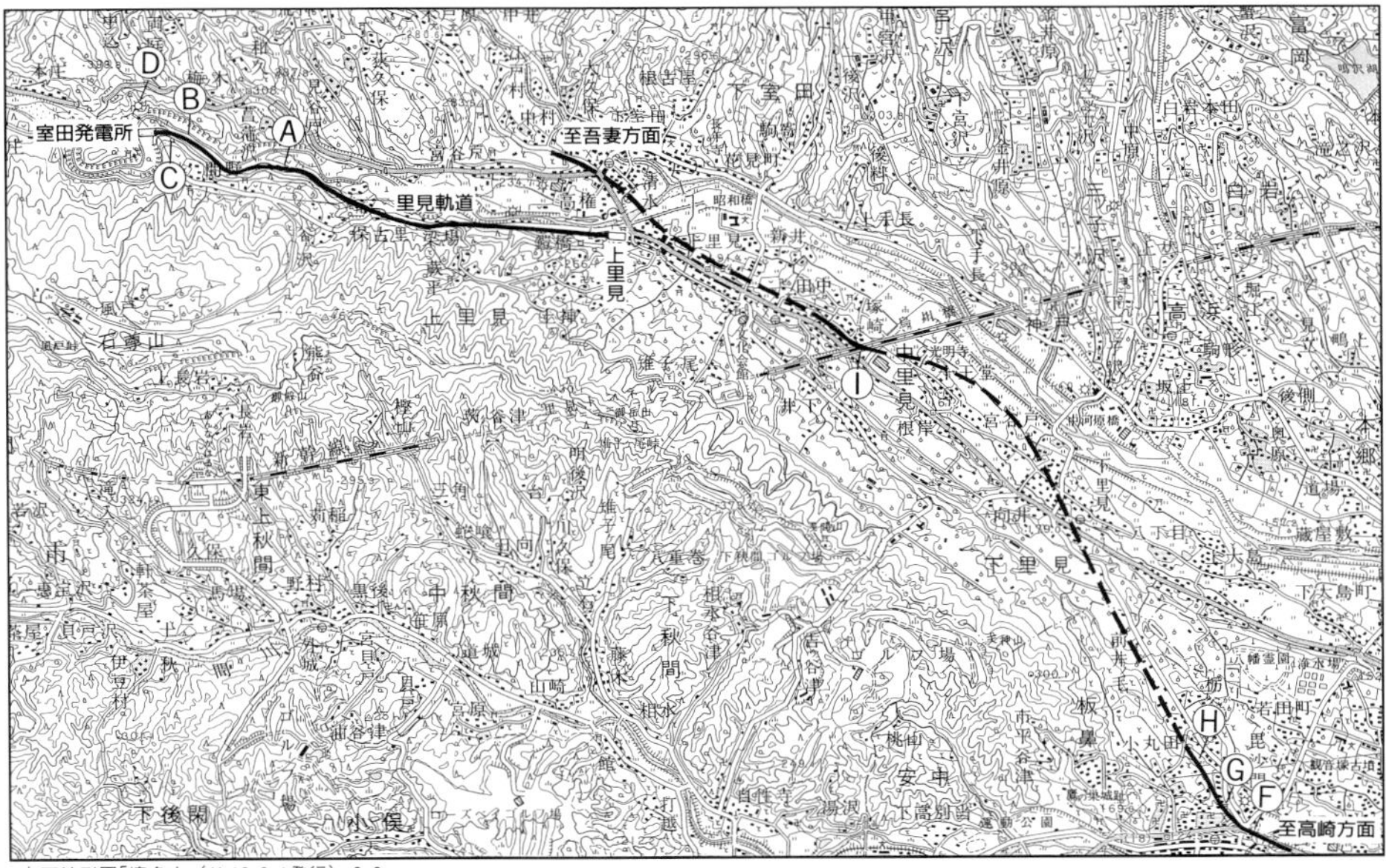

1/5万地形図「榛名山」(H.10.3.1発行)×0.6

常総筑波鉄道鬼怒川線

人知れず消えた砂利運搬路線

【大田郷～三所】

この鉄道は大正12年（1923）8月1日に、鬼怒川砂利合資会社の専用鉄道として、常総鉄道（後の常総筑波鉄道、現・関東鉄道常総線）の大田《おおた》郷《ごう》から、鬼怒川の河川敷に近い三所《さんじょ》まで開通した。全線6・0kmのこの鉄道は、昭和2年（1927）6月、常総鉄道に買収され、同年7月1日から同社の三所線（後に鬼怒川線と改称）として再出発した。この時、途中に常総関本駅が開業し、旅客列車も運転されるようになった。

砂利輸送が好調な時代は、鬼怒川線の収入と、常総線（取手～下館間）の収入がほぼ同額だったといわれ、また、昔は道路が悪かったため乗客も多かったが、砂利の枯渇と道路改良に伴うバスの開業によって次第にさびれ、昭和32年（1957）8月1日に常総関本～三所間を廃止、同時に旅客列車の運転を取りやめた。残った大田郷～常総関本間も、39年（1964）1月16日に廃止されたが、実際には、それ以前から休止状態だったようである。

鬼怒川線は、大田郷駅の西側から、しばらく取手方に常総線と並走し、緩いカーブで分かれていた。並走区間の跡は今も歩行者用道路として残っている（Ⓐ）。

その先、南西にカーブして台地を下りる区間は、宅地化が進んで廃線跡らしき遺構は断片的にしか残っていない（Ⓑ）。

さらに進むと水田が広がる谷になっているが痕跡はない。しかし、浄水場の裏に未舗装の道があり、これが廃線跡と分かる（Ⓒ）。この道は、しばらく行くと舗装になり（Ⓓ）、約1・2kmほど遊歩道として続いているが、運送会社の倉庫にぶつかって途切れる。ここからしばらくの間、線路跡は農地などに変わり、姿を消してしまう。常総関本駅跡が近くなると、再び廃線跡が細い道となって現れ（Ⓔ）、これはいったん消えるが、また出現する（Ⓕ）。その道で、大田郷起点4・5kmのキロポストを発見した。これが当線随一の遺構といってもよいだろう（Ⓖ）。

常総関本駅前は民家になっている（Ⓗ）。現在、この近くに上三道《かみみどう》というバス停があり、結城駅～下妻駅間のバスが走っているが、マイカーの普及で、バスの本数も乗客も大幅に減っている。

常総関本～三所間の廃線跡は、ほとんどが水田となって判然としない。わずかに三所駅付近が道路に転用されていた。三所駅跡は民家が建っている（Ⓘ）。往時はピットや給水設備があったというが、その面影はない。信号機の土台だというコンクリートの塊が残っているが、蔦に覆われていた。

昭和29年修正の旧版地図では、その先の河原まで線路がのびており、砂利の積込線が3本あったとのことだが、河川改修などにより、今では

大田郷駅を出た鬼怒川線跡の道は、常総線としばらく並行している（A地点）

廃線跡が遊歩道となって続いている（D地点）

廃線跡とおぼしき畑。この線の跡は、分かりにくい所が多い（B地点）

断片的に残っている廃線跡の道。廃道に近く、路面が荒れている（E地点）

梨畑の中をまっすぐのびる廃線跡（F地点）

関城浄水場裏の廃線跡の道（C地点）

まったく名残をとどめていない。堤防は二重になり、河川敷は畑になっている(J)。砂利採取で賑わった頃の思い出は、空に霞むように消えていったのだろう。【浅野明彦】

線路跡脇に「4km1/2」のキロポストを発見。なんらかの保存を望みたい。大田郷方を見る(G地点)

三所駅構内にあった信号機の基礎のコンクリート土台。道路が線路跡で、奥が大田郷方面。(I地点)平成9年1月15日/写真:岸 由一郎

積込線がのびていたという鬼怒川の河川敷。なんの痕跡も残っていなかった(J地点)

三所駅の跡の面影はない(I地点)

常総関本駅跡(H地点)

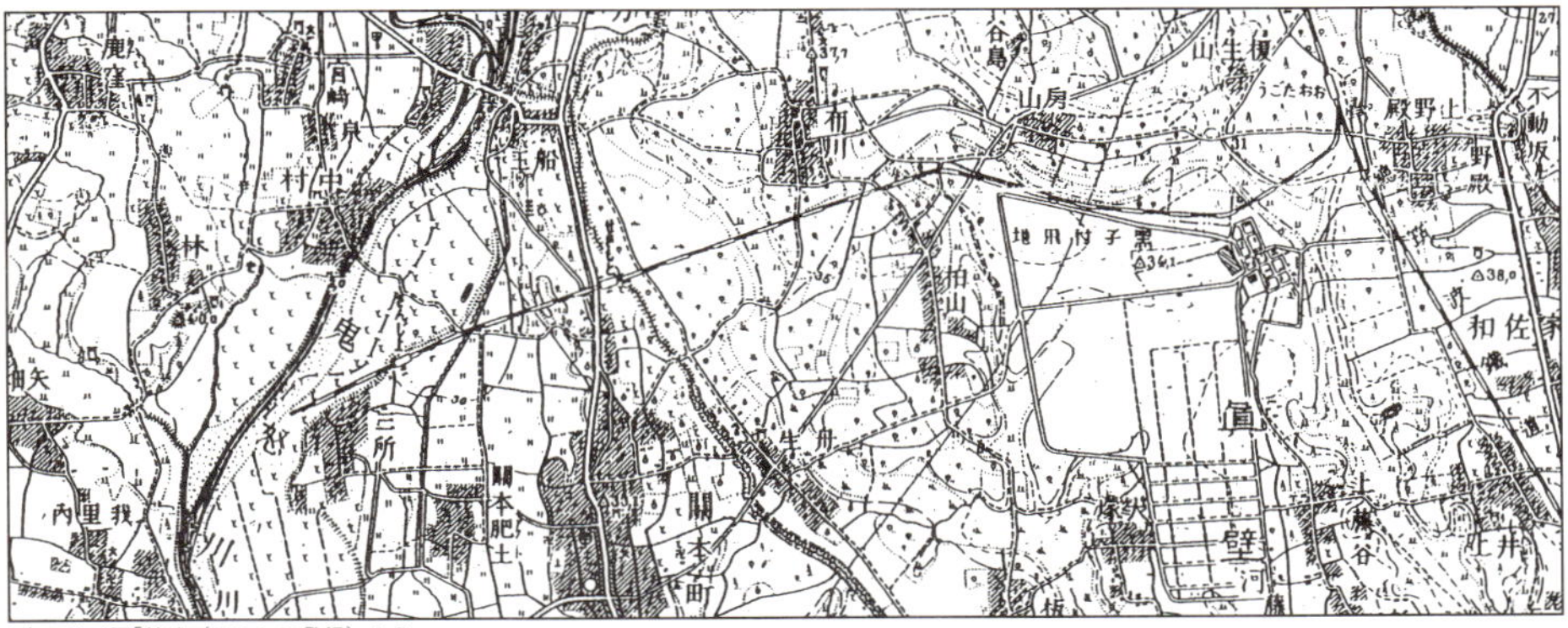

1/5万地形図「結城」(S29.8.30発行)×0.7

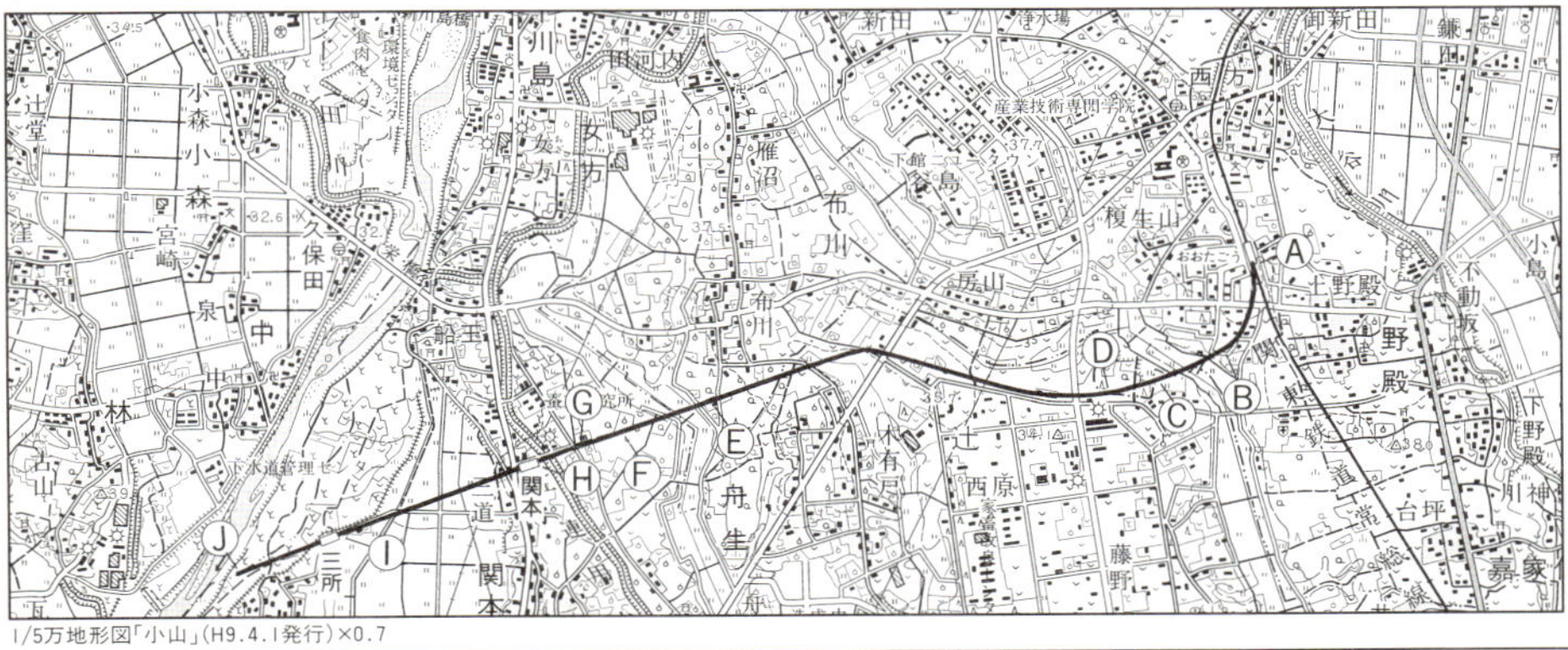

1/5万地形図「小山」(H9.4.1発行)×0.7

足尾線旧線①

観光路線としての復活を目指すヤマへの鉄路

【間藤～足尾本山】

両毛線の桐生から渡良瀬川の渓谷に沿いながら栃木県の足尾、間藤《まとう》を結ぶわたらせ渓谷鐵道は、平成元年(1989)3月29日に国鉄足尾線を引き継いだ第3セクター鉄道である。トロッコわたらせ渓谷号の運転や水沼駅温泉センターの経営など、現在でこそ観光鉄道の色彩が濃いが、その成立は足尾銅山と密接に関連していた。銅山の生産量が飛躍的に伸びていた明治20年代より、足尾～大間々間に鉄道を敷設する計画が再三検討されていた。その後、足尾銅山を経営する古川市兵衛らが中心となって鉄道敷設を目指し、ついに大正元年(1912)12月31日には足尾、次いで大正3年(1914)8月25日には製錬所のある足尾本山までが1本のレールで結ばれた。この当時は足尾鉄道という私鉄による経営であったが、実際には大正2年(1913)10月に国が車両ごと借り受けており、追って大正7年(1918)6月1日に正式に買収、足尾線として再出発している。

さて、国有となった足尾線は、足尾銅山の盛衰とともに歩んできたが、昭和48年(1973)2月末には銅山が閉山。昭和62年(1987)3月末には足尾本山の製錬所関係の貨物輸送も終止符を打ち、貨物専業であった間藤～足尾本山間1・9kmは事実上休止となった。そして平成元年(1989)3月29日に足尾線がわたらせ渓谷鐵道へと転換されるにあたり、ひっそりと廃止されたのだった。

ところが、これに先立つ昭和63年(1988)、わたらせ渓谷鐵道では桐生～間藤間に加え、間藤～足尾本山間についても免許を取得、未開業の路線として将来的な復活を目指すこととした。しかし、この免許も平成10年(1998)6月1日付で失効し、鉄路は再び長い眠りについた。

このような複雑な経緯があったためか、間藤～足尾本山間の廃線跡は、廃止後10年以上が経過しているにもかかわらず、ほぼ全線にわたってレールや施設が存置され、現役の鉄道

単純な構内配線となった間藤駅。奥に見える駐車場がスイッチバック式の駅構内だった(A地点)

足尾本山駅にたたずむ大正中頃の貨物列車。3022は元・甲武鉄道の機関車だが、晩年は足尾線をねぐらにしていた／絵葉書提供：宮田憲誠

本山小学校付近の沢にかかるガーダー橋。すぐ横に松木川が流れる(E地点)

踏切付近から間藤方面を望む(B地点)

開業間もない頃の出川橋梁と足尾本山駅。鉄橋下の道路にはかつて馬車鉄道が走っていた／絵葉書提供：宮田憲誠

同じガーダー橋を本山方面から見る(F地点)

レールが光る松木街道踏切。現役そのもののたたずまい(C地点)

向間藤トンネルと30・4‰の勾配標。上は本山小学校へ渡る道路橋(G地点)

奥に見えるガーダー橋が旧足尾線。手前のコンクリート橋もすでに使われていない(D地点)

といっても遜色のない状態を保っている。

桐生からやって来たわたらせ渓谷鐵道の気動車は、古川機械金属足尾事業所が駅前に広がる間藤で終着となる。現在はホーム1面、線路1本の無人駅だが、かつてはスイッチバックの構内配線を持っていた(Ⓐ)。

2本のレールは、あたかも現役の鉄路のように足尾本山に向かってのびているが、真っ赤な錆が列車が走らなくなってからの歳月を物語っている。間藤を後にし、勾配を上りながら切通しを進むと(Ⓑ)、まもなく松木街道踏切にさしかかる(Ⓒ)。遮断機が見当たらないが、現役時代から第3種踏切だったようだ。

道路を横断すると、すぐに第2松木川橋梁(全長69m)にさしかかる(Ⓓ)。いったん迂回して対岸に渡ると、道路橋の上から本山小学校の脇を川岸に張り付くようにして走る廃線跡を見ることができる(Ⓔ・Ⓕ)。

線路脇には30・4‰を示す勾配標と監視小屋らしき木造の廃屋が立っている(Ⓖ)。ここから終点までは実にほぼ1kmにわたって急勾配が連続する。この勾配のため、貨物列車は足尾駅での組成変更を余儀なくされていた。やがて廃線跡は向間藤トンネル(延長約211m)に吸い込まれる。カーブしているためか、反対側の明かりは見えない。

再び対岸の一般道を迂回してトンネルの反対側に出る(Ⓗ)。2本のレールは夏草に覆われることなく延々と続き、バラストも現役時代そのままに厚く盛られ、C12が牽く貨物列車が今にもやってきそうな錯覚に駆られる。やがて、製錬所だった廃屋が遠くに見え始め、カーブする線路の先には向赤倉トンネル(延長約36m)があった(Ⓘ)。トンネルの入口には足尾本山駅の場内信号機が立っている。懐かしい腕木式の信号機で、カンテラは腐食して底が抜けてしまっているが、ワイヤーは本山駅に向かってレールと並行してきちんと張られている。

トンネルを抜け、出川橋梁を渡るといよいよ足尾本山駅である。ここからは足尾製錬所の構内となるため、門は閉ざされ、一般の立ち入りは禁止されている。

足尾本山駅は、現役当時の駅舎や施設がそっくり残されており、今はわたらせ渓谷鐵道の管理となっている(Ⓙ)。かつて駅舎(Ⓚ)に掲げられていた駅名板は撤去されているが、レンガ造りのランプ小屋(Ⓛ)や腕木信号機やポイントを操作する連動テコ扱小屋(Ⓜ)は当時のまま。ただ、足尾製錬所が管理していた専用線(4本)や荷卸線(2本)はすでに撤去されており、ここに続いていた1番線のレールが無惨にもめくれ上がっていた。

わたらせ渓谷鐵道によれば、今回の間藤～足尾本山間の免許返納は、あくまでも将来の復活もあり得るという条件で行ったものだという。かつての銅山跡には銅《あかがね》親水公園などが着々と整備されており、近い将来観光鉄道として再び列車の走る日が来ることを期待したい。【岸 由一郎】

※取材協力・わたらせ渓谷鐵道㈱・古川機械金属㈱足尾事業所・足尾製錬㈱足尾製錬所

向間藤トンネルの足尾本山側坑口(H地点)

向赤倉トンネルの傍らには足尾本山駅の場内信号機が立っていた(I地点)

1/2.5万地形図「足尾」(H10.5.1発行)×0.8

空き家となっている旧足尾本山駅本屋と腕木式の出発信号機(K地点)

足尾製錬の敷地の一角に残る旧足尾本山駅。背後には旧製錬所や硫酸貯蔵タンクも見える(J地点)

場内信号と出発信号を扱う連動テコ(M地点)

レンガが美しいランプ小屋。足尾駅にも存在する(L地点)

足尾線旧線②

草木湖に消えた渓谷沿いの旧線

【神土～沢入】

草木トンネルに向かう「トロッコわたらせ渓谷号」。当線の新しい主役として人気が高い（A地点）

現在線と旧線跡との分岐点付近。現在線は左の草木トンネルに突っ込んでいく（A地点）

平成のSLブームの推進役となったNHKの朝の連続テレビ小説「すずらん」のラストシーンは、C12 66（真岡鐵道所属）が飾っていたが、かつてC12といえば、高森線（現・南阿蘇鉄道）と並んでこの足尾線（現・わたらせ渓谷鐵道）が有名な活躍線区であった。神土《ごうど》（現・神戸）から先は重連も見られ人気を博したが、70年代初めにSLは姿を消し、その後今度は草木ダム建設のために、神土～草木《くさき》～沢入《そうり》間が水没することになってしまった。

昭和48年（1973）6月27日草木駅は廃止された。合わせて線路も神土を出てからすぐ、ダムを避けるために掘られた全長5242mの草木トンネルに突っ込んでいくように経路が変更となった。

ここでは付け替えとなった旧線の方がどのくらい残っているのか訪ねてみることにする。神戸駅に立ってみた。実は私もSL撮影にここを訪れたことがあったのだが、それ以来実に約30年ぶりであり、懐かしいというよりは記憶がほとんど残っていない。駅構内には元東武DRCの1724・1725を使用したわたらせ渓谷鐵道の経営するレストラン「清流」があり、中高年ハイカーや家族連れで賑わっていた。沢入方向に足を進めてみる。道路をくぐり間もなく草木トンネルの入口が見えてくる。旧線はその手前でトンネルの右側に進んでいくのだが、分岐点はよく分からない。しかしよく見ると、うっそうとした茂みの中に線路跡を発見することができる（Ⓐ）。さらに並行する道路を行くと、小川を渡る橋梁跡も発見でき（Ⓒ）、線路がここを通っていたことが確認できる。続いてまもなく小さなトンネル（Ⓓ）とその先の落石よけがほぼ原形のまま残っている所に辿り着く。トンネルは数十mの短いもので、この先散策道になっており、一般でも通行できる。そしてこの散策道こそが線路跡であり、かつてC12が渡良《わたら》瀬《せ》川に沿いながら奮闘した所なのである（Ⓖ）。

川に沿いながら気持ちよく歩いていくと、目の前に圧倒的なスケールで草木ダムの壁が立ちはだかってきた（Ⓗ）。見上げれば何十mあるのだろう。壁は青空に向かってのびていて、わずかにその上端部に車が通っていくのが見える。歩いてきた散策

雑草の中に入っていくと、わずかに線路跡がわかる（B地点）

並行する道路から橋梁跡を発見。確かにここに線路があったことがわかる（C地点）

かつてC12重連が活躍した渓谷沿いの美しい区間。ここは今も流れは変わらないが、線路跡は雑草の中に（F地点）

トンネルのすぐ先には落石よけがきれいに残っている。散策道はさらに続く（E地点）

橋梁の先には今度はトンネルが現われた。数十mの小さなものだが、散策道になっていて通行可能（D地点）

ダムの上から廃線跡を見下ろす。渓谷沿いに続いてきた道がここで途切れる（I地点）

神土駅を出発する上り列車。隣は元東武DRCを利用したレストラン「清流」（J地点）

神土〜沢入間を行くC12重連。昭和44年10月3日／写真：荒川好夫

道も行く手を阻まれ、ダムの手前で180度向きを変え、左手の山の上の方へ逃げていき、廃線跡の方はここで途切れてしまった。昭和51年（1976）11月完成のこのダムは、水不足になった時の首都圏のニュースでくらいしかなじみがないが、見上げるとこれほどのスケールだったとはと改めて驚かされた。

神戸側に対して沢入側は、残念ながら線路跡とすぐに分かるようなものは残っていない。新旧の地図を重ね合わせてみるのだが、線路跡とおぼしきものは湖に沿う道となっており痕跡はなく、すぐにその線路も湖の中へと続いていってしまう。ちなみに旧・草木駅は現在の草木橋の所にあったようであるが、もちろん駅は湖の中である。

草木トンネルの入口からダムまでわずか700～800m。廃線跡探索にはちょっと物足りない距離かもしれないが、これも水没した線区の常。近くには最近人気の富弘美術館をはじめ、草木湖の展望台もあり、水沼の駅内温泉や足尾銅山等と組み合わせて訪ねてみてはいかがだろうか。【東山祐介】

渓谷に沿って続く散策道。木もれ日の中、さわやかな気分で歩くことができる（G地点）

廃線跡を歩いていくと突然目の前に圧倒的な迫力で、草木ダムが立ちはだかった（H地点）

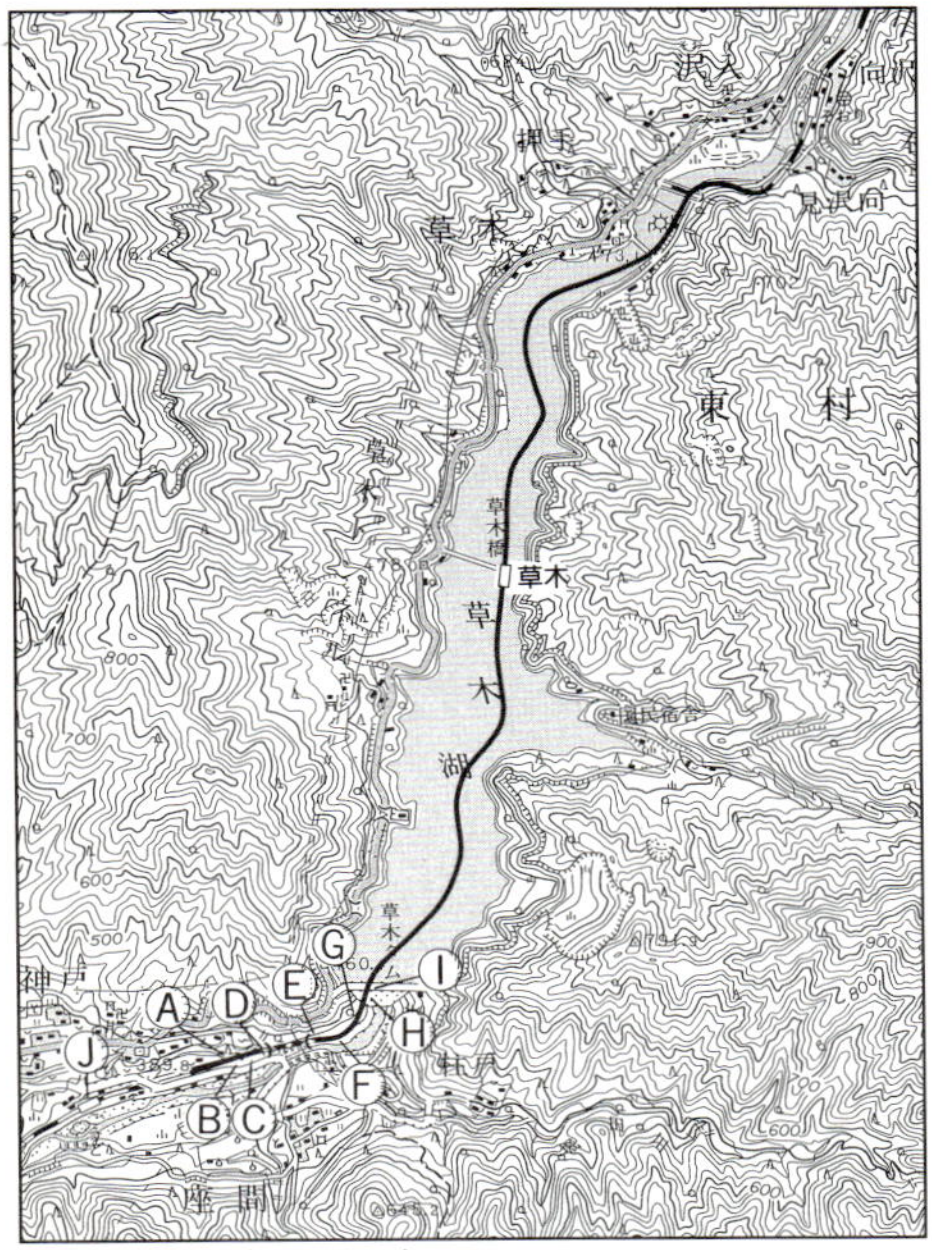

1/5万地形図「足尾」（H1.3.30発行）×0.7

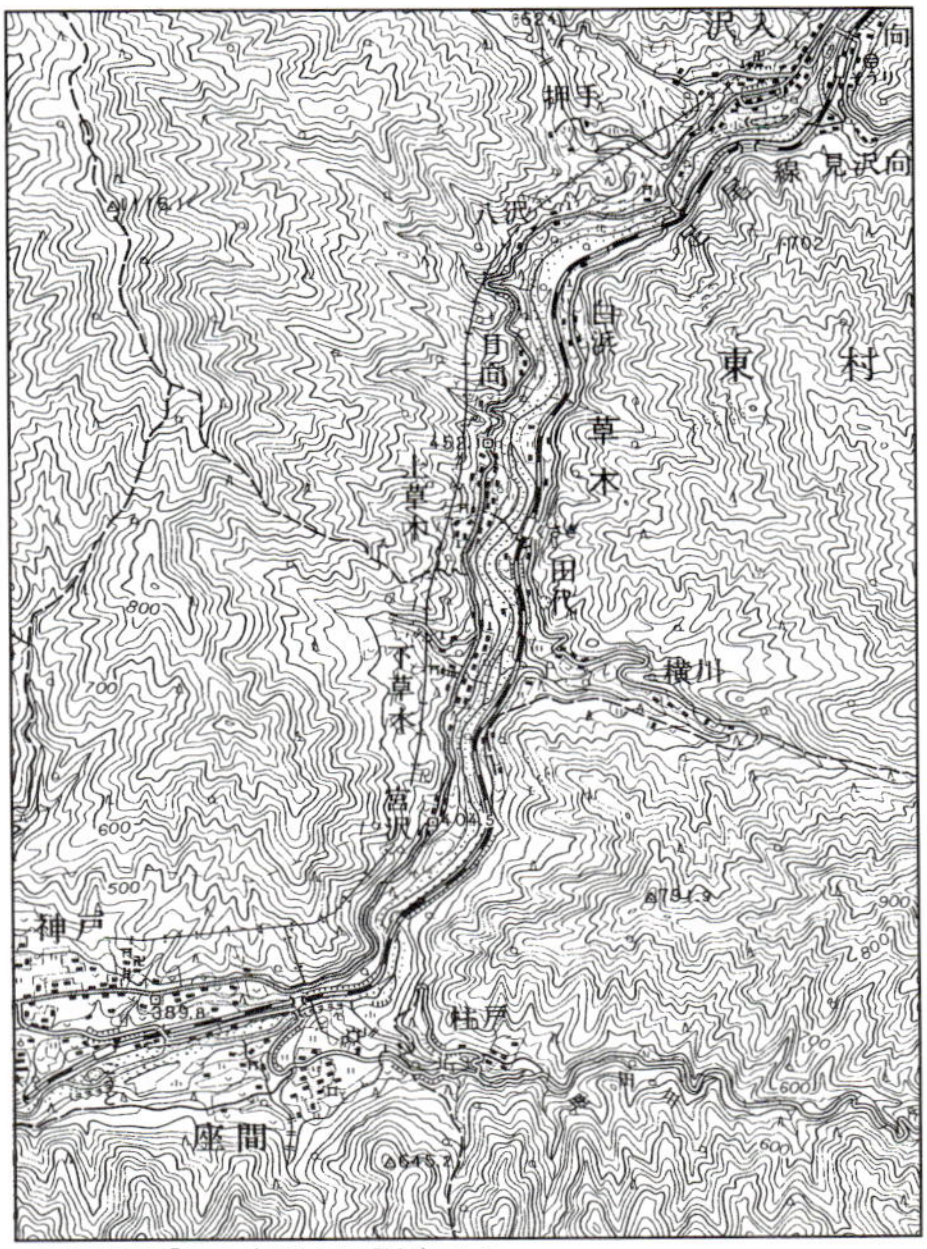

1/5万地形図「足尾」（S48.7.30発行）×0.7

成宗電気軌道

【宗吾～不動尊】

地元の賛同を得られなかった門前町の小さな電車

成田山新勝寺《しんしょう》(不動尊)の門前町として知られる千葉県成田市は、鉄道史の上でも興味深い町である。現在運行されているJR成田線と京成電鉄のほかに、かつて八日市場へ向かう成田鉄道多古線(『鉄道廃線跡を歩くIII』参照)があり、不動尊と宗吾《そうご》を結ぶ成宗《せいそう》電気軌道も存在する「鉄道の拠点」であったからだ。

成宗電気軌道は明治43年(1910)12月11日に成田山門前(不動尊)～成田駅前間、翌年1月20日に成田駅前～宗吾間が開業した。宗吾停留所の近くには「義民」佐倉宗吾を祀った宗吾霊堂があり、不動尊と宗吾霊堂を結ぶ参詣ルートとして多くの利用者を集めたが、不動尊の門前に店を構える商店主らは、参拝者が素通りするとして電車に反対し、開業後も廃止を求めていた。

経営形態は何度も変わり、大正5年(1916)に成田電気軌道、昭和2年(1927)に千葉県営鉄道多古線の払い下げを受けた関係で成田鉄道と改称した。ただし、旧県営鉄道は1067㎜軌間、電車線は1372㎜軌間で直通運転はできず、レールはつながっていなかった。

その後も「成田の町中は道が狭いので、電車を廃止して廃線跡を道路としたい」などという自治体の要請があったりしたが、結局、昭和19年(1944)12月11日に、戦時下における「不要不急鉄道」として姿を消した。

電車の宗吾停留所は、現在の京成電鉄宗吾参道駅から徒歩約15分の宗吾霊堂そばにあり、その跡は現在、文具店になっている(Ⓐ)。ここからしばらくは専用軌道を走っていたが、その跡は宅地化が進んで、今では判然としない。わずかに、大袋《おおぶくろ》付近でそれと思われる切通しを見つけることができた(Ⓑ)。そこから先は国道464号の拡幅に廃線跡が転用されたのか、痕跡はない。新田停留場の跡は、「とんQ」というレストランになっていたが、駅跡らしき面影は何もなかった(Ⓒ)。

さらに先へ進み、日赤成田病院手前の交差点を直進すると、京成線に沿う細い道が現れる。これが廃線跡だが、今は両側に家が建ち並んでいて、電車が走っていた姿を想像するのは難しい(Ⓓ)。

少し行くと道幅が広くなる。エスエス製薬の工場前で成田線の下をくぐっていた(Ⓔ)。その立体交差を過ぎて急な坂を上り、廃線跡の道が現在の一本松通りと合流するあたりからは路面を走る併用軌道であった。

京成成田駅前、現在のJR成田駅

宗吾停留場跡という文具店(写真右側)。面影はない(A地点)

線路跡の細い道(成田市飯田町)。今は住宅地に(D地点)

成田線との立体交差跡。JR線のガーダー橋は、当時のものではない(E地点)

国道464号横に残る切通し。この付近に大袋停留場があった(B地点)

現在のJR成田駅前。写真右側に「省線駅前」停留所があったようだ(F地点)

当時の雰囲気が伝わってくる「電車道」の大築堤が続いている(G地点)

新田停留場跡。何も残っていない(C地点)

「電車道」の標識。昭和55年に市役所が公募で決めた愛称(G地点)

前とも、痕跡はまったくない(Ⓕ)。昭和12年発行の旧版地図によると、省線(国鉄)の成田駅に突っ込むような配線でスイッチバックしていたようだ。地形図に停留場名は書いていないが、スイッチバック終端の停留場は「省線駅前」といった。この配線になったのは昭和12年(1937)6月16日と記録されている。

ここまではたいした痕跡がなかったが、この先、「電車道」と呼ばれる廃線跡の道は、随所に面影が残っていて面白い。大築堤(Ⓖ)の上を歩いて行くと、レンガ積みの坑門が見事なトンネルが現れる(Ⓗ)。天井には架線を吊るための金具も残っていた。その先には、もう一つトンネルがあり、これもイギリス積みのレンガ巻きである(Ⓘ)。

坂を下って行くと、門前町特有の商店街が見えてくる。第二信徒会館前が、かつての不動尊停留所跡だという(Ⓙ)。

開業以来、反対され続けた悲運の電車だったが、現在、低公害の中量輸送機関として路面電車が見直されつつある。もう一度、ニュースタイルの電車を走らせてみるのも面白いのではないだろうか。

【浅野明彦】

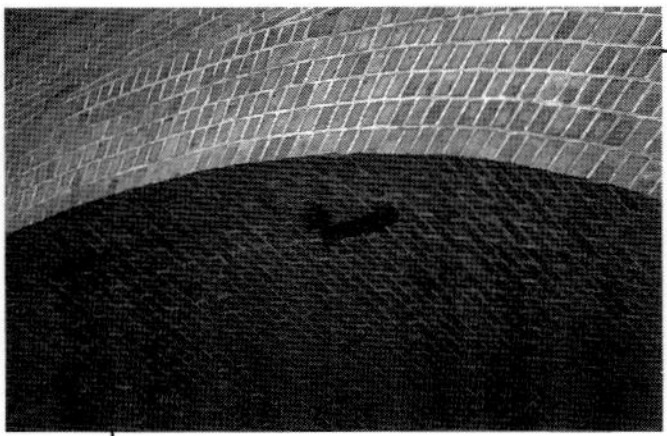
第1トンネルに架線の吊り金具が残っていた(H地点)

第1トンネル成田山側入口(H地点)

第二信徒会館前あたりに不動尊停留場があった(J地点)

往時の面影を色濃く残す、第2トンネルの成田山側入口。美しいレンガ積みの第1トンネルよりは少し短い(I地点)

成宗電車の終点、宗吾停留所・宗吾霊堂は駅舎を出て右側奥にある/「明治・大正・昭和成田の歴史アルバム」より転載

1/5万地形図「成田」(H6.5.1発行)原寸

品鶴線下丸子三菱重工引込線

朝鮮戦争前夜に生まれ 休戦と共に消えた土手の引込線

【丸子(信)〜三菱重工下丸子工場】

品鶴線沿いの安全側線跡、現在はJRの軌道基地になっている(A地点)

唯一残る痕跡、目蒲線乗越し橋梁の品川寄り橋台。沼部駅上りホームと境界石(右下)が見える(B地点)

筆者の少年時代、遊びに出かけた多摩川の土手に草むした線路を発見した。終点をつきとめるべく遠征すると、線路は鉄条網を張りめぐらした工場の中へと消えていった。白ペンキの門扉の隙間からのぞくと、草が背丈ほど繁茂していて、工場は休業しているかのような静かさだったと記憶している。三菱日本重工東京製作所の昭和30年頃のことである。

目蒲線の鶴ノ木と下丸子間の線路と多摩川土手に挟まれた一帯の緑野に、三菱重工業が年産3000台のバス、トラック工場建設に着手したのは昭和10年(1935)8月のことであった。しかし竣功を前にして、突然陸軍省より戦車専門工場に指定されたため、初めから自動車生産は夢と消えてしまったわけである。

大陸では泥沼の日中戦争が拡大している頃、戦車生産が開始され、九十七式戦車や湿地輸送車等の多くが大陸へ送られた。

昭和14年(1939)7月には、国境線紛争から日ソ両軍が衝突するノモンハン事件が発生した。

陸軍が遭遇する最初の近代戦は、惨憺たる敗北を喫した。以後戦車技術を高めることが陸軍の命題となって、工場も戦時下、戦車一色で塗りつぶされることになった。

やがて日本有数の戦車工場に成長したが、結局、運命の敗戦を迎えるのである。

戦後、すべての戦車工場は民需品の生産に転向した。工場でもいち早く、農林省大規模農業計画に基づくトラクター生産を開始し、3屯トラクターでは日本一の製作台数を記録するまでになった。しかし、昭和22年(1947)8月にGHQの命令により、トラクターによる大農開拓計画の中止が命じられ、当工場でのトラクター生産も打ち切らざるを得なくなった。これには伏線があって、GHQは「ロールアップ作戦」と称してアジア地域に置き去りになっていた使用不能戦車を日本に集めて再生修理する計画を立て、この作業に適した工場を物色していた。結果、自薦もあって本工場が適当との結論が出た。昭和23年(1948)4月、日本政府に対し「占領目的遂行のため米軍車両の再生修理工事を実施すべき」旨の占領軍調達要求書が発令された。

その要求書に基づいて工場は、同年6月に米軍第8軍管理下に入った。工場のすべては労務管理に至るまで米軍の指揮監督を受け、工場警備もMPが担当するものであった。

さらに、その調達要求書の中には品鶴《ひんかく》線からの引き込み線1・5㎞の建設も含まれていた。要修理車を大量に輸送するには鉄道以外に考えられなかったのである。

品川起点8・5㎞付近で品鶴線は国分寺崖線を抜けて多摩川に顔を出すが、直後の左側に短い側線が沿う、そのまま目蒲線を渡り、左へ大きくカーブした築堤線が土手に到達する。昭和10年代改修の土手には、堤外側

急カーブの築堤跡、中央の空地をカーブしながら手前の土手中腹に到達する(C地点)

土手上より工場方向を見る。一段下の犬走りと多摩川(右)の下流方向を望む(C地点)

東京高校前の線路、土手上より犬走りを見る(D地点)。昭和24年/写真提供:東京高校

東京高校の塀、この区間、桜並木になっていたが線路敷設時に取り払われた(D地点)

工場前の平坦線跡の遊歩道、線路は白い塀を直進していた（F地点）

東京高校前の中腹線路跡の現在。勾配は修復されている。犬走りが階段の踊り場になっている（E地点）

の中腹に3m幅の犬走りがあった。線路はその上を進んで、東京高校付近より次第に下り勾配となり、工場入口付近で地平線となる。構内では土手に沿った直線と左へカーブして工場建屋の方へ向かう線があった。

昭和24年（1949）末には修理戦車の搬入が始まり、チキに載った中型戦車や解体して無蓋車に分載したもの等が、C58やD51、8620に推進されながら昼夜運転された。

工場内に入る貨物列車。左は土手、右は社員寮前の広場だった所（G地点）／「重工東京製作所50年史」より

線路上での先生と生徒の記念撮影。右上の勾配標から線路は下り始める（E地点）。昭和25年頃／写真提供：東京高校

沼部の分岐部は特設の信号場になっていたが、24時間過密ダイヤであった品鶴線で、短時間とはいえ上下線を閉じての入出線作業は至難の業であったと思う。

昭和25年（1950）6月25日、突如北朝鮮軍が休戦ラインを越えて南下、朝鮮戦争が勃発した。まるで予定していたように工場へ大量の戦車が運ばれて来たのは言うまでもない。

同じ頃、国内車両メーカーには旧鮮鉄の要修理機関車がたくさん持ち込まれていた。所謂特需である。3年にも及ぶ朝鮮戦争も休戦が成立して、戦車列車の入線も激減し、線路は休眠状態になってしまった。昭和30年（1955）6月には米軍による工場管理も打ち切りとなって、引込線の用途は廃止された。線路はその後も残り、撤去されたのは新幹線着工の頃であった。

今日の様子を見ると、品鶴線に沿った側線跡は、長細く軌道基地になりⒶ、分岐部の目蒲線橋梁では、品川方の橋台だけがそのままの姿で残り、今日に伝える唯一の痕跡であるⒷ。

カーブしながら土手へ向かう築堤も昭和36年頃撤去されたが、現在も一部空地で残されているⒸ。土手の犬走りはそのまま残り、東京高校付近からの下り勾配は、修正されて今は見られないⒺ。工場入口付近の平坦線区間は、その幅で敷石の遊歩道になっているⒼ。工場は系列他社に変わり、本来の自動車生産工場として生まれ変わった。【関田克孝】

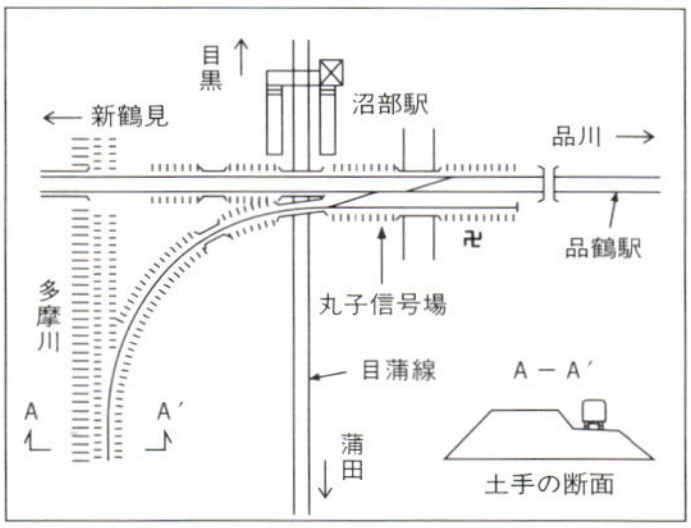

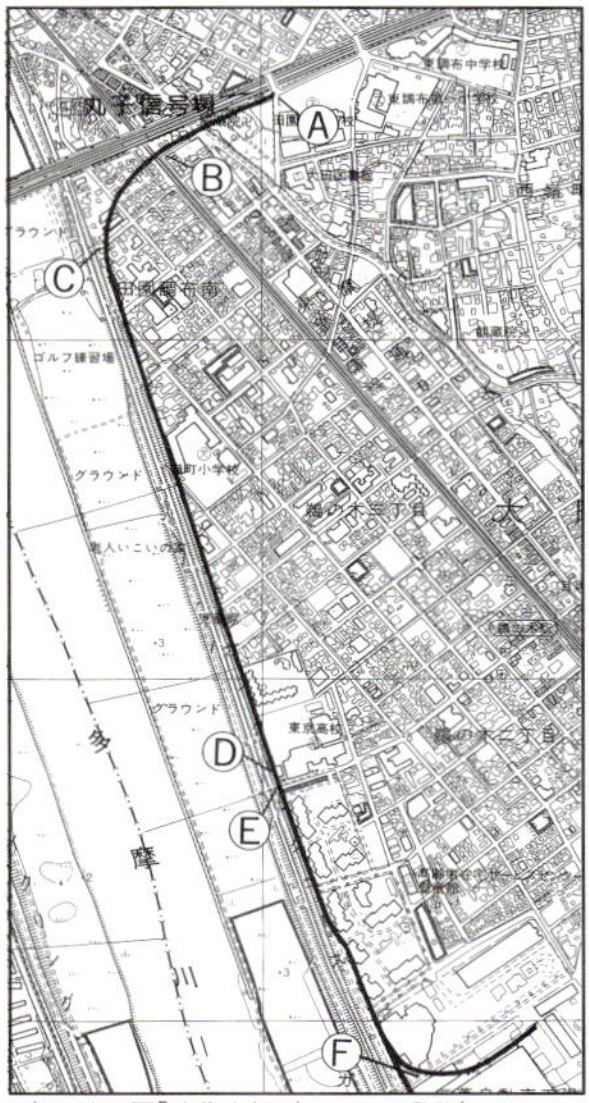

1/1万地形図「武蔵小杉」（H8.10.1発行）×0.5

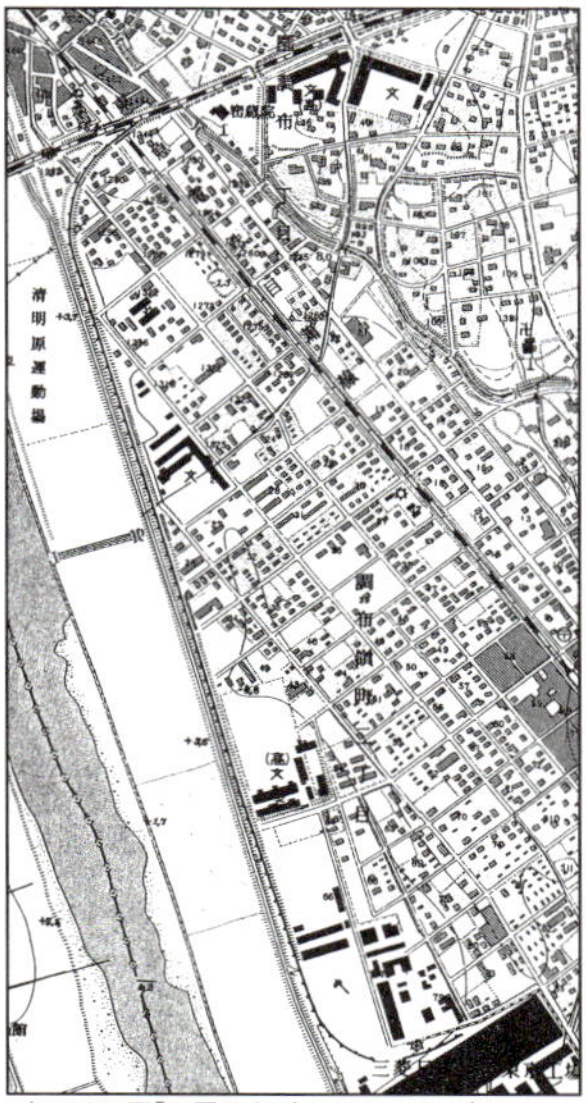

1/1万地形図「田園調布」（S33.5.30発行）×0.5

参考文献「三菱重工業東京製作所50年史」・「三菱日本重工業株式会社史」・「大田区史」

青梅の石灰石鉄道

石灰の輸送で賑わった 青梅線の専用鉄道・専用線

【師岡〜峰向石灰山】【宮ノ平駅専用線】
【二俣尾駅専用線・雷電山インクライン】

青梅地方は古くから良質の石灰石産地として知られており、早くも江戸時代には石灰搬出ルートとして青梅街道が開かれ、江戸市中へと盛んに供給を行い繁栄を極めていた。その後、いったんは他の産地におされて衰退するものの、明治の初めには再び注目されるに至った。現在のJR青梅線は、石灰石の輸送手段として敷設された青梅鉄道(後の青梅電気鉄道)が前身で、明治27年(1894)11月に立川〜青梅間、次いで翌年12月には日向和田《ひなたわだ》までを開通、これにより鉄道による石灰石の輸送が本格化した。青梅鉄道では、さらなる石灰石の産地を求め、大正9年(1920)1月には二俣尾《ふたまたお》まで延長し、近傍の雷電山からインクラインを用いて石灰石を搬送した。

このように開業以来、石灰石とともに歩んだ青梅線であるが、平成10年(1998)8月13日をもっておよそ100年にわたる石灰石輸送に終止符を打った。この機会に、青梅線沿線に残る石灰石関係の専用線・専用鉄道の跡を訪ねてみた。

【浅野セメント黒沢専用鉄道】

浅野セメントが開いた峰向石灰山(黒沢採掘場)から青梅鉄道師岡連絡所(東青梅駅付近)に至る約3・6kmの専用鉄道。大正6年(1917)に、浅野セメント川崎工場への原料供給のために敷設されたもので、浅野セメント所有のA1号蒸気機関車(元・芸備鉄道1号)や41両もの貨車が配置され、運転管理業務は青梅鉄道に委託されていた。

しかし大正8年(1919)頃には1日当たりの採掘量は30〜40tと低迷し、貨物列車の運転も1日1回程度でほとんど休止状態にあった。そして大正8年(1919)8月には閉山、専用鉄道も大正11年(1922)6月23日付で廃止された。

青梅線との分岐点にあった師岡連絡所は、東青梅駅のやや河辺《かべ》寄りにあったようだが、複線化の用地として利用されたためか痕跡は見当たらず、付近も都市化が進み旧線路敷はのみこまれてしまったようだ。しかし、青梅線を離れてほどなくすると北へ向かう成木街道が現れる。この街道は古くからの成木街道の東側に新設された道路で、恐らく専用鉄道の跡を活用したものと思われる(Ⓐ)。間もなくして成木街道から分かれる天寧寺坂通りは、まさに専用鉄道の廃線跡を活用したもので、急な勾配で山間を進んでゆく(Ⓑ・Ⓒ)。

やがて大規模な採石場が現れるが、これは昔の石灰山を譲り受けて整備したもので、現在では山砂利の採掘が盛んに行われている。昔の線路は、この採掘場を回り込むようにして、終点まで達して

採石場はずれの斜面の中程に道路状の平坦地が残っている(D地点)

廃線跡を一部使用したと思われる成木街道(A地点)

1/5万地形図「青梅」(H9.7.1発行)原寸

採石場方面から宮ノ平駅を望む。木立の裏手が駅の構内となっている(E地点)

急勾配を上りながら進む天寧寺坂通り(B地点)

宮ノ平から分岐する専用線。無蓋車が並んでいるあたりに、現在の旅客ホームが作られた。大正10年頃/写真所蔵:岸 由一郎

勾配のサミット付近。静かな山中だ(C地点)

いた。路盤の大部分は長年にわたる山砂利の採取で地形自体が大きな変貌を遂げてしまったが、末端区間の痕跡は住宅地裏手の斜面にわずかながら残っている(Ⓓ)。

【宮ノ平駅専用線】

宮ノ平駅は、大正3年(1914)年4月、隧道の開設によって移転した日向和田《ひなたわだ》駅に代わり、日向和田採石場(青梅石灰山)の石灰石輸送のために設置された貨物専用駅である。日向和田は青梅線敷設のきっかけとなった石灰山で、当初は青梅鉄道の直営だったが、大正9年(1920)に浅野セメントへ採掘権が譲渡された。大正末には毎日700tが出荷されていたという。

レールは採石場の奥と小さな尾根に隔てられた生石灰製造所にそれぞれ引き込まれており、前者には無蓋車、後者には有蓋車が出入りしていた。ところが、昭和20年(1945)10月には浅野セメントが撤退してしまい、昭和30年代前半までは約400mの専用線が残されて事業を引き継いだ宮ノ平石灰工業などが使用していたようだが、これも間もなく撤去された。

現在は採石場の敷地となっており、宮ノ平駅から続く緩いカーブに線路が分岐していた当時の面影が偲ばれる(Ⓔ)。旧生石灰製造所に至る廃線跡は舗装されてはいるものの廃道同然(Ⓕ)で、行き止まりとなった広い空間には草むしたコンクリートが点在し、容易に製造所の遺構であることが分かる。

盛業中の生石灰製造所。右下に有蓋車が見えることから、線路が引き込まれていたことが分かる。大正10年頃／写真所:岸　由一郎

かろうじて舗装されているものの、ほとんど利用されていないようだ(F地点)

【二俣尾駅専用線】

大正9年(1920)1月、青梅鉄道は二俣尾《ふたまたお》駅まで延長されたが、さらにここから奥、雷電山の麓まで約500mにわたって線路が続いていた。この末端には雷電山から産出される石灰石を貨車に積み込む木造の貯蔵ホッパーが設けられていた。

雷電山に設けられた採石場は標高300～400mの高所に存在するため、2段式のインクラインを備えた大規模な施設が整備されていた。さらに昭和2年(1927)10月には雷電山に加えて軍畑《いくさばた》駅北方の白岩でも浅野セメントの手による石灰採掘が開始され、索道(全長約2・3km)を用いて二俣尾のホッパーまで搬送を始めた。

大規模な設備を備えた雷電石灰山だったが、昭和に入ると産出量が低迷、昭和4年(1929)までには採掘が中止され、白岩の採掘場も翌年には休止となった。これに代わって主力となったのが、同年5月に開鉱した梅ケ平石灰山で、白岩を凌ぐ規模の索道(全長約3・2km)で二俣尾まで輸送を行った。二俣尾からは青梅鉄道・南武鉄道に所属する貨車により浅野セメント川崎工場へと送られていた。しかし、この輸送も昭和39年(1964)には廃止され、トラックに切り替えられている。

ホッパーに至る専用線は、二俣尾駅構内で分岐し、しばらくは青梅線と並走していた(Ⓖ)。小さな架道橋(Ⓗ)を渡ると線路跡は青梅線から離れ、掘り割り状になった路盤に土に埋もれかかったレールが現れる。架線柱も往時のまま残っているものの

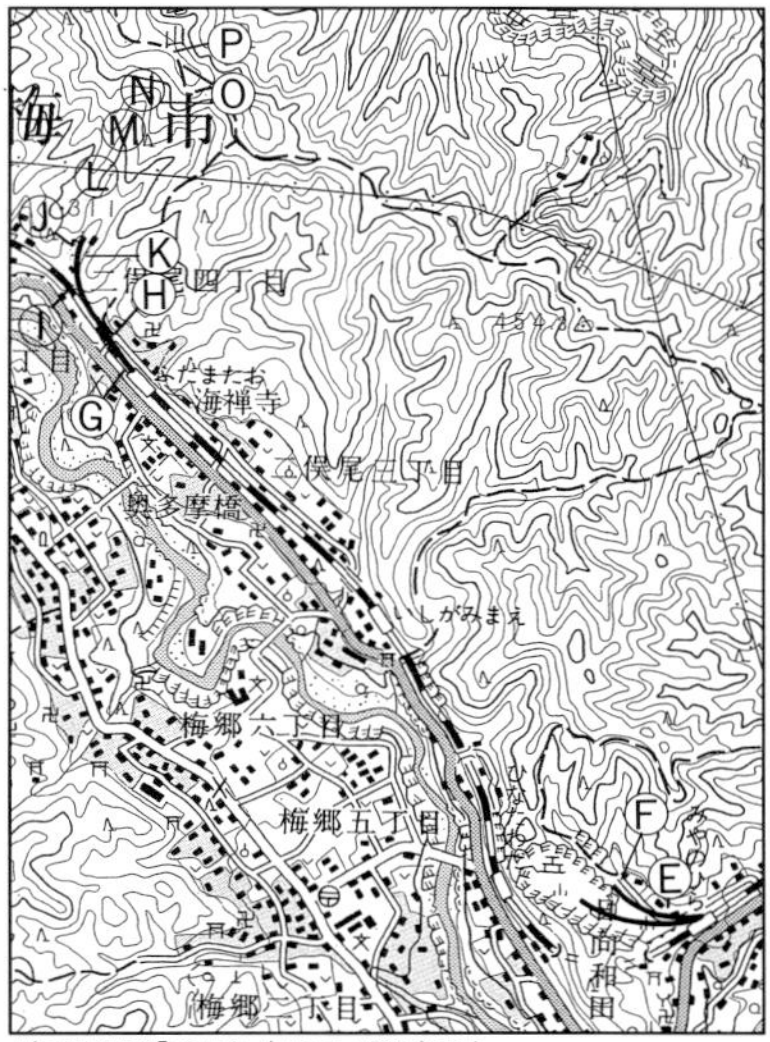

1/5万地形図「五日市」(H9.7.1発行)原寸

青梅線に沿ってのびる草むらがかつての専用線跡（G地点）

青梅線(奥)と専用線(手前)の２本のガーダー橋が残っている(H地点)

架線は垂れ下がり、白い碍子も所々に転がっている(Ⓘ)。やがてポイントを経て(Ⓙ)、線路が2本に分かれると、小川をまたぐガーダー橋にさしかかる(Ⓚ)。ここから先は、さながら原生林の様相だが、かきわけて先へ進むと見渡すかぎりの木材とガレキの山が現れた。木造のホッパーが腐食して崩壊してしまったようだ。山道を通り、ホッパー跡の裏手の山上に出ると、かつて索道の終点だったと思われる場所にもガレキの山を見つけることができた。

さて、ここからは昭和初期に廃止されたインクラインを探す。索道の終点から少々山を上った地点から、等高線に逆らって斜面を一直線に上って行く急勾配の廃道があった。これが下段インクラインの跡で、終点は明確には分からなかったものの、しばらく上った起点にはコンクリート製の廃ホッパーが佇んでいた(Ⓛ)。ここからさらに斜面を一直線に上る荒れた道があり、分かりづらいが上段インクラインの跡である(Ⓜ)。こちらの終点には巻き上げ装置を収納していたと思われるコンクリートで補強された横穴が残っていた(Ⓝ)。ここからさらに雷電山の尾根を目指して斜面を上ると、尾根付近を中心に昭和30年代まで活躍していた索道の遺構が多数残っている(Ⓞ・Ⓟ)。

【岸 由一郎】

木に埋もれる架線柱。架線も残っているが、無惨にも垂れ下がっている(I地点)

草むらの中でポイントテコを見つけた。しかしもうポイントは動かない(J地点)

沢に架かる2本のガーダー橋。旧ホッパー側からも水が流れ込んでいる(K地点)

山中に突然大きなホッパーが姿を現した。底も抜け、時代の流れを感じさせる(L地点)

雷電山の下段インクライン。4t積みの鉱車が往復していた。大正10年頃/写真:岸 由一郎

雷電山から産出される石灰石を貯蔵したホッパー。昭和30年代まで残っていたものとは形態が異なる。大正10年頃/写真:岸 由一郎

人が通ることもないインクライン跡。かなりの急勾配となっている(M地点)

点の二俣尾駅から専用線、インクラインが石灰石採掘場の雷電山へ向ってのびている。大正12年の絵地図/「青梅鉄道沿線名所図絵」より

何かを据え付けた基礎コンクリートが残っている(N地点)

インクライン跡を上り切った所に、横穴が口をあけていた(N地点)

インクライン終点から雷電山の尾根付近まで、転々と滑車が転がっている(P地点)

昭和30年代まで使用されていた索道の遺構。滑車にワイヤー分の溝がついている(O地点)

池上電気鉄道新奥沢支線

70年前、池上・目蒲両電鉄の確執の果てに消えた国分寺延長線

【雪ヶ谷～新奥沢】

　現在の東京地域における私鉄路線網の基本は大正中頃までに完成しているか、計画が具体化して、その骨格がはっきりしてくる時期なのだが、ひとり池上電鉄だけは発足が遅れた事もあって、紆余曲折するのである。

　大正3年（1914）に目黒～大森間10・3㎞の敷設免許を軽便鉄道法により、一旦取得していたが、この計画には問題があった。

　官線大森駅西側一帯の高台は別荘地として人気も高く、駅周辺は商業地としてすでに密集化し、官線沿いの駅予定地への乗入が困難であった。そのため、終点を急遽隣の蒲田に変更して、大正11年（1922）10月6日第1期の蒲田～池上間が開業した。

　終点からの開業理由は、目前の池上本門寺お会《え》式輸送にあったことは言うまでもない。お会《え》式には関東一円から多くの参拝客がおしかけ、官線や京浜電車（終夜運転）の最寄り駅からの道路は群集で溢れたという。

　翌年5月4日には雪ヶ谷まで開業したが、この時点で当初手当した建設資金のほとんどを使い果たしてしまった。しかも予定していた目黒起点は、宿敵目蒲電鉄の起点になっていて、このままでは両ターミナルが一致するまったくの競合路線になってしまうことから、起点を一つ隣の五反田に変更することにした。

　その後、増資による資金調達を重ねて小刻みに延伸を続け、昭和3年（1928）6月17日には念願の五反田へ高架で乗り入れた。

　この迷走とも言える基本計画の貧しさは、一つに終点側から路線を延伸させ、すでに開発済みの起点に向かって進むという、本来の鉄道建設とは反対の過程をたどった事にあった。

　もう一つには、近郊路線でありながら遊覧門前鉄道を気取って、学校や工場の誘致を怠った事によるとも考えられるのである。

　しかし池上電鉄の悲劇はこれで終わらなかった。この間にも、品川～玉川間の軌道と五反田～白金、五反田～品川、戸越～三軒茶屋、雪ヶ谷～国分寺、池上～中延間の地方鉄道の免許を申請していた。これらの計画には、その計画意図を疑いたくなるようなものも含まれているが、もし実現したならば！と思う国分寺線雪ヶ谷～国分寺間21㎞の免許が、昭和2年（1927）12月6日に交付されていた。

　この計画の第一期である雪ヶ谷～新奥沢間1・6㎞の工事施行認可を申請した。当初、雪ヶ谷～調布間で申請したが、調布駅を目蒲電鉄田園調布駅の北東至近としたため、自社の開発地に割り込まれる事を嫌った

奥の石川台1号踏切手前に初代雪ヶ谷駅があった。手前の2号踏切との中間より線路が広がり始める（A地点）

2代目雪ヶ谷駅本屋のあった3号踏切の空地。左の緑地も旧駅用地であった（B地点）

中原街道を渡った歩道より現在の雪が谷大塚駅ビルを見る。左の建屋との形状が新奥沢線のカーブを示す（C地点）

線路跡の信用金庫駐車場より駅ビルと池上線を見る（D地点）

さくら銀行裏口付近。斜めの私道が線路形状を示す（E地点）

左方向に分岐する新奥沢支線単線時代の雪ヶ谷駅全景。右手は池上本線。市郡併合記念「池上町史」／所蔵：関田克孝

調布学園の航空写真。右下に諏訪分駅と複線時代の新奥沢線が見える／写真提供：調布学園

目蒲は、将来の目蒲線との交叉部の交渉に応じなかった。

さらに問題として、当時農村地帯であった世田谷玉川地区を近代的な街区に修正する玉川全円耕地整理組合の計画が進められていた。

この事業は、日本の大規模区画整理史上にその名を残す壮大なもので、目蒲は早くからこの事業計画に参画して、地域の中央を縦断する鉄道用地の大半を確保していたのだった。

現在の大井町線がその位置である。一方池上電鉄の国分寺線も玉川、成城、国分寺への計画にはそのルートが必須条件であったが、目蒲に先を越され、東玉川地区での確保がやっとであった。再三にわたる交叉部の交渉も進まないまま竣功期限である昭和3年(1928)10月15日が迫ってきた。

直線区間の住宅地には旧線路境を示す塀が一直線に続く。右側が線路跡(F地点)

このような経緯から調布駅を断念して、東へ400m移動した新奥沢駅を終点位置として、目蒲線との交叉地点を未決定のままに計画を変更したわけである。同年4月4日に工事認可を得て着工、超突貫工事の結果、期限ぎりぎりの10月5日に雪ヶ谷～新奥沢間の開業を見た。路線は少し蒲田寄りに移転した2代目雪ヶ谷駅より複線で右へ大きくカーブしながら中原街道を渡る。住宅が散在する中を進みカーブが終われば、見渡す限りの畑田の中を一直線で終点の新奥沢駅に達する。途中、調布学園に隣接して唯一中間駅の諏訪分《すわぶん》駅があった。

全線新奥沢に向かって緩い上り勾配で、橋梁、隧道の類はなかった。終点新奥沢駅付近は商店が数軒ある程度で、奥沢の街からは完全にはずれていた。

開業した区間を新奥沢線と称して、小形の木造2扉車を中心に運用されたが乗客は少なく、朝夕の調布学園の生徒を除けば、大口乗客もなく、目蒲に封じ込められた盲腸線の悲哀を最初から味わう形になってしまった。

諏訪分駅から新奥沢方向を見る。線路跡が山形に出っ張っているのが分かる(G地点)

終点新奥沢駅前の道路角にある駅跡の石碑。左の駐車場は駅前広場の位置(H地点)

結局、国分寺延長は断念して新奥沢線を単線化する事になった。単線化した年月は不明であるが、開通間もなくという事で昭和4年(1929)中ではないかと考えられる。

雪ヶ谷駅は図の様に単線行き止まり化されて、五反田方向より直通が可能の構造になっていた。諏訪分駅は相対ホーム複線通り抜けであったが、駅両端をスプリングポイント化して一応交換駅で残った。新奥沢終点は、単線1ホームであったものを2線1ホーム化して、ラッシュ運用の1両

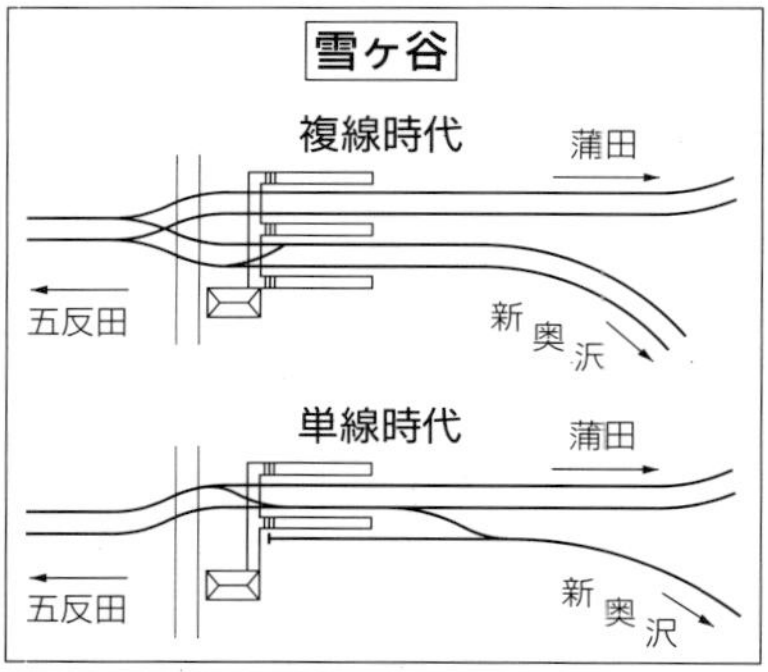

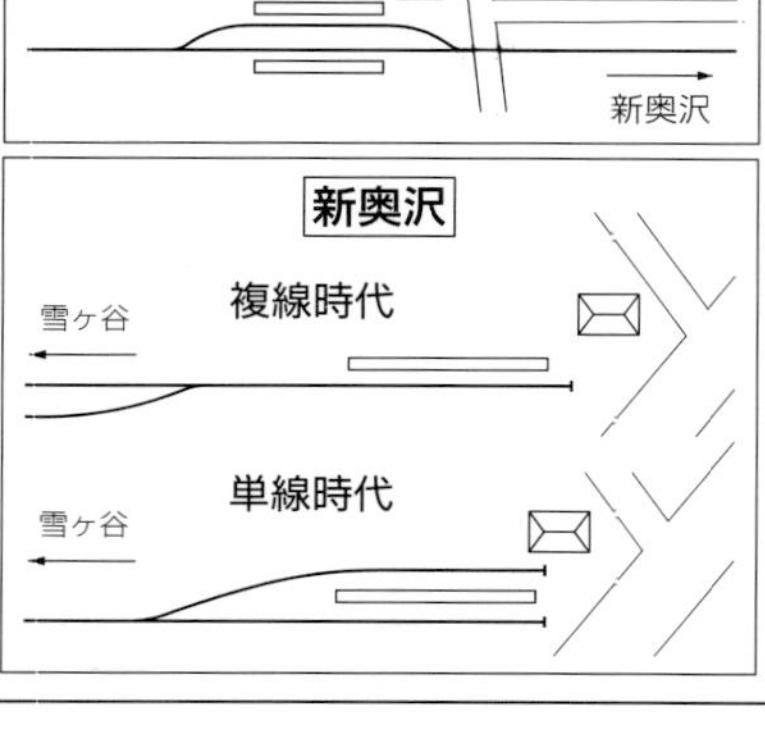

を留置可能とした。

所謂合理化であったが、輸送はその後もふるわず好調の目蒲電鉄を横目に塗炭の苦しみを味わうのであった。

その目蒲電鉄が池上電鉄の経営に参加してくるのにそれほど時間はかからなかった。五島慶太が役員に就任して最初にした仕事が、国分寺延長免許失効に伴う新奥沢線廃止の申請であった。やがて昭和10年(1935)11月1日わずか7年間の歴史に幕を閉じた。

皮肉にもこの地域が急速に住宅化した時期と重なって、跡地は宅地と地域道路にすぐ売却され、廃線跡をさらす期間は短かった。

廃止後60年以上たった今日、地形《ちがた》、住宅境《ざかい》に見出せるその痕跡を求めて歩いてみた。

石川台1号踏切際にあった初代雪ヶ谷駅(Ⓐ)は高圧鉄塔用地になって何も発見できないが、1号と2号踏切の中間より線路幅が広がり始める地点が新奥沢線分岐点である(Ⓑ)。続く3号踏切の進行右側空地が二代目雪ヶ谷駅本屋の位置であった。また、現・雪が谷大塚駅ホームの五反田寄りが二代目駅ホーム位置で、現駅入口付近より右へ大きくカーブしながら中原街道を渡って信用金庫駐車場に達し、さらにカーブしながら東急ストアとさくら銀行裏口をかすめて住宅地へ入って行く。東玉川2丁目4の1先より新奥沢までは直線区間に入るが、見事に住宅化して視覚上の発見は何もできない。しかし住宅地境の分かる地図を見て歩くと線路跡が歴然としてくる。それは同線廃止後、線路幅を軸に進行方向と直角に輪切りにする形で分譲したためで、新奥沢に向かって各戸の塀が一列に連なって見えるのである(Ⓕ)。

唯一の途中駅諏訪分は駅用地の形が、平行道路へ山形に出っ張って駅跡のそれとすぐ分かる(Ⓖ)。諏訪分を過ぎて線路跡の調布学園校舎の先は、再び輪切り分譲地が続き、終点新奥沢へと達する。東玉川2丁目40の13先駐車場が駅前広場の跡で、道路も拡幅されてしまい面影らしいものはない。駐車場隅に立つ新奥沢駅跡の石碑だけが、昔日の池上電鉄の無念を伝えているようである(Ⓗ)。

【関田克孝】

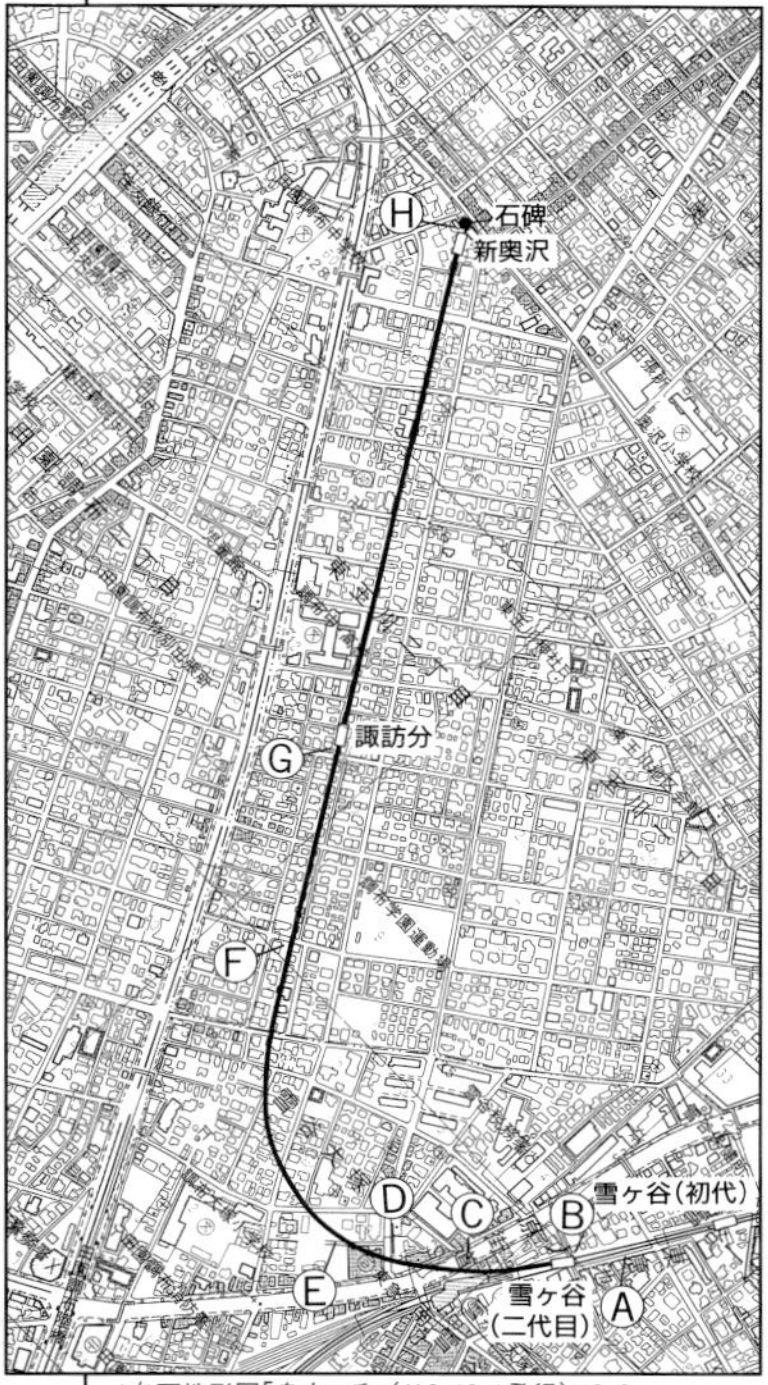

1/1万地形図「自由ヶ丘」(H8.10.1発行)×0.6

1/1万地形図「田園調布」(H6.1.30発行)×0.6

国分寺線第一期初期計画図(申請書添付図より)

東京都港湾局専用線豊洲方面各線・晴海線

失われた大東京最後の臨港線

戦後、産業の発展に伴い、東京湾の臨海工業地帯は活気に溢れていた。その臨海部への貨物輸送を行うために東京都によって敷設された臨港線があった。最初に開業したのが、総武本線の亀戸駅から分かれる国鉄小名木《おなぎ》川貨物線から、さらに延長するようにのびている深川線だ。昭和28年（１９５３）に開通した深川線の末端には、国鉄によって越中島《えっちゅうじま》貨物駅も新設された。その後、越中島貨物駅から豊洲《とよす》方面へは豊洲物揚場《ものあげば》線と豊洲石炭埠頭線を開業させ、晴海方面には晴海線を開業させていった。

臨港線の運営には東京都の東京湾管理事務所や東京都港湾局があたっていたが、実際には昭和33年（１９５８）頃から社団法人東京ポートサービス協会（後の財団法人東京港埠頭公社）に委託していた。ただし、使用されていた機関車には最後まで東京都のマーク（昔のもの）が誇らしげに付けられていた。

セメントや石炭をはじめとして、さまざま海運荷役の輸送で賑わっていた臨港線も、昭和50年以降にはトラックの利用が増え、輸送手段の転換が始まった。また、臨海工業地帯にも変化が訪れ、荷役元であった工場なども移転や閉鎖により減少していった。そのような情況のなか、東京都の臨港線の貨物量も減少の一途をたどり、昭和60年（１９８５）に、深川線の一部と豊洲物揚場線が廃止となり、翌年の昭和61年には豊洲石炭埠頭線が廃止されてしまった。

越中島貨物駅末端の線路の向かう先に横切る高架は、首都高速9号線。その下を臨港線は渡って臨海方面へとのびていた（A地点）

わずか数mであるが、線路が残る部分を発見。しかし、この先には橋はなかった（C地点）

マンションが建ち並ぶ中を貫く空き地は細長いので、廃線跡だと容易に分かる（B地点）

豊洲運河に架かる橋はそのままの姿で残されているが、当然ながら渡れないよう厳重に柵が設けられていた（D地点）

越中島貨物駅からのびていた事実上、最後の東京都臨港線である晴海線に終焉が訪れたのは平成元年（1989）2月9日。冷たい雨が降りしきる寒空の下、最後の運行には、関係者や鉄道ファンなどが詰めかけ、さやかながら〝さよなら運転〟も行われて、戦後の経済発展に貢献した東京都臨港線に最後の幕が静かに下ろされた。

越中島貨物駅の末端部分から臨港線はのびていた(Ⓐ)。その目前にある頭上に首都高速9号線が通る大きな道路を踏切で越えていた部分は、完全に痕跡は消滅していたが、道路を越えたマンション群の脇から、いかにも線路跡といった空き地が左に緩やかにカーブしながら続いていた(Ⓑ)。線路跡の空き地を抜け、道路を越えた所に架けられていた小さな橋は撤去されていたが、驚いたことに橋の手前には線路がほんの数mだけ現存していた(Ⓒ)。

豊洲運河を越えていた橋は、廃止後10年の月日が流れているものの当時のままの姿で残されていた(Ⓓ)。当然のごとく、橋は通行禁止のため、大きく迂回して近代的なNTT関連のビルの脇で再び線路跡に合流する。雑草が生い茂る線路跡の空き地には一部線路が、当時のままに残されている。この場所は晴海方面

近代的なビルの横には、豊洲埠頭方面へと向かっていた臨港線の忘れ形見である信号機と、少しばかりの線路が現存する（E地点）

橋上の線路には、ほんの少し雑草が生えているだけで、いまにも列車が来そうな雰囲気であった（G地点）

線路のあった部分には防潮用の鉄扉が閉められている。もはや永遠に開くことはないのであろう（F地点）

「使用中止」の看板が目立つ、踏切用警報機（H地点）

晴海橋を渡る貨物列車。向こうに見える船がいる場所は石川島播磨重工業の工場である。また、手前の橋は後に大きな道路橋として完成している。昭和60年3月24日／写真：須永秀夫

と、豊洲方面へ行く線路の分岐点であった。ここには線路だけではなく豊洲方面へ向かう所に信号機がポツンと残されていた(Ⓔ)。晴海に行く前に、豊洲埠頭方面へ行ってみることにした。

豊洲方面へ向かう線路は、大きな道路を越えて、石川島播磨重工業の工場沿いにカーブしながら続いていた。しかし道路を越える部分には踏切跡などまったくなく、工場脇の線路跡は、細長くカーブしている駐車場となっている。この駐車場の末端には、防潮用の堤防があり、線路のあった部分には、今でも鉄の扉が閉まったまま現存している(Ⓔ)。この先から石炭埠頭などに行く路線がさまざまに分岐をしていたらしいが、現在では痕跡は分からないほど開発が進んでいた。

一方、最後まで残された晴海線は、豊洲方面へ向かう路線との分岐点からしばらくは石川島播磨重工業の工場群の中をカーブしながら突き抜けている。

晴海線の最大の見せ場であった晴海橋は、線路もそのままに、現役時代とまったく変わりない姿で現存している(Ⓖ)。しばらく眺めていれば、東京都のマークを車体に誇らしげに付けた青いディーゼル機関車に牽かれた貨物列車が、今でもやって来るような雰囲気がある。

晴海線の最長橋を渡った付近は線路が撤去されているが、線路跡は空き地として残されている。しかし、この付近は立ち入り禁止区域が多くあるので、しばらく、線路跡から離れて迂回し、終着地の晴海埠頭に向かうことにした。

さまざまな倉庫群が建ち並ぶ晴海埠頭には、踏切用警報機が残されている所や(Ⓗ)、道路との併用軌道だった線路の一部がそのまま現存している所もあり(Ⓘ)、現役時代を十分に彷彿することができる。廃止後10年の月日がまるで嘘のように、今でも貨車が置かれているような雰囲気が漂っていた。

【岡本憲之】

臨海鉄道らしく道路との併用区間が多かったので、機関車の先頭デッキには監視員が乗車している場合が多かった。昭和60年3月24日／写真：須永秀夫

まだ現役のような状態で、倉庫群の中に併用軌道として線路は残されている(I地点)

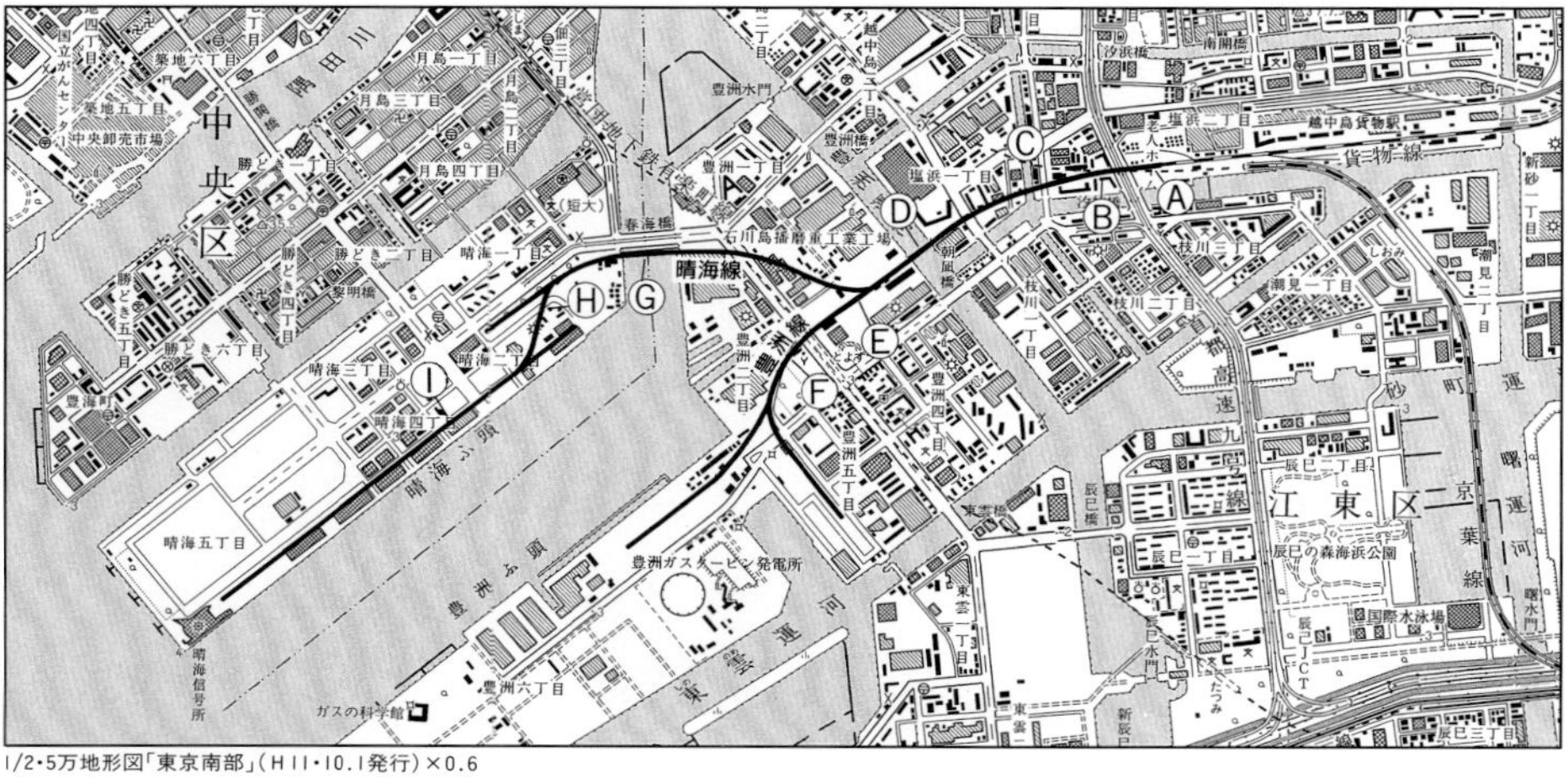

1/2.5万地形図「東京南部」(H11・10.1発行)×0.6

東海道本線旧線【根府川～真鶴】

相模湾の雄大な景色を望んだ海岸線の複線廃線跡

　箱根越えの旧東海道線の勾配の緩和や、短絡化による輸送力の増強と所要時間の短縮を目的に建設された国府津～沼津間の新ルートは、丹那トンネルの竣工による昭和9年（1934）12月の全線開通とともに東海道本線に編入されたが、それまでは、熱海線と呼ばれ国府津～熱海間が大正14年（1925）に一足早く開通している。このうち、小田原～熱海間はトンネルと急曲線が連続する区間であるが、天気の良い日には雄大な相模湾の向こうに遠く大島まで眺めることができ、旅人の目を楽しませてくれる。特に早川～真鶴間は海岸の断崖を走っているため、遮るものがなく、冬には海のブルーとみかん山の緑とオレンジのいわゆる湘南色とのコントラストによる景色は東京近郊の幹線では、希有な存在と言えるのではないだろうか。

　元々、小田原～熱海間には明治29（1896）年に開通した豆相人車鉄道があり（その後、熱海鉄道と改称、明治40年（1907）に軌道を762㎜に改軌し、蒸気運転を開始、さらに翌年6月に大日本軌道会社小田原線となる）、大正9年（1920）には熱海線の建設にあわせ国有鉄道が買収したが、関東大震災の甚大なる被害のためそのまま廃止された経緯がある（この鉄道については『鉄道廃線跡を歩くII』に紹介されているのでご参照頂きたい）。なお、国府津～小田原間には現在の箱根登山鉄道の前身である小田原電気鉄道（さらにその前身が小田原馬車鉄道で明治21年開通、29年改称、33年国府津～小田原堺町～湯本旭橋間全線の電化完成）があったが、熱海線の開通とともに国府津～小田原は廃止され、一部は市電として残された。

　さて、大正11年（1992）12月には国府津から真鶴までが開通した熱海線であったが、大正12年9月1日の関東大震災では早川～根府川間の根ノ上山トンネル（105m）の上部が海岸に崩壊、根府川～真鶴間の双竜滝から昌廉滝にかかる渓谷の切り取り区間が大崩落をおこすなど多く箇所で甚大な被害を受けている。前者は崩壊したまま現在に至り、コンクリートの側壁と、石積みの坑門の一部が痕跡として残っているにすぎないが、後者の切り取り区間には災害復旧と落石覆いを目的に延長282mの赤沢トンネルが大正15年（1926）に完成し、アーチ窓がついた通称「めがねトンネル」として親しまれていた。その後、昭和5～7年にかけて側壁およびアーチの亀裂、変状が激しくなったため、昭和8年（1933）に真鶴方坑口から約80mをレールセントルで補強、また、根府川方は2回にわたり約70mの延伸が計られ延長353mとなった。廃線跡は、この赤沢トンネルを含んだ東京基点92・5㎞から2・2㎞の区間で、防災上の抜本的対策として山側に別線の真鶴トンネル（延長1710m）が建設され、昭和47年（1972）6月に廃止されている。この間の旧線には赤沢トンネルの他に八本松トンネル（延長77m）、

現在線との合流点。左が真鶴トンネル、右が長坂山トンネルの各真鶴方坑門（A地点）

長坂山トンネル内部から望む根府川方廃線跡（B地点）

長坂山トンネルの根府川方坑門（B地点）

長坂山トンネル(延長674m)と3カ所の複線トンネルが存在していた。

分岐点が断崖絶壁に位置してるため、真鶴方から逆ルートで廃線跡を辿ることとする。まず、東京基点94・5km、真鶴駅から1・3kmちょうど、旧国道が大きく右カーブして岬を回り込む地点に現在線との合流点がある(Ⓐ)。向かって左に現在線の真鶴トンネル、右奥に旧線の長坂山トンネルの出口が並んで見える。複線型石積みの坑門は健在で、有刺鉄線により中に入れないようになっているが、海岸の絶壁に位置している入口の明かりが見える。この小田原～熱海間のトンネルは湯河原～熱海間の泉越トンネル(単線並列)を除き、石積みの複線断面(コンクリートにより延伸、改築されたものもあるが)で、全国的に見ても貴重な存在ではないだろうか。

このまま根府川方に進むことができないので、旧国道で岬を越えて反対側に回ると、新国道との合流点の先で左側のみかん山へ上がる道路があり、その途中の竹藪の崖を登っていくと、長坂山と八本松トンネルの間の明かり区間に出ることができた。左を見ると長坂山トンネルの入口で、出口と同様の石積みの坑門は中に入れるようになっており、使用済み資材置き場に使用されていた。トンネル内部の構造はアーチ部分が石積み、側壁は場所打ちコンクリートとなっている(Ⓑ)。ここから八本松トンネルまでの短い明かり区間は両側の樹木がうっそうと茂り、視界が遮られて海を望むことはできない。線路跡もかなり草が生い茂っているが、当時のまま何本か残る架線柱が複線の廃線跡であることを教えてくれる(Ⓒ)。

八本松トンネルは出口が石積みであるが(Ⓓ)、左カーブのトンネルを通り抜けると入口方はコンクリート製に延伸されている。ここから、急に右手の視界が広がり相模湾の雄大な景色を望むことができる。背丈まで伸びた草を掻き分けて進むと、昌廉滝に架かっていた橋梁が線路を撤去したままの状態で現れ、さらにコンクリート製の赤沢トンネルの出口に続いている(Ⓕ)。土だけにきれいに整地された内部は、全区間にわたって並ぶ窓を通して海からの光が差し込んで明るい。出口方はレールセントルによる補強もそのままで、延伸された入口方はボックス・ラーメン構造になっている(Ⓖ)。トンネルを出ると、さらにうっそ

うっそうと草が生い茂る廃線跡と複線架線柱(C地点)

石積みの八本松トンネル出口真鶴方坑門(D地点)

外側から見た赤沢トンネルのアーチ窓(F地点)

(右)昌廉滝に架かっていた橋梁跡から見た赤沢トンネル真鶴方坑門。右下に相模湾が見える(E地点)

(左)レールセントルで補強された赤沢トンネルの真鶴方坑口付近(F地点)

昭和初期、完成間もない頃の赤沢トンネル「熱海線建設要覧」(昭和9年発行)より/所蔵:交通博物館

ボックス・ラーメン構造により延伸された根府川方（G地点）

赤沢トンネル完成時の坑口付近から延伸部分を見る（G地点）

うと草が生い茂る区間がしばらく続き、やがて前方に真鶴トンネルに入る現在線が見え、分岐点に到達する。現在線とは有刺鉄線による柵の仕切りがあり、その横には双竜滝に架かっていた橋梁が赤錆が付着した状態で残されていた（Ⅰ）。その横をスラブ軌道（当時としては在来線最長の1610m）の真鶴トンネルへ113系普通電車が轟音を立てて突入していった。やはり、この区間には湘南色がよく似合う。昔よく通った赤沢トンネルの窓と、そこから断続的に見えたキラキラ光る海の記憶を懐かしく思い出させてくれる探訪であった。【木下晃博】

赤沢トンネルの延伸された根府川方坑門（H地点）

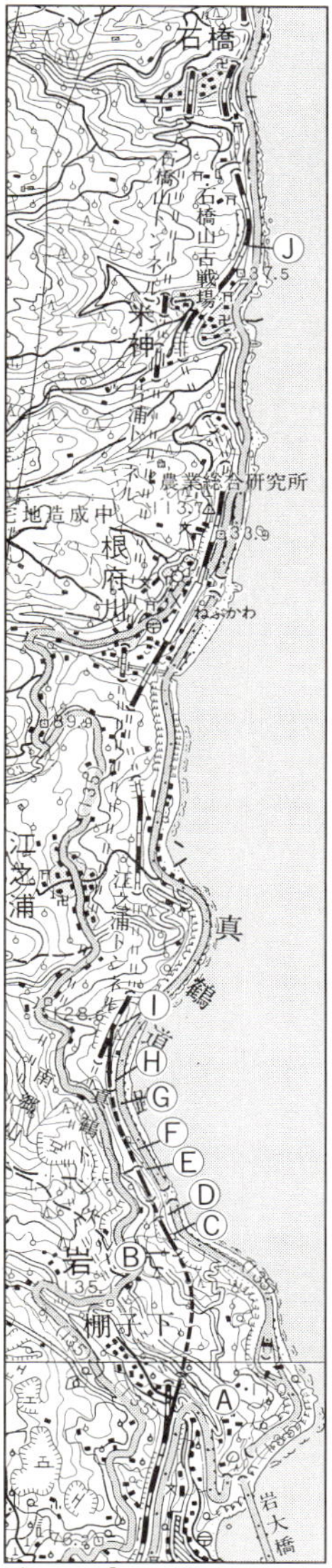

1/5万地形図「小田原」（H9.7.1発行）
「熱海」（H9.3.1発行）原寸

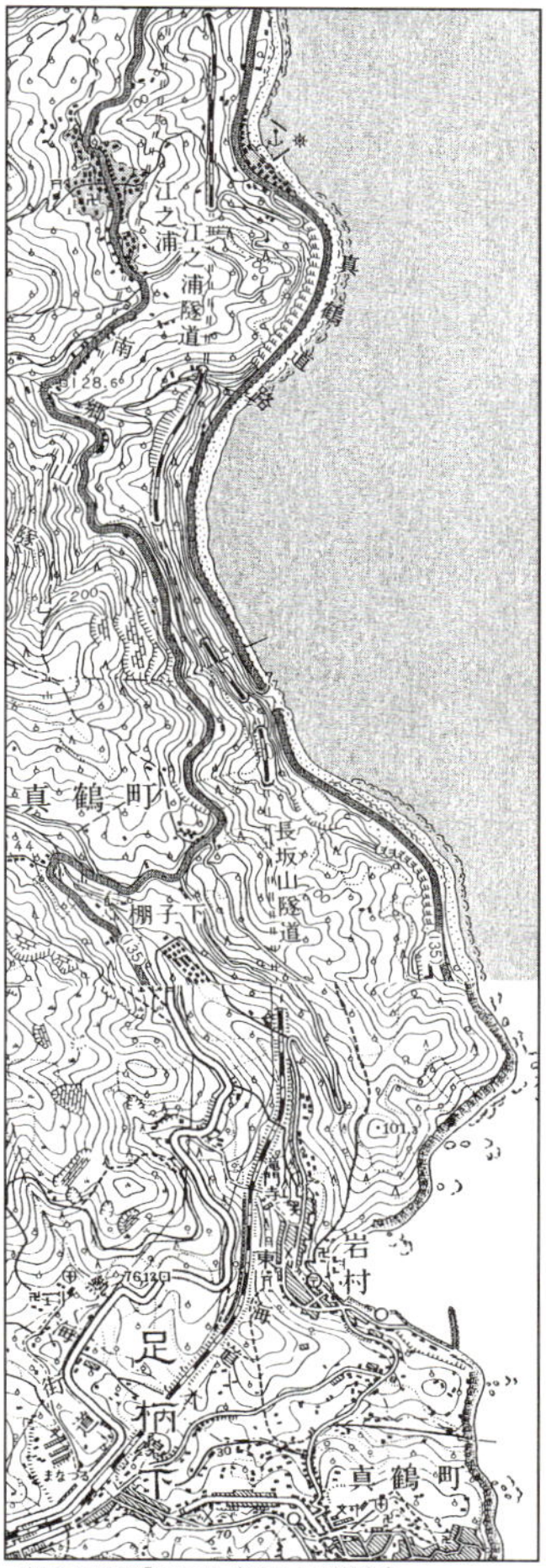

1/25万地形図「小田原」（S48.2.28発行）
「真鶴岬」（S32.2.28発行）×0.7

現在線との分岐点と双竜滝に架かっていた橋梁跡（I地点）

現在線の横に残る根ノ上山トンネルの石積みの坑門の一部とコンクリート側壁（J地点）

神津島の石材搬出用軌道

青い海へとのびる風化した不気味なコンクリート橋が残る……

東京から船で約11時間30分ほどの伊豆七島・神津島では、かつて抗火《こうか》石《せき》という石材が産出されており、その搬出用索道（ロープウェイの一種）と軌道（トロッコ）が存在した。

抗火石の採掘は島の北端にある標高269mの神戸《こうど》山で、昭和17年（1942）から日産化学工業の手で行われていた。索道と軌道は、その際に建設されたという。終戦直前に採掘は一時中断したが、昭和21年（1946）8月に再開された。日産化学では、東京都北区の王子工場で肥料製造の炉の内面に耐酸材として抗火石を使用したという（本来は鉛が使われるが、物質不足により代用品として使用）。なお、日産化学王子工場には国鉄東北本線の貨物支線が乗り入れていた（『鉄道廃線跡を歩くIII』参照）。採掘業者はその後、関連会社の日星興業（後に日製産業と改称）に変わったが、昭和20年代後半には抗火石の需要が減って開店休業状態となり、昭和39年（1964）の採掘許可取り消しをもって正式に閉山した。

島の中心、前浜から車で約15分の名組《なぐみ》湾が、索道と軌道の接続点だった。神戸山から索道で下ろされた石を、ここでトロッコに積み替えたのである。機関車は使われず、トロッコはすべ

軌道跡の道路。ここから線路は左側の海に向かっていた（A地点）

同じ地点から神戸山を望む。山上から海岸までは索道があった

岩礁の上に敷設されたコンクリート製の軌道跡の全景（B地点）

長年、潮風にさらされたコンクリート橋は、ボロボロに朽ちていた（C地点）

岩場に架けられたコンクリート橋が続いている（C地点）

て手押しだった。軌道の起点は道路になっており、痕跡はない(Ⓐ)。その地点から、海に向かってコンクリート製の橋梁がのびているのを見渡すことができる(Ⓑ)。長年、潮風にさらされて朽ちかけており、見る者の心に強烈な印象を与える。

橋梁は石積みの築堤から海へ向かっており、ふと横を見ると、索道の巻き上げに使われていたらしい、大きな歯車が落ちていた(Ⓒ)。さらに先へ進むと、枕木が数本、そのまま残っていた(Ⓓ)。軌道の終端は海にそそり立つ岩場の上で、錆びついたポールが立っている(Ⓔ)。このポールにワイヤーを架けて、停泊する船に石を積み込んだ。

山から海岸までの索道については、痕跡は残っていないようだったが、それを確認するために、神戸山山頂の採掘場跡へ上ってみると、なぜかトロッコ用の6kgレールが転がっていた(Ⓕ)。山上にも軌道があったのか、あるいは海岸に敷かれていたレールを、何かの支柱として再利用するために山上へ持ってきたのか。ともかく、この島に関係あるレールであることは間違いないと思われる。

なお、神津島の抗火石採掘は、大正末期から昭和7年(1932)頃まで島東南部の榎ヶ沢(多幸湾の崖上)でも行われ、ここでも索道と軌道が使われたと『神津島村史』にある。その場所は現在、多目的広場という公園になっているが、索道や軌道の痕跡は何もなかった。また、『新島村史』によると、新島の抗火石採掘現場(昭和初期に操業)でも、トロッコが使われたとのことである。

【浅野明彦】

草むらに転がる謎の大歯車。索道のものか(C地点)

枕木が残っている部分もある(D地点)

神戸山の山頂で見つけたトロッコ用レール(F地点)

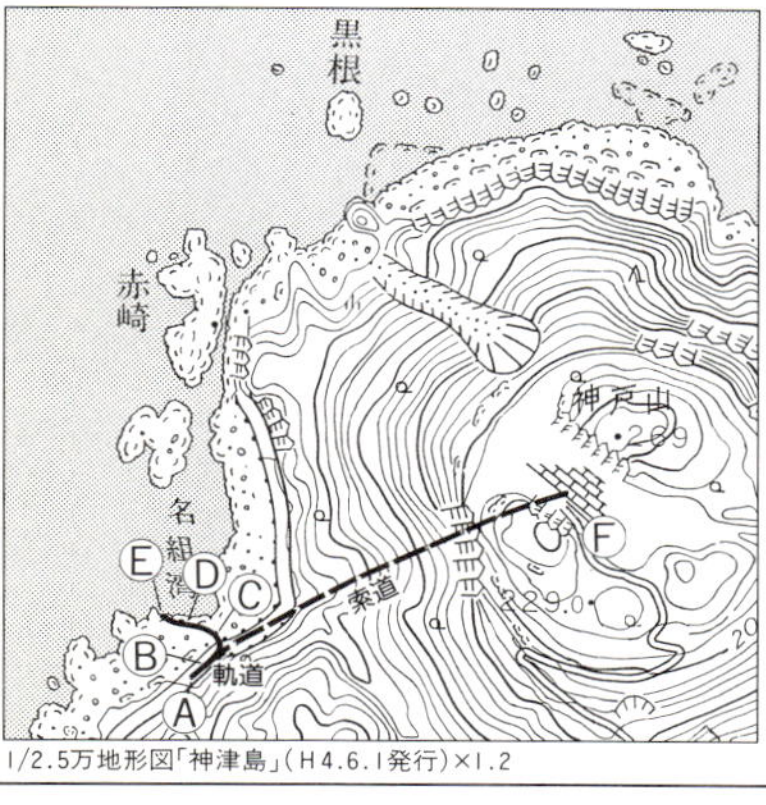

1/2.5万地形図「神津島」(H4.6.1発行)×1.2

軌道の先端、岩場の上に残るポール。ここから鉱石を船に積み込んでいた(E地点)

上田丸子電鉄西丸子線

【下之郷～西丸子】

今も住民が懐かしむ 別所線から分かれた路線

長野県上田を中心とした地域には、製糸業など繊維関連産業の隆盛した大正時代に、次々と鉄道が開通した。そのうち、上田駅と別所《べっしょ》温泉駅を結ぶ上田交通別所線だけが、今でも現役で走り続けている。

別所線(開業時は川西線)は、大正10年(1921)6月17日、途中の三《み》好町《よしちょう》駅から青木《あおき》駅までの青木線の支線として、青木線と同時に開業した。

現在の別所線下之郷駅の構内に残る、西丸子線のホームと上屋。廃線後40年近く経過する割には状態が良く、屋根の部分など往時の写真と同じだ(A地点)

下之郷駅の西丸子線ホーム。現在は壁で覆われているが、同じものとはっきり分かる。昭和35年／写真:唐沢昌弘

さらに、大正13年(1924)8月15日、千曲川に鉄橋を架設して延長し、上田駅までの乗り入れを果たした。また、大正15年(1926)8月12日には、途中の下之郷《しものごう》駅から西丸子《にしまるこ》駅までの依田窪《よだくぼ》線(後の西丸子線)が開通した。

会社設立は、大正9年(1920)1月5日。青木から入る田沢《たざわ》温泉や沓掛《くつかけ》温泉、また別所温泉を意識して、社名は上田温泉電軌とされた。後に上田電鉄、上田丸子電鉄と社名変更されるが、沿線住民には「温電《おんでん》」の愛称で親しまれていた。

下之郷駅を出てすぐの線路跡から振り返ると、一部が民家で途切れているが、まっすぐに駅に入っていった様子がよく分かる(B地点)

青木線は、上田から青木峠を越えて松本に至る「第二線路」として作られた県道「松本街道」(現在の国道143号)の片側半分を借用した併用軌道の路面電車だった。上田駅へ乗り入れできるようになると、利用客は増加。松本方面の物資を運ぶ貨物輸送の需要もあって、昭和初期まで順調な業績を上げていた。しかし、昭和大恐慌の経済情勢、バスやトラックの普及などに加えて施設の老朽化に伴う補修費用を捻出できなかったことなどから廃止を決定。昭和13年(1938)7月25日を最後に、わずか15年半で姿を消すこととなった。

県道から1本西側の水田の中の道路は、線路の跡(C地点)

尾根川に残る石積みの橋台。この前後の軌道跡は道になっている(D地点)

西丸子線は、大正時代に入って信《しな》濃《の》絹糸《けんし》、鐘紡をはじめとする製糸産業が隆盛となった依田窪地方(丸子町周辺)と上田を結ぶ路線として、期待

尾根川の橋台からしばらくは、田畑の間の道として残る(E地点)

をもって計画された。だが、それ以前に丸子鉄道が丸子と上田を結んでいて、西丸子線は後発であった。さらに開業直後からの経済不況。業績は当初から不振で、「運転手と車掌だけの2人乗り列車とからかわれていたんですよ」と往時を振り返る人もいる。

昭和30年代になると、老朽化のためダイヤの半分ほどはバスに振り替えられた。追い打ちをかけるように昭和36年（1961）6月25日の豪雨で峠の二ツ木トンネルが崩落、依田川鉄橋も損傷して不通となり、結局そのまま二度と列車が走ることなく、昭和38年（1963）11月1日、正式に廃止が決定された。

富士山駅付近は舗装道路になっている（F地点）

雨吹川に見られる石積みの橋台の翼壁（G地点）

物置になっている馬場駅の駅舎。ここから前方を見ると、西丸子線の難所・二ツ木峠のこんもりとした緑が遠望できる（H地点）

西丸子線の廃線跡は、別所線と分かれる下之郷駅から見つけることができる。現在の別所線のホームの別所方左前方に残る短いホームと上屋が、西丸子線のものだ（Ⓐ）。

ホームを出てすぐの線路跡は、住宅などになっているが、間もなく水田の中をまっすぐに走る道に列車の跡を辿ることができる（Ⓒ）。その後、左へカーブして現在の県道65号上田丸子線を横切り、東塩田小学校の敷地をかすめて東進する。

次に見つかる遺構は、尾根川という小川に架かった鉄橋の、石積みの橋台だ（Ⓓ）。西丸子側には畑の間の草の生えた道として線路跡が残っている（Ⓔ）。しばらく土の道を行くと、斜めに舗装道路にぶつかるが、富士《ふじ》山《やま》駅跡付近まではほぼ道路が線路跡になる。舗装道路になってから200mほど行くと、雨吹川という小川を渡る。橋は架け替えられコンクリートの橋台となったが、橋台脇の翼壁の石積みは当時のままだ（Ⓖ）。

さらに舗装道路の線路跡を250mほど行くと、十字路の先は土の道

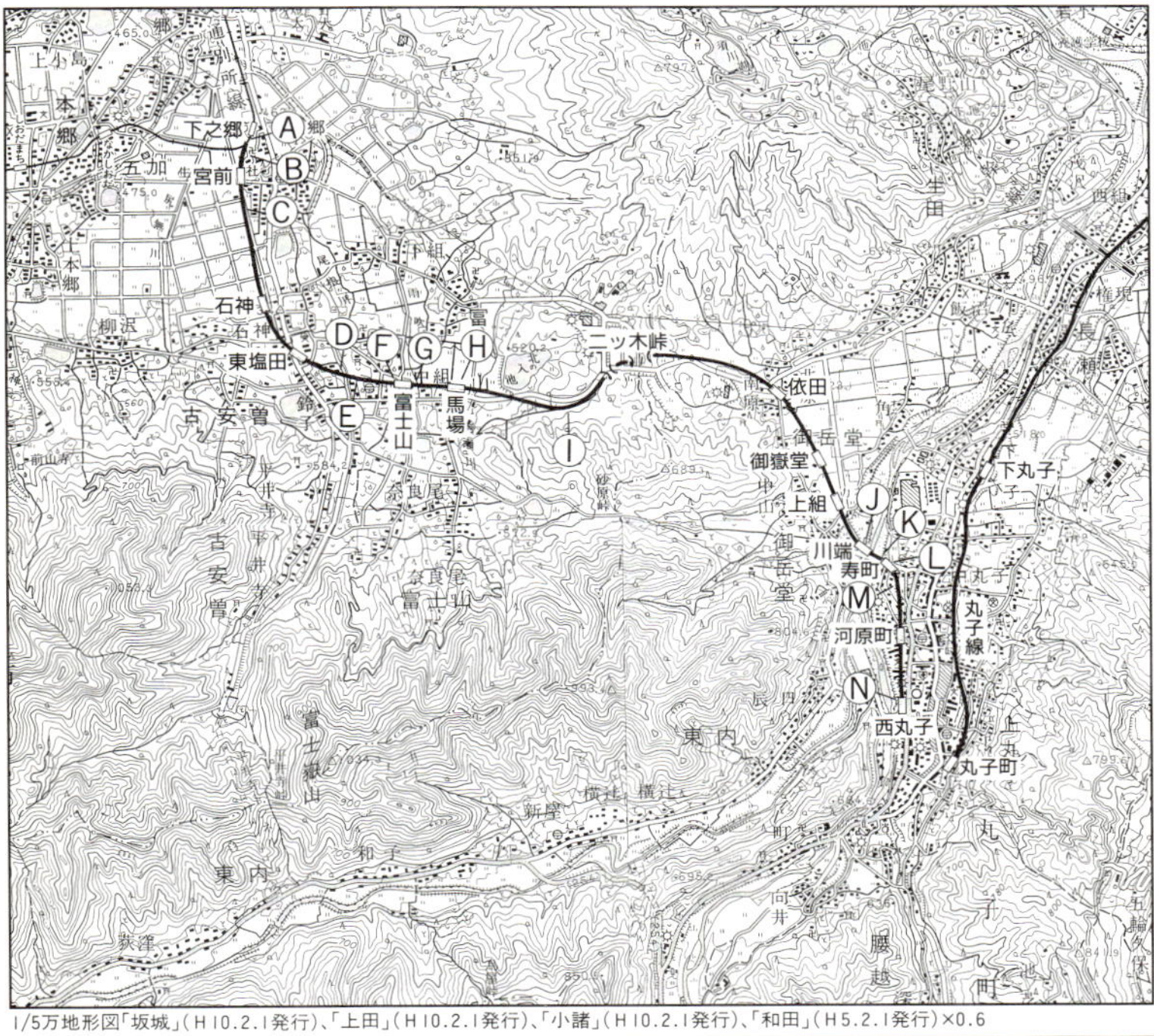

1/5万地形図「坂城」（H10.2.1発行）、「上田」（H10.2.1発行）、「小諸」（H10.2.1発行）、「和田」（H5.2.1発行）×0.6

になり、右手には、かなり姿を変えてはいるが駅舎とホーム跡を見ることができる。ここが馬場《ばっぱ》駅だ(Ⓗ)。軌道跡は、駒瀬川を渡るあたりで現在の県道82号を横切っていたが、その前後はまったく跡が残っていない。次に歩けるのは、県道の南側の、朝鮮人参とブドウの畑の間の道だ(Ⓘ)。途中から夏草が深く茂り、再度県道にぶつかった所で途切れる。この先、かつての県道の下をくぐり、二ツ木峠をトンネルで抜けたのだが、県道が直線化した上に拡幅され、また峠付近には工業団地が造成されて、西丸子線の遺構はすっかりなくなってしまった。付近の住民の話によると、トンネルの入口は、今見える大きな給水タンクの下のあたりにあったということだ。峠の東側も、耕地整理で鉄道の痕跡は消えている。

　次に線路跡を確認できるのは、上田市から丸子町に入って1kmほどの、原バス停付近である。バス停の所にたばこ屋があるが、その建物の脇にわずかに残る小道が線路の跡。そこから県道の向かい側を見ると、少し道として残っている部分がある。線路はこの付近で右にカーブして、南に向かった。たばこ屋の横あたりに依田《よだ》駅があったという。その先は農地に入り、ここもまた耕地整理で線路を辿ることはできない。

　しかたないので県道82号を南へ。依田川に架かる依田川橋の手前、左手に古タイヤやドラム缶の置いてある場所があるが、その奥の茂みの中に、石碑が立っている(Ⓙ)。ここは川端《かわばた》駅の跡で、石碑には近くの御嶽《みたけ》堂《どう》公園の観光案内が記されている。碑の側面には、右側に「上田温泉電軌株式會社」、左側に「昭和五年七月建」とある。線路は、ここから依田川鉄橋で対岸に渡った。

　対岸にある橋梁の遺構は、依田川橋を渡って150mほどの左手にある、イトウ商店の脇の道から入ると分かりやすい。この道はほぼ軌道跡だが、すぐに築堤になって鉄橋に続いていた。それが分かるのが、道の脇に残ったコンクリート造りの橋脚だ(Ⓚ)。近所の人の話によると、ほかの橋脚は撤去されたが、これひと

二ツ木峠付近を走る、昭和35年当時の西丸子線。この頃には、パンタグラフになっている(Ⅰ地点付近)／写真:唐沢昌弘

川端駅の跡に残った観光案内の石碑。「上田温泉電軌株式會社」の字がはっきりと読める(J地点)

県道82号の南側に、畑の間の道となっている軌道跡。この先、二ツ木峠のあたりの遺構はすっかりなくなってしまった(Ⅰ地点)

イトウ商店脇で県道と交わる部分。ここに寿町駅があった(L地点)

依田川の西河畔に立つコンクリート製の橋脚(K地点)

つだけが残ったということだ。
イトウ商店脇の小道（Ⓛ）から県道を斜めに横切った向かいの道も軌道跡（Ⓜ）。短いが、線路のにおいが感じられる。この先は、学校や工場などが建てられて、鉄道の形跡はまったくない。終点西丸子駅があったのは、消防署と保健センターの建物の間のあたりだったという（Ⓝ）。

西丸子線に列車が走っていたのは、正味36年間。今から40年近く前に廃線になっているのだが、沿線で西丸子線のことを尋ねると、今はなき線路跡にもかかわらずはっきりと教えてくれる人が多い。朝夕の通勤・通学時間帯以外はほとんど乗客がなかったというが、「初期の車両は両側に座ると膝が触れるほど小さくて、運転席にはドアがなく、ハーモニカ電車と呼んでいた」とか、「昭和24年頃まではパンタグラフではなくポール形集電器の車両で、終点では綱を引っ張って進行方向に切り替えていた」とか、「戦時中には停電が多く、乗客みんなで電車を押した」とか、思い出話がたくさん出てくる。それだけ、親しみのある路線だったのだろう。

もう1本の廃線になった路線・青木線は、路面電車だったのでレールは撤去されて、現在は国道143号として使用されている。もともと待合所のある駅も少なかったので、特に遺構はない。別所線の分かれた上田《うえだ》原《はら》駅も、青木線は現在の駅舎の道路側を走っていたので何もない。また終点の青木駅は、青木バスターミナルとなっている。この国道はほとんどまっすぐにのびていて、それが最も廃線跡らしさを残しているといえる。

【柳澤美樹子】

終点・西丸子駅は、消防署と保健センターになっている（N地点）

現在残っている鉄道跡で、最も西丸子寄りの部分。ここから南は跡形もない（M地点）

青木線の遺構はないが、国道143号に架かる歩道橋の上から見ると、青木に向かってまっすぐに道がのびているのがわかる（O地点）

終点の西丸子駅。停車中の車両は、ポール形集電器をもつ元・玉川電気鉄道の1形電車／写真提供：酒井昭水

終点・青木駅は、バスターミナルになっている。道の向かい側には、タクシーの営業所がある（P地点）

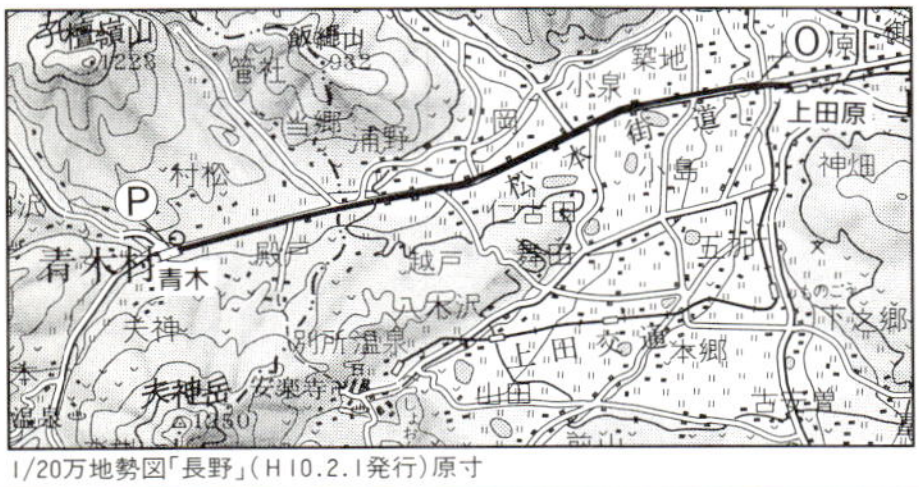

1/20万地勢図「長野」（H10.2.1発行）原寸

青木線青木駅。物資輸送にも活躍した路線で、建物の中には貨物が見られる。右側から書かれた「あをき」の駅名標、路面電車ならではの救助網が珍しい／写真提供：唐沢昌弘

中央本線旧線

木曽川の激流が創り出した渓谷沿いに走っていた旧線跡

【木曽福島～上松～倉本】

中央本線は木曽の谷に入ると藪原から落合川まで約60kmにわたって木曽川に沿ったルートをとる。その中でも、木曽福島から倉本までの約14kmには、〝木曽八景〟と呼ばれる景勝地が点在し、そのハイライト区間となっている。明治43年(1910)の10月から11月にかけて相次いで同時期に開通した2つの区間であるが、その後の電化・複線化はかなり異なった経過で実施され、それぞれに廃線区間が生まれ、現在に至っている。

【木曽福島～上松】

「寝覚《ねざめ》の床《とこ》」に次いで木曽川の景勝地となっている「木曽《きそ》の桟《かけはし》」に沿って走っていたこの区間には、昭和41年(1966)途中に中平《なかだいら》信号場が開設され、昭和48年(1973)に電化されたが、単線のままであった。複線化は部分開通やそれにあわせた数回の切り替えを経て昭和54年(1979)10月15日に完成し、複線別線のトンネルが掘削された2区間に廃線跡が存在する。ひとつは、木曽福島から旧中平信号場間の木曽トンネル(延長1222m)により短絡された旧線が、迫る山を避けて山裾を回り込んでいた区間で、昭和51年(1976)に一足早く完成したが、しばらくは暫定的に新線が下り線(運行上上り)、旧線が上り線(運行上下り)として運転され、その後上り線も新線に移行されている。

もうひとつは、旧・中平信号場から1・7km先の現・桟トンネルの前後0・8kmの間で、「木曽の桟」の真上を旧線が通過していた区間である。これにより車窓からその渓谷美をまったく眺めることができなくなってしまった。

余談だが、「木曽の桟」とは木曽川の両岸が狭まり、通行不能な険しい崖となっていた箇所に橋を架け、わずかに通路を開いた地点のことで、江戸時代には丸太と板を藤づる等で結わえただけのものであった。その後、石垣積みを土台にした木橋が完成したが、中央本線の工事に伴い木

舗装道路となって続く廃線跡(C地点)

上から見た現在線との分岐点。左は木曽トンネル木曽福島方坑門(A地点)

道路として利用され入口に架線柱が残る中平トンネル木曽福島方坑門(D地点)

越畑沢橋梁の橋脚と橋台跡。さらに現在線の送電に使用中の架線柱(A地点)

中平信号場での列車交換風景。下は国道19号。昭和46年2月21日/写真:加藤弘行

コンクリートの架線柱が立ち並ぶ線路跡(B地点)

橋は取り除かれた。現在では石垣積みの部分のみが国道19号の下に残され、対岸から見ることができる。

　最初の廃線跡は木曽トンネルの木曽福島方から始まり、まず分岐点直後に越畑沢橋梁の橋脚と橋台跡が残る(Ⓐ)。そこから、現在線への送電用に今も一部使用中の架線柱が立つ廃線跡は、左にカーブしながら山裾沿いに進み、左右の視界が開けた地点からは左側にコンクリートの架線柱が立ち並び、さらに100mほど続く(Ⓑ)。その先で国道から下りてきた道路と合流し(Ⓒ)、舗装道路に変貌し、約200m先の国道をアンダークロスする地点には中平トンネル(延長167m)の石積み坑門が現れ、道路はそのままトンネルに吸い込まれてゆく(Ⓓ)。入口にはなぜかコンクリートの架線柱が両側に建てられたままだ。左にカーブしているトンネル内は一部改修が行われ、照明も取り付けられているが、レンガ積みのアーチと石積みの側壁や待避坑は当時のままである。入口と同様に架線柱が立つ出口から、しばらく進むと道路の右側の敷地が広がり、今度は右下に国道を見下ろす。国道沿いには石積みの擁壁と鉄柵が続き、旧中平信号場の跡であることを教えてくれる(Ⓔ)。その先で道路は下り坂になって国道に合流するように改良されているが、道路の左手の土手にはコンクリートの架線柱が残り、木曽トンネルから出てきた現在線と合流する(Ⓕ)。

　次に、坂敷野というおんたけ交通のバス停から左手に上がっていくと、現在線の桟トンネルが見えてくる。ここが2度目の分岐点で(Ⓖ)、いよいよ「木曽の桟」に至る廃線跡の始まりである。バラストはそのまま敷かれ、Sカーブや速度制限(80㎞)、曲線半径(R300)を示す標識や右側に鉄柵、左に土留擁壁などが次々現れる(Ⓗ)。右下の木曽川は一層谷を

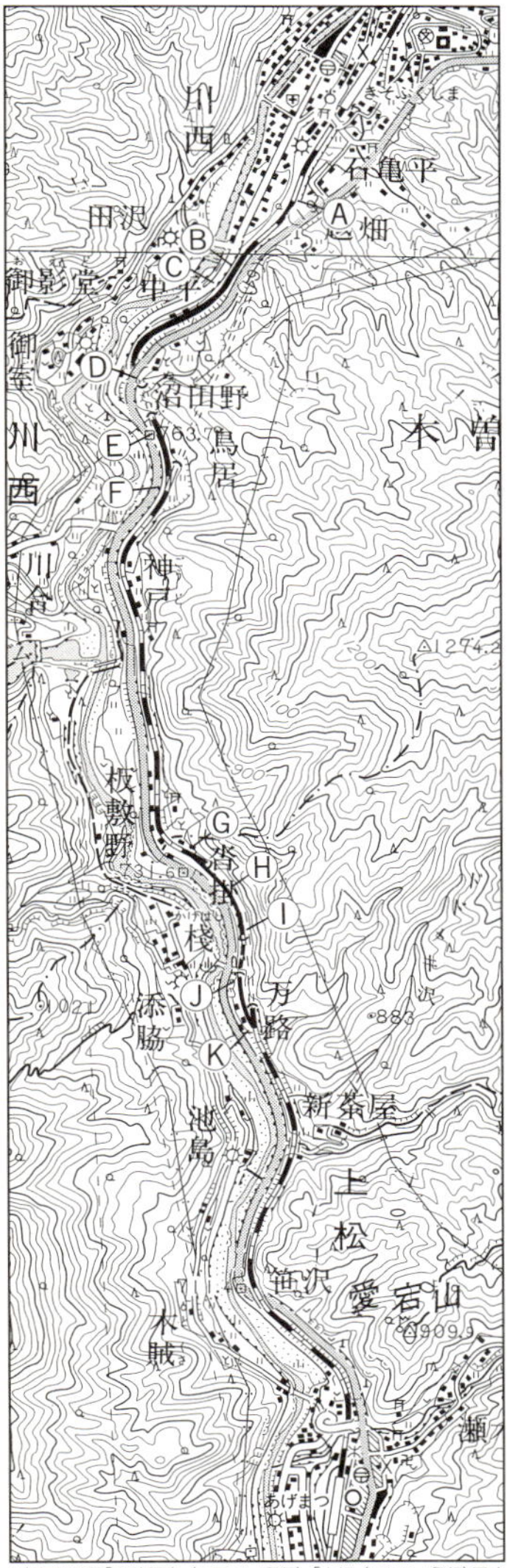

1/5万地形図「木曽福島」(H元.7.1発行)、「上松」(H2.2.1発行)原寸

敷地が広くとられている旧中平信号場跡(E地点)

木曽トンネルを出た現在線と合流する1度目の合流点(F地点)

2度目の分岐点。左は現在線の桟トンネル(G地点)

木曽川の蛇行に沿って山腹に残る旧線路と速度制限を示す標識(H地点)

シャッターが取り付けられた旧・桟トンネル出口方（上松方）坑門（J地点）

合流点に向かう自動車通行用に整備された線路跡（J地点）

駐車場の先が2度目の現在線との合流点（K地点）

コンクリート製落石覆いで延伸された桟トンネルを出たD51。昭和46年2月21日／写真：加藤弘行

対岸から望む旧桟トンネルのコンクリート延伸された入口。道路の下には「木曽の桟」の石垣積みが見える（I地点）

狭め、200mも行くと右下に対岸に渡る赤い道路橋が見えてくる。この真下が「木曽の桟」でエメラルドグリーンの川の水が神秘的だ。旧線は

その先で山腹の絶壁に架かっていた橋梁を渡っていたが、平成10年にこの付近で大きな落石があり、現在落石防止の治山工事が行われているため、落下防止柵で囲まれた橋梁の橋台跡まで行くことができなくなってしまった。また、平成10年まで山腹に残されていた橋脚もすでに撤去済みである（この状況を見ると、山側へのトンネルによるルート変更は景勝地が車窓から消えたのは残念であるが、防災上大正解であったと言える）。そこで、この橋梁跡とそれに続く旧・桟トンネルの入口は、対岸から確認することとした（Ⓘ）。トンネルの入口は窓付きのコンクリート製落石覆いにより坑口が延伸されており、石積みの旧坑門との継ぎ目も絶壁に確認することができる。最後に合流点に回ると、シャッターが取り付けられた旧・桟トンネル（延長84mが落石覆いにより108mに延伸）の出口方（Ⓙ）から、舗装こそされてないが、自動車が通れるように整備された廃線跡が200mほど続き、駐車場になった先でトンネルから出てきた現在線と再び合流する（Ⓚ）。なお、旧・桟トンネルは民間に払い下げられ、建設会社の資材置き場に利用されている。ここから上松までは腹付線増の区間だが、新茶屋川に架かる橋梁は複線のコンクリート製のものに架け替えられ、山側に旧線の橋台のみが残されている。

【上松～倉本】

木曽谷の木材の集散地として栄え、木曽森林鉄道が運転されていた上松と倉本の間には、中央西線で最も有名な名勝「寝覚の床」がある。この区間は須原～上松間（倉本は昭和23年開業）として、木曽川の谷が深く刻み込まれ美しい水面と柱状節理が織り成す絶景を見下ろす崖に線路が敷設され開通した。その後、奈良井～藪原間と同様に昭和48年（1973）の電化に先駆けて複線化が行われている。複線化は2段階に分けて実施され、まず、小野ノ滝から倉本まで2・8kmが腹付線増で昭和41年（1966）に竣工、小野ノ滝信号場が設置された。さらに上松から2km地点までが腹付線増で、残りの1・8kmに複線の別線が建設され、昭和44年（1969）7月に複線化が完了している。廃線跡はこの「寝覚の床」の真上を通過する臨川寺橋梁の上松方から始まり、分岐点には現在線の山側に路盤の跡が残る（Ⓐ）。それに続いていた旧線の橋梁は現橋梁（延長264m）よりかなり短い87mの長さで、複線化は川側にまず下り線が建設され、新線に切り替え後、旧線上に上り線が建設されており、臨川寺というこの橋梁の名称となったお寺の裏手から現在線の下に旧橋脚を確認できる（Ⓑ）。また、この寺から寝覚の床へ下る遊歩道と現橋梁が交差する地点の山側に旧橋梁の倉本方の橋台と旧線の路盤跡が残っている（Ⓒ）。その後、旧線は現在線と交差して川側に移っていたが、複線の現・寝覚トンネルの入

口付近に短い橋梁跡が確認できた（Ⓓ）。このあたりはオープンエアの「寝覚の床美術公園」の駐車場として整備されているが、国道から下る道路脇に土を半分以上盛られた旧・寝覚トンネルの坑門の上部が顔を覗かせている（Ⓔ）。裏寝覚の木曽川の屈曲部を抜けるこのトンネルを通り抜けることはできないので、国道から倉本側に回ることとする。旧線跡は現在工場が建てられ、トンネルの倉本方はその資材置き場として利用されているが、石積みの坑門は健在であった（Ⓕ）。続いて、滑川橋梁の橋台跡の一部が確認でき（Ⓖ）、橋梁を渡った所が現在線との合流地点で、小野ノ滝信号場跡となる（Ⓗ）。地形上の問題もあって現在線もこの景勝地の真上を通ることとなったが、この車窓から見える景観が最大の廃線跡と言えるかもしれない。

【木下晃博】

臨川寺橋梁手前の現在線との分岐点。左側に旧線の路盤跡が残る（A地点）

現橋梁の左横に続く旧線の路盤跡（C地点）

現・臨川寺橋梁の下に残る旧線の橋脚跡（B地点）

現・寝覚トンネルの手前に残る橋梁跡（D地点）

寝覚美術公園へ下る道路横に顔を出す旧・寝覚トンネル上松方坑門の上部（E地点）

新線切替後の寝覚トンネル付近を行く上り旅客列車。廃線になったS字状の急曲線の路盤と旧トンネルがよく分かる。昭和43年6月23日／写真：加藤弘行

廃線跡に建てられた工場の裏手に、資材置き場として利用される石積みの旧・寝覚トンネル倉本方坑門（F地点）

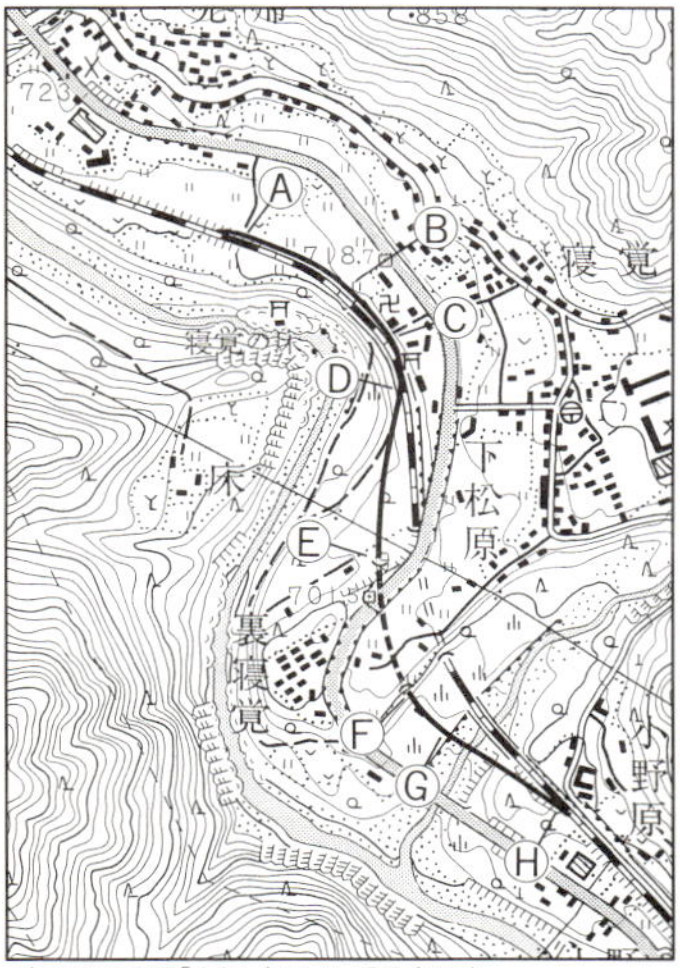

1/2.5万地形図「上松」（H2.2.1発行）原寸

旧・滑川橋梁の石積みの橋台跡（G地点）

現在線との合流点と小野ノ滝信号場跡（H地点）

加越能鉄道加越線

砺波平野を坦々と走った 非電化私鉄

【石動〜庄川町】

加越能《かえつのう》鉄道加越線は、国鉄北陸本線石動《いするぎ》駅を起点に砺波《となみ》平野の田園地帯を坦々と走り、途中、福野で国鉄城端《じょうはな》線に連絡。ここから気持ち程度の勾配を上り、庄川町(旧・青島町)に至る19・5㎞の単線、非電化私鉄だった。

前身は砺波鉄道で大正4年(1915)、福野〜青島町間6・7㎞の開通が嚆矢。同8年(1919)には、福野〜金沢間の鉄道を計画していた金福鉄道を買収し加越鉄道と改名。福野以北も順次延長工事を進め大正11年(1922)7月、悲願だった石動駅への乗り入れが実現、石動〜青島町間が全通した。昭和18年(1943)には戦時下の企業統合で富山地方鉄道に合併、同社の加越線に。同25年(1950)には再び独立し、新会社の加越能鉄道として再スタートをきった。

同線は庄川を筏で下った木材を、北陸本線石動駅から各地へ運ぶのを目的に敷設。沿線は穀倉地帯で農産物の輸送なども手がけ、貨物をメインに沿線住民の足として旅客輸送にも貢献した。だが、昭和30年代末からモータリゼーションの発達で客貨ともに輸送量が減少。昭和45年(1970)5月に路線廃止とバス化を地元に打診し、約2年後の同47年(1972)9月16日、57年の歴史に終止符を打ったのである。

国鉄石動駅に隣接した加越線ホームに停車中のキハ173。A地点とほぼ同じ位置。昭和47年7月

JR北陸本線石動駅構内の加越線ホーム跡、同線関係施設跡のほとんどは整地されている(A地点)

それでは廃線跡を歩いてみよう。

起点の石動は国鉄との共同使用駅だった。加越線の乗り場は、北陸本線上りホームの南側に島式ホームが1本あり、国鉄とは跨線橋で結ばれていた。加越線廃止後、同線関連施設は撤去され、そのほとんどが整地されたが、南端の1線だけは残り、工事用車両などの留置線となっている(Ⓐ)。

石動を出ると左に大きくカーブし進路を南へ。同駅構内西の踏切付近から終点の庄川町まで、線路跡の大半がサイクリングロードに整備されており(Ⓑ)、その探索は意外に容易。南石動の南方で渡る渋江川橋梁は、橋台、橋脚はそのままだが、橋桁は架け替えられている。四日町《よっかまち》駅跡は同名のバス停前、駅舎跡には公民館の矢水町会館が建った(Ⓒ)。藪波駅跡も同名のバス停前、構内は鉄道時

石動駅構内西の踏切から、加越線跡の大半がサイクリングロードとして整備された(B地点)

四日町駅前跡、駅舎跡には矢水町会館(公民館)が建ち、駅前には同名のバス停が立つ(C地点)

藪波駅の駅舎は浅地公民館に活用され現役(E地点)

鉄道時代の面影を残す藪波駅前、サイクリングロードのオアシスになっている(D地点)

線路跡利用のサイクリングロードは、国道359号にあたっていったん途切れ、しばらくは生活道路に(F地点)

代の面影を残しⒹ、駅舎は浅地公民館として今も現役Ⓔ、駅前の農業倉庫なども残っている。

　藪波を出ると北陸自動車道をアンダークロス、線路跡〝変身〟のサイクリングロードは国道359号にあたってまずはここまで。この先、小《お》矢部《やべ》川の堤防下までは生活道路に。コンビニのホットスパーの裏の道がそれⒻ。小矢部川橋梁は河川改修工事により影も形も残っていない。

　津沢地区に入ると、線路跡は津沢小学校の校内に吸収されてはいるが、同校正前から通学路、そしてまもなくサイクリングロードとして再登場する。津沢駅跡は津沢町バス停前の公園Ⓖ。東海北陸自動車道をアンダークロスすると小矢部市を抜け東砺波郡福野町に入る。左から国道471号が寄り添いしばらく並走、本江駅跡は同名バス停南方のサイクリングロードが少し広くなっている所Ⓗ。国道と離れ、家並みが増えてくると柴田屋。同駅跡は福野小学校西、県道279号沿いの町営バス柴田屋口停留所前。トイレもあるミニ公園に整備され、同ロードの〝オアシス〟的存在だⒾ。

　柴田屋の先で同ロードは途切れ、一般道に拡幅工事中。だが、再び築堤が現れ主要道路やJR城端線をオーバークロスする。サイクリングロードとしては堂々たる姿だが、これぞ加越線最大の遺構Ⓙ。一般道を越える架道橋2ヵ所は橋桁を含み鉄道時代のままⓀ、県道20号のそれはすべて交換されたが、城端線を越える所は、橋台、橋脚が活用されているⓁ。JR福野駅西方、八ツ塚踏切南から見た同ロードは、カーブしたスロープが見ものⓂ。まもなく国鉄城端線と連絡する福野に到着。同駅も国鉄との共同使用駅で、加越線ホームは、城端線ホームの南側にあった。加越線廃止後、同駅構内の同線用地は、橋桁のメーカーの川田工業が使用し、現在は同工場の敷地に吸収されているⓃ。残念ながら同駅構内に加越線の面影は残っていない。

　福野付近は城端線に連絡するため、急カーブが連続した。福野を出るとすぐに同線と分かれ、右にカーブし進路を東南に。川田工業の工場敷地の東端もカーブしており、線路跡だと理解できる。同工場を過ぎると、しばらく途切れていたサイクリングロードが姿を現す。途中、焼野駅跡付

JR城端線と県道20号のオーバークロス部の橋桁は、交換されている。だが、城端線の橋台、橋脚は昔のまま（L地点）

JR福野駅西方、八ツ塚踏切南の旧加越線跡利用のサイクリングロード、築堤に続くカーブしたスロープがハイライトだ（M地点）

福野駅の加越線ホームや関連施設は川田工業の工場敷地になった（N地点）

国鉄城端線と連絡していた福野駅に停車中の加越線の気動車。昭和47年7月／写真：吉田文人

柴田屋駅跡もサイクリングロードのオアシスに。福野町営バス柴田屋口バス停前（I地点）

県道20号などや国鉄（JR）城端線をオーバークロスするための堂々たる築堤（J地点）

福野町内主要道の架道橋は、鉄道時代のままの姿で残っている（K地点）

津沢駅跡は津沢町バス停前の公園、右側樹木の中（G地点）

本江駅跡は国道471号、本江バス停南のサイクリングロードが少し広くなっている所（H地点）

近では、ガソリンスタンドの敷地に吸収されるが、その先は終点まで同ロードが続く。田んぼの中をのんびり進み、屋敷森を抜けると高瀬神社(旧高瀬村)。同駅跡は鉄道施設こそ撤去されたが、広い構内はそのまま。スグ横の農業倉庫や高瀬神社の鳥居も残っている(Ⓞ)。すでに井波《いなみ》町に入っており、仏閣風の井波駅の駅舎は町のシンボルとして現役。昭和52年(1977)に少し東方へ改修移転し、町の物産展示館となり、平成8年(1996)には文化財保護法改正により、新たに設けられた登録有形文化財制度の第1回に登録された(Ⓟ・Ⓠ)。

東山見駅跡付近で国道156号と平面クロスし、左にカーブすると終点・庄川町。広い構内はバスの操車場として利用され、駅舎は事務所兼待合室として現役である(Ⓡ・Ⓢ)。

なお余談だが、かつて庄川町(旧・青島町)から庄川左岸の小牧を結ぶ、庄川水力の小牧ダム建設線がのびていた。直流600Vの電化専用線だったが、ダム完成後の昭和4年(1929)に廃止された。線路跡はトンネルも含め生活道路や農道として利用されている(Ⓣ)。

【徳田耕一】

仏閣風の井波駅の駅舎は文化庁登録有形文化財に登録され、井波町物産展示館になっている(P地点)

仏閣風の井波駅に停車中のキハ173。現在の同建物は東へ少し移転しており、Q地点とは新旧定点対比できないのが残念。昭和47年7月/写真:吉田文人

高瀬神社駅跡はレールやホームが撤去されたものの、往時の面影が残る。駅横の農業倉庫は今も現役(O地点)

庄川町駅で発車待ちの石動行きキハ125。R地点とほぼ同じ場所。昭和47年7月/写真:吉田文人

庄川町駅ホーム跡、右側の車が停まっている所から手前へ、前方のタクシー乗り場は昔のまま(R地点)

井波駅駅舎は東側に少し移転したが、ホーム跡ともに鉄道時代のムードが漂う(Q地点)

庄川町駅駅舎は今も現役で、バスの事務所として利用されている(S地点)

庄川水力ダム建設専用線跡に残るトンネル(T地点)

1/20万地勢図「七尾」(H11.5.1発行)、「金沢」(H5.11.1発行)×1.2

北陸鉄道「加南線」

湯治客らに親しまれた"温泉電車"

北陸地方最大の温泉郷、"加賀温泉郷"の山中・山代・片山津・粟津温泉への玄関口は現在、JR西日本の北陸本線加賀温泉駅だ。各温泉街へは、ここから路線バスか、旅館の送迎バスなどを利用するのが最も便利。しかし、"ふた昔"前の昭和30年代頃までは、北陸本線の大聖寺《だいしょうじ》、動橋《いぶりはし》、粟津《あわづ》の各駅から北陸鉄道の総称"加南《かなん》線"こと山中、山代、片山津、粟津の各線が出ていた。山中線は大聖寺から、山代線は動橋駅前の新動橋から、片山津線は動橋から、そして粟津線は粟津駅前の新粟津から、それぞれの温泉街を結んだ。

いずれも、明治末期から大正初期に開業した歴史の古い路線で、長年にわたり湯治客らを運び続けた。しかし、モータリゼーションの発達で昭和37年(1962)の粟津線をトップに、40年(1965)に片山津線、46年(1971)に山中線と山代線の灯が消え、"温泉電車"は古き良き時代のロマンと化したのである。

なお、加賀温泉駅は、昭和45年(1970)10月1日のダイヤ改正で、北陸本線の特急増発に際し、大聖寺と動橋とで特急停車論争が起こり、両駅の中間の作見《さくみ》を駅名改称し、各温泉街への玄関口としたもの。

JR大聖寺駅構内の山中線関連施設跡。整地され一部は資材置場になっている(A地点)

未舗装道路のS字カーブが鉄道跡を彷彿とさせる。大聖寺～帝国繊維前間(B地点)

国道8号陸橋上から見た帝国繊維前～黒瀬間の線路跡(C地点)

それでは各廃線跡を歩いてみよう。

【山中線・山代線】

山中線は大聖寺～山中間8・9kmの路線で、途中、河南《かわみなみ》で山代線と接続した。前身は明治33年(1900)までに全通した山中馬車鉄道。同社は山中電気鉄道時代を経て大正2年(1913)、温泉電軌へ譲渡。同年には全線が電化され、石川県下初の電車が走った。

山代線は新動橋～宇和野～河南間6・3kmの路線。途中、宇和野で粟津線と接続した。明治44年(1911)に動橋村(新動橋)～山代村(宇和野)間4・63kmに産声をあげた山代軌道がルーツ。大正2年に温泉電軌へ譲渡。翌3年11月までに河南～山代村間、さらに粟津線の延長も成り、山中、山代、粟津の各線のレールがつながった。

温泉電軌は昭和18年(1943)、戦時統合により北陸鉄道へ合併。山中、山代線とも昭和46年(1971)7月10日に廃止されている。

山中線の起点の大聖寺は、国鉄との共同使用駅で、同線のホームは、南端の北陸本線上りホームの隣にあった。同線の施設は、すべて撤去さ

白山神社南方の黒瀬駅跡(D地点)

大聖寺駅で発車待ちの山中線山中行き3201＋1001。昭和33年6月／写真：権田純朗

農道と化した線路跡に残っていた用水を渡った橋桁と橋台。黒瀬～河南間(E地点)

山代線が分岐した河南駅跡。左の農道が山中線、右の少し広い道が山代線(F地点)

山中線と山代線が接続した河南駅。電車は山代経由新粟津行き1814。昭和33年6月／写真：権田純朗

れて整地され、現在はその一部がJRの保線車両の留置線などに利用されている(Ⓐ)。大聖寺を出ると右へカーブし進路を東へ。線路跡は県道142号を越えた地方合同庁舎前から2車線道路になる。まもなく三谷川を渡るが、橋梁は新しく道路橋に架け替えられてしまった。大聖寺変電所を右に見ながら進むと、未舗装の地道に変わり、S字カーブを描くそれは鉄道時代を彷彿とさせる(Ⓑ)。行き違いができた帝国繊維前駅跡は同カーブを曲がりきった所。その先は国道8号の拡幅工事現場にあたり、車は通行止めになる。往時は国道の築堤を〝トンネル〟でくぐり、雑木林の中へと進んだ。同築堤の上から山中方面を俯瞰《ふかん》すると、農道と化した路盤を確認できる(Ⓒ)。それはやがて雑草に妨げられて尽きるが、再び黒瀬駅跡付近から姿を現す。同駅跡は白山神社南方の果樹園のあたり(Ⓓ)。

農道は河南駅跡まで続いているが、地盤はぬかり車は通らないほうがよい。途中、国道364号から分かれ、加賀カントリークラブへ通じる道路との交差付近に、用水を渡った小さな橋梁が雑草に埋もれながらも残っていた(Ⓔ)。山代線と接続した河南駅跡は、その一部が地元に売却されて畑になったものの、両線が分かれたY字型の配線は、そのまま道路と化した(Ⓕ)。ホーム跡は道路がとても広くなっている所。ここからは舗装され、しばらくは生活道路に。

二天駅跡北方、加賀温泉バス淀町停留所付近で生活道路は国道364号に合流。この先、山中方面に向かって国道の右側歩道が線路跡だ。鉄道時代、駅は二天《にてん》、中田《なかだ》、長谷田《はせだ》、旭町《あさひまち》と続いたが、駅跡はいずれも同名のバス停付近だ。次の新家《あらや》工業前は貨物取扱駅で、同社製品の自転車の車輪を出荷していた。同社は現在も操業を続けているが、線路跡側歩道が広くなっており、そこにはホームらしき遺構が顔を出している(Ⓖ)。新塚谷《しんつかたに》駅跡は塚谷西交差点付近だが、線路跡はここから国道と分かれ、一般道に拡幅されて山中町の市街へと至る。終点、山中駅跡はバスターミナルに変わったが、広かった構内の北半分には最近、スーパーが建ち様相が一変した(Ⓗ)。

なお、山中線は〝温泉電車〟の中でも花形路線で、昭和37年(1962)には転換クロスシート装備のロマンスカー「くたに」と、翌38年にはその改良型で全国初のオールアルミカー「しらさぎ」が登場、急行運転も実施するなど注目の路線だった。廃止後、両車は大井川鉄道へ嫁ぎ、「しらさぎ」は今も健在。

一方、山代線は国鉄動橋駅前の新動橋駅から、粟津線と接続する宇和《うわ》野《の》を経て、山代の温泉街を通り河南へ至った。廃線跡の探訪はコースの都合上、山中線と接続した河南から始めることにする。

河南を出ると右にそして左にカーブし、のち築堤を上り大聖寺川を渡った。右カーブの所は道路になったが、左カーブの所は田んぼの中で、耕地整理されたため痕跡は残っていない。大聖寺川橋梁は人道橋に転用

新家工業前駅跡に残るホーム跡(G地点)

山中駅跡は大聖寺方がスーパー。旧駅舎跡付近はバスターミナルになった(H地点)

山中駅で発車待ちの大聖寺行き1813。昭和33年６月／写真：権田純朗

され今も現役(Ⓘ)。この先線路跡は、ほとんどが道路と化した。

ホテル百万石の裏からホテルききょう前へ通じる道路がそれ。山代駅跡は温泉街の中心、山代温泉西口バス停近くの、スーパー佑企の駐車場から石川交通タクシー営業所のあたり(Ⓙ)。北陸プラザホテル松籟荘の裏、民家が建ち並ぶ生活道路は線路跡の面影を残しているが、島屋交差点で県道11号に合流、ここから山代東口駅跡手前までは県道の歩道になっている。

山代東口駅跡は、平成11年6月頃まで鉄道時代の駅舎が残り、「山代東口駅」の駅名標記を掲げたまま、バスターミナルとして機能していた(Ⓚ)。建屋の一部はホーム上に増築されたものもあり、ホームの跡も残っていた。(Ⓛ)。しかし、県道11号の拡幅工事が始まり、平成11年8月までに駅舎は解体、ホーム跡のコンクリートの残骸も、まもなく撤去されるだろう。

この先、ホテルゆのくに天祥の裏から続く生活道路が線路跡で、粟津線と接続した宇和野《うわの》駅跡は、山代中学校裏の西北あたり。のち、国道8号をアンダークロスするが、国道の架道橋は昔のまま(Ⓜ)。庄学校前《しょうがっこうまえ》駅跡は、国道を越えてすぐの、道路が二股になる付近だ(Ⓝ)。線路跡は右へ進み、道幅は狭くなるが庄バス停方面へと続く。このうち、線路だったのは墓場付近までで、ここから緩く右へカーブしていた。カーブ付近は田んぼで、耕地整理により姿を消している。庄《しょう》駅跡は桑原口バス停西の商店が数軒並んでいるあたり(Ⓞ)。再び線路跡が姿を現し、ここからJ

大聖寺川の橋梁は歩行者、自転車用に活用され現役。河南〜山代間（Ｉ地点）

山代駅跡は山代温泉の中心。スーパー佑企の駐車場から石川交通タクシーの営業所あたり（Ｊ地点）

平成11年６月頃まで残っていた山代東口駅駅舎。バスの営業所として営業を続けていた（Ｋ地点）

山代東口駅のホームの上に増築されていた建屋。ホーム跡もまもなく撤去されよう（Ｌ地点）

庄学校前の山代方では国道８号をアンダークロスした（Ｍ地点）

庄学校前駅跡は国道８号線をアンダークロスしたすぐ北側の庄小学校の西方付近（Ｎ地点）

庄駅跡は桑原口バス停西方の商店の前の畑付近にあったらしい（Ｏ地点）

大井川鉄道でまだ健在の山中線のエースだった「しらさぎ」。千頭にて。平成10年８月20日

新動橋駅跡は現在のＪＲ動橋駅本屋西の電話ボックスが立つあたり（Ｐ地点）

R動橋駅に至る道路(しばらく地道)がそれ。新動橋駅跡は、動橋駅本屋前西南すぐの、電話ボックスの付近である(Ⓟ)。

【粟津線】

宇和野～新粟津間11・2kmの路線で明治44年(1911)、粟津軌道の手により粟津(粟津温泉)～符津(新粟津)間3・6kmの開通がルーツ。大正2年(1913)、温泉電軌へ譲渡。翌3年、同社により山代東口～宇和野～粟津温泉間8・69kmが延長され、山代線と接続。昭和18年(1943)、北陸鉄道粟津線となり、同37年(1962)11月22日に廃止された。廃線跡探訪は山代線に接続した宇和野からスタートしよう。

宇和野を出ると右へカーブし、進路を東へ。駅は森区、二ツ屋と続いたが、線路跡は耕地整理で田畑に吸収され、痕跡は残っていない。だが、二ツ屋～勅使《ちょくし》間で渡った動橋川橋梁には、橋脚の土台部分と新粟津方には橋台の残骸が残っている(Ⓠ)。貨物扱い駅で構内が広かった勅使駅跡は、同名バス停が立つJA加賀勅使支店裏(西)の空地(Ⓡ)。

この先、しばらくはうっそうとした雑木林の中を走り、東栄谷駅跡にはホームの土盛り部分がわずかに残っている。ここを抜けると、田んぼの中を農道と化した路盤が姿を現す(Ⓢ)。那谷《なた》川橋梁には左岸、右岸とも橋台が残る(Ⓣ)。そして、数10mほど生活道路となり、県道11号に吸収されて那谷寺駅跡へ。駅舎は今もバスの待合室として利用され、「那谷寺駅」の駅名標記は鉄道時代のまま(Ⓤ)。とても貴重な遺物だ。

那谷寺を出て約50m走ると、左手にサイクリングロードが分かれる(Ⓥ)。400mほど続き、のち国道の歩道に合流するが、いずれも線路跡。馬場《ばんば》駅跡は歩道上に立つ同名のバス停付近(Ⓦ)、次の荒屋駅跡も同様だが、バス停の名は上荒屋に変わった。

湯上町バス停東で県道と分かれ、左にカーブし進路を北へ。粟津温泉駅跡は、現在の同名バス停の約100m西方、温泉街からはずれた居酒屋「ふる村」の前あたり(Ⓧ)。次は終点の粟津だが、線路跡は2車線道路に整備されている。こまつドームを左手に見ながら進み、南部中前バス停北方からは、民家裏の生活道路へと続く。スーパー「Aコープ」の横を過ぎると国道8号と平面交差するが、ここが交通渋滞のネックとなり、粟津線の廃止が早まった原因の一つでもある。北国銀行の裏で右へカーブし、駐輪場兼歩行者用道路となるが、ここは鉄道時代の面影を残している(Ⓨ)。新粟津駅跡はJR粟津駅前のバス停付近だ(Ⓩ)。

【片山津線】

動橋～片山津間2・7kmのミニ路線で大正3年(1914)4月、温泉

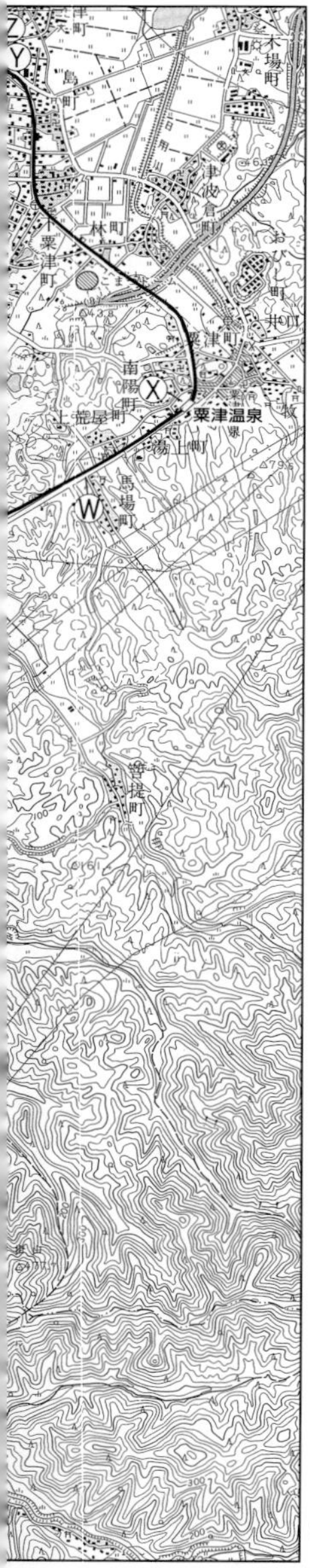

二ツ屋～勅使間の動橋川には、鉄橋の橋脚の土台部分と、粟津方には橋台の残骸が残る(Q地点)

構内が広がった勅使駅跡は同名のバス停が立つ。JAの裏あたり(R地点)

東栄谷から那谷寺にかけては、田んぼの中に盛り土された路盤が農道として残る(S地点)

那谷川には、左岸、右岸とも橋台が残る(T地点)

那谷寺の少し粟津方からは、県道11号の北側を走り、サイクリングロードに整備されている（V地点）

那谷寺駅駅舎はバス待合所として現役、玄関の「那谷寺駅」の標記もそのままだ（U地点）

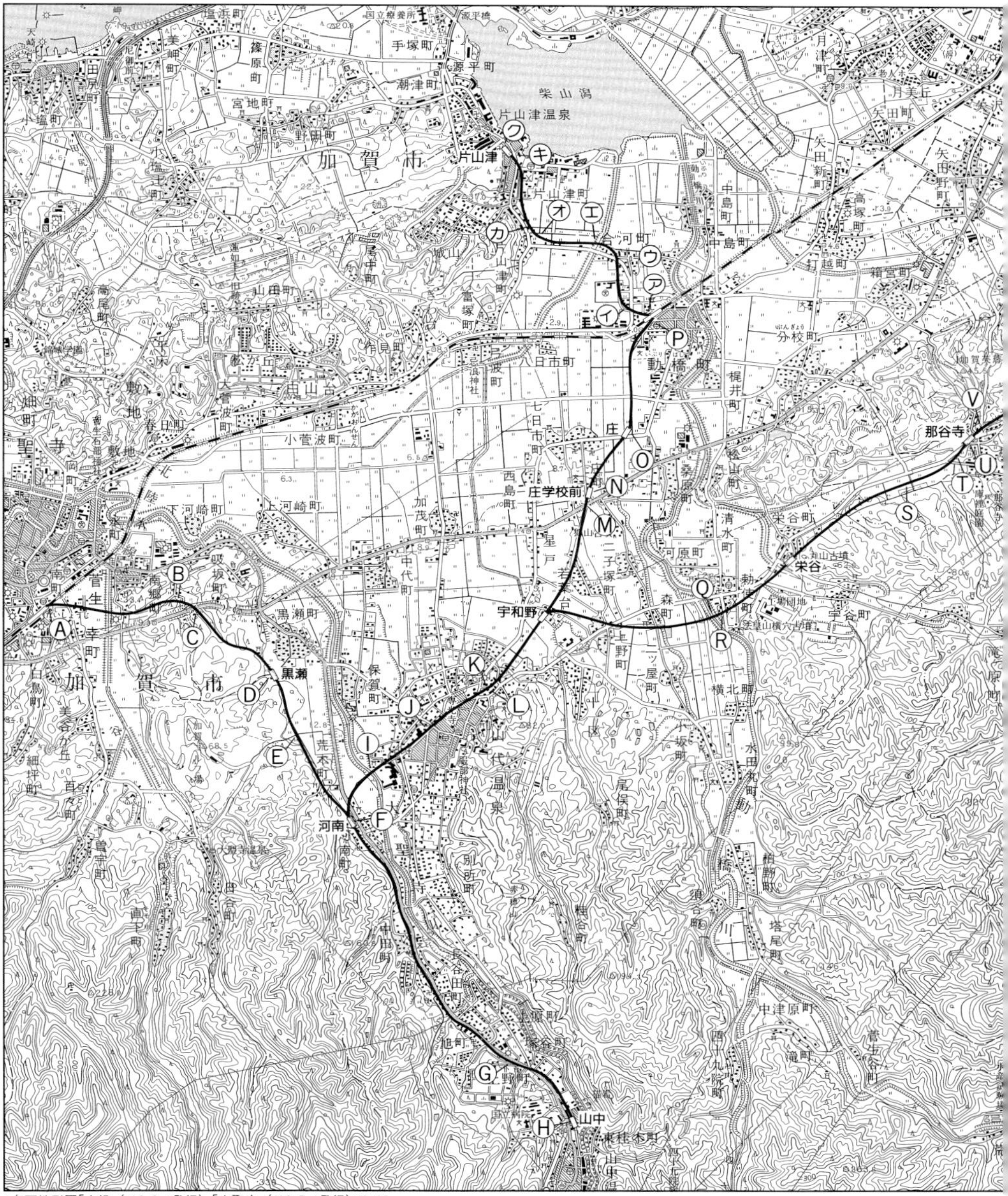

1/5万地形図「小松」（H9.9.1発行）、「大聖寺」（H3.7.1発行）×0.65

電軌により全区間が一気に開通した。昭和18年(1943)、北陸鉄道片山津線となり、同40年(1965)9月24日、赤字解消と輸送の近代化で廃止、バス輸送に転換された。国鉄北陸本線の"支線"みたいな路線で、新動橋から出ていた山代線とは同本線を介して離れ、全くの独立路線だった。

動橋駅の片山津線ホームは、西端に位置する北陸本線下りホームの隣にあった。片山津線の施設はすべて撤去され、跡には住宅が建ち、一部は道路と化した㋐。

動橋を出ると大きく右にカーブし進路を北へ、線路跡は2車線道路になっている㋑。加賀高校の正門前を通りしばらく進むと合河《あいかわ》駅跡。ここから片山津本町東方までは歩行者用道路(通学路)に㋒。合河では左にカーブして西方を向き、まもまく八日市川を渡る。同橋梁は橋台、橋脚を利用し、橋桁は取り替えられた㋓。片山津本町駅跡から見た線路跡は緩くカーブし、道床とほぼ同じ幅の部分がコンクリート舗装され、鉄道時代の面影を残している㋔。同駅跡は県道147号より一本裏の生活道路で、県道に立つ同名バス停東方の畑の前㋕。

前方に片山津の温泉街が迫ってくると2車線道路となり、県道39号とクロスした踏切跡を通り㋖、食料品店の裏を抜けると終点、片山津だ。同駅跡はバスターミナルになっている㋗。【徳田耕一】

片山津線、動橋駅は現在のJR動橋駅の北側に隣接していた。同駅跡には住宅が建ち、一部は道路に(ア地点)

動橋を出ると大きく右にカーブし国鉄と離れた(イ地点)

合河から片山津本町の手前までは通学路に(ウ地点)

合河〜片山津本町間で渡った八日市川。橋台、橋脚はそのままだが、通学路に整備の際、橋桁を交換している(エ地点)

片山津駅南方にあった県道39号をクロスした踏切跡(キ地点)

片山津駅跡は温泉街の中の北鉄バスターミナルの所(ク地点)

片山津本町駅跡から合河方面を見た線路跡(オ地点)

片山津本町駅跡は同名バス停の東側を走る生活道路の畑の前(カ地点)

馬場から荒屋付近までは県道11号の歩道になっている(W地点)

粟津温泉駅跡は、現在の同名のバス停の約100m西方、居酒屋ふる村のあたり(X地点)

新粟津駅手前。北国銀行裏の駐輪場と歩行者用道路は鉄道時代の面影を残している(Y地点)

新粟津駅跡はJR粟津駅前のバス停付近(Z地点)

京福電気鉄道越前本線

【勝山〜京福大野】

九頭竜川沿いの難所を今に伝える新・旧の廃トンネル

京福電気鉄道福井鉄道部は、越前本線（福井〜勝山間27・8km）、三国芦原線（福井口〜三国港間25・2km）、永平寺線（東古市〜永平寺間6・2km）の3つの営業路線をもつ北陸地方有数の私鉄会社である。かつては路線ごとに別個の鉄道会社が経営にあたっており、このなかでも越前本線は、京都電灯直営の越前電気鉄道として、最も長い歴史をもつとともに、路線網の根幹を成している。

越前電気鉄道は、交通の便に恵まれない福井県東部の奥越地方と福井平野をアクセスする近代交通機関として構想されたもので、当時この地方で電源開発を手掛けていた京都電灯福井支社の直営事業として敷設されたものだった。大正3年（1914）に福井県下初の電気鉄道として福井口〜大野口間を順次開通。追って大正7年（1918）大野の繁華街であった三番通りまでを延長している。

その後、奥越地方のダム開発の資材輸送などで活況を呈したものの、昭和30年代に入るとモータリゼーションの進展や国鉄越美北線の開通によって乗客は激減し、昭和49年（1974）8月12日には勝山〜京福大野間（8・6km）が部分廃止された。

昭和49年（1974）8月から越前本線の終着駅となった勝山は、開業当時の駅舎が今も現役として使用されている（Ⓐ）。軒下に掲げられた駅名標には、今も隣駅「蓬生《よもぎ》」を消した跡がはっきりと残っており、さらに先へと鉄路がのびていたことを物語っている。

勝山を出てしばらくは昔の本線が夜間の車両留置線として活用されているが、やがて架線柱にぶつかり終点とな

山の中腹にひっそりと残っている下荒井トンネル（旧）の福井側坑門（I地点）

越前本線の終点、勝山駅。現在は勝山ー東古市間も廃止問題に揺れている（A地点）

末期の廃線跡は左手の草むら。右の道路には長らく旧線の中島トンネルが残っていたが、現在は切通しに改修された。右の写真と同位置（C地点）

開業間もない頃の中島トンネル。昭和15年には左手の小道に線路が付け替えられた（C地点）／写真提供：宮田憲誠

勝山駅の壁に架かる駅名標。塗りつぶされてはいるが、「よもぎ」の3文字が明らかに分かる（A地点）

大袋駅跡。停止位置標識の付近が旧ホーム。昔の道路は右から左へクランク状に線路を横断していた（D地点）

廃止直前の蓬生駅。現在は道路となり、旧駅付近にバス停が設けられた／写真：古瀬勝市

夜間の車両留置のため、形式ごとの停止位置が示されている（B地点）

る(Ⓑ)。ここから線路跡はいったん2車線の道路となるが、間もなく左に分かれて田んぼの中へと姿を消してしまう。廃止後行われた土地改良事業で勝山～蓬生間の線路跡の一部は失われてしまったようだ。

ところで、この区間は昭和15年(1940)に線路の付け替えが行われたが、この廃止された旧線には中島トンネル(約40m)が設けられていた。付け替え後は一般道として利用されていたが、現在は道路の拡張に伴って切通しへ改められている(Ⓒ)。

蓬生は昭和36年(1961)12月16日に開業した越前本線では比較的新しい停留所だった。ホームのみの簡単な駅だったが、痕跡は何も残っていない。

次の大袋は、かつて旧遅羽村の役場があり、今も駅前の雰囲気が色濃く残っている(Ⓓ)。線路跡は2車線の道路の一部となり、大野方面へ向かう。途中の歩道には、越前本線によく見られる廃レールを利用した架線柱が1本だけぽつんと立っており、銘板に残る「京福」の文字が由来を物語っている(Ⓔ)。しばらく進むと、嵭崎《ほうき》信号所。昭和20年代まで客扱いを行っていたが、晩年は列車交換とタブレット授受のみ行い、部分廃止に先立つ昭和45年(1970)年6月10日に廃止されている。九頭竜川に張り出した尾根の直前にあり、見通しが悪く運転士は非常に気を使ったという。

しばらく進むと、線路跡は道路から分かれて急な坂を上り始める(Ⓕ)。いよいよ越前本線最大の難所、下荒井である。当初は川岸ぎりぎりに迫った断崖絶壁にトンネルを掘り、張り付くように山を迂回していたが、大正13年(1924)にはこれを大幅にショートカットする全長521mの下荒井トンネルが開削された。

現在、廃線跡を歩いて辿り着くのは、昭和49年(1974)まで現役だった下荒井六呂師口駅と新トンネルである(Ⓗ)。大正13年(1924)に放棄された旧線は、新線よりもさらに上方へと進み、山の中腹に張り付いてい

1本だけ残る古レール利用の架線柱。歩道部分が廃線跡(E地点)

架線柱に残る銘板(E地点)

右手にのびる未舗装の道が廃線跡。33.3‰の急勾配だった(F地点)

砂ぼこりの中を走る京福電鉄オリジナル車。九頭竜川の吊り橋は今もこの位置に架かっている。嵭崎～下荒井六呂師口間/写真:問井矩俊

下荒井六呂師口駅。かつては六呂師高原への玄関口として賑わった。下荒井トンネル内は時速22km制限/写真:問井矩俊

下荒井トンネル(新)と下荒井六呂師口駅舎。草むらの中にはホームの残骸も残っていた(H地点)

下荒井トンネルに至る大築堤。この付近の勾配は25‰(G地点)

赤根川鉄橋を渡る混合列車。新トンネルが開通する以前の様子(K地点)/写真提供:宮田憲誠

下荒井トンネル(旧)の大野側坑門。開業からおよそ10年余で役目を終えた(J地点)

現役当時の下荒井トンネル(旧)/絵葉書提供:宮田憲誠

た。今では国道トンネル新設のために一部で分断されているが、草の少ない季節には、石で組まれた道床が山腹を回り込んでいる様子がよく分かる。特に大きな岩肌がせり出した部分には、全長約53・3mの下荒井トンネル(旧)がぽっかりと口を開けている(Ⓘ)。

下荒井の難所を過ぎると、眼前に大野盆地が開け、赤根川の鉄橋を渡っていた。河川改修や道路橋の工事などのため鉄橋の痕跡は見られないが、ここからは廃線跡が幅員の広い歩道となって国道沿いに現れる。新在家駅跡は歩道沿いに若干広い用地が残り(Ⓛ)、駅舎が建っていた部分にはコンクリートの基礎が残っていた。この駅舎の部材を流用し、道路の反対側に大きなバス待合所が設置されている。

次の中津川駅は昭和28年(1953)5月1日に横枕から改称された停留所で、ホーム1本の簡単なつくりだった。かつて京福電鉄の用地だったことを示す稲妻マークの用地界標が今も残っていた(Ⓜ)。

やがて廃線跡は越美北線と交差する。道路用の2本の架道橋の横に、今は使用されていない架道橋があるが、これが越前本線のもの(Ⓝ)。ここをくぐれば大野市街地は目前である。

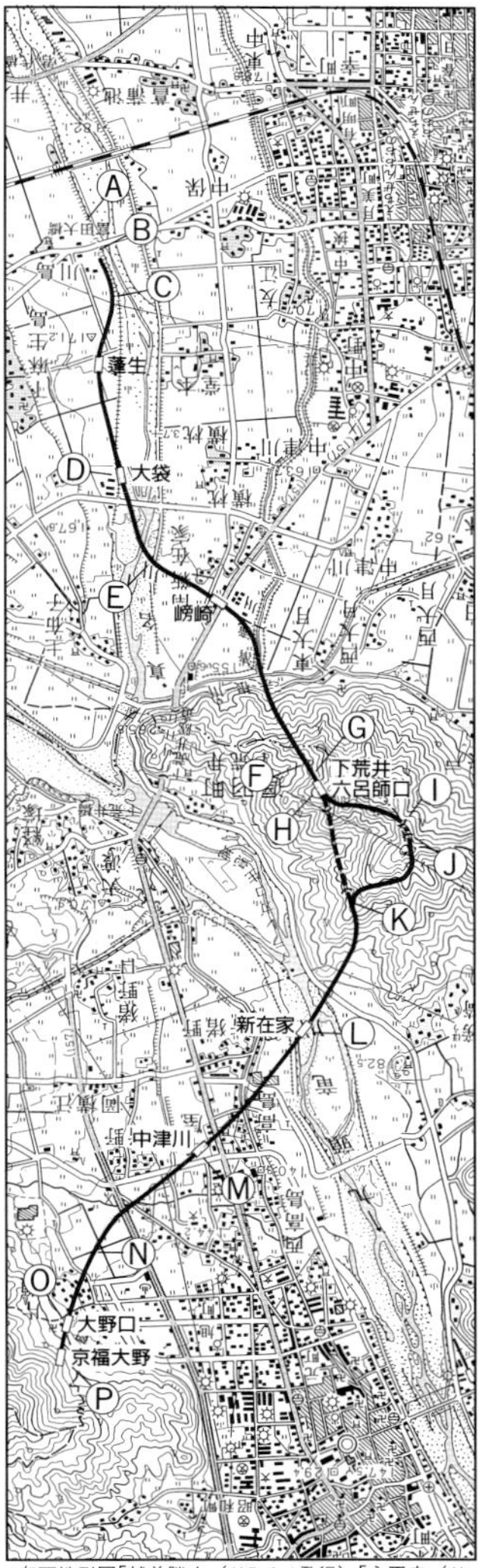

1/5万地形図「越前勝山」(H5.4.1発行)、「永平寺」(H5.2.1発行)、「大野」(H3.9.1発行)、「荒島岳」(H5.2.1発行)×0.7

大野口駅は貨物の一大集散地で、構内には中竜鉱山の鉱石ホッパーがそびえていた。現在は通運会社の敷地となっている(Ⓞ)。

終点、京福大野は昭和30年(1955)10月11日に大野三番から改称された。京福マートなどのテナントが入った駅ビルが建てられており、廃止後は福井銀行の三番通支店に大改装された。しかし、これも平成4年(1992)春には解体され、現在では銀行の駐車場となっている(Ⓟ)。

【岸 由一郎】

※取材協力・岡本英志(ふくい私鉄サポートネットワーク)

新在家駅跡。島式ホームの交換可能駅だった(L地点)

中津川駅跡に残っていた稲妻マークの京福電鉄用地界標(M地点)

後からできた越美北線が越前本線の上を通過していた(N地点)

木造の旧駅から建て替えられた京福大野駅ビル。裏側に頭端式のホームがあった/写真:問井矩俊

貨物専用駅にもなったことがある大野口駅は、広い構内をもっていた(O地点)

京福大野駅跡。銀行の店舗がある位置が旧ホーム。駅舎は銀行の駐車場部分に建っていた(P地点)

朝熊登山鉄道

短命に終わった伊勢の登山電車

【楠部～平岩～朝熊岳】

「神社仏閣」という言葉があるとおり、古来より願掛けをする時にこの両者を合わせてお参りすることが多かった。伊勢神宮ほどの大社でもその鬼門を護るとされる朝熊山《あさまやま》山頂の金剛證寺《こんごうしょうじ》に足をのばすことでお伊勢参りが叶うとされてきた。

ただし、平地の伊勢神宮とは異なり、弘法大師中興の金剛證寺は標高555mの高みにあり、参詣には急峻な山道を上り下りしなければならなかった。明治30年(1897)参宮鉄道が津から山田(現・伊勢市駅)まで通じると、苦しい登山を強いられる金剛證寺への客が減少してしまった。そこで計画されたのがこの朝熊山登山鉄道だった。しかし当初は路線免許出願後に計画倒れになるなど曲折を経て大正14年(1925)8月25日、三重交通神都《しんと》線の楠部《くすべ》から平岩《ひらいわ》までの平坦線4・2kmと、平岩～朝熊岳間1・08kmの鋼索鉄道線が完成し、歩かずに山頂に立てるようになった。

その後、ケーブル山頂の朝熊岳駅と金剛證寺間の尾根ルートで乗合いバスも運行するなど積極的に経営していたが、昭和3年(1928)になって神都線を経営していた三重合同電気に吸収される。その後社名を合同電気、東邦電力、神都交通と短期間に変えていった。この時期はいわゆる昭和初期の鉄道、電力会社の再編期にあたる。

そして第二次世界大戦末期の昭和19年

五十鈴川の渡河地点に橋脚の一部らしき大きなコンクリート塊が(C地点)

鉄道施設らしいコンクリートの基礎、地割りからここが鉄道跡と類推できる(地点B)

道路拡幅ですべて失われた楠部駅跡、接続する神都線は昭和36年まで残っていた(A地点)

だんだん朝熊山の懐に入っていく、カーブや勾配も鉄道らしさを残す(H地点)

今でも裏道として使われている軌道跡(D地点)

白い壁の建物が朝熊駅にあった変電施設、旧写真には低いホームも写っている(G地点)

平岩停車場はちょっとした平地、右にケーブル線の軌道が見える(I地点)

五十鈴川停車場は道路の広がった所、右に神宮神田が広がる(E地点)

変電所が併設されていた朝熊駅。後方に朝熊山が見える

イヌのいる橋が平岩停車場の平坦線とケーブル線の乗り換え通路だった。欄干が古い(J地点)

列車交換ができた一宇田停車場の跡、歩道橋がその名残(F地点)

（1944）1月11日。不要不急路線として営業が休止され、車両をはじめレールなどの鋼材を供出して鉄道としての生命を終えた。開業以来、わずか20年の終焉だった。その後、結局営業再開されることもなく、昭和37年（1962）に完全に廃止された。

【軌道平坦線（楠部～平岩）】

神都線との接続駅だった楠部《くすべ》駅には朝熊登山鉄道の本社機能をもつ洋館駅舎があった。現在は国道23号の交差点に「楠部」と名を残すだけで、鉄道の証拠は残っていない（Ⓐ）。

線路は大きくカーブして現在の近鉄線の北側で五十鈴川を渡っていたが、その手前の小道と交差する所に埋められたコンクリートがあり（Ⓑ）、地元の古老に聞くとそれが踏切の位置だったと話してくれた。さらに五十鈴川渡河地点の川中には橋脚の礎石らしい大岩も水中に見ることができる（Ⓒ）。ルートはそこから小道となって集落を抜け（Ⓓ）、伊勢神宮の祭事に使う米を作る神宮神田の前に至る。道路がバス停状に膨らんだ所が五十鈴川停車場跡だ（Ⓔ）。そして一直線にのびた道路は700mほど進むと小山の裾を迂回するように回り込む。その先に鉄製の歩道橋が見えてきた。ここが一宇田《いちうだ》停車場跡だ（Ⓕ）。歩道橋自体は新しいものだが、線路を越えるために設けられた跨線橋の名残という。ここに鉄道があったとはまったく思わせないような道路はやがて朝熊川沿いに出る。県道として整備中の道路がその朝熊川を渡る所に朝熊登山鉄道平坦線最大の遺構があった。かつての朝熊駅に併設していた変電所の建物だ。今では民家の倉庫として使われているがコンクリートの梁や特徴のある形状は当時の写真そのままだった（Ⓖ）。線路跡はそこから川を渡り近鉄鳥羽線のガードをくぐって朝熊山山麓に向かって進んでいく。

山麓の平岩乗降場からケーブル線を望む

はっきりと階段ホームが残る平岩山麓駅跡、現在は民家のイヌが放し飼い（K地点）

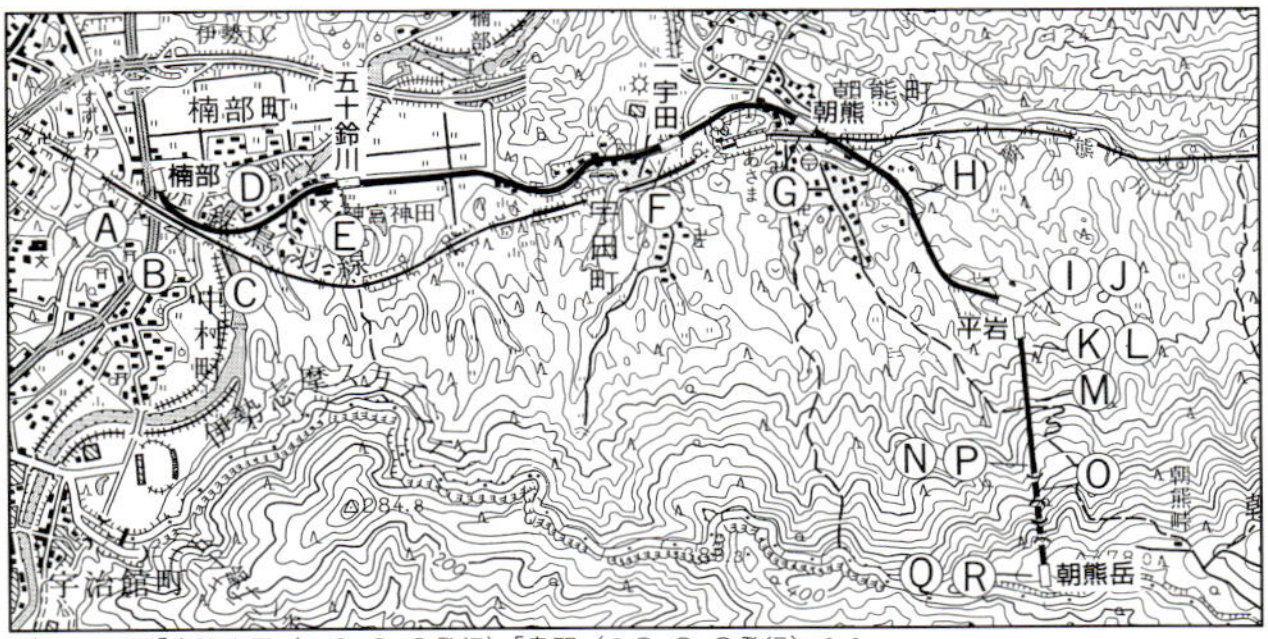

1/5万地形図「宇治山田」（S○.○.○発行）、「鳥羽」（S○.○.○発行）×0.8

1/5万地形図「伊勢」（H7.12.1発行）「鳥羽」（H3.12.1発行）×0.8

山上に向かって軌道跡がはっきりと分かる。架線電線がその跡を利用（L地点）

ケーブル軌道をまたぐ登山道の橋、レールを使ったアーチに注目（M地点）

やがて、山間の一本道となったルートは上り勾配が続くようになるⒽ。そして正面に大きな砂防ダムが立ちふさがるように見えてきた。その手前が鋼索線との乗り換え駅だった平岩だ。ここは谷が少し広くなった所で、全体が1軒の民家の庭のようになっているⒾ。かつて電車庫や留置線などの車両基地もあった所だ。今は想像することも難しいが、よく見ると小川に鋼索線への通路だった古いコンクリートの橋Ⓙが残り、その前が平岩停車場ホームだったことが分かる。

【鋼索鉄道線(平岩～朝熊岳)】

現役当時、高低差415m、最大斜度32度、652‰。東洋一の急勾配といわれた朝熊山ケーブルは急斜面の山中にあるだけに比較的よく遺構を残している。

山麓駅の平岩にはケーブルカー独特の階段状ホームがそのまま残っていたⓀ。そして軌道は伐採跡のようになって一直線に山を上っているがⓁ、路面には雑草が茂り直登は難しくなっている。ただし、その後に架設された電柱がケーブルカーの線路跡の目印となっている。

今回はケーブルのほぼ中間地点を交差する朝熊山登山道からケーブル軌道を歩いてみた。この登山道は信仰登山時代の古道で、山麓から30分ほど歩くとこのケーブルを渡る橋に出る。橋の裏側を見ると古レールで組んだ跨線橋であることが分かるⓂ。軌道面に下りるとコンクリートに線路と枕木の井桁状の跡が残りⓃ、ところどころにケーブルを受けるプーリーの穴が認められた。倒木や夏草をかき分けて急斜面を上るとやがて第1トンネルが姿を現すⓄ。内部には草もなく階段状になっていて歩きやすいが、50mほど先の出口からはさらに草が深く生い茂り歩くことはできなかった。

軌道はこの先で第2トンネルを抜け、最大斜度となって山頂の朝熊岳駅へと至っているはずだ。そこで伊勢志摩スカイラインが通じる山頂側から鋼索鉄道線朝熊岳《たけ》駅を見た。場所は金剛證寺から2kmほど西側の尾根上で、茶店やトイレの廃墟が点在する道の先にコンクリートの駅舎が残っていたⓆ。ツタに覆われた建物は地下の機械室Ⓡや運転室も残り、屋上には展望台もあって観光施設らしい雰囲気を伝えている。

一帯はかつてのキャンプ場の廃墟で、もうひとつ崩れかかった展望台も設けられていた。しかし、そこからの伊勢志摩の海を眼下に望む眺望は今も昔も変わってはいない。

【杉崎行恭】

コンクリートの軌道面に撤去されたレールの跡があった(N地点)

岳駅地下には原動所からケーブルをのばしたスリットが残っている(R地点)

架線用のアングルが倒れていた。これは鉄材供出にあわず残されたようだ(P地点)

ツタの絡まる朝熊岳駅の廃墟、玄関に円柱をもつモダンな建物だった。屋上は展望台(Q地点)

開業当時のケーブル線の様子、M地点の登山道の橋から撮影したもの。行き違い線の向こうに第1トンネルが見える

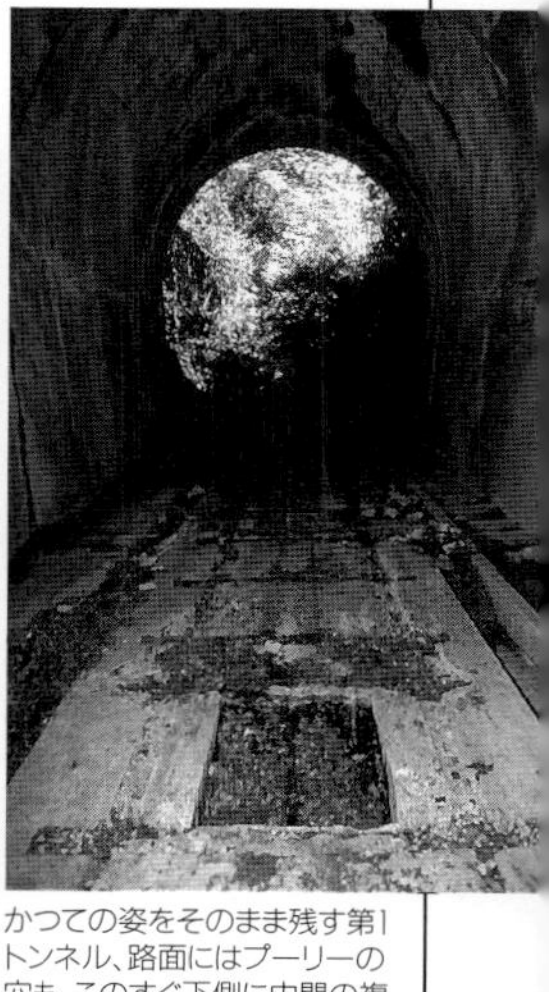
かつての姿をそのまま残す第1トンネル、路面にはプーリーの穴も。このすぐ下側に中間の複線部分があった(O地点)

紀州鉱山鉄道

保存運転で注目を浴びる 紀伊半島の鉱山鉄道線

【板屋〜惣房・上川】

鉄道マニアにとって紀伊半島内陸部の地図は物足りない。急峻な山々と少ない人口が鉄道の建設を阻んできたからだ。その山中で離れ小島のようにして小さな鉄道があった。紀州鉱山の坑内軌道である。

　昭和に入って当地で銅山の開発を進めていた石原産業は、昭和13年（1938年）に板屋《いたや》〜惣房《そうぼう》間5・5kmの隧道を開通させ、バッテリー機（蓄電池機関車）で鉱石の運搬を始める（複線 軌間610mm）。採掘された鉱石は選鉱場がある板屋駅に集められ、海岸沿いの阿田和駅まで貨物索道で輸送。ここで紀勢中線（現・紀勢本線）の貨車に積み替えられ、石原産業の専用埠頭があった紀伊浦神駅まで運ばれていった。

　やがて戦時体制下に銅の増産が求められるようになると昭和16年（1941）から電気機関車の運転が始められる。翌年には人車への一般住民の便乗が認められ、地域住民の足としても使われるようになった。板屋〜惣房間には1時間毎に一般客用の人車が運転され（所要40分）、惣房駅や湯の口駅から中学校や商業施設の集まる板屋駅へ向かう利用者で朝夕はごった返したという。ちなみに運賃は無料であった。

　戦後しばらく好況は続くが、昭和40年代に入って国際銅価の低迷とコスト高により経営が行き詰まったこともあり、昭和53年（1978）に閉山。しばらくして鉱山鉄道の運行も中止されている。

　ところが、昭和62年（1987）に村おこしイベントの一環としてバッテリー機による観光列車を運行させたところ、予想外の好評で迎えられた。そこで、公共宿舎と温泉を結ぶ遊戯施設として、平成1年（1989）から小口谷〜湯の口間1・1kmで毎日5往復の定期運行を始めるようになった。多客期には1日500人近い湯治客を輸送することもあるという。小口谷から板屋駅まで延長する構想もあったが、これは実現していない。

　なおこれとは別に坑内の排水処理施設を点検する要員や資材を運ぶため、年に数回、板屋〜小口谷〜湯の口〜惣房間、小口谷〜八光《はっこう》間などでトロッコが運行されている。そのため、廃坑区間でも路盤はある程度整備されている。

　さて、鉱山鉄道のターミナルがあった三重県紀和町

1/5万地形図「十津川」（H6.6.1発行）、「新宮」（H5.6.1発行）×0.8

湯の口駅採鉱現場。手前が惣房方面への本線。奥手へ向かう線路は現在、温泉施設やバンガローになっている（E地点）昭和18年頃／写真提供：紀和町鉱山資料館

紀和町鉱山資料館に保存されている6t電気機関車610（A地点）

の板屋地区は、紀勢本線新宮駅から車で1時間あまり、紀伊山地の山間奥深く分け入った所にある。廃線巡りの前に、紀和町鉱山資料館を訪れ、紀州鉱山の概要について学習しておきたい。ここにはバッテリー機や電気機関車、人車なども保存されている(Ⓐ)。

この資料館の山手には選鉱場跡が残されており、そのたもとで口を開けているのが鉱山鉄道の1号隧道である。つい最近までレールやトロッコ、車庫跡が無造作に放置されていたが、老人福祉施設を建設した際、そのほとんどが撤去されてしまった(Ⓑ)。

この先、1・4㎞ほど1号隧

1号隧道入口。坑口の左側にホームと車庫、右側にバッテリー充塡場と選鉱場があった(B地点)

惣房本線の坑口。複線路線で、当時は架線が張られていた(C地点)

隧道内に残る人車とトロッコ。今でも坑内点検用に使用している(B地点)

八光線(8号隧道)の坑口。ここにも時たま点検用トロッコが入っている(D地点)

小口谷駅の隧道入口(C地点)。昭和52年／写真提供：紀和町鉱山資料館

板屋駅ホームに停車するトロッコ列車。鉱員は前3両に乗り込む(B地点)。昭和52年／写真提供：紀和町鉱山資料館

手前の4tバッテリー機は上川行き、6t電機は八光行き(E地点)。昭和52年頃／写真提供：紀和町鉱山資料館

湯の口温泉駅で入換中のトロッコ列車。勾配とスプリングポイントを使って自動で機関車の付け替えを行っている姿は見事(E地点)

紀州鉱山坑内電車

☎05979-7-1180【紀和町観光開発公社・瀞流荘】

900	1040	1310	1440	1610	円	小口谷駅	1020	1200	1425	1555	1710
910	1050	1440	1450	1620	100	湯の口温泉駅	1010	1150	1415	1545	1700

毎日運転　多客期には臨時列車増発　最大定員40名程度
ただし月に数日は全便運休するため問い合わせが必要です
新宮駅前715・1215・1405発　瀞流荘(小口谷駅)950・1440・1615発の三重交通バスが接続　所要1時間12分

紀和町の林道にはあちこちでレール製の柵を見つけることができる(F地点)

道は続き、次は小口谷地区で顔を出す。当時の敷地跡は紀和町観光開発公社が経営する公共宿舎「瀞流荘《せいりゅうそう》」とレジャー施設に転用されており、行楽シーズンになると観光客でごった返す。その傍らにトロッコ列車の始発駅、「小口谷駅」の駅舎とホームが設けられている(Ⓒ)。

切符を買い求めてトロッコに乗り込むと、バッテリー機が牽引する5両編成の列車はまもなく発車し、ガタガタ揺れながら3号隧道の坑内に入る。線路は今でも複線分確保されているが、観光トロッコが行き交うのは川側のみ。山側の一線は石原鉱業が坑内の点検用に使用している。架線は撤去されているので、運行できるのはバッテリー機だけである。

途中、大峪《おおたに》地区で一瞬だけ外に出るが、すぐに5号隧道に入ってしまう。終点の「湯の口温泉駅(湯元温泉駅)」へは10分あまりで到着。この先、さらに線路は6号隧道まで続いているものの、坑口には柵が設けられており、一般人は入ることができない。集落跡に建てられた温泉施設は歩いて1分ほどの所にある(Ⓔ)。

終点の惣房駅は山を挟んで反対側の谷沿いにあった。山間の林道(Ⓕ)を迂回しながら車で20分あまりで鉱山街だった楊枝川《ようじがわ》集落に到着する。

県道から簡易郵便局の方に分かれる小道をしばらく進むと、雑草で埋め尽くされた空地がある。かつてはここに線路が広がっていたようで、雑草の合間に枕木や坑口が顔を覗かせている(Ⓖ)。楊枝川を挟んで北側の岩盤には6号隧道の出口があり、県道沿いに引込線、そして川を跨ぐ軌道橋が架けられていたが、残念ながらほとんど痕跡は残っていない。

なお、紀州鉱山では他の坑道にもトロッコ列車が走っていた。

まず、小口谷駅と八光鉱区・惣房駅を結ぶ8号隧道。惣房寄りでは何も見つけられなかったが、小口谷駅の南側には線路やポイント、坑口が当時のままの状態になっている(Ⓓ)。

また、6号隧道の途中で分岐する11号隧道は、惣房地区の西側の上川《じょうせん》地区まで続いていた。

楊枝川集落から1kmほど県道を進んだ所に小さなダムがある。このダムの左手に続く砂利道を上って草薮をかき分けて進むと、突然、木製の軌道橋が目に入る。上川駅の跡である。付近に人家がないこともあり、線路やポイントはほとんど手つかずのまま朽ち果てている(Ⓗ)。

さらにレールに沿って上流にさかのぼると、11号隧道の坑口が草木に埋もれているのが見えた。谷間に捨てられた大量のズリに気がつかねば、ここに日本有数の規模を誇った銅山があったことを思い起こすのは難しいかもしれない。

【森口誠之】

惣房駅構内から発車する6t電機。(G地点)昭和52年/写真提供:紀和町鉱山資料館

惣房駅跡の対岸にある坑口(G地点)

上川駅構内跡にある木製橋梁。レールやポイントも健在(H地点)

上川線(11号隧道)の坑口(H地点)

紀州鉱山鉄道の歩み

1938.7.16	板屋-惣房間5.5kmのトンネル完成 バッテリー機運行
1939.4.13	板屋-阿田和間の私鉄免許申請(後に取り下げ)
7.12	板屋選鉱場完成
1941.8.15	板屋-阿田和間の索道が全通
同年末	板屋-惣房間で電気機関車の運行開始(600V)
1942.2.24	板屋-惣房間の人車運転許可
1967.9.1	索道の運転中止 トラック輸送に切り替え
1978.5.16	紀州鉱山が閉山
1987.11	「ふるさと祭り」にあわせてバッテリー機復活(不定期)
1989.8.2	小口谷-湯の口間で旅客営業開始(ほぼ毎日)

南近畿の未成線

紀泉山脈に残る鉄道計画の跡を辿る

計画されながら未完成に終わった鉄道線のことを「未成線《みせいせん》」と呼ぶ。これらの路線は現実には時刻表に掲載されることもなく潰えてしまったわけで、鉄道廃線敷に漂う雰囲気とは別種の、ある意味で鬼気迫る怨念のようなものがこもっている。本稿では、近畿南部に残る未成線の痕跡を2路線紹介したい。

【水間鉄道犬鳴線】（清児〜犬鳴〜粉河）

戦前から貝塚と和歌山県粉河《こかわ》を結ぶ新線構想を検討してきた水間鉄道（以下　水鉄）は、昭和25年（1950）12月に清児《せちご》〜犬鳴《いぬなき》〜粉河間21・2kmの鉄道敷設免許を取得する。

ただ、規模の小さな水鉄には紀泉山脈を越える新線を建設する資力がなかった。そこで他の関係者から資金を集めるために新たに昭和28年（1953）に紀泉鉄道を創業し、同社に免許を譲渡する。2年後には清児〜熊取《くまとり》町役場付近5kmの工事が始まるが、資金難で頓挫。水鉄は昭和34年（1959）に紀泉鉄道を吸収合併して再起を図ろうとするが、昭和42年（1967）に犬鳴〜粉河間の免許を放棄し、地平部の建設に集中することになる。すでに清児〜土丸間の用地を半分程度確保していたからだ。

この後、熊取ニュータウンや関西空港などの大規模開発とリンクして計画を再起動させようと関係者は四苦八苦するが、600億円の建設費を確保するのは容易ではなかった。地価高騰やバブル崩壊など経済情勢の変化もあり、結局、平成8年（1996）9月に清児〜犬鳴間の免許も失効している。現在、水鉄など3社が共同運行するバスが熊取駅〜犬鳴〜粉河間で運行されており、水鉄の構想を代替する形になっている。

貝塚駅から水鉄電車に乗って四駅目、清児駅構内から右手に分かれていく空地がある（Ⓐ）。犬鳴線を分岐するために準備された土地である（Ⓑ）。ここから先、清名台住宅を突き抜ける形で300mほど予定線跡は続き、近木川の手前で途絶えている（Ⓒ）。川の反対側にはめぼしい痕跡は残っていないが、熊取町七山地区に入ると、あちこちに建設の跡が見受けられる。

まず、見出川の東側には水鉄が途中まで建設していた築堤が畑を横切っており、水路と交差する部分にはコンクリートの構築物が草むらに埋もれている（Ⓓ）。

一方、熊取ニュータウンの中央部には掘り割り状の用地が確保されている（Ⓔ）。これも水鉄の予定線跡で、国道170号を越えて山の手台付近まで断続的に続いている。単線での計画の割にやたらと幅員が広いのは、都市計画道路泉州山手線と併設する構想があったためである（Ⓕ）。その際、大阪府は、泉北高速鉄道と水鉄犬鳴線を接続させ、和泉中央から名

清児駅東側から右手に分岐していくその敷地が鉄道計画の痕跡（A地点）

踏切関係の廃品が山積みされている予定地（B地点）

住宅街の真ん中を貫く水間鉄道の所有地。鉄道計画の名残なのだが、現在、売却中（C地点）

見出川の東側の畑に埋もれるコンクリート構築物。付近には途切れ途切れになりながら築堤も残っている（D地点）

1/5万地形図「岸和田」（H6.10.1発行）×0.8

越、日根野、そして犬鳴へと連絡する鉄道構想を発表していた。だが、土丸地区で企画された泉佐野コスモポリス計画などの大規模開発が立て続けに破綻してしまい、道路の方も完成の目処は立っていない。

阪和道と交差する土丸から先の区間では用地買収が行われなかったため、跡を辿ることはできない。

丘陵地帯から抜けて住宅街に入る。この付近で都市計画道路と合流する予定であった。ちなみに、免許時の計画では200mほど西側がルートとして想定されていた（E地点）

熊取ニュータウンを南北に貫く水間鉄道と大阪府の所有地。東側に鉄道線、西側に道路が配置される予定だった（F地点）

【野上電気鉄道神野市場線（登山口～神野市場～高野山）】

平成6年（1994）に廃止された野上電気鉄道（以下 野鉄）の廃線跡に関しては、本シリーズ第5弾で紹介されている。ただ、この鉄道、終着駅の登山口駅から先、美里町神野《こうの》市場《いちば》、さらには高野山への路線延長計画を検討していた時代があった。

野鉄の前身である野上軽便鉄道は、大正11年（1922）に紀伊野上～登山口（当時は生石《おいし》口）～大木～下神野村（神野市場）間の免許を取得するが、3年後に大木～下神野村間を失効させている。

だが、昭和3年（1928）に登山口までの区間を開通させた経営陣は、同年、大木～高野町間の免許も取得する。この内、神野市場以東の免許は返上されるが、生石口～大木～神野市場間4・0kmは施工認可を受け、昭和5年に着工する。ただ、路線延長を巡って社内で議論が分かれたこともあり、工事は途中で放棄される。

戦後にも免許は継続されるが、最終的には昭和39年（1964）に残る区間の免許も失効している。

海南駅前から大十《だいじゅう》バスに乗り、廃線跡をちらちら眺めながら35分。登山口駅跡にできたターミナルに下り立つと、山側に畦道が続いていくのが分かる（Ⓐ・Ⓑ）。貴志川沿いに続く細道を進むと、川縁に不自然な用地が

登山口駅東側に引き込み線があり、廃止時には水間鉄道から譲り受けた中古電車が放置されていた（B地点）

登山口駅の路線跡。ホームと駅舎の跡は大十バスの車庫に転用されている（A地点）

道路の南側にある畑や倉庫、空地は野上延長線の用地であったらしい（C地点）

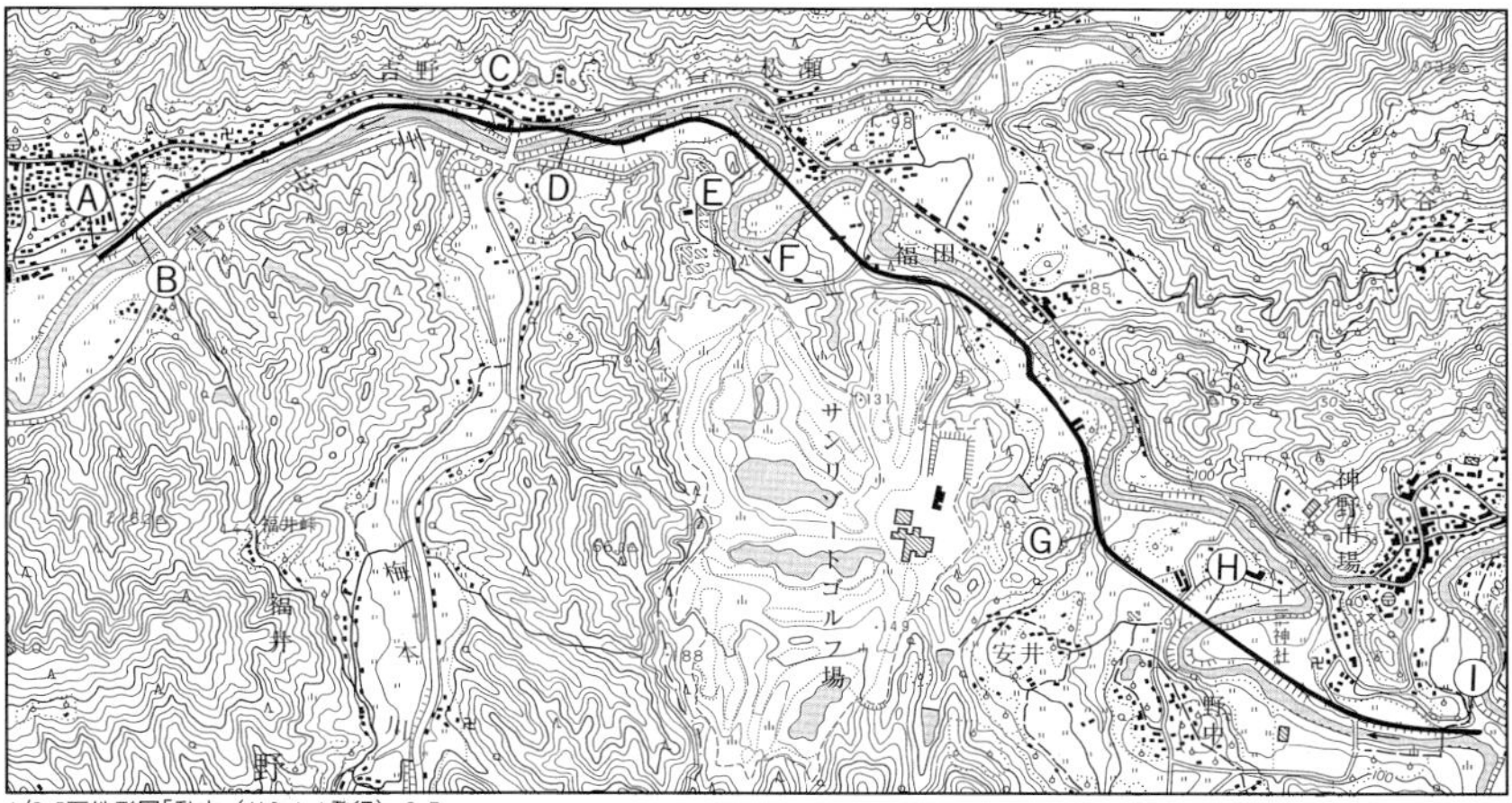

1/2.5万地形図「動木」（H9.1.1発行）×0.7

ある。地元の方の話では野鉄が準備した用地の跡であるらしい(Ⓒ)。

吉野集落(大木)で橋を渡ると、川の中にコンクリートの残骸が倒れているのが見える(Ⓓ)。新線用に準備されていた橋脚であったが、昭和28年(1953)7月の水害で倒壊してしまった。地元は野鉄に撤去を要求してきたが、会社そのものが消えてしまった今ではそれもかなわない。

川の南側、生コン会社の脇に続く小道をくねくねと抜けていくと、貴志川の支流を跨ぐ沈下橋に至る。その手前の畦道を山手に上っていくと、林の中に未成線の橋脚がすくっと現れる(Ⓔ)。反対側にも相棒の橋脚が見える。対岸の集落に隣接する田圃の先にもやはり橋脚が一対残っている(Ⓕ)。どうも野鉄は川を跨ぐ橋脚部分を先行的に設置したまま計画を放棄したようだ。

国道からゴルフ場への連絡道を進み、農家の脇から分岐する私道を通り、川の南側を辿っていく。野鉄はこの付近でも測量や用地買収の交渉を行ったようだが、今は田圃や山林が広がっているだけである。

やがて老人ホーム「美里園」の建物が見えてくる。この付近の道路は野鉄が買収した土地を転用して造ったらしい。南側にある城の瀬橋の橋桁の真下にも鉄道用の橋脚が朽ち果てていた(Ⓖ)。さらに美里中学校の南側でも橋脚を発見することができた(Ⓗ)。

終点の神野市場駅は美里町の中心集落から丘を下りた川縁に予定されていた。古老が「あそこに野鉄が整備した砂利道があって……」と説明してくれるが、私の目にはありふれた田圃風景が広がっているだけにしか見えない(Ⓘ)。

黄昏迫る山中にやがて冷気が漂い始めてきた。野鉄が終点と想定していた高野山へは50㎞ほど続く悪路をさらに進んで行かねばならない。そろそろ日も暮れてきたので、大十バスで登山口に戻ることにした。このバスは野鉄バスを継承した路線なのだが、利用者は私1人。これでは鉄道が完成しなかったのも無理ないかもしれない。

【森口誠之】

貴志川に倒れ込む橋脚。川遊びをする子供たちが飛び込み台に使っていた(D地点)

集落のはずれに橋台と橋脚が1対残っている(F地点)

林中にそびえる橋台。未成線区間では築堤の工事は行われなかった(E地点)

老人ホーム前の道路は計画線用地を転用した(G地点)

美里中学校の南側にも橋脚だけが2本残っている。(H地点)

道路橋の真下に埋もれる橋脚。他の川で見られたのと同じタイプである(G地点)

神野市場駅の予定地。路盤の整備は行われたそうだが、その痕跡は何もない(I地点)

南海電気鉄道平野線

歴史的商都と大阪を結んだインターバーン電車

【今池〜平野】

大阪市南東部を走りつづけたインターバーン（都市間電車）の阪堺電気軌道平野線が、66年間もの長き歴史を閉じたのは昭和55年（1980）11月27日のこと。高速道路用地の確保と地下鉄谷町線の延伸が、廃止の直接の起因であった。

当時の路線の跡は阪堺電軌阪堺線今池から始まる。現在も頻繁に電車が往来する専用軌道から東に折れていた分岐部分がわずかながら残っており（Ⓐ）、さらに飛田《とびた》駅跡も柵に囲まれた公園としてかつての線形を有していた。

しかし、飛田で幹線道路と合流した後の路盤は一切残されていない。ここから苗代田までの区間は平野線唯一の路面区間で、周囲の建物も木造建築からモダンな高層マンションに建て代わり、景観から活躍当時を思い起こすことも今や叶わない。ただ、かつて平面交差で上町線とクロスしていた阿倍野には、今も路面電車が天王寺駅からやってきており、ゴトゴトと響く車輪の音がかろうじて往時を彷彿させている（Ⓑ）。

苗代田からの専用区間は、現在では天空を高速道路が遮り昼なお暗く、20年を経て路面電車活躍当時の遺物はすべて消え失せてしまった。唯一、ＪＲ阪和線との交差部分の橋台がそのまま使用されていた（Ⓒ）。

再び路線跡が出現するのは、終着の平野停留場へのアプローチ部分だ。高速道路に使用されなかったこの末端区間は、公園や散歩道など公共用地として今も利用されており、所々に当時の電車にまつわるメモリアル品が展示されていた（Ⓓ）。特に行き止まり式の終点・平野駅には、レールを用いた模擬ホームが設置され、電車活躍時の面影を今に伝えている（Ⓔ）。ただ、電車の来なくなった、かつての電停前商店街の静けさが少々寂しく感じられた。

【白川　淳】

大阪に唯一残るチンチン電車、阪堺線の今池停留場の南側に残る、かつての平野線の分岐地点（写真右手の草地）跡（Ａ地点）

廃線跡の遊歩道に隣接して作られたミニ公園に、かつての平野停留場をモデルにした八角塔と当時活躍したモ205形電車の壁画が設置されている（Ｄ地点）

終着の平野停留場跡には、模擬ホームとレールを使った屋根、車止めが作られている（Ｅ地点）

その昔電車は、クラシックな高架橋の阪和線を潜り抜けていた（Ｃ地点）

かつて路面電車が平面交差していた阿倍野停留場付近。平野線は左（今池）から右（平野）へと走り抜けていた（Ｂ地点）

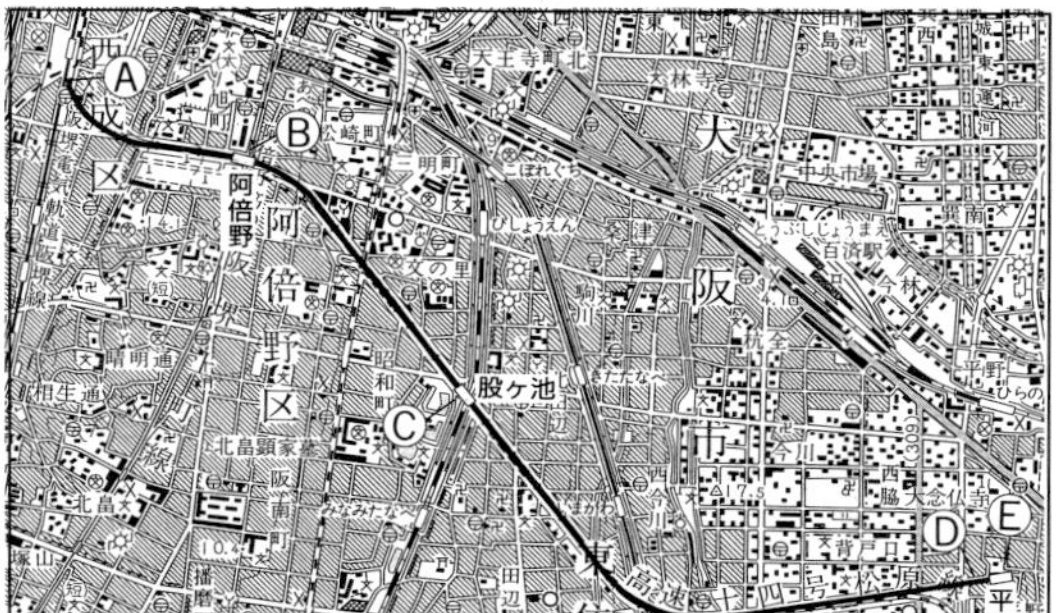

1/2.5万地形図「大阪東南部」（Ｈ10.3.1発行）×0.7

阪和線との交差地点にあった股ケ池駅。昭和55年11月25日／写真・福田静二

鍛冶屋原線

讃岐山脈の麓を走った赤字ローカル線

【板野～鍛冶屋原】

左端にあった鍛冶屋原線のホームは撤去された板野駅構内。正面に見える道路が線路跡(A地点)

犬伏駅跡には農協の野菜出荷倉庫が建てられた。板野方面を望む(B地点)

かつて、四国でも一、二を争う赤字ローカル線として知られ、国鉄末期の相次ぐ路線廃止に先駆けて早々と姿を消していった鍛冶屋原《かじやばら》線を語るにあたって、まずその複雑な生い立ちから紹介しなければならない。

徳島県撫養《むや》(現在の鳴門)地方の産業、観光の振興を図る目的で、阿波電気軌道の撫養～古川間13・9㎞が開業したのは、大正5年(1916)7月1日であった。本来ならば、徳島市へ乗り入れたいところだが、直前に立ちはだかる長大な吉野川橋梁の建設費が念出できず、やむなく終点の古川の一つ手前の駅中原から吉野川を横断し、徳島市内を流れる新町川の富田橋(後に新町橋まで)とを結ぶ珍しい河川の鉄道連絡船を就航させていた。

大正12年(1923)2月15日に、鍛冶屋原線の前身となる支線の上板《かみいた》線池谷《いけのたに》～阿波《あわ》大寺《おおてら》(後の板西《ばんざい》、現・板野《いたの》)～鍛冶屋原間13・1㎞が開業している。さらに西方の市場《いちば》町までの免許を取得していたが、延長されることはなかった。

また、この鉄道は当初、電車運転を行う予定で社名も阿波電気軌道と名乗ったが、徳島水力電気会社の電力供給不足のため電化できず、〝ウソつき電車〟と言われたりした。結局、大正15年(1926)5月に阿波鉄道と改称している。余談だが、非電化鉄道が電気鉄道と称した例は、他に水戸電気鉄道、五戸《ごのへ》電気鉄道(後の南部鉄道)がある。

高松から徳島を目指していた省線の高徳線は、昭和3年(1928)4月に、香川県の引田《ひけた》まで開業させていた。引田から讃岐山脈を越え、阿波大寺を経て、徳島まで全通させるにあたり、阿波鉄道は昭和8年(1933)7月1日に買収、国有化され阿波線となった。さらに昭和10年(1935)3月20日の高徳線全通時に板西《ばんざい》(現・板野)～鍛冶屋原間6・9㎞が、独立し鍛冶屋原線と線名改称された。

周辺に五百羅漢があり、お遍路さんで賑わった羅漢駅跡(C地点)

乗客がひとりもなくガラガラの状態で発車していくディーゼルカー/「週刊時事」(昭和44年4月)より

しかし、国有化のわずか10年後、軍へのレール供出を命ぜられた同線は、戦雲急を告げる昭和18年(1943)10月31日をもって一時営業休止に追いこまれ、省営バスに転換された。終戦後、昭和22年(1947)7月15日に、地元民の強い要望が叶い、運転を再開したものの、昭和30年代になると競合するバスに乗客を奪われ、利用客も減少の一途を辿った。赤字も膨らむ一方で、列車本数も減便され、さらに乗客離れに拍車がか

神宅駅のホーム跡はバス停と、細長くのびた小さな公園になった。板野方を望む(E地点)

天井川の泉谷川にはかつて川の下をくぐるトンネルがあったが、現在道路は橋で越えている(D地点)

かるという悪循環に陥る、赤字ローカル線の末期的症状を呈し、地元の上板町議会の廃止反対運動もむなしく、昭和47年(1972)1月15日限りで廃止され、その数奇な運命にピリオドを打った。

広々とした宮川の河原に架かる宮川橋梁を渡るディーゼルカー／写真提供:上板町立民俗資料館

宮川橋梁は新しく架け替えられ、広かった河原も護岸工事で狭くなった(F地点)

廃線後は、線路跡地は全線にわたってそのまま県道鳴門池田線に転用され、痕跡をとどめていない。

板野駅の跨線橋から見ると高徳線は高松へ向けて、大きく右にカーブしているが、まっすぐ西へのびる県道が鍛冶屋原線の線路跡で(Ⓐ)、次の犬伏《いぬぶし》駅跡は、農協の出荷場になっている(Ⓑ)。開業当時、客が大勢乗るとスピードが落ちて、犬伏付近の上り坂で、しばしば立往生することもあり、当時こんな笑い話があったという。"急ぎゃ自転車、急がにゃ歩け、なおも急がゃ汽車に乗れ"。

近くに地蔵寺の五百羅漢があった羅漢《らかん》駅(Ⓒ)、小さな公園に姿を変えた神宅《かんやけ》駅はバス停にその名を残している(Ⓔ)。また、沿線の途中に2カ所あった天井川をくぐっていた短いトンネルも、河川改修により消滅してしまっている(Ⓓ)。

終着の鍛冶屋原駅跡の一角には駅跡を示す石碑が設置されており(Ⓖ)、これが唯一鍛冶屋原線の存在を示す生き証人となっている。

【編集部　大野雅弘】

鍛冶屋原の駅跡地の一角に建立された石碑がひっそりとたたずんでいる(G地点)

駅の本屋があったあたりは交番が建てられた。終点付近より板野方を望む(H地点)

"さようなら鍛冶屋原線"の掲示もわびしい最終日の鍛冶屋原駅。昭和47年1月15日／写真提供:上板町立民俗資料館

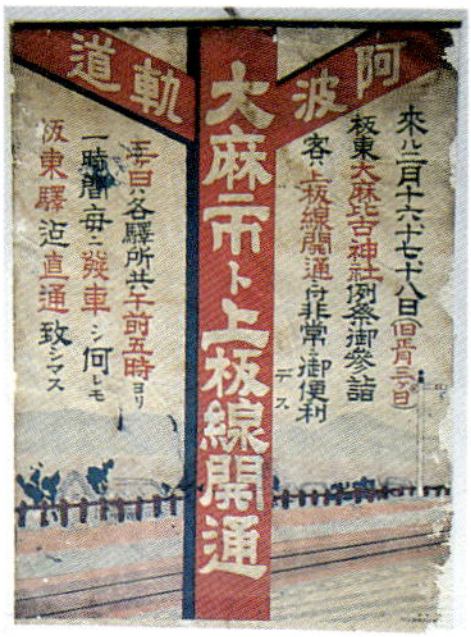

池谷～鍛冶屋原間開業を告知する大正15年2月のポスター。所蔵:上板町立民俗資料館

上板町立民俗資料館に保存されている客車と駅名標。屋内にもさまざまな貴重な資料や写真が展示されている(I地点)

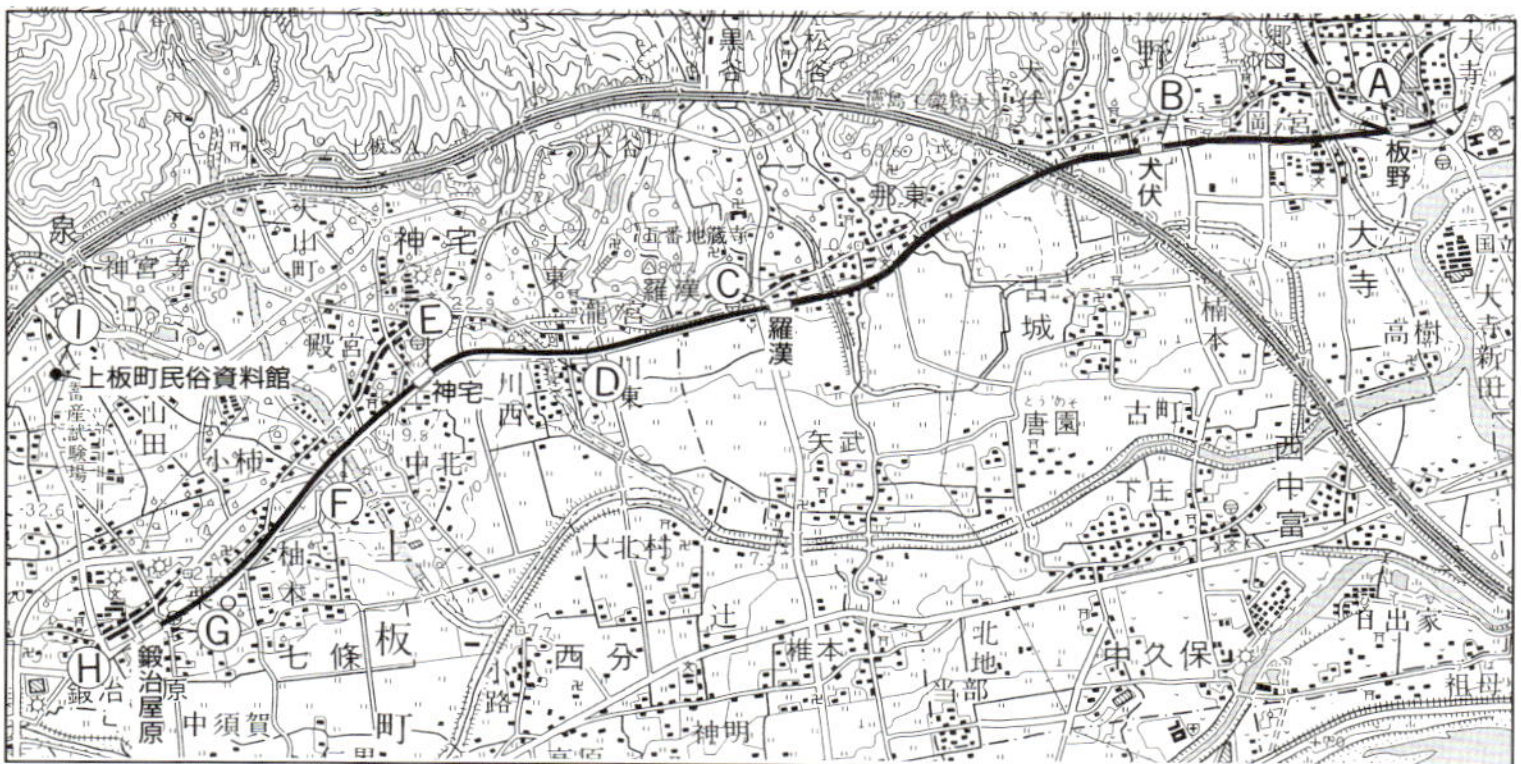

1/5万地形図「川島」(H9.10.1発行)×0.7

高松琴平電気鉄道高松市内線

わずか1銭で乗れた日本一安い電車

【築港前〜公園前〜瓦町】

高松桟橋へ列車や連絡船が着くと、改札口を出た客に「屋島へ行きませんか」「八栗さんへお参りしませんか」と盛んに電車への客引きをしている。すぐ前の電車乗り場からは、オープンデッキの路面電車が客を乗せて次々と発車して行く。

私が子供の頃、高松の電車は1銭で乗れるという話を聞いていた。そのくらい短くて乗ればすぐ降りるような電車だろうと思っていた。

ところがこれは本当のことで、大正8年（1919）7月から短距離客のサービスとして、築港前〜公園前間を8区（1停留所毎に1区）に分けて1区1銭とした。どこの電車やバスでも子供運賃でさえ最低2銭はとっていた。子供が小遣で乗って遊んだり、高松を訪れた人は「こんな安い電車は見たことがない」と驚いたりしていた。

しかしこの制度はわずか1年足らずで4区制に改められ、1区2銭となった。

築港前終点。突きあたりが桟橋、左側に高松桟橋駅のホーム、並木のあたりに停留場があった（A地点）

大正6年頃の築港前乗り場。正面が港。「高松百年史資料編」より

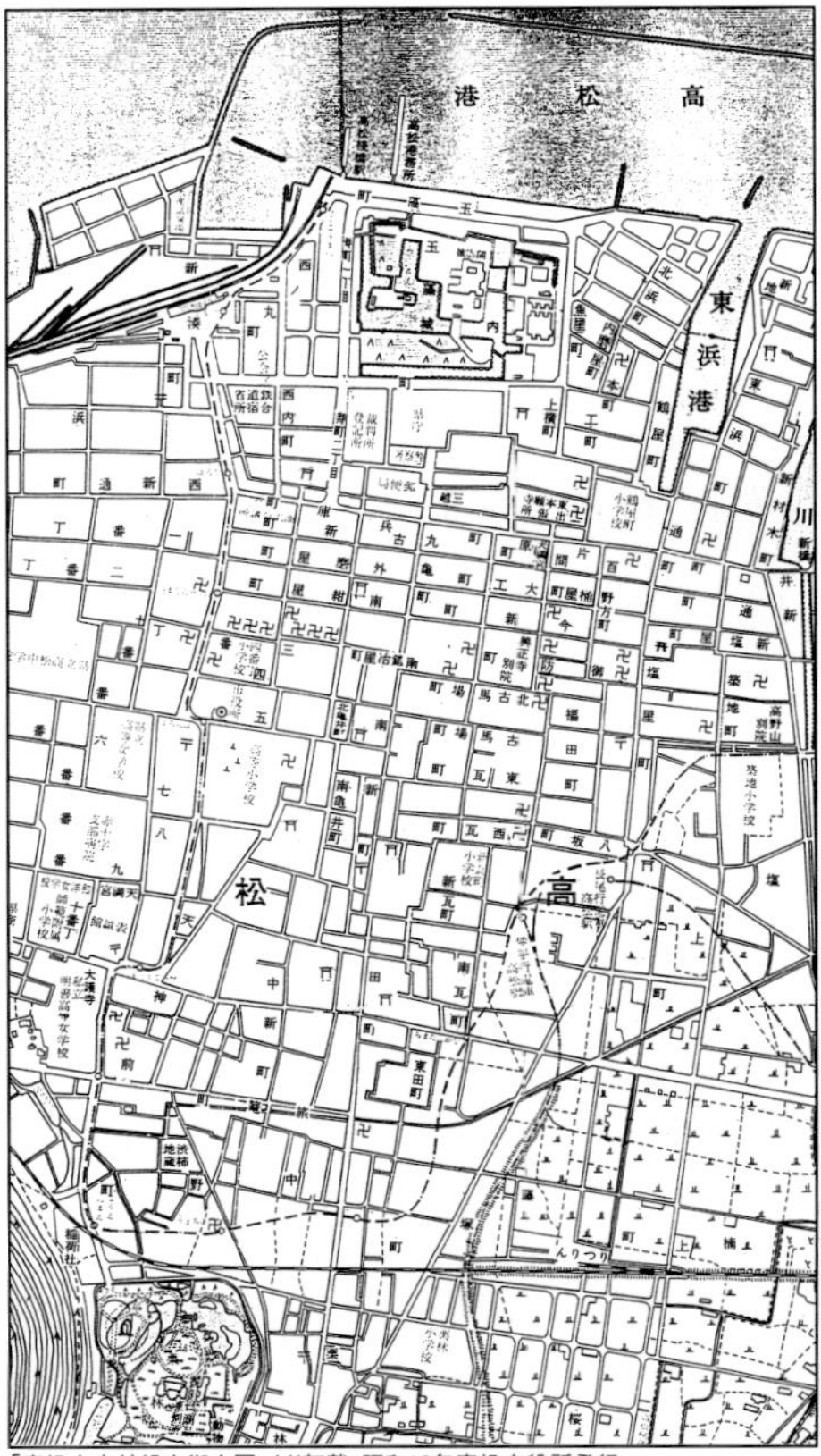

「高松市史付録市街全図」より転載。昭和12年高松市役所発行

高松駅前。平成11年現在、駅舎移転新築工事中で仮営業中だが、初代高松駅と同位置（B地点）

昭和12年頃の築港前終点。奥が高松桟橋駅。「新修高松市史三」より

市内線には「何々前」というバス停のような停留所名が続いていた。

昭和10年（1935）頃、高松市は人口8万7000人ほどの小都市だったので、京都や神戸に比べると電車通りもさびしかった。それでも田舎町の宇野から高松へ渡ると都会らしい感じがした。小さいながらデパートもあり、いろいろ珍しいものが買えたので、何年に一度か連れて行ってもらうと、電車にも乗れてまるで夢のような楽しみだった。

さて、高松市内線は明治44年（1911）11月東讃電気軌道が今橋〜志度間を軌間1435mm、600Vで開通、路面電車タイプの木造電車12両が使用された。そして市内へ向けて西進し、大正2年（1913）に出晴（瓦町）まで、大正4年（1915）に公園前（栗林公園）まで延長した。

その後会社は経営難となり、将来性のある築港への市内線計画は、翌年四国水力電気に合併して引き継がれた。そして工事が続けられ大正6年（1917）7月、公園前〜築港前間2・3kmが軌道線として単線で全通、屋島、志度へと市外線との直通運転も行われ、電車は4両が増備された。

昭和に入ってからは市内線の運行回数は大幅に増加、単線のままでは時間がかかり過ぎるので、複線化が

昭和7年頃の高松駅前。「ふるさとの想い出高松」（国書刊行会）より

広場停留場付近はビルに囲まれた狭い空間に。手前が築港前（C地点）

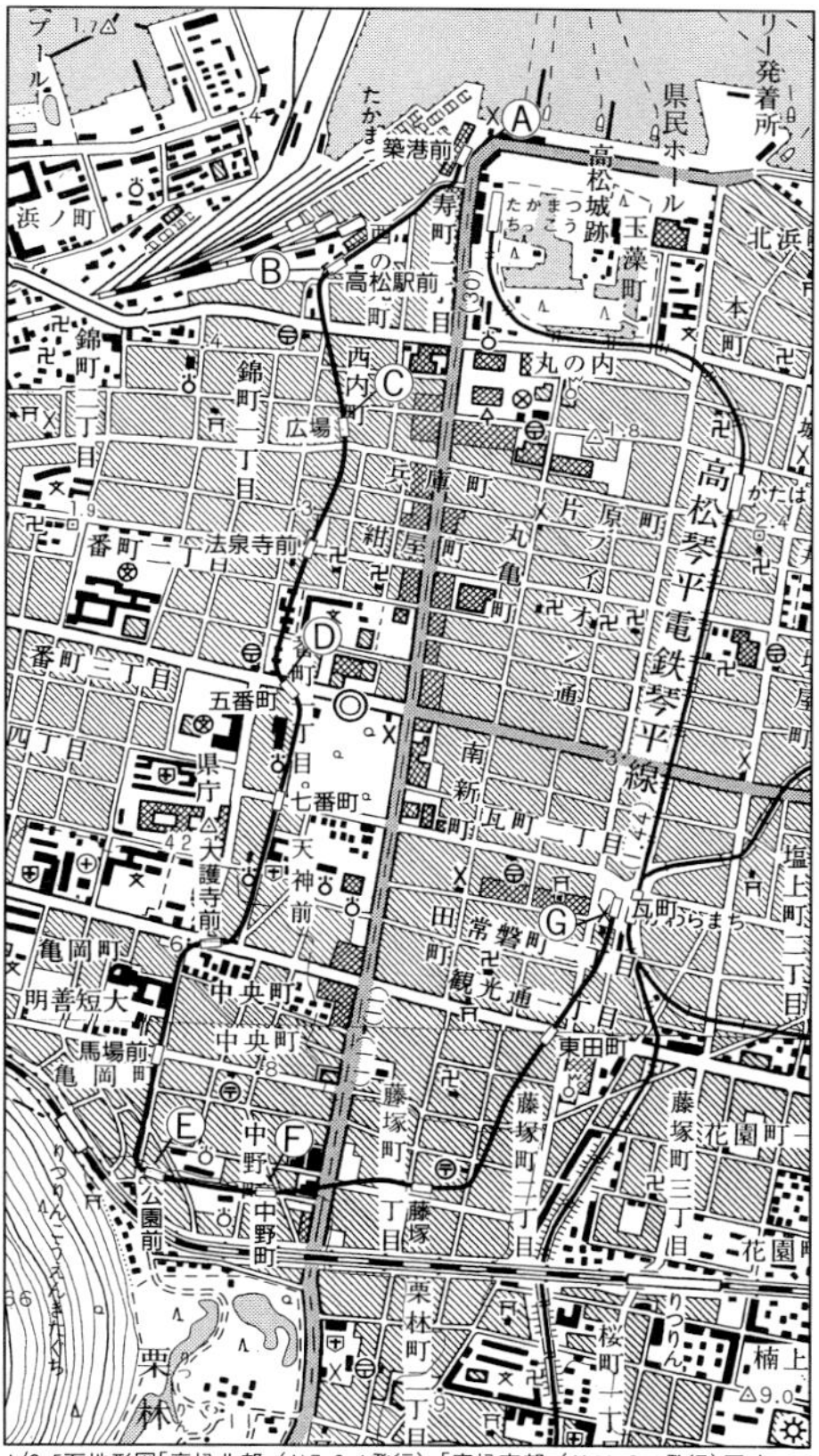

1/2.5万地形図「高松北部」（H7.9.1発行）、「高松南部」（H11.2.1発行）原寸

1/2.5万地形図「高松北部」（S8.7.30発行）、「高松南部」（S8.12.28発行）原寸

計画されたが、沿道の住民から道幅が狭くて危険な上、未舗装のため砂ぼこりが立ち不衛生と苦情が出たので、溝ぶたをしたり、電柱を移動させ、散水車を入れるなどの対策を講じて納得してもらい、昭和3年(1928)複線化を完成させた。この時、また大形鋼製ボギー車数両が増備された。

そのうち屋島と八栗にはケーブルカーが開通し、運行回数はさらに増加した。昭和9年(1934)には道路の舗装と軌道に敷石が施された。

市内線については、瓦町〜公園前1・2kmの鉄道線が路面の併用軌道ではないが、市街地を走るので一応含めることにする。公園前では京阪電鉄京津線の山科駅のようにポール集電の方法を切り替えていた。

「四国水力屋島遊覧電車」と呼ばれていた時代は乗客・収入が順調に伸び、長く続いた黄金時代であった。

昭和17年(1942)戦時体制により電車部門が分離して讃岐電鉄となり、翌18年には高松付近の交通機関は統合され、高松琴平電鉄(琴電)が発足した。同社長尾線となった高松電軌は昭和20年(1945)6月、広軌へ改軌して市内線へ乗り入れるようになった。

ところが不幸にもわずか1週間後には米軍のB29による高松空襲があり、市街の80%が焼失し、7月4日から市内線は運行休止となった。終戦後は古い木炭バスが瓦町〜築港間を満員の電車乗り換え客を運んでいた。

高松市の戦災復興は思い切った都市計画が施され、築港〜栗林公園間の広い中央道路を貫通させ、琴電は昭和23年(1948)瓦町から北へ延長、玉藻城を回り築港に至る1・7kmの新線を開通させた。このためかつての市内線は復活することなく、昭和32年(1957)正式に廃止認可となった。

市内線跡の現況はレールのあった大部分の道路は残っているが、区画整理により道幅が狭められたり、店舗や住宅の中へ入り寸断された部分もある。【橋本正夫】

大正6年5月、市内線が開通した当時の試運転電車。高松駅前。「琴電60年史」より

昭和3年、復線化当時の高松駅前、手前の101号は散水車。「高松100年史上巻」より

大正7年頃の広場停留場。「高松百年の歴史」より

五番町電停跡、右が市民会館、市役所。電車通りは市民会館の左端から広い道へ出て、左手前の道へ入って公園前へ向かった(D地点)

公園前電停跡、左の木立ちと住宅のあたりを左へ曲がり、停留場があった。ガードは高徳線、突きあたりが栗林公園(E地点)

中野町電停跡、正面のビル付近が停留場。左の木立ちは四国財務局、手前が公園前(F地点)

瓦町電停跡、右は旧琴電高松駅。現在はそごうの中に瓦町駅がある。信号機の前あたりが停留場(G地点)

宇野線旧線

路線変更を部分的に繰り返した四国連絡幹線

【岡山～大元・茶屋町付近・八浜～備前田井・宇野付近】

【岡山～大元】

明治43年(1910)四国への連絡船は岡山～高松間から宇野～高松間となり、同時に宇野線岡山～宇野間が開通した。当時起点の岡山駅は、後の貨物取扱所(廃止)の所にホームがあり、本線とつながっていない別線となっていた。そして現在線の東側を南下して、後の専売局側線(昭和60年頃廃止)のあたりを通り、市水道局前に鹿田《しかた》駅を置き、さらに南進して大元《おおもと》～備前西市《びぜんにしいち》間の市道下中野踏切付近で現在線に接続していた。これは岡山市都市計画事業による岡山～妹尾《せのお》間の路線変更が行われる前のルートであった。私は地元に居ながらこのことは知らず、鹿田駅が大元に改称したものと思っていた。鹿田駅は現・大元駅から北東へ約800mも離れているが、国鉄では駅新設とはせず駅名改称の扱いとしている。

大元駅は開設時「西古松《にしふるまつ》」と決まっていたものを、近くの黒住教大元宗忠神社にちなんで、運動の末開業前に変更されたという。今では参詣に訪れる人は車を利用するので、乗降は少ない。

駐車場が元専売局引込線跡。宇野線はこれに並行して走っていた。手前岡山方(B地点)

岡山駅は昭和47年新幹線開業のとき改築されたが、以前はこの付近に貨物取扱所があり、宇野線は開業当初ここから出ていた。手前が鹿田(A地点)

鹿田駅跡。右は水道局、駅は横断歩道橋の左側にあった。手前宇野方(C地点)

明治43年、宇野線開通当時の鹿田駅。「戦前の岡山」より／所蔵：渡辺泰多

大元駅東、東古松付近。宇野線はこの道路を通り、右へ曲がらずに左の敷地へ入っていた。手前岡山方(D地点)

大元駅南、下中野踏切付近、右の道路が旧線跡。このあたりで現在線と接続。手前が宇野方。土盛りは高架化のための仮線工事(E地点)

大元駅付近約3.3㎞の踏切解消のため、高架化工事(平成13年完成予定)を行っている。仮線を行く下り電車(F地点)

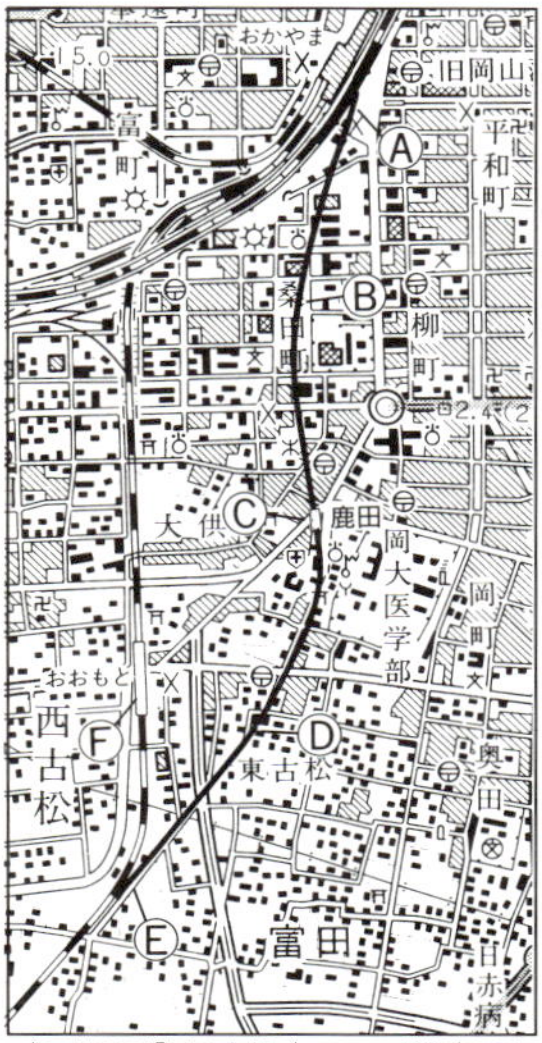

1/5万地図形「岡山南部」(H7.11.1発行)原寸

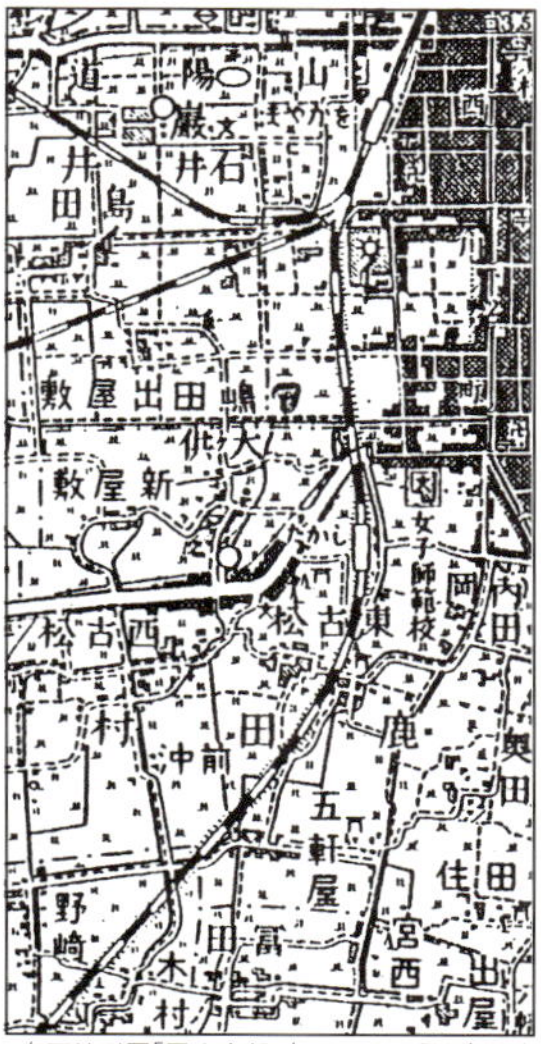

1/5万地形図「岡山南部」(M44.8.30発行)原寸

【茶屋町付近】

昭和63年（1988）3月、本四備讃線が茶屋町を起点として開通、当初の計画では地平で接続させることになっていたが、地元の要望により高架に変更したため駅付近の並行する旧線約2kmは廃止された。この時点で宇野線は茶屋町以北は瀬戸大橋線に組み込まれてメインルートとなり、以南は単行電車を主とするまったくのローカル線となってしまった。

地平時代の旧茶屋町駅駅舎。昭和62年2月

茶屋町駅北方の新旧接続点。右が旧線、手前が岡山方（A地点）

茶屋町駅南方、架道橋の旧線の橋台。手前岡山方（C地点）

高架化された現在の茶屋町駅

倉敷川橋梁の旧線の南側橋台。手前茶屋町方（D地点）

宇野線旧線時代の茶屋町駅。高架の新線工事中。昭和62年1月

倉敷川南方の農道を跨ぐ旧線の架道橋には、レンガの橋脚、橋台も残っている（E地点）

1/5万地形図「岡山南部」（H7.11.1発行）原寸

【八浜～備前田井】

この区間の児島トンネル（延長657m）は昭和35年（1960）10月、宇野線電化の時、旧トンネルの断面が小さかったため、東側に並行して新児島トンネル（1号形、700m）が掘削され、前後約1kmの線路が移設された。旧トンネルは一時マッシュルーム栽培に利用されたり、自転車通学の高校生が通行していたこともあったが、現在は放置され草木に覆われている。

児島トンネル入口（北側）に続く線路跡のむら。手前（宇野方）に坑口がある（A地点）
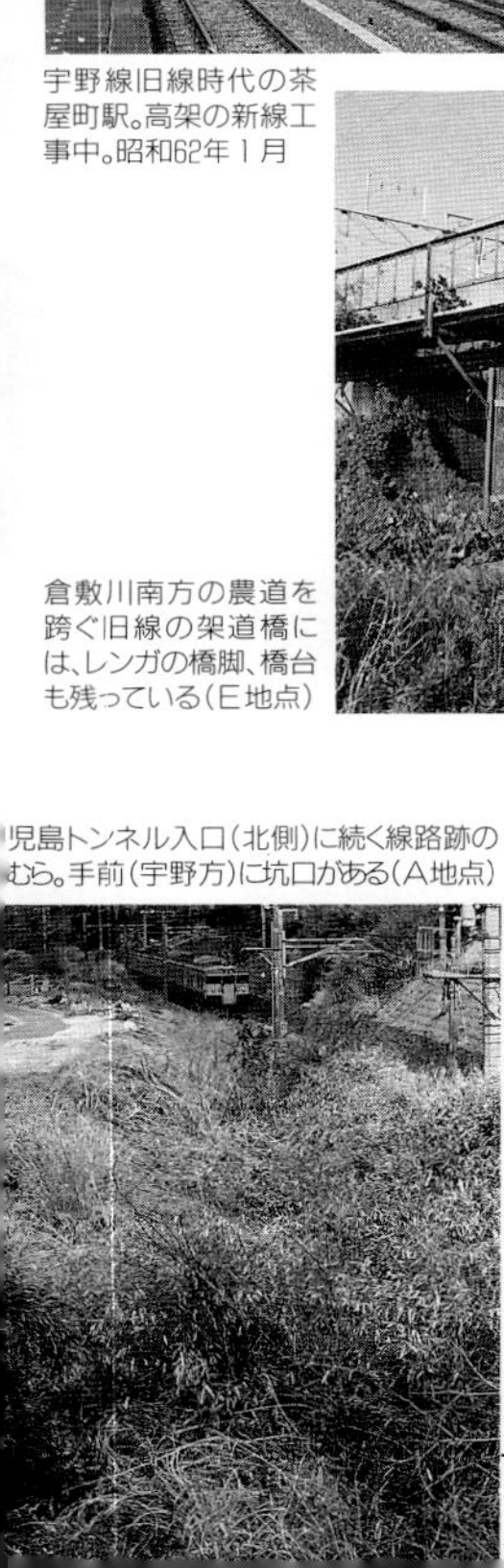

児島トンネル南口付近、右が現在線、左に旧トンネルの坑口が見える(D地点)

旧児島トンネルの出口(宇野方南側)に至る旧線跡は、草木に覆われている(C地点)

石積み坑門の旧児島トンネル入口(B地点)

旧線のトンネル北口を走る上り旅客列車。左は新線工事。昭和35年2月

新児島トンネルの堀削工事風景。岡山方。昭和34年10月

新線を行くD51。トンネル南口上から宇野方向を見る。右が旧線跡

【宇野付近】

四国連絡が瀬戸大橋経由となり、宇高連絡船は廃止されたため、宇野駅構内の桟橋、駅舎、ホームなどの諸設備は撤去され、北側に行き止まり式の新駅が開設された。これにより宇野線の営業キロ数は0・1km短縮された。広い貨物操車場跡地は立派な都市計画道路と看護専門学校に転用され、宇野港整備とともに付近の風景は一変している。

瀬戸大橋架橋の具体的な計画がまだなかった昭和32年(1957)頃、増え続ける宇野線の輸送は限界に近い状態になっていたので、短絡線を計画、路盤のボーリング調査が行われたということである。大元～八浜付近を児島湾干拓地などを通るコースで、実現すれば約10km20分の短縮ができ、長距離列車専用とする案であった。

【橋本正夫】

宇野駅の旧駅舎取壊し作業の光景。正面奥が新駅舎。平成7年1月

宇野港再開発事業により宇野駅周辺の風景は一変した。宇高連絡船桟橋は中央駐車場のあたりにあった

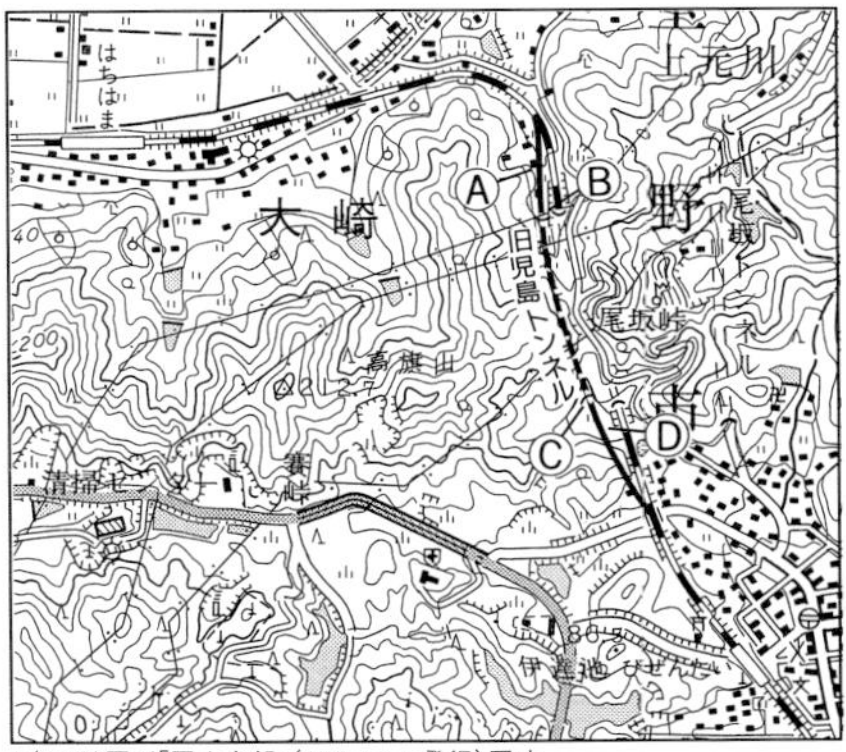

1/5万地図形「岡山南部」(H7.11.1発行)原寸

岡山電気軌道番町線

【上之町～番町】

岡山で最初のチンチン電車

岡山電気軌道は全国で残り少ない路面電車の一つである。昨今の車社会の中にあって、わずか5km足らずの短い路線ながら、未だ健闘を続けており、廃止どころかさらに岡山駅～市役所間の延長を計画中である。

そして岡山駅、市役所構内への乗り入れ、障害者にやさしい低床車両の導入を検討するなど、活性化を図り、現代の乗り物を目指している。また将来は市内環状線にする構想ももっている。

番町線は岡山で初めて開通した古い歴史ある路線であった。明治45年（1912）5月、岡山駅から弓之町（後の後楽園前）まで1・4kmに電車が走り出した。大正10年（1921）7月には北へ延長されて七番町口（後の番町）に達した。

当時沿線には県庁、後楽園、学校、陸軍の師団などがあって、かなりの利用客がありドル箱路線となっていた。しかし会社は番町線の通る道幅が狭くて複線化できず、距離も0・9kmと短いため東山方面の路線に力を入れ、番町線は城下（後の上之町）で

廃止日の番町終点。昭和43年5月31日。「おかでん七十年の歩み」より

上之町電停は左にあったが、昭和40年に右へ曲がり東山線ホームに統合された。右岡山駅、手前番町（A地点）

就実学園前（左）からカーブして城下へ向かう。昭和42年10月

後楽園前。ここでどの電車も対向していた。手前上之町、右後楽園へ（B地点）

古い家並みが残る就実学園前の光景。牧野俊介・画

後楽園前から岡山神社前方向を見る。昭和42年3月。「おかでん七十年の歩み」より

就実学園前、左へ曲がったところに停留場があった。手前上之町（C地点）

乗り換える支線扱いとなっていた。

昭和30年代になって車が増加し、番町線の電車は乗客が減る一方で、ワンマンカーにするなどの合理化を図ったが、時代の波には勝てず、昭和43年(1968)5月末をもって惜しまれつつ廃止されてしまった。

沿線は古い家並みの続く狭い道に単線レールが敷かれ、上之町を出た電車はなだらかな坂を上り、岡山神社前から下り坂となる。昔このあたりは県庁坂と呼ばれた所である。

次の天下の名園後楽園前には待避線があり、すべての電車はここで離合するダイヤで運行されていた。スポーツで有名な女子校、就実学園前で左へ直角に曲がり、しばらく西進すると番町終点となる。

田舎電車の風情を残した番町線だったが、廃止後の道路は拡幅され、旭川に架橋した広い都市計画道路となったが、交通量は増え続けて常に車が渋滞している現状である。

【橋本正夫】

電車通りでの遊びの危険を訴える報道写真、後楽園前と思われる。昭和32年頃

就実学園前のカーブ。昭和40年12
「おかでん七十年
歩み」より

営業最後の日、名残を惜しむ市民、番町で。昭和43年5月31日

さよなら電車の出発式、番町で。昭和43年5月31日

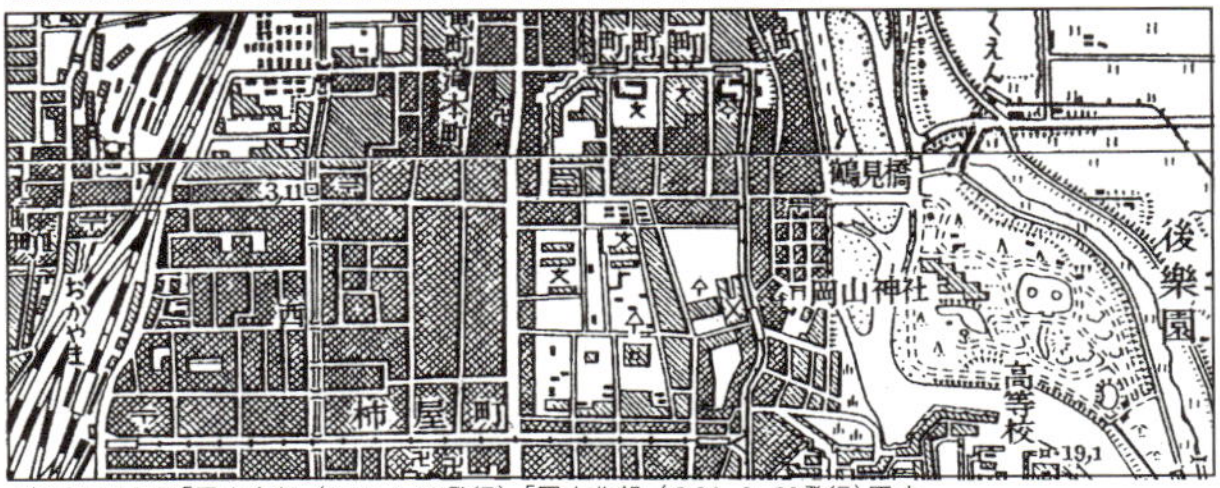

1/2.5万地形図「岡山南部」（S34.4.30発行）、「岡山北部」（S34.3.30発行）原寸

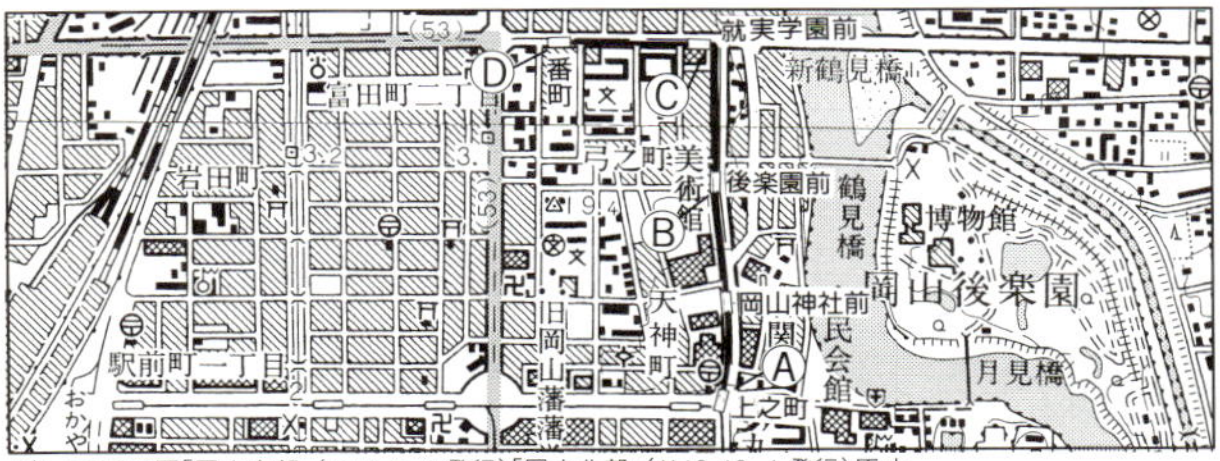

1/2.5万地形図「岡山南部」（H10.5.1発行）「岡山北部」（H10.10.1発行）原寸

番町終点。右が弘西小学校、上之町方を見る（D地点）

福塩線旧線

湖底に消えた八田原駅と水没を免れた旧路線跡

【河佐～備後三川】

福塩線の下り列車が河佐駅を出ると間もなく2つ目の長いトンネルに入る。それは次の備後三川駅直前まで続く延長6123mの八田原トンネル（Ⓐ）である。

昭和44年（1969）頃から、八田原駅の南に巨大なダムの建設が計画され、河佐～八田原～備後三川間の従前の路線の大半が水没するため、その付け替えによる新路線として八田原トンネルは完成した。

河佐～備後三川間の路線は、平成元年（1989）4月20日から新路線に切り替えられた。その後、ダム工事は順調に進められ、堤高84・9mの重力式「八田原ダム」は平成10年（1998）に完成をみた。新しい人造湖「芦田湖」（Ⓑ）の湖底に旧路線跡の大半は水没してしまったが、ダムの下流域と常時満水位より上流域には、今でも部分的に旧路線跡を偲ぶことができる。

【下流側・河佐駅からダムまで】

河佐駅から線路を塩町方向に進むと第七芦田川橋梁、諸毛トンネルと続くが、そのトンネルを抜けた辺りが新旧路線の分岐点となる。旧路線はいったん右にカーブした後、さらに左カーブして（旧路線跡は現在公園となっている）、現在の新線と交差（八田原トンネル南口の橋梁手前）して芦田川右岸をそのまま進み、第八芦田川橋梁（Ⓒ）、さらに第九芦田川橋梁（Ⓓ）を渡り、ダムの脇に現在も入口だけが残されている苦谷《にがたに》山トンネル（延長309・5m）（Ⓔ）に入っていた。

このトンネルを抜けたその先に、かつての八田原駅（Ⓕ）は所在したが、今は湖底に静かに眠っている。

ただ、旧八田原駅の駅名標がダム近くの八田原郷土民俗資料館に現在も保存（Ⓖ）されており、唯一当時を偲ぶことができる。

なお、新旧路線の交差する地点（Ⓗ）から先へ旧第九芦田川橋梁までの廃線跡は、「せせらぎの小路」（約0・9km）として整備中（現在、立入り禁止）で、途中の「パークゴルフ場」の完成を待って、平成12年（2000）春から通行可能となる予定である。通路には枕木状の木材がびっしり敷き詰められ、二つの旧橋梁には手すりが付くほか、福塩線のイメージを取り入れた案内板など快適な遊歩道となるが、ただ、二つの橋梁の間約0・2kmの間の旧路線跡は、新設される「パークゴルフ場」の一部に取り込まれるため、遊歩道はこの部分のみ旧路線から外れて川沿いに迂回する。

なお、福塩線の前身、両備軽便鉄道より以前の明治40年（1907）頃、備後電気鉄道によって福山～府中間に電気鉄道が計画されたことがあり、発電所はこの河佐峡に建設されたものの、鉄道建設は幻に終わった歴史

路線付け替えのため建設された八田原トンネルの南口（A地点）

ダム建設前、左下に苦谷山トンネル北口が見える（平成元年）

八田原ダムによって誕生した芦田湖、ほぼ常時満水位の状態（B地点）

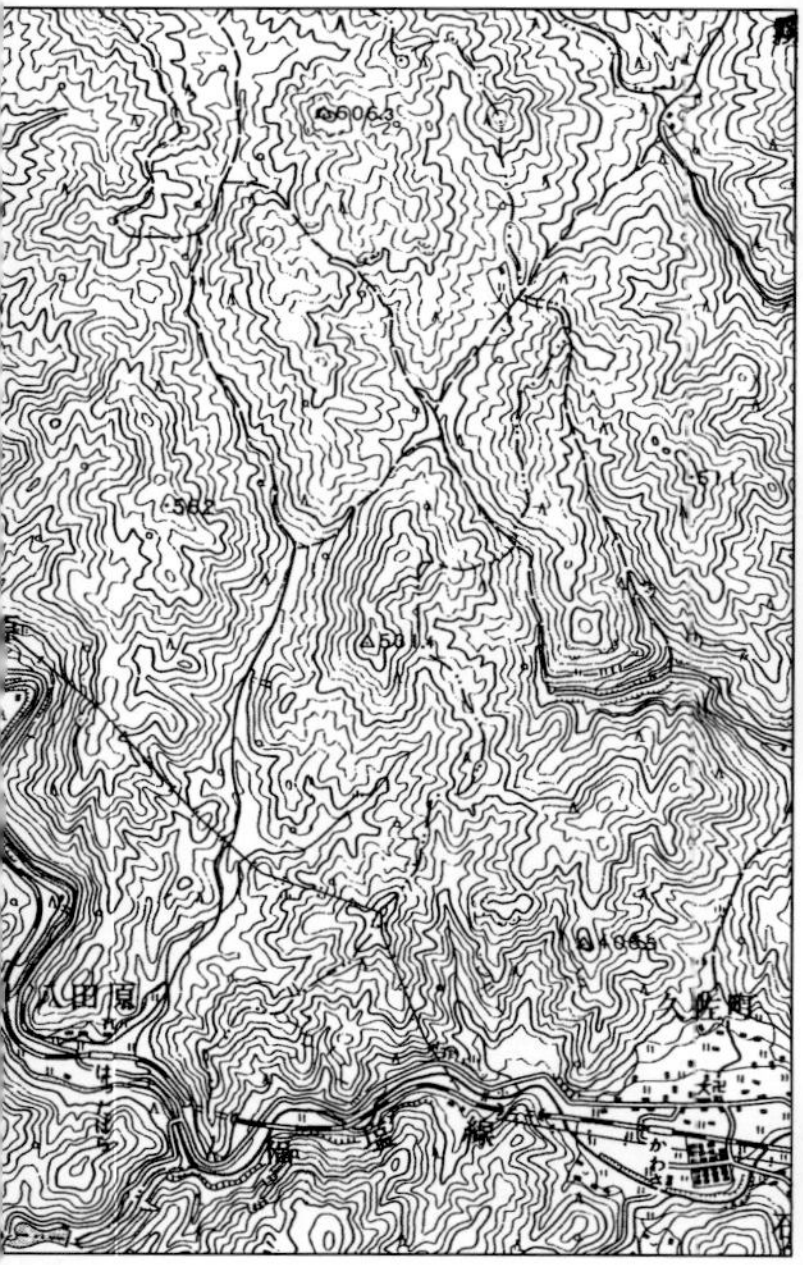

がある。今でも公園の裏手にその発電所の水路の一部が残っている(Ⓘ)ほか、山の中腹にはダムまで続く水路跡(ダムから上流は水没)を見ることができる。また、公園から「せせらぎの小路」に通ずる踏切は「発電所踏切」と称され(Ⓙ)、昔の名残を今に伝えている。

【上流側・湖面から備後三川駅まで】

ダムの水位には、常時満水位(八田原ダムの場合、標高235・0m)とサーチャージ水位(同252・9m)があり、後者の場合は洪水時の最高水位で、この場合の湛水区域は備後三川駅あたりの上流まで及ぶが、通常時は常時満水位までが最高で、この場合は現在も残っている旧小谷トンネルの手前辺りまで水位が上がる程度である。

いったんダムの上に上がり、湖岸の道路を右手に湖面に沿って遡ると、常時満水位の時は井庄原(道路)トンネルを抜けた辺りまで湖水が満ちていて、旧路線跡は水面下のため確認はできない。

それから先は、左岸の旧道路脇に路線跡(Ⓚ)を認めることができ、さらにその先の山をオープンカットした道路の右下に旧小谷トンネル(Ⓛ・Ⓜ)がほぼ完全な

第八芦田川橋梁、「せせらぎの小路」として生まれ変わる(C地点)

河佐〜八田原間の第八芦田川橋梁を渡る8620形牽引の下り貨物列車。昭和44年。(C地点)

ダム脇の苦谷山トンネル南口は当時の姿のまま残されている(E地点)

第九芦田川橋梁の背後には巨大な八田原ダム(D地点)

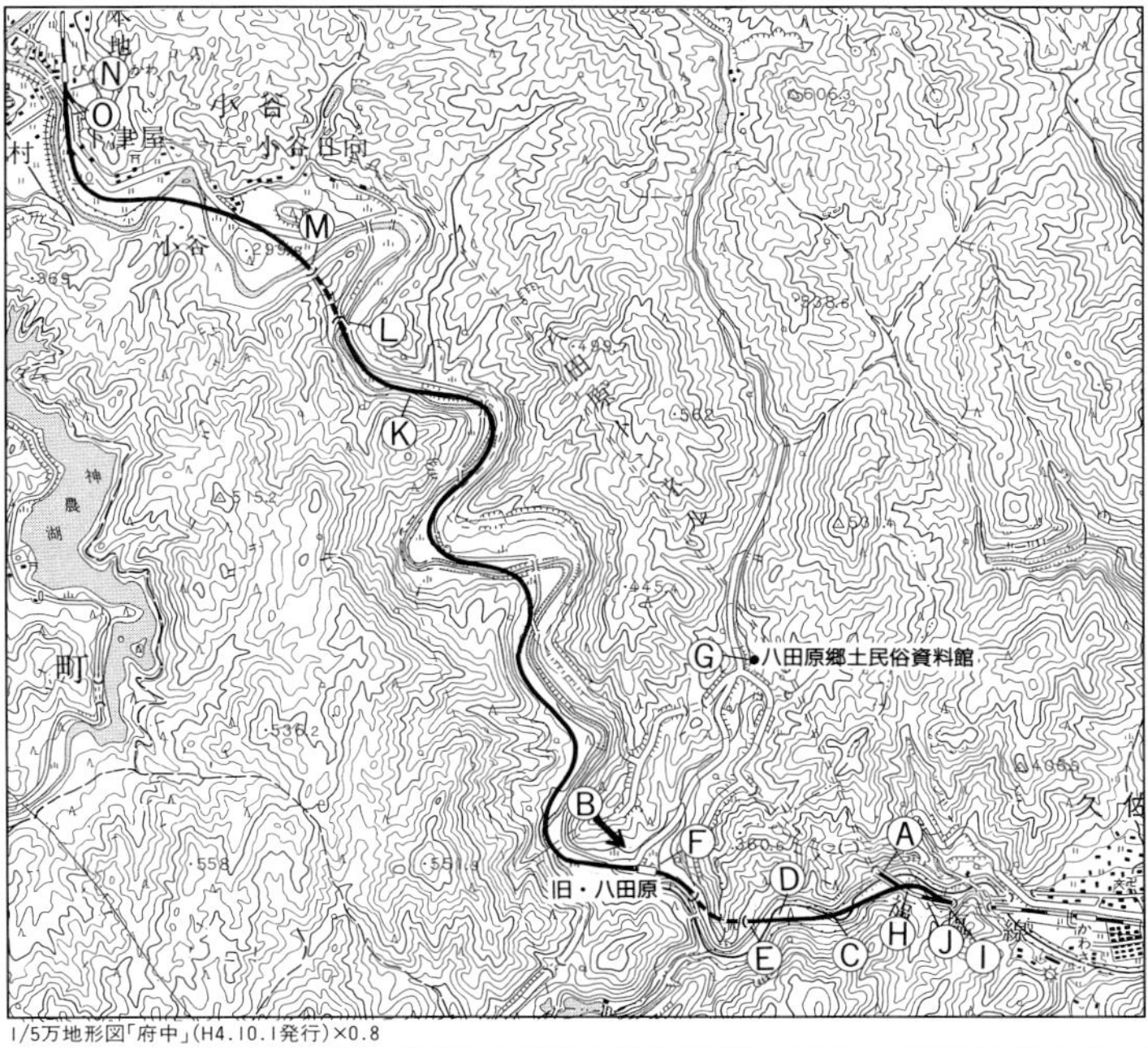

1/5万地形図「府中」(H4.10.1発行)×0.8

1/5万地形図「府中」(S52.11.30発行)×0.8

姿で残っているのが見られる。

そこから先は、人家も散在するがこの地域は水位上昇に対処するため大規模な河川改修事業の一環として、土地および堤防の嵩上げ、圃場整備事業の実施、道路の拡幅等の工事が行われており、旧小谷トンネルから備後三川駅までの旧路線跡の痕跡は完全に失われている(Ⓝ・Ⓞ)。かつ、備後三川駅も建て替えられ、構内の線路も付け替えられているため、当時を偲ぶ景観は何も残されていない。

【長船友則】

河佐峡公園脇の旧発電所敷地の上に残る水路の一部（Ｉ地点）

河佐峡公園脇の新旧路線の交差地点が「せせらぎの小路」の入口（Ｈ地点）

資料館裏（駐車場）の軒下に八田原駅の駅名標は保存されている（Ｇ地点）

かつての八田原駅の周辺には人家も多くあった。昭和44年（Ｆ地点）

線路は駅から右側にのびて八田原トンネル北口へと続く（Ｎ地点）

路線跡が右にカーブしたその先に小谷トンネルが残っている（Ｋ地点）

公園から「せせらぎの小路」に入るには、この踏切を渡る（Ｊ地点）

備後三川駅南の踏切から駅方向を望む、昭和59年。（Ｎ地点）

当時の面影をとどめている小谷トンネル（延長185ｍ）南口（Ｌ地点）

踏切はなくなり道路は拡幅されて路線跡の痕跡はない（Ｏ地点）

備後三川駅南の踏切から八田原方向の線路を望む、昭和59年。（Ｏ地点）

小谷トンネル北口、洪水時最高水位まで上昇すれば水没する（Ｍ地点）

長門鉄道

木屋川に影を宿して38年

【小月〜西市】

山陽本線の小月《おづき》駅前から木屋川（吉田川）の右岸に沿ってさかのぼり、豊浦郡豊田町の中心地、かつての西市村までの18・2kmに、大正7年（1918）10月5日から運輸営業を行っていた鉄道が長門鉄道である。太平洋戦争中の統制令によって昭和17年（1942）11月1日山陽電軌の傘下におさまり、戦後の昭和24年（1949）4月1日に分離独立して第2次長門鉄道の発足をみる。営業区間などは終始不変で、その後は他の弱小私鉄と同じくバスやトラックの影響をうけて、昭和31年（1956）5月1日に鉄道の営業を廃止した。43年経った今日でも、まだあちこちに線路跡が見当たるので、追跡してみることにしよう。

小月駅に停車中の西市行キハ11、右手にはボンネットバスの廃車体。昭和31年3月11日

今日、車庫や駅はなくなり駐車場となる。左手にJR小月駅の跨線跡が（Ａ地点）

長門鉄道は国鉄と同じ軌間なのに、なぜか国鉄小月駅には乗り入れていない。駅舎を出るとすぐ先に、やたらと屋根の高いホームのある長門鉄道小月駅や車庫があった。ここは今日駐車場になっていて、痕跡は皆無に等しい（Ⓐ）。線路跡は細い路地に変わって家並みの間を進み、里道と交差する横の小川に見られる橋台は、通路として活用されている（Ⓑ）。すぐ先の長門上市駅は家屋に邪魔されて跡地を特定できない。

壊れかけた車庫の前には廃車のコハ１が鎮座、右にはＳＬ231号がいる。昭和31年3月11日

長門上市駅付近の小川に架かる鉄橋橋台を利用した通路（Ｂ地点）

中国自動車道の小月I・Cを左に見ながら、線路跡は自転車歩道や緩い坂道の里道として残り（Ⓒ）、国道491号に沿って田園の中を進む。上小月バス停から右折する県道260号に吸収されるあたりの人家のそばに、当時の橋台を利用した橋がある（Ⓓ）。やがて小月浄水場の峠を越えれば視界が開けて、左に大きくカーブしながら並行していた高速道、県道から離れる。下大野バス停付近の下大野駅跡は人家が建っていて確認し難く、すぐに県道と交差して、線路跡は舗装した生活道路や自転車道になり、山麓に沿って進む。豊東小学校前にみられる県道との交差点そばにあった上大野駅は痕跡なし。森林地帯を過ぎると目前に盆地が展開して、自転車歩道に転用された緩やかな坂道の線路跡を駆け下りた所は、菊川町の中心、田部地区の東隅で、もと田部駅が忽然と姿を現す（Ⓔ）。しっかりしたホームや半ば朽ちかけた駅舎、留置線の跡など長門鉄道時代を彷彿とさせ、今にも列車が進入してきそうな雰囲気に驚嘆する。

右に緩くカーブして田部川を渡る。

集落の裏手に自転車歩道として活用されている線路跡（Ｃ地点）

県道沿いには人道用に転じた橋台がある（Ｄ地点）

河川改修のために橋脚、橋台はもちろん、取り付け部の築堤などの痕跡は残念ながら見当たらない（Ⓕ）。周囲が開けて盆地の中央部に達すると岡枝地区に入る。田部川が本流の木屋川に流入し、直角に左折する国道491号が木屋川沿いの県道34号を分離する交通の要衝である。ここに設置された岡枝駅は、沿線のうち最大の駅で、駅前にあった農協の大きな倉庫は昔の姿をとどめている（Ⓖ）。

線路跡は旧道東側の家並み沿いに田圃の中を北進する（Ⓗ）。木屋川が接近すると込堂駅で、バス停に変わって面影はない。すぐ横の富成橋のあたりから、自転車歩道になった線路跡は上り坂の県道に近付いて谷間を上り（Ⓘ）、中途で自転車歩道を分けた線路跡が茂みの中に消えるあたりで、湯の原トンネルの赤いポータルが切通しの擁壁上から垣間見られる（Ⓙ）。県道のサミット部に位置するレストラン裏手で、下り勾配になった県道の右手には、湯の原ダムの水を満々とたたえた木屋川の岸辺に、トンネルを出て（Ⓚ）、川と並走する路線跡の自転車歩道を俯瞰できる（Ⓛ）。坑口は両側ともに足場が悪く、樹木や雑草が茂って蛇の宝庫らしいので、夏時分には近寄らない方が無難。

再び県道に接触する所にある中山橋たもとの西中山バス停は、西中山駅の位置に一致し、遺跡は全く見当たらない（Ⓜ）。吉田川の魚釣りに熱中しすぎて定番の列車を逃がした父

田圃の中に田部駅が忽然と現れ留置線ホームや橋台も残る。長門鉄道では最高のモニュメント（Ｅ地点）

今はなき田部川橋梁を渡るキハ11／写真提供：下関市立図書館

岡枝駅前の広場。倉庫、もと商店の家屋など駅の大きさを物語る（Ｇ地点）

岡枝駅から北へのびる線路跡は、家並みの裏で生活道となる（Ｈ地点）

込堂駅から県道沿いに湯の原トンネルへ向かう線路跡（Ｉ地点）

峠のレストラン裏手に新設の自転車歩道からトンネル北口を俯瞰（Ｋ地点）

幅広い木屋川右岸に沿って北上する自転車歩道になった線路跡（Ｋ地点）

湯の原トンネル南口のポータルがかろうじて望見できる（Ｊ地点）

西中山駅付近で県道下を行くSL索引の混合列車／写真提供:下関市立図書館

と私は、夕闇立ち込める西中山駅に佇んでいた。遠くから煙をたなびかせながら、淡いライトを点けたポーターが混合列車を牽いてコトコトやってきた。乗り込んだ客車の車内は字も読めないくらいに暗く、片やロングシート、片やクロスシートといった長州鉄道流れの小形ボギー客車なので、近代的G・Cとは比べものにならないほど古めかしく感じた幼い日の思い出が脳裏をかすめる。

線路跡は県道に沿って、自転車歩道や農道の形で残っている。西長野の集落を過ぎて県道とクロスした所に離合可能な石町駅があった(Ⓝ)。今は農業倉庫と思われる建物のほかに何も見いだすことができない(Ⓝ)。

上と同一場所にみられる自転車歩道に変わった線路跡(L地点)

左手の県道、右手の中山橋に挟まれた線路跡から西中山バス停を望む(M地点)

里道化された線路跡は華山の東麓を北上し続けて、阿座上駅跡とおぼしい空地(Ⓞ)を後にすれば、豊田町役場の近くに設けられていた終点の西市駅の跡地に着く(Ⓟ)。

西市は、豊田町における政治経済の中心地で、かつての広々とした駅構内には建物が立ち並んで、駅舎やホームの位置を同定することは困難である。廃止後半世紀近くたった現在でも、線路敷のかなりの区間を自転車歩道として活用し、田部駅舎やホームを、奇跡的ともいえるほど当時に近い状態で保存している地元の熱意に敬服する。長門鉄道はまだ生きてるような気がしてならない。【奈良崎博保】

1/20万地勢図「山口」(H9.10.1発行)×1.2

線路跡の里道からみた石町駅跡(N地点)

阿座上駅跡は西市へと続く線路跡の里道の左一帯(O地点)

終点の西市駅跡 。この一帯に駅があったといわれる(P地点)

美祢線大嶺支線

明治から続いた石炭運搬鉄道の夢の跡

【南大嶺～大嶺】

平成9年（1997）3月31日、多くの観衆に見守られながら本州の片隅にあった小さな支線が廃線となった。通称「大嶺支線」と呼ばれていた全長2・8㎞の路線は、末期は単行ディーゼルカーが日に数往復する閑散路線として、毎年赤字を累積し続けていたことから、JRが地元住民と協議の上、バス転換を図ったものである。

そもそも当線の歴史は明治時代にまで遡る。当時、本州西部に鉄道網を広げていた私鉄の山陽鉄道が、沿線に埋蔵する石炭に着目し、明治38年（1905）9月13日に厚狭～伊佐（後の南大嶺）～大嶺間を開業。翌年12月には国営化され、以後およそ1世紀にわたり地域の輸送に寄与してきた。重厚長大産業が盛んな当時は、蒸気機関車が数十両もの石炭車を連ね全国に向け出発し、国の近代化を推し進めていたものである。

しかし高度成長期が一段落するとともに、産業構造変革の波は遅れ馳せながらこの地にも訪れ、隆盛を極めた炭坑の閉山とともに斜陽化。明治、大正、昭和、そして平成と4つの時代を走り抜けた鉄道も、次第に忘れ去られる存在となっていったのである。

この地を訪れるのは、平成9年（1997）3月31日の路線廃止日以来である。地元の人々の歓声と熱狂的な鉄道ファンのフラッシュに見送られ、何両も連ねたさよなら列車に乗車したのが今となっては懐かしい。その時の賑わいとはうって変わった、静けさに包まれた南大嶺駅に久しぶりに下り立った。かつて大嶺支線が出発していた線路は今では埋め立てられ、一部に残るホームの白線がわずかに往時の面影をとどめている（Ⓐ）。

大嶺支線の廃線後、貨物列車も廃止となり、線路が2本のみとすっかり寂しくなった南大嶺駅（A地点）

路線最終日に、大嶺支線専用ホームから出発するさよなら列車。平成9年3月31日（A地点）

南大嶺を出た路盤は、狭い道路の拡幅用地に使用された（B地点）

明治時代に本線としてつくられた大嶺支線は、まっすぐとのびていた。右手に曲がるレールは現在の美祢線。平成9年3月31日（B地点）

C58122が逆行で牽引する下り混合列車（D地点の対岸）。昭和40年3月7日／写真:奈良崎博保

バラストが敷かれた路盤が今も弧を描いてきれいに残されていた（D地点）

歴史を感じさせるレンガ積みの橋台の回りには、今も標識等が放置されている（C地点）

駅を出発してしばらくは、路盤は道路の拡幅用地として利用されており(Ⓑ)、廃線跡が最初に現れるのは美祢線との分岐点である。まっすぐに続く築堤や、レンガ積みの小さな橋台(Ⓒ)、線路脇の木製の標識などが今も残り、線路さえ敷けば今すぐにでも復活できそうな状態で放置されていた。一部盛り土が撤去されている所があったものの、さすがに廃止からまだそれほどたっていないことから、線路跡は営業当時の生々しさを残している。

線路跡はその後も何も転用されずにそのまま残っているのだが、奇妙に思われたのは、レールが撤去された路盤が丁寧に整備されている点だ。誰かが維持管理しているとしか思えぬほど、きれいに除草されている道床は、今もバラスト(砂利)がたっぷりと敷かれており、立ち入り不可能なほど夏草生い茂る通常の廃線跡とはまったく様相が異なる。おかげで快適な廃線ウォークが楽しめる(Ⓓ)。

大嶺駅手前には、沿線随一の列車撮影地であった全長44mの箸畑川鉄橋が今も姿をとどめていた(Ⓔ)。橋梁には1986年製造という銘板が付けられており、国鉄民営化間際に新たに架け替えられたことが分かる。今となっては無用の長物だが、まだ新しいこともあり、かつて国鉄で行われていたように、どこかに転用し再利用できないものかと思う。

無煙炭の積み出しで賑わっていた大嶺駅に、かつての面影はもはやなかった。ヤマの閉山はすでに遠い昔の出来事となり、駅前のボタ山も木々で覆われていた。採炭量の減少ともに、最盛期には9本もあった駅構内の側線は撤去され、そして1本のみ残された線路と大きな木造駅舎も、ついに路線の廃止とともに消え失せてしまったのである。ただ長いプラットホームと大嶺駅というバス停だけが、静まり返った集落に、かつて鉄道が走っていたことを伝えていた(Ⓖ)。

【白川 淳】

わずか10年余りで用途廃止となった鉄橋が、現在も現場に放置されていた(E地点)

背後にボタ山がそびえる大嶺駅を出発するC5847牽引の貨物列車。昭和40年3月7日／写真:奈良崎博保

橋桁は撤去されたものの、レンガ造りの橋台には「けたに注意」の標識が残る(F地点)

1/5万地形図「西市」(H4.12.1発行)、「厚狭」(H5.1.1.発行)原寸

駅があったとは思えぬほど静けさに包まれた山間の大嶺駅跡(G地点)

最終日は大盛況であった大嶺駅も、今ではポッカリと空間が残るのみ。平成9年3月31日(G地点)

かつての駅前にポツンと残るバス停には、今も大嶺駅と表示されていた(G地点)

大分交通別大線

風光明媚な別府湾沿いを走っていた都市間電車

【大分駅前～亀川駅前・別府駅前】

大分交通別大線は、九州で最初、全国では第5番目にあたる明治33年（1900）5月10日から、電車を走らせた豊州電鉄が、豊後電鉄、九州水力電気大分軌道線を経て別府大分電鉄（通称・別大電鉄）になり、他の6社との合併で誕生した大分交通の中間的存在だった。昭和47年（1972）4月5日の廃止後、四半世紀を越す歳月がたったとはいえ、72年にわたる活躍の実績があり、平成11年は九州に電車が誕生してちょうど100年目を迎えることになる。

廃止されるまでは別府・大分両都市間の通行を阻む高崎山塊のため、通称〝別大国道〟と呼ばれる国道10号、大分交通別大線（単線）、日豊本線（単線）などが所狭しと併走していた。国道は別大線の専用敷を吸収し、また最近、曲線緩和のために田ノ浦海岸を埋め立てて移設されたので、仏崎付近は海岸線から遠のいて広い空き地に変わり、最も狭隘だった難所の様相は一変してしまった。このように国道化された専用敷の別大間はもちろん、都心部の併用区間でも

車両連結部背後の建物だけは今日も変わらない（B地点）。301＋203、昭和36年5月27日

高層ビルが林立し、車の多さには隔世の感を深くする。新川方を望む（A地点）。1101、昭和39年3月27日

左側に新川車庫があった。大分行きは直角に右折し南下していた（C地点）。1102、昭和41年10月25日

オート三輪、四輪電車など、古き佳き時代。新川方を望む（B地点）。9、昭和37年6月6日

遺跡は皆無と言ってよい。したがって全盛期の写真を中心に定点撮影ということで、在りし日を偲び、また古き佳き時代に想いを馳せていただきたい。

なお、起点は開業時の堀川（当時は別府が起点だが便宜上こうしておく）から明治34年（1901）11月29日に14Ｃ《チェーン》（約280ｍ）延長された荷揚橋へと変わり、さらに明治35年（1902）3月31日には南新地、大正6年（1917）7月7日に外堀、翌7年12月18日に大分駅前へと最終的には1㎞ほど移動したことになる。また大分の市街地では、経路変更にともなう線路の移設があるので、廃止時における経路と電停とを中心に辿ってみることにしよう。

まず起点の大分駅前電停（以下電停を省略）は、東へ片寄っていた軌道敷とともに駅前広場に包括されてしまって、見るかげもない（Ⓐ）。次の竹町通りは、同名のバス停とほぼ一致する。官公街勧銀前（Ⓑ）の同名バス停から200ｍほど手前に、かつて荷揚町電停があった。ここから左折していた旧線の400ｍほどは、新線に切り替え後も堀川車庫への車庫線として残されたが、昭和4年（1929）7月31日に車庫が新線の新川（Ⓒ）に移転したので、車庫線ともども消滅してしまう。旧線は、千代町通りのすぐ北にある路地状の一方通行道路に並行して、もと堀川電停付近の千代町4丁目交差点の方へ向

珍しい連結電車同士の離合、正面上部に国旗と社旗とを立てている「かんたん」にて（Ｄ地点）。506＋504・302＋301、昭和41年10月25

電車道は先方でSカーブを描いていた。今日では鳥居とともに見られない。左端の家は当時の姿を残す（Ｄ地点）。106、昭和36年5月27日

タブレットを受け取り、これより単線区間へ入る（Ｄ地点）。301、昭和36年５月27日

仏崎離合所でのタブレット交換風景、後方の山は45年の歳月を感じさせない（Ｅ地点）。115・105、昭和29年10月14日

新設された上り線を行く「ソニック」883系、海側は埋め立てられマリーンパレスが誕生。キハ82系の上り特急「かもめ」や離合待ちの別大電車など時の流れを感じさせる（Ｇ地点）昭和37年7月29日

それまで北進していた線路は新川の所で西へ左折し、すぐ海側に新川車庫、山側には本社や営業所が置かれていた。車庫跡は、本社や新川バスセンターに変わっている。今日の県道22号に設けられていた電停の、浜町は同名、春日浦→TOS本社前、王子町が同名のバス停として生かされる。国鉄の引き込み線との平面交差があった専売公社前は王子港前バス停、国道10号へ流入する西大分は、西大分駅前バス停に移行した。

〝かんたん〟(Ⓓ)はそのまま、〝かんたん〟バス停に変わる。ラッシュアワーには大分市内運用の〝かんたん〟折り返しがあり、また複線から単線に移行していた状況が、道路の狭まりによって感じられる。創業時に旧国道上に敷かれていた堀川からの旧線と、新川経由の新線とは、ここで合流していた。

これより両郡橋までの7・3㎞は、別府湾が展開する断崖沿いの風光明媚な海岸線で、都市間電車の力量を存分に発揮できる区間として有名だった。中途のやや開けた湾入部に見られる集落の白木はバス停として生き残る。かつては別府三勝に名を連ね、桜狩りの名所だった仏崎公園の丘を背に、行楽客向けの仏崎電停があった(Ⓕ)。その後、大分寄りのや

仏崎の有名な絶壁は不変だが、すぐそばに迫っていた海岸は国道移設のために埋め立てられ、遠のいてしまった。別府方を望む(F地点)。104、昭和29年10月14日。狭い道に重連の単車や馬車など明治時代を物語る。／絵葉書

撮影年代推定の目安になる仏崎海岸の松樹と納涼台／絵葉書

象徴的な仏崎の絶壁。海側には松の木と磯が後年まで残っていた。今や難所だったとは想像もつかない(F地点)。114、昭和29年10月14日

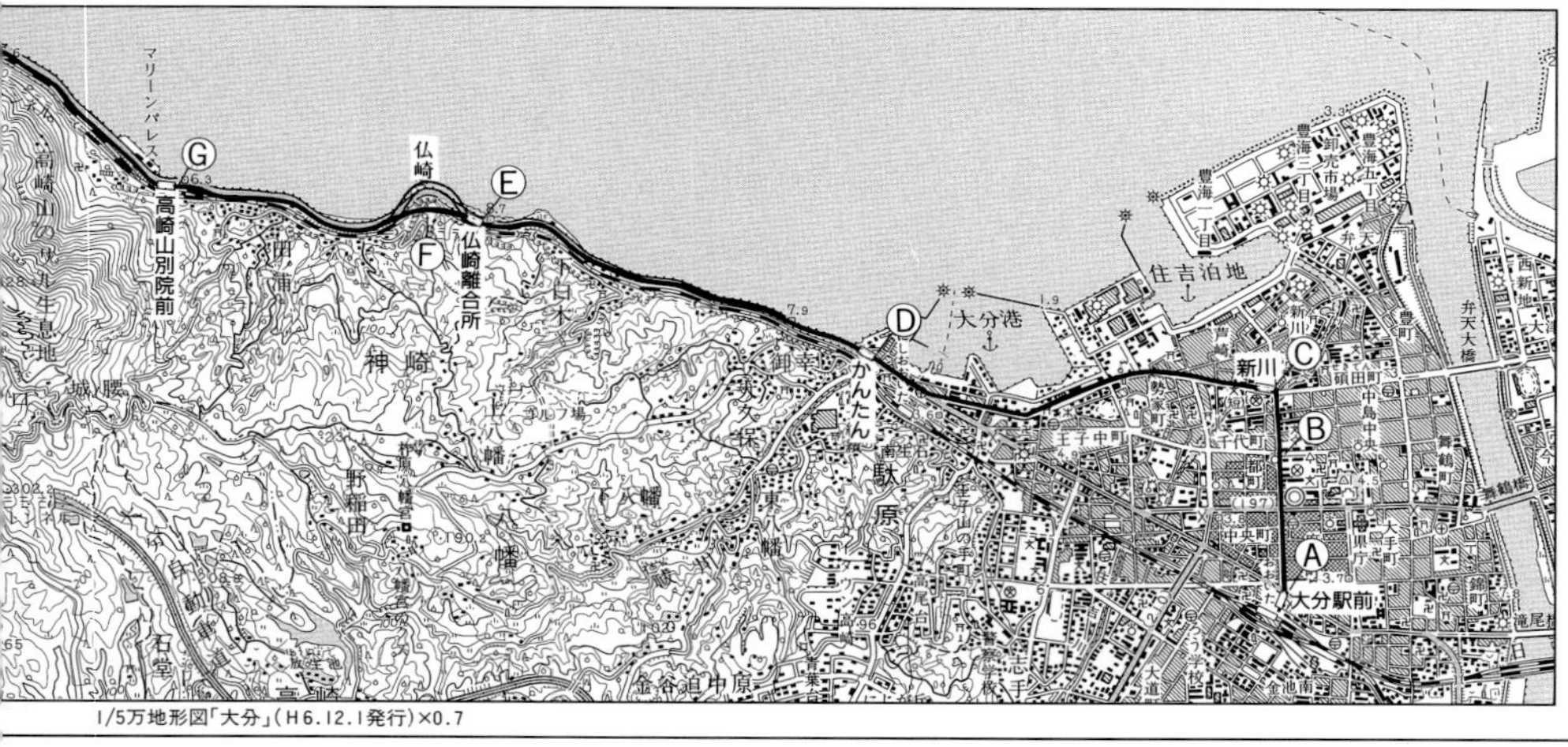

1/5万地形図「大分」(H6.12.1発行)×0.7

(上)手前の線路は日豊本線、国道上には車が目白押し(H地点)。(下)両郡橋付近で荷馬車と行き交う。右手に下り勾配の豊州線が見える／写真提供：大分交通

上の写真より別府寄り、右端に東別府駅前行電車の折返し留置線がある(H地点)。204、昭和29年10月11日

建設中の浜脇駅(現・東別府駅)を横目に豊後電車が走る。明治44年11月1日の院線開通直前の頃の絵葉書(I地点)。下は88年後の姿

や開けた場所に設けた客扱いをしない仏崎離合所(Ⓔ)へ移って終末を迎え、今では国道が埋め立て地の方へ移動したので、廃道になった旧国道の片隅に面影を求めることができる。田ノ浦はそのままのバス停に。別院前は高崎山自然動物園前のバス停に改称され(Ⓖ)、海岸の一部を埋め立てて開設されたマリーンパレスとともに賑わい、留置線の置かれていた所は狭い駐車場に変わって面影を宿す。つぎの、大分郡(今日の大分市)と速見郡(今日の別府市)との郡界だった両郡橋(Ⓗ)から再び複線になり、電停の待合室はバス停に転用されている。

留置線のあった東別府駅前(Ⓘ)から市街地が広がり、〝かんたん〟から続いていた新設軌道は併用軌道に変わる。浜脇(バス停へ)(Ⓙ)、永石通(廃止)を過ぎる(Ⓚ)と、山手側に古風な3階建ての元旅館が往時のまま残っており、桟橋が国際観光港に移ったため、防波堤に名残をとどめる別府桟橋前(廃止)などを経て、北浜へと向かう。ここは今でも市内交通の要衝で、昭和4年(1929)5月1日から昭和31年(1956)9月14日の27年間は、別府駅前まで0・5㎞の短い支線が設けられていた。駅を出るとお出迎えの格好で、4輪単車が待機していた当時を、懐かしく思う人もあろう(Ⓛ)。

電車は坦々とした直線コースに入る。最初の仲間通には北浜バス停(上りのみ)が置かれ、富士見通は交差点のみ、境川、餅ケ浜、国際観光港前、春木川、六勝園(Ⓜ)、上人ケ浜などの区間では、雑草茂る空地や畑だった国道の周辺には家屋が建ち並んで、砂塵もうもうとすっ飛ばしていた頃の風情が薄らぎ、海岸の一部に残る松林だけが昔日と変わらない光景だ。軌道は、上人ケ浜のはずれで国道10号から分かれた旧国道の県道642号へと移る。照波園前、別府競輪場前(臨時停留所)、弁天前、亀陽泉通、亀川(新川)など、ほとんどがバス停

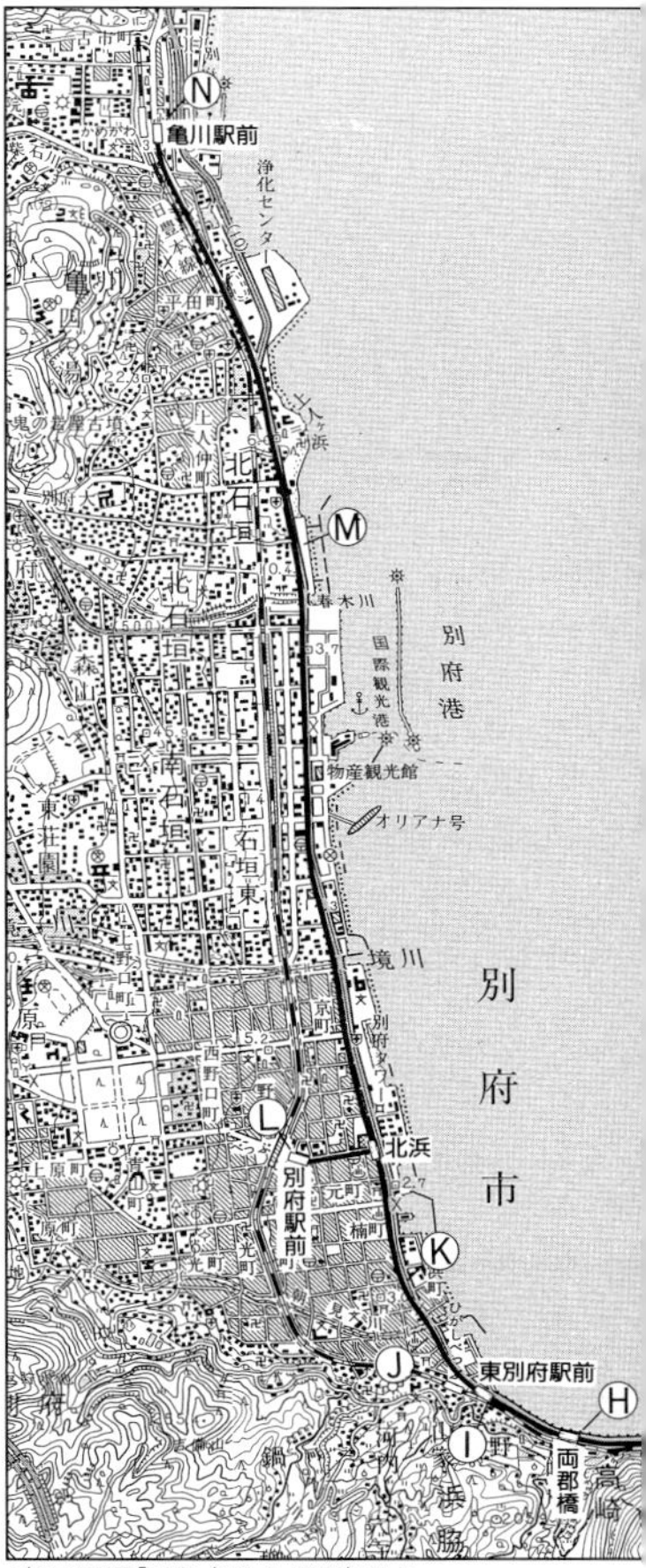

1/5万地形図「別府」(H9.2.1発行)×0.7

と化し、道路や周辺の佇まいは廃止時とさほど変わっていないので、全盛期を偲びうる。亀川から県道を右に眺めるように平行する新設軌道に移り、300m進むと終点の亀川駅前(Ⓝ)に到着する。簡単なホームや事務所のあった跡地に建つコンビニの周りは空地なので、当時の趣は十分に感じられる。

何処も同じ路面電車の宿命として、併用区間には遺跡がほとんど残らないのが普通で、新設軌道敷でさえ、道路の真横を併走している場合には、跡形なく道路に吸収されてしまうのが落ちである。専用のトンネルや橋梁を持たず、オーバーする陸橋のなかった別大線の遺跡は皆無と言えるものの、貴重な遺物はしかと温存されている。西大分公園の501号(Ⓞ)は、かなり荒れ果てているが、佐野植物公園の506号(Ⓟ)は綺麗に整備され、国道197号大野川河畔の志村交差点から4kmほど上り詰めた公園入口の横に鎮座する。九州に初めて走った電車の貴重な末裔なので、できれば覆いをつけて雨雪から守り、完全な姿で後世に残していただきたい。関係各位の御尽力を切望する。

【奈良崎 博保】

浜脇付近の朝日橋上には静態保存の506号、後ろに控える高崎山は少しも変わっていない（J地点）昭和39年２月23日

別府桟橋付近には3階建ての旅館が並んでいたが今日では1軒しかみあたらない（K地点）151、115。昭和33年2月5日

別府駅は高架となり、電車や輪タクは自動車に変わった（L地点）。原形をとどめる６号、昭和30年２月13日

電車が停まっている所にはコンビニが建った、亀川駅前（N地点）。9、昭和30年3月3日

高崎山を目がけて未舗装の線路敷を砂塵もうもうと疾駆していた光景は遠い昔の夢（M地点）。113、昭和29年10月11日

佐野植物公園の506号は綺麗に整備されていて、今にも走り出しそうな雰囲気がある（P地点）

筑豊本線増設線

石炭輸送の盛衰とともに現れ消えた増設線

【旧本城信号場～筑前植木】

筑豊炭田を縦貫する筑豊本線の小竹以北は、鹿児島本線よりも早く複線化が完成した区間である。その中でも折尾を挟む旧本城信号場～筑前植木間では、さらに3線化、4線化の線路増設が進められた。しかし、石炭産業の衰退による低速の石炭列車の消滅や、輸送体系の変化は増設線を不要のものとし、今では元の複線に戻されている。線区の歴史を伝える線路撤去跡は、車窓から容易に確認することができる。

【本城信号場～折尾】

この区間は複線に1線が増設された3線区間であった。増設線は二島《ふたじま》～折尾間の旧本城《ほんじょう》信号場で分岐し、鹿児島本線の折尾に至るもので、上り下り兼用の「単線」として使用された。昭和5年(1930)5月15日に開通し、折尾以西から若松へ向かう石炭の直通輸送に貢献した。

昭和45年(1970)に本城信号場が廃止された後も、折尾駅構内の筑豊短絡線として存続したが、昭和60年(1985)5月1日に使用停止された。

廃線跡は本線西側に並行しているが、折尾駅付近では築堤や架道橋は撤去され、駐車場になっている(Ⓐ)。

筑豊短絡線(旧・本城信号場～折尾間単線)を鹿児島本線折尾駅へ向かう室木線回送列車(A地点)昭和57年4月4日

筑豊短絡線跡の築堤と橋台。折尾駅側は撤去され駐車場に整備された(A地点)

折尾駅三角(さんかく)梃子扱所付近、接続線が合流し4線区間が始まる(B地点)昭和46年5月

筑豊短絡線の国道199号線架道橋を渡る8620形牽引の若松行き室木線回送列車(A地点)昭和48年11月3日

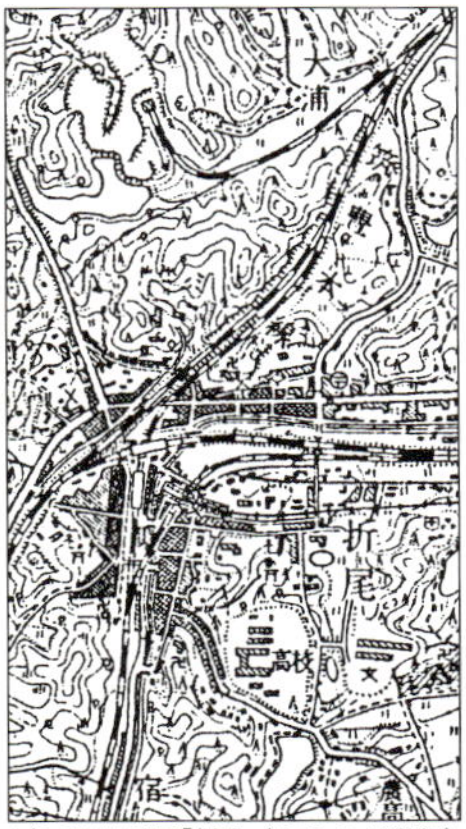

1/2.5万地形図「折尾」(S27.9.30発行)×0.8

折尾駅支線構内、第1下り線D50形牽引の石炭列車と第2下り線C55形牽引旅客列車の併走(C地点)昭和44年1月

第2上り下り線が撤去された折尾駅支線構内跡。折尾駅方向を写す(C地点)

旧・三角梃子扱所付近。若松へ続く本線の分岐線は単線化され、天神踏切も移設された(B地点)

4線時代の橋桁が残る第1堀川橋梁。左の第2上り線が最初の線路の位置と推定される(D地点)

【折尾～中間】

この区間は複線に2線が増設された4線区間であった。大正11年（1922）4月1日に開通した九州初の複々線である。明治43年（1910）に拡張された折尾駅南方の「支線」構内の複々線を延長する形で、概ね在来線の東側に増設された（Ⓓ）。特に途中の吉田地区には地形をうまく利用した立体交差が設けられ（Ⓕ）、折《おり》尾《お》側では線路別、中間《なかま》側では方向別の運転が行われた。線路は門司方面への短絡線である「接続線」に続く2線が第1上り下り線、若松に続く2線が第2上り下り線と呼ばれた。

東水巻駅新設に先立ち、昭和62年（1987）12月21日、オリジナルの線路の多かった第2上り下り線が使用停止となり複線に戻された（Ⓖ）。

【中間～筑前植木】

この区間は複線に1線が増設された3線区間であった。大正12年（1923）7月1日に開通し、外側の2線を複線、中線を上り下り兼用の単線として使用する、「単線複線運転」が開始された。遠賀川橋梁以南の橋脚、橋台には煉瓦に代わってコンクリートが使用されたため、増設線は東側の現在の下り線であることを容易に

使用停止間近の第2上り線を行く若松行き気動車（G地点）昭和62年12月12日

新設された宮尾大橋から俯瞰。第2上下線跡は藪に覆われた（E地点）

第1下り線の特急「いそかぜ」と第2上り線の若松行き旅客列車のすれ違い（E地点）昭和43年3月22日

東水巻駅のホームは第2下り線の撤去跡に設けられた（G地点）

第2上り線を行くC55形牽引の若松行き客車。後方は日炭高松第1坑（F地点）昭和38年7月14日

第2下り線立体交差に差しかかるD50形牽引の若松発石炭列車（F地点）昭和43年11月15日

石仏架道橋（堀川橋梁）の橋台。当初の複線跡だが、線間の橋台は謎の存在（H地点）平成7年3月21日

立体交差跡から見た第2上り線跡。当初の複線の第2村前架道橋の橋台が残る（F地点）

使用停止間近の第2下り線立体交差を行く中間行きの気動車（F地点）昭和62年12月12日

立体交差の下を駆け抜ける上りD60形牽引の石炭列車（F地点）昭和47年3月25日

レールの残る第2下り線跡と立体交差跡の煉瓦の橋台。折尾方を写す（F地点）

立体交差の橋桁は撤去されたが、橋台は残っている。左は第2上り線跡（F地点）

知ることができる。

1線撤去は昭和29年（1954）8月31日であったが、使用停止の時期は、かなり早かったようである。中間～筑前垣生《ちくぜんはぶ》間は複線上り線が（Ｉ）、筑前垣生～筑前植木間は中央の単線が撤去された（Ｊ）。この時、遠賀川橋梁のトラス桁は大糸線や左沢《あてらざわ》線に転用されたが、そのうち1連は地元田川伊田駅構内の引上線彦山川橋梁の新設に転用され、現存している。途中の鞍手駅北側には、上下線の間隔がさらに広がっている箇所があるが、これは筑前中山へ向かう貨物支線を分岐していた小牧《おまき》信号場のヤード跡である（Ｋ）。【大塚 孝】

遠賀川橋梁。明治24年開通時の橋脚は撤去され、明治41年の複線化時の継足部が残る（I地点）

左から新上り線、旧複線上り線跡、上り線（中線＝単線）、下り線（旧複線下り線）（I地点）昭和46年3月5日

9600形牽引の上り石灰石列車、上下線間が単線（当初の下り線）撤去跡（J地点）昭和43年10月27日

単線撤去跡にセンターポールの架線柱が建植された（J地点）

鞍手駅から見た小牧信号場跡。支線は駐車場側へ分岐していた（K地点）

田川伊田駅の引上線跡に残る旧遠賀川橋梁のトラス桁。一部改造されている

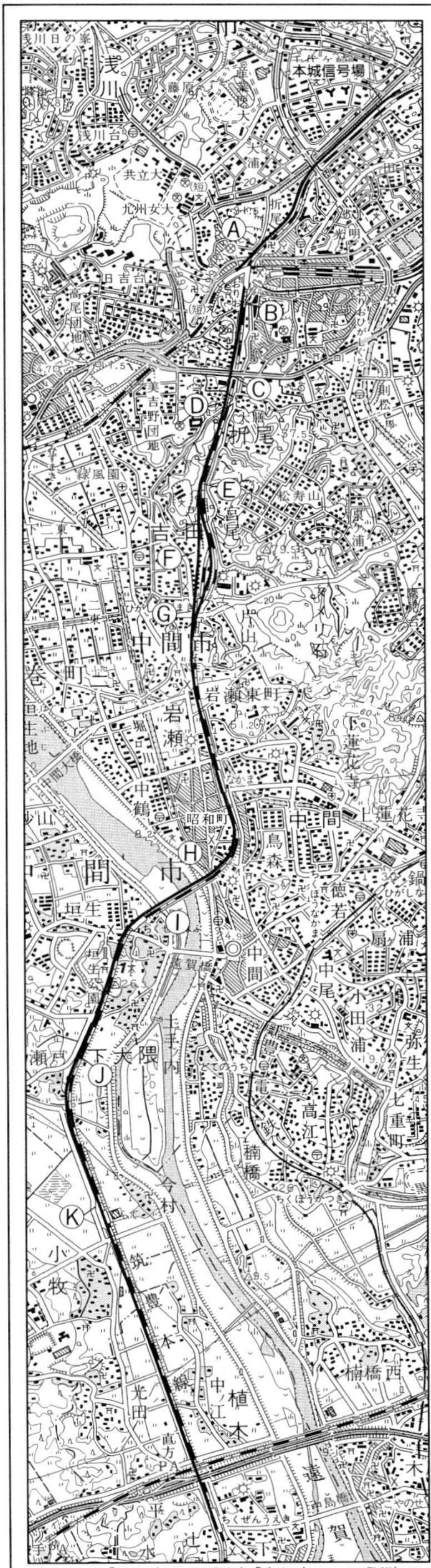

1/5万地形図「折尾」（H9.2.1発行）、「直方」（H11.7.1発行）×0.8

宮田線
貝島炭鉱大之浦専用鉄道

筑豊御三家、貝島炭坑の繁栄を支えた運炭線

【勝野～筑前宮田】
【筑前宮田～庄司他】

遠賀川の西、鞍手郡宮田町一帯は貝島炭坑の領域であった。ここには同坑の運炭線として敷設された、筑豊支線の宮田《みやだ》線と大之浦《おおのうら》専用鉄道の二つの鉄道があった。

【宮田線】

宮田線は貝島太助が免許を受けた専用線を九州鉄道が譲受し、明治35年（1902）2月19日、勝野～桐野（筑前宮田）間を開通させたものである。炭坑閉山後、乗客の増加が期待された一時期もあったが、JR移行後の平成元年（1989）12月23日、九州最後の特定地方交通線（第三次）として廃止された。

勝野の線路配線は他の分岐駅に見られない独特のもので、宮田線の線路はすべて構内の入口（直方側）で分かれていた。線路の外された宮田線のホーム（旧3番）を出発Ⓐ、右へカーブしつつ本線から離れると、橋桁の残る南良津川橋梁があるⒷ。線路跡は一部道路化の工事中の箇所

宮田線の線路が撤去された勝野駅ホーム（A地点）

勝野駅にて。本線と宮田線の気動車の接続（A地点）平成元年11月11日

分岐駅勝野の俯瞰。本線からの乗り換え客を待つ宮田線の列車。後方の橋梁は伊田線嘉麻川橋梁（A地点）昭和46年4月3日

橋桁の残る南良津川橋梁跡から筑豊本線の列車を見る（B地点）

廃止後の菅牟田構内。先のコンクリートの橋脚が貝島炭鉱専用鉄道との立体交差跡（F地点）昭和52年9月18日

廃止後の新菅牟田構内には大規模な設備が残っていた。磯光側を見る（D地点）昭和52年9月18日

磯光駅跡の菅牟田貨物支線の分岐点付近、手前の橋桁が貨物支線跡（C地点）

菅牟田駅跡。酒店の付近が立体交差跡（F地点）

新菅牟田駅跡。線路跡は道路となり、かつての面影はない（D地点）

廃止後の菅牟田構内。線路はすでに撤去され、ホッパーだけが残っていた（E地点）昭和52年9月18日

もあるが、ほとんどは軌道を撤去したままの築堤である。

　磯光からは昭和52年(1977)7月10月に廃止された磯光〜菅牟田間の貨物支線が分岐していた。分岐の様子は並んだ橋桁で確認できる(Ⓒ)。支線は左へカーブして南下するが、約300m進んだあたりから舗装道路となり、これが終点まで続く。磯光起点940m付近が新菅牟田駅跡である(Ⓓ)。ここには大規模な竪坑とそれに連なるホッパーやヤードがあったが、その面影はない。

　さらに進むと磯光駐在所前の交差点に出る。この付近から先が菅牟田駅跡になる(Ⓔ)。停車場中心は磯光起点2k210mであった。ここにもホッパーやヤードがあったが、宅地化されてしまった。ヤードの入口付近では貝島炭鉱専用鉄道が立体交差していたが、その位置は交差点脇の酒店のあたりになるという(Ⓕ)。

　磯光は駅舎は撤去されたがホームは残り、その先には磯光避溢橋の橋桁も見られる(Ⓖ)。

　筑前宮田駅の駅舎撤去跡はJRバス乗り場になった(Ⓗ)。構内の旅客、貨物ホームは残っていて、ヤード跡も廃止時と余り変わらない空き地のままである(Ⓘ)。

筑前宮田駅でのC11形機関車の付け換え。筑豊の支線区ではどこでも見られた光景である(H地点)昭和46年8月

廃止直前の気動車。駅は無人化されたが手前の桐野踏切は最後まで有人だった(H地点)平成元年12月

筑前宮田駅駅舎(H地点)昭和59年9月

筑前宮田駅跡。手前は桐野踏切跡(H地点)

JRバス乗り場になった筑前宮田駅駅舎跡(H地点)

廃止間近の筑前宮田駅構内。炭積設備は撤去され、ヤードは雑草に覆われた(I地点)平成元年12月10日

筑前宮田駅跡。廃止当時とあまり変わっていない(I地点)

筑前宮田駅のホッパー。石炭車の入替は貝島炭坑アルコの仕事であった(I地点)昭和50年4月

筑前宮田駅入口付近の架道橋(J地点)昭和50年4月12日

宮田駅入口付近の架道橋跡。この道路の先が筑前宮田駅(J地点)

磯光駅ホーム先端。橋桁の残る磯光避溢橋跡(G地点)

【貝島炭鉱大之浦専用鉄道】

同鉄道は当初、炭坑付帯設備の運炭軌道であったが、大正15年（1926）に筑前宮田駅～大之浦六坑間、昭和2年に六坑～庄司間が専用鉄道化されたものである。石炭だけでなく、庄司採砂場で採取した坑道充填砂の輸送にも貢献したが、各坑の廃止とともに路線を縮小し、最後まで残った宮田駅～六坑間も昭和51年（1976）に廃止された。

筑前宮田駅には国鉄連絡線と機回線、荷卸ピット線があった。駅の入口にあった架道橋の橋台は今も残っている（Ⓙ）。少し先の避溢橋跡を過ぎて築堤を進むと、八木山川に差しかかる。ここには明治時代の九州鉄道で数多く使われた、ドイツ製ボーストリングトラスが架設されていた。クラウスではなくコッペルであったが、同じドイツ製の蒸気機関車が石炭車を引いて渡る、印象的な光景を見ることができた。今は橋台に当時を偲ぶだけである（Ⓚ）。

八木山川から次の犬鳴川の手前まではすでに道路化されたが、生見《ぬくみ》分岐点の跡は確認できる（Ⓛ）。犬鳴川橋梁（Ⓜ）のポーナル形鈑桁は撤去されたが、その先の畑の中には築堤と、2連のコンクリート桁が健在である（Ⓝ）。

羅漢橋バス停付近から先の築堤は道路に整備され、直進すると支線跡の橋台に突き当たる。その少し手前から左へカーブしつつ築堤を下った

六坑から宮田駅へ向かうコッペルの引く列車。後方が生見分岐点の跡である（L地点）昭和50年3月22日

八木山川橋梁のボーストリングトラスとコッペル製蒸機、ともにドイツ製である（K地点）昭和50年4月12日

八木山川橋梁は両岸に橋台が残っている。宮田駅側を見る（K地点）

生見分岐点跡付近、宮田駅側を見る（L地点）

犬鳴川橋梁に続くコンクリート橋。列車がやって来そうな雰囲気である（N地点）

両岸に橋台が残る八木山川橋梁の跡（K地点）

六坑～宮田駅間犬鳴川橋梁跡、鈑桁は撤去されている。横に小さな橋台がある（M地点）

町営住宅の奥、一段高い石垣の上に坑口跡の記念碑が立つ（P地点）

長井鶴の大之浦六坑構内全景。奥にホッパーが見える。手前が宮田駅方（O地点）昭和42年7月24日

大之浦六坑構内跡。空き地もあるが町営住宅が広がっている。手前が宮田駅方（O地点）

本線の八木山川橋梁跡。橋台撤去跡の護岸の様子が異なる、庄司側を見る(Q地点)

本線側の八木山川橋梁のボーストリングトラス、下は旧橋脚の跡(Q地点)昭和48年11月18日

旧大之浦五坑の南方、本入溜池の北端の道路脇に残る煉瓦積み橋台(S地点)

大之浦五坑と庄司採砂場間の本入溜池西岸に残る線路跡(R地点)

県道から見た、庄司採砂場跡へと続く立入禁止の築堤(U地点)

県道交差跡。手前に門扉があり、庄司側は立入禁止である(T地点)

あたりが、機関庫のあった長井鶴の大之浦六坑構内の跡である(Ⓞ)。この一帯は一部に空地があるものの、大部分が町営住宅となり、当時の面影はない。住宅の奥にある貝島大之浦第六礦満之浦炭坑坑口記念碑だけが炭鉱の存在を伝えている(Ⓟ)。

一方生見で分岐したかつての本線は、西側へ迂回して上流側の八木山川橋梁へ向かう(Ⓠ)。こちらも同じボーストリングトラスであった。線路跡は雇用促進住宅の前を左にカーブしつつ先の畑へ続くが、藪に覆われた切通しのため進めなくなる。

これより先、二坑を経て五坑へ至るルートは露天掘りや宅地化により、様子は一変している。五坑は菅牟田駅の立体交差の東側にあったが、こちらも宅地化が進み、分岐して東三坑へ向かう線路跡も定かではない。

五坑から先は線路跡然とした未舗装の道路となり、本入《ほんにゅう》溜池の西岸に沿って進む(Ⓡ)。溜池北端の道路橋脇には煉瓦の橋台も残っている(Ⓢ)。線路跡は途中から車の通れない小径となるが、なんとか直交する県道に抜けることができる(Ⓣ)。ここから先の築堤(Ⓤ)は門扉があり立入禁止のため、トンネル跡の確認はできない。その先の、かつて機関庫のあった庄司採砂場は陸上自衛隊飯塚駐屯地になっている。

【大塚 孝】

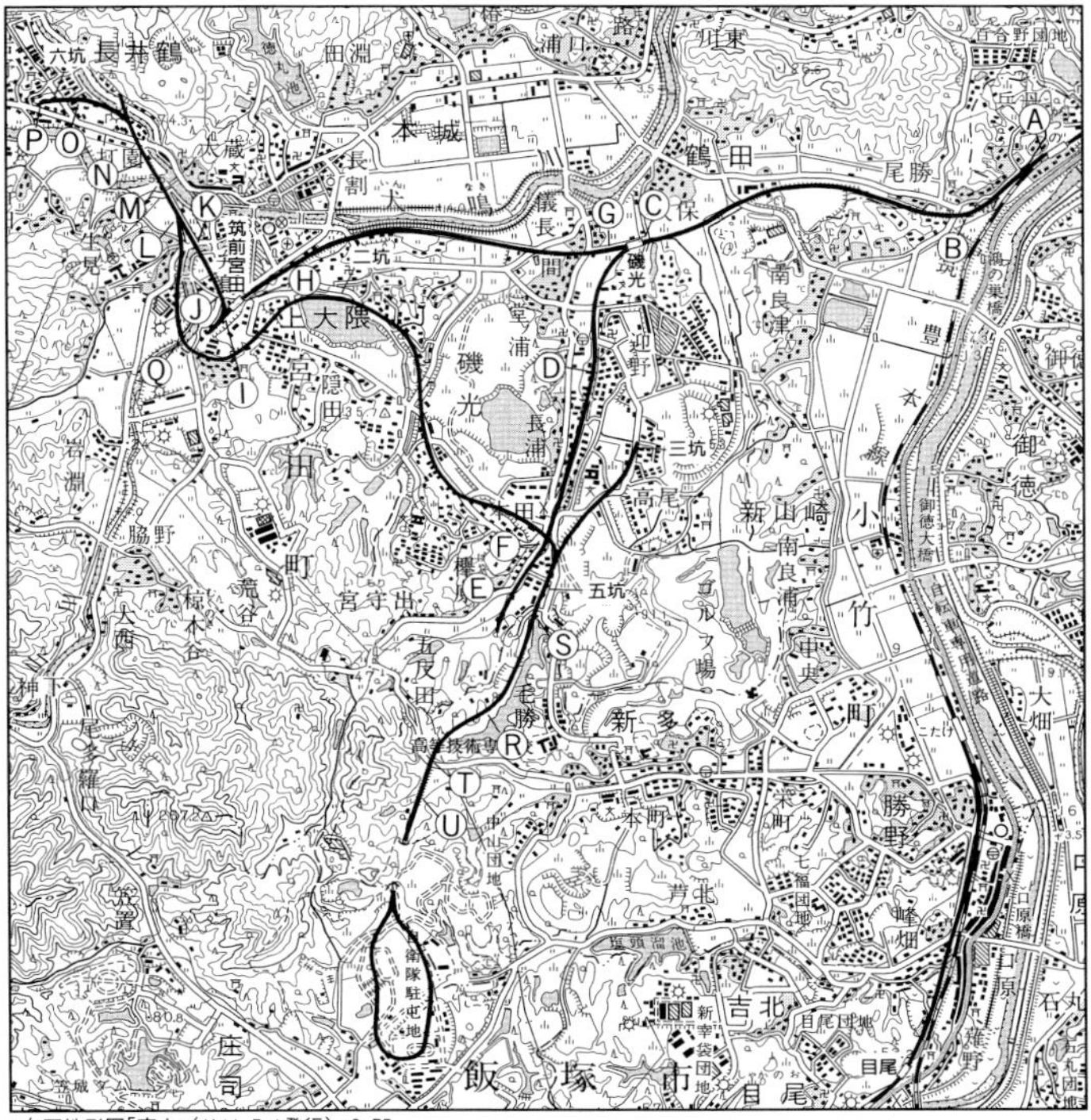

1/5万地形図「直方」(H11.7.1発行)×0.75

鹿児島本線旧線（仮塚峠越え）

美しい赤レンガの3連アーチが見事な九州鉄道時代の廃線跡

【二日市〜原田】

九州鉄道の八代線として明治22年（1889）12月に開業した二日市《ふつかいち》〜原田《はるだ》間には、20‰の急勾配区間のある仮塚《かんづか》峠越えの難所が控えていた。

九州鉄道開業時の幹線では、遠賀《おんが》川《がわ》〜赤間《あかま》間の旧城山《じょうやま》峠越え（『鉄道廃線跡を歩くII』参照）と並ぶ輸送上の隘路であったため、国有化後、大正10年（1921）2月20日、複線化に際し、旧線の東側に並行して勾配緩和した別線を建設して旧線約2・2kmは放棄された。

博多方から来ると、天拝山《てんぱいざん》駅の南方約350mの俗名院《ぞくみょういん》踏切のわずか天拝山方から分岐した線路跡地は、踏切を渡ってきた市道に通じている。2車線道路に拡幅された線路跡は、水田の中を平坦な道でまっすぐ進み、仮塚峠に向かっている（Ⓐ）。

やがて現在線が左へ大きく離れ、右側から鳥栖筑紫野道路が接近してくると、このあたりから徐々に上り勾配にかかり、道も細くなってきて廃線跡の雰囲気が高まってくる（Ⓑ）。小さな森を抜けると視界が開けて、ほどなく水田の中を流れる久々良川が見えてくる。川に向かって細い道を下っていくと、忽然と赤レンガの見事な3連アーチが現れ、その壮大で優美な姿に圧倒される（Ⓓ）。この旧線跡のハイライトだ。このアーチ橋は、鹿児島本線の車窓からでもはっきり確認できる。

再び線路跡の道に戻って峠と覚しき大木のおおいかぶさった所を抜けると（Ⓔ）、やがて左から接近してきた現在線と合流している（Ⓕ）。

【編集部　大野雅弘】

鳥栖筑紫野道路が寄り添ってくる（B地点）

天拝山駅の南で旧線は分かれ、西方の水田の中を市道となってのびている（A地点）

徐々に勾配がきつくなり、現在線は東300m付近を走っている（C地点）

九州鉄道開業当時の姿を今に伝えるレンガの3連アーチ橋。県の文化財に指定されている（D地点）

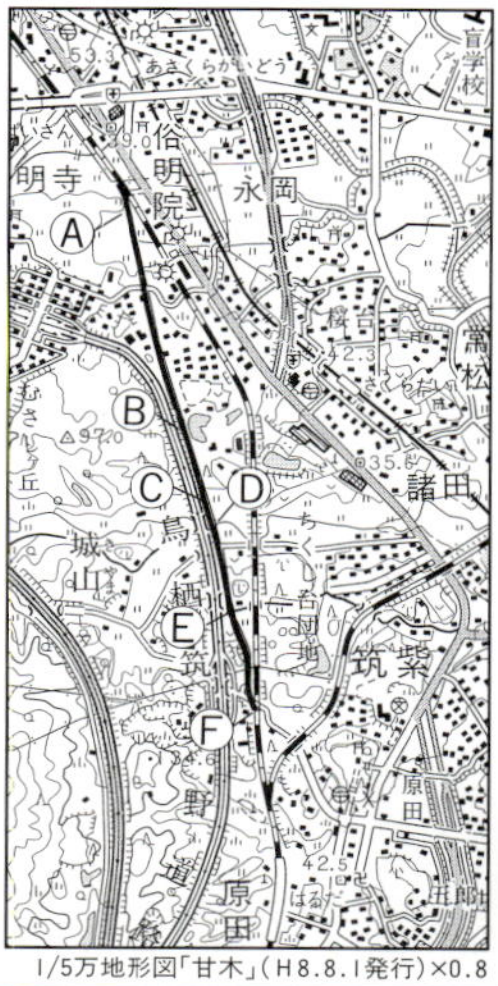

1/5万地形図「甘木」（H8.8.1発行）×0.8

旧線跡のアーチ橋から見える現在線を、特急列車が頻繁に駆け抜ける（D地点）

人家が絶えて、仮塚峠に近づく。正面の木立ちのあたりが峠（E地点）

左奥から続く道が旧線跡、このあたりは撮影名所としても、馴染のところ（F地点）

矢部線

二代にわたって廃線となったローカル線

【羽犬塚～黒木】

鹿児島本線の羽犬塚《はいぬづか》から矢部《やべ》川沿いに黒木に至る矢部線は、戦時下に建設着手され、昭和20年（1945）12月26日羽犬塚～黒木《くろぎ》間19・7kmが開業した。それ以前に、この矢部線とほぼ同じルートで、軌間914mmの軽便鉄道が走っていた。それが明治36年（1903）創業の南筑軌道で、まず羽犬塚～山内間で営業開始。その後山内～黒木間を開業していた黒木軌道を、大正15年（1926）に合併、羽犬塚～黒木間で営業を続けていた。

しかし、矢部線の建設に伴い、競

羽犬塚駅を出て鹿児島本線と並走していた線路跡が草むらとなって残っている（A地点）

鹿児島本線との分岐点から左にカーブする道床が続いている。線路跡の雰囲気が最も色濃く残っている所だ（B地点）

ガーダー橋は撤去されたが、コンクリートアーチが残る星野川橋梁跡（H地点）

羽犬塚駅南方の分岐付近には錆びたレールが残っている（B地点）

星野川橋梁を渡るキハ30。昭和60年3月1日／写真：加地一雄

鵜池駅跡は拡幅された道路となった。かつて鉄道が走っていたという痕跡はまったくない（C地点）

山内～北川内間の星野川に沿った現原付近を走るキハ30。昭和60年3月1日／写真：加地一雄

筑後福島駅跡は道路脇の公園となり、構内の長さだけ藤棚が続いている（D地点）

合することになり、昭和15年(1940)6月24日補償を受けて廃止した。

開業後は早い時期から、さまざまな経営の合理化を実施してきた。しかし、山間路線のため利用客の増加は望めず、当初20㎞東の矢部まで延長する計画であったが、結局それも実現せず昭和56年(1981)に第1次廃止対象路線に指定され、昭和60年(1985)3月31日をもって羽犬塚～黒木間が廃止された。廃止後の線路跡は山内～北川内間の星野川沿いを除き全線で道路舗装されている。

羽犬塚を出ると左に大きくカーブして鹿児島本線と分かれる(Ⓐ)。この付近までは雑草が生えているものの路盤や道床も残っている(Ⓑ)。この先国道209号をくぐると花宗《はなむね》駅跡、しかし何の痕跡も残っていない。このあたりまでは最近線路跡が道路化される前まで枕木が残っていた。道路化された線路跡はほぼ東方向に進んでいく。次の鵜池《うのいけ》(Ⓒ)、蒲原《かんばら》ともに駅跡はまったく判別できない。唯一線路と交差している道路が地図上で判別できるため駅付近と分かる。そして筑後福島《ちくごふくしま》までされいに道路化されていた。

筑後福島駅跡は公園に整備されていた(Ⓓ)。今古賀《いまこが》(Ⓔ)～上妻《こうづま》(Ⓕ)間は線路跡の道路幅も広く取ってあり、国道422号のバイパス的役目も担っているが、ここも同様に駅の判別はできない。

山内駅跡は八女東公民館になっていた(Ⓖ)。山内～北川内間は星野川沿いを走るが、ここも取り付け部は

上妻駅の周りの田んぼはそのままだが、駅跡は判然としない(F地点)

今古賀駅跡も、かつて駅があったとはまるで想像できないほどに変貌をとげた(E地点)

北川内駅跡は地域福祉センターになった(I地点)

山内駅跡には八女東公民館が建てられた(I地点)

築堤の奥にポッカリ口を開けている北川内トンネルの羽犬塚方坑口(J地点)

酒の醸造倉庫として使われている北川内トンネル内部(J地点)

星野川橋梁の羽犬塚方向に緩くカーブした築堤が続いている(H地点)

倒壊したコンクリート橋脚が水中に見える星野川橋梁跡(H地点)

道路建設中だ。途中星野川鉄橋は山内側のアーチが一部残っているだけで橋脚は川中に転倒していた(Ⓗ)。

北川内駅跡は地域福祉センターになっている(Ⓘ)。ここから北川内トンネルまでは築堤だったが平地にして周りの住宅地に合わせている。トンネル内は遮蔽して酒の醸造倉庫として再利用しているため通り抜けは不可能(Ⓙ)。北川内トンネルと中原トンネル間の道は舗装されているが線路幅だけのため狭く地元民だけの利用であろう(Ⓚ)。中原トンネルも北川内トンネル同様、酒の醸造倉庫になっているため通行不能だ(Ⓛ)。

終点の黒木駅跡は、駅前イベント広場として利用しているため、構内は広い駐車場になっていた(Ⓜ)。駅入口付近に、かつてこの線で活躍したC11 61号機が保存展示されているのが唯一この線の生証人か。

現在、黒木以北で観光地の整備が進み、多数の観光客で賑わいを見せているが、田園地帯にもかかわらず、道路網の整備が遅れたため、廃線跡は格好の道路に格上げしている。

【加地一雄】

北川内トンネル～中原トンネル間。昭和60年3月1日／写真:加地一雄

中原トンネルも酒の醸造倉庫として利用されている(L地点)

北川内トンネル上から中原トンネル方面を望む(K地点)

黒木駅跡の広場では朝市が開かれる(M地点)

北川内トンネル出口(黒木方)杭口を望む(K地点)

筑後福島付近を行くC11 190牽引の上り貨物列車。昭和49年3月21日／写真:奈良崎博保

1/20万地勢図「熊本」(H6.1.1発行)原寸

黒木駅跡横に保存展示されているC1161(M地点)

佐賀線

【佐賀～瀬高】

筑後川に影を落とした昇降橋は今も健在

長崎本線の佐賀駅から、筑後川を渡り鹿児島本線に接続する瀬高までの24・1㎞の佐賀線は、熊本、長崎方面から鳥栖を迂回経由することなく短絡線としての使命を持っていた。

当時の計画線沿線には、小規模の軌道が営業しており、柳河～矢部川(瀬高町)間の柳河軌道も、佐賀線開業直前に営業補償を受けて廃止した一つである。

昭和6年(1931)9月24日矢部川(現・瀬高)～筑後柳河間の部分開業に始まり、昭和8年(1933)6月17日筑後柳河～筑後大川間、昭和10年(1935)5月25日に残りの筑後大川～佐賀間が開業し全線開通した。昭和51年(1976)2月19日長崎本線の高架化に伴い、佐賀駅が北方向に0・1㎞移転し、同時に佐賀線も高架ホームからの発着となった。

比較的沿線人口の多い地域を走る路線ながら列車間隔があり、短絡線としての利用客も減少し、輸送需要の落ち込みから昭和55年(1980)第2次特定地方交通線に指定され、昭和62年(1987)3月27日限りで佐

長崎本線との分岐箇所には高架のコンクリート橋が残っている(A地点)

東佐賀駅手前のクリークに残る橋台(B地点)

広い空き地となっている東佐賀駅跡(C地点)

南佐賀駅の手前から徐福サイクリングロードに変身(D地点)

南佐賀駅跡にはホーム、駅舎、駅名標が残る(E地点)

光法駅もホームと駅名標が残されている(F地点)

国道208号を越えた立体交差跡(G地点)

諸富駅に進入するキハ47－132。昭和62年3月22日／写真：加地一雄

文化体育館が建った諸富駅跡(H地点)

賀線は廃止された。

　佐賀線の線路跡は廃止後の期間が比較的新しいため、ほとんど現存しており、探索は容易である。

　高架になった佐賀駅から発車した列車は、高架橋を右にカーブしながら、長崎本線と分かれ、平地に下りるが、現在も橋梁部分を除いて高架橋は現存している(Ⓐ)。線路はそのまま南東方向に直進するが、一部は道路化されている。途中東佐賀駅手前のクリークを渡る所は橋台だけが見られる(Ⓑ)。東佐賀駅構内はそのまま広い空き地になっている(Ⓒ)。東佐賀駅跡地から先、南佐賀駅までは再び道路になっている。

　南佐賀駅は公園に整備され駅舎やプラットホームもそのまま保存されている(Ⓓ)。南佐賀駅から諸富《もろどみ》駅構内入口までは、徐福サイクルロードという立派な自転車専用道に整備されている(Ⓔ)。途中の光法《みつのり》駅のホームや駅名標も当時のままに保存しており(Ⓕ)、光法～諸富間の国道208号との立体交差も、橋桁は架け替えられたもののそのまま利用している(Ⓖ)。

　諸富駅跡は文化体育館に変貌しており、面影は失われた(Ⓗ)。線路はそのまま自動車道になり(Ⓘ)、昇降式可動橋として貴重な存在だった筑

筑後川畔には佐賀軌道の記念碑が（J地点）

文化財として動態保存されている筑後川橋梁の昇降橋（J地点）

諸富から矢部川にかけて自動車道となった（I地点）

筑後川橋梁を渡るキハ47。筑後若津～諸富。昭和62年3月18日／写真：加地一雄

筑後岩津～諸富間の筑後川橋梁を渡る9600形牽引の貨物列車。昭和47年5月3日／写真：奈良崎博保

遊歩道を挟んで幅の広い道路となった筑後若津駅跡（K地点）

河川改修が行われ護岸工事とともに可動橋は消滅した（L地点）

花宗川には跳ね上げ式の可動橋が架かっていた。昭和62年3月18日／写真：加地一雄

後川橋梁まで続いている。橋梁前後の取り付け部は休憩所が建てられ諸富側は観光物産館になっていた。橋梁部は午前9時より1時間毎に約30分間、筑後若津側との間を自由に行き来できるように橋の上げ下ろしを行っており、その風景はかつての列車通過の雰囲気を思い起こさせてくれる。橋上の筑後川信号場は橋の操作と監視のための控え所として残っていた(Ⓙ)。

筑後若津駅跡は、築堤を削り中央に遊歩道を挟んだ道路となっている(Ⓚ)。筑後川支流の花宗川跳ね上げ橋は、筑後大川駅との間にあったが、護岸が整備され跡形もなくなっていた(Ⓛ)。筑後大川駅跡は、ハローワークやコミュニティセンター等の立派な建物が建っているが、線路跡は空き地のままである。そのハローワーク横に車輪と説明文の碑が設置され駅跡とわかる(Ⓜ)。駅東側には継電箱がそのまま残っている。筑後大川〜東大川間は低い築堤が続き(Ⓝ)、国道からも民家の切れ目から確認できる。東大川駅跡はホームや線路の境界柵がそのまま残っている(Ⓞ)。筑後柳河駅手前まで築堤が残っているが、大きなクリークを渡っていた橋桁は撤去されている(Ⓟ)。筑後柳河駅跡は公園に整備

筑後大川に到着したキハ47。昭和62年3月18日／写真：加地一雄

記念碑と車輪が設置されている筑後大川駅跡(M地点)

一直線に路盤跡が残る筑後大川〜東大川間(N地点)

独特な屋根が好ましい筑後大川駅駅舎。昭和62年3月22日／写真：加地一雄

駅の東側には草むらの中に継電箱がポツンと残っている(M地点)

往時の雰囲気が色濃く残る東大川駅跡(O地点)

芝生が美しい公園となった筑後柳河駅跡(Q地点)

クリークを渡っていた橋梁に続く築堤。橋桁は撤去された(P地点)

筑後柳河に進入するキハ35。昭和59年9月8日／写真：加地一雄

筑後柳河の駅名標。昭和59年9月8日

筑後柳河駅舎。昭和59年9月8日／写真：加地一雄

されていた(Ⓠ)。筑後柳河から百《ひゃく》町《ちょう》までも比較的線路跡がそのまま残されていて、西鉄大牟田線との立体交差や(Ⓡ)、沖端川を渡る取り付け部まではハッキリと確認できる。百町駅跡もホーム上に雑草が生えているものの駅周辺は、廃止直前の風景そのままである(Ⓢ)。百町駅前後の築堤は、平地にして道路整備中であった。三橋駅跡は、空き地を駐車場に利用している(Ⓣ)。三橋〜瀬高間の矢部川橋梁はきれいに撤去されていたが、三橋側の取り付け部は2ヵ所の架道橋の橋台とともに築堤がきれいに残っている(Ⓤ)。矢部川の瀬高側は畑に整備されていたが、鹿児島本線との合流地点の国道209号の下をくぐる地点から、瀬高駅の構内入口までは線路もそのままになっている(Ⓥ)。瀬高駅0番ホームは一部駐車場になっているが、バラストがそのまま線路跡の確認は容易である(Ⓦ)。

佐賀線跡は佐賀県内では線路跡、駅跡は比較的整備されているが、福岡県側は一部の駅部分を除いて、放置されている所が多く、また徐々に道路として整備を行っており、廃線跡の雰囲気は時間の経過とともに失われていくことであろう。

【加地一雄】

西鉄大牟田線との交差部分も路盤がきれいに残っている(R地点)

百町駅跡は昔と変わらぬ光景が広がっている(S地点)

広々とした道路と駐車場に変わった三橋駅跡(T地点)

築堤に橋台が2ヵ所残る三橋〜瀬高間(U地点)

鹿児島本線と合流するあたりには錆びたレールが放置されている(V地点)

瀬高駅の博多方には緩くカーブした線路跡の空き地が残っている(W地点)

1/20万地勢図「熊本」(H6.1.1発行)原寸

柚木線 臼ノ浦線 世知原線

【左石～柚木】【佐々～臼ノ浦】【吉井～世知原】

松浦軽便鉄道から生まれた3本の石炭搬出ローカル線

大正9年（1920）3月27日、柚木《ゆのき》～大野《おおの》（後の左石《ひだりいし》）～相浦《あいのうら》間を開通させた佐世保軽便鉄道は、その後も順次路線を拡大し、佐世保北部の炭鉱地帯から石炭積出港へ通ずる運炭鉄道網を築いていった。同鉄道は、佐世保鉄道と名を変えた後、昭和11年（1936）10月1日に軌間762mm間のまま国有化されて松浦線となったが、昭和18年（1943）に佐世保からのびてきた1067mmの軌間に併せて、旧・佐世保鉄道の路線も改軌され、昭和20年（1945）の松浦線（現・松浦鉄道）全線開通時に、左石～柚木間（3・9km）が柚木線、佐々《さざ》～臼ノ浦《うすのうら》間（3・8km）が臼ノ浦線、肥前吉井～世知原《せちばる》間（6・7km）が世知原線と改称され、松浦線から分離し、盲腸線となってしまった。

これらの各支線は、戦後も沿線の石炭輸送に活躍し、旅客列車は、キハ02形レールバスによって運転が続けられていたが、昭和42年（1967）7月の集中豪雨によって不通になった柚木線は、そのまま復旧することなく8月31日限りで廃止され、残る臼ノ浦線、世知原線も昭和46年（1971）12月25日をもって廃止された。

柚木線が使用したホームは撤去されて後方移動したが、駅舎は当時のままの面影を伝える。線路を横断する駅構内踏切もJRではほとんど見られなくなった（A地点）

【柚木線】

当時の面影を残す駅舎がある松浦鉄道左石《ひだりいし》駅（Ⓐ）を出発した柚木線は、右に急カーブを描く松浦線と分かれ、まっすぐ相浦川沿いに柚木までのびていた。しかし、柚木線の切通し部分は、埋め立てられており、その痕跡は消失した（Ⓑ）。すぐに自転車・歩行者道となった柚木線の跡は、やがて肥前池野駅跡に出る。構内跡地は池野児童公園になっており、短いホームが残されている（Ⓒ）。ホームは一部が削られているが、実際にレールバス1両が停まる短いもので、廃止直後は、キハ02が図書館として保存活用されていたが、今はその姿を消している。さらに、ここから日鉄の引き込み線がのびて石炭を搬出していたが、今も町外れに当時のホッパーが残っている（Ⓓ）。なお、貨物営業は沿線の炭鉱閉山に合わせて、いち早く昭和37年（1962）3月に廃止になった。また、柚木線廃止の引き金となった昭和42年（1967）の大洪水は、この肥前池野駅付近が中心になり、当時は駅構内の土砂がさらわれ、周辺の住民に死者が出

公園の一角に残された肥前池野駅の短いホーム（C地点）

右手前に松浦線と並行していた柚木線跡は埋め立てられ、急坂の道路となった（B地点）

今も残るホッパーが炭鉱のあったこと示す（D地点）

相浦川に沿ってのびる柚木線跡。左石方を望む（E地点）

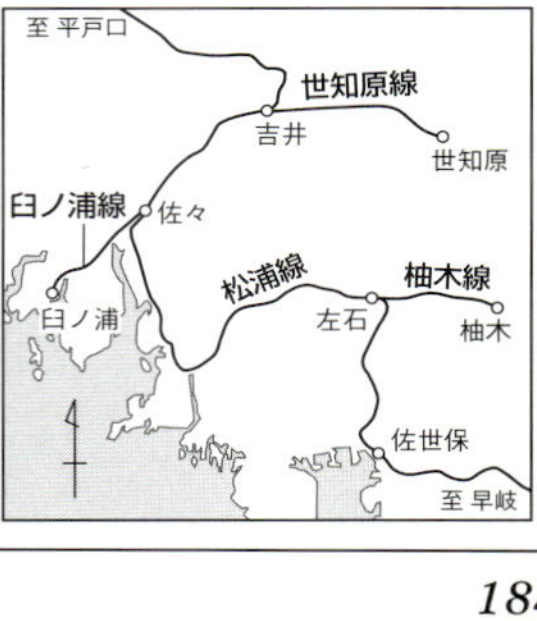

る大災害であったという。

終着の柚木駅跡は、柚木中央区バス停付近で(I)、薬局の前が駅前広場であったという。ホーム跡には、アパートが建てられており、公民館奥の体育館付近に機関車の給炭施設があった。

【臼ノ浦線】

臼ノ浦線の起点となる佐々駅には、松浦鉄道の車庫があり、佐世保～佐々駅間は、列車の運行本数も多い。臼ノ浦に向かう臼ノ浦線は、佐々川橋梁の手前まで1・2kmほど松浦鉄道と並走していたが、今も松浦鉄道と並

肥前池野～柚木間を走るキハ0210(F地点)。昭和42年3月20日／写真:加地一雄

沿線には住宅が建って当時の撮影ポイントには立てない(F地点)

道路に沿って淡々と柚木駅を目指すキハ0210(G地点)。昭和42年3月20日／写真:加地一雄

門柱も倉庫も住宅も当時の位置にそのままあった。踏切上のレールを撤去した痕跡が、かすかに分かる(H地点)

線路跡に家が建てられたが、石垣はそのまま残っていた(G地点)

踏切を越えたすぐ先にホームがあり、柚木駅の構内跡地にはアパートが建てられている(I地点)

柚木駅に進入するレールバス(H地点)。昭和42年3月20日／写真:加地一雄

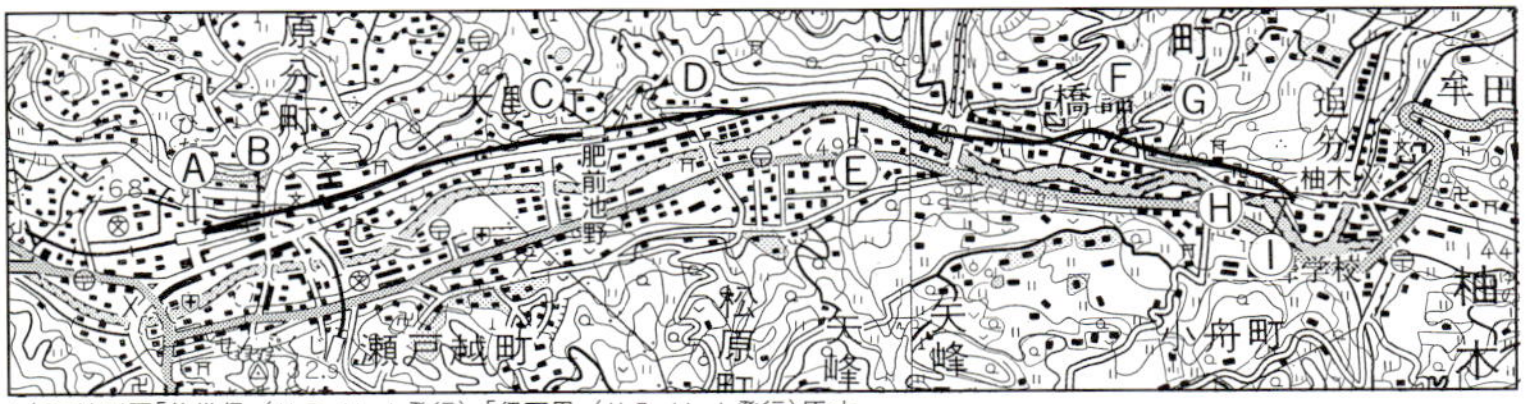

1/5万地形図「佐世保」(H7.11.1発行)、「伊万里」(H7.11.1発行)原寸

行して臼ノ浦線の線路跡の草むらが続いている(Ⓑ)。松浦線と分かれた線路跡は、やがて佐々川を渡るが、ここに2列の橋脚跡が平成11年8月まで残されていた(Ⓔ)。上流側が臼ノ浦線のもので、下流側が軽便時代のものであったが、軽便の橋脚は、廃止後、海軍の手で木橋が架けられ、初代の見返橋として活用されたという。なお、現在の見返橋は、昭和32年(1957)に竣工している。

佐々川を渡り終えるとすぐに軽便時代の肥前黒石駅があったが、ちょうど看板屋がある付近だという(Ⓕ)。切通し部分を抜けた臼ノ浦線は、築堤となって道路を跨ぎ、現在の工業団地の中を通っていたというが、今はその跡は残っていない。スポーツセンターの付近から線路跡は、道幅の広い舗装道路に変わる。昭和23年発行の地形図を見ると、港町の神社付近に軽便時代の大悲観駅があり、終着の臼ノ浦駅も、もっと臼ノ浦港の先端付近に設置されている。廃止時の臼ノ浦駅は、駅舎が港町公民館として利用されており、駅に上がるコンクリート階段も当時のままだ(Ⓗ)。なお、線路は臼ノ浦港先の石炭積み込み施設まで続き、高架線部分のコンクリート橋脚が平成10年まで残っていたが、現在は撤去されている。

雑草が生えた臼ノ浦線の線路跡が松浦鉄道に並行している(B地点)

始発列車もあり、列車が頻繁に出入りする松浦鉄道の佐々駅(A地点)

佐々駅南方の並走区間で、松浦線の上り旅客列車と臼ノ浦線のレールバスがすれ違う珍しい貴重な一瞬(B地点)昭和42年3月21日／写真：加地一雄

陸橋の上から松浦鉄道と、築堤がはっきり残る臼ノ浦線の分岐点を眺める(C地点)

分岐点近くの佐々川の支流に橋脚と橋台が残っている(D地点)

佐々川に長らく残されていた橋脚は2年かけて撤去された。これは平成11年6月に撮影した撤去直前の姿(E地点)

空のホキを従えたC11が、松浦線と臼ノ浦線の分岐地点にさしかかる(C地点)昭和42年3月21日／写真：加地一雄

【世知原線】

世知原線の始発駅になる肥前吉井(現・吉井)駅には2本のホームがあり、世知原線は一番山側のホームから発着していたが、現在はレールが撤去されて雑草に覆われている(Ⓐ)。吉井駅を出た世知原線跡は、400mほど先で松浦鉄道と分岐するが、この付近までは、薮に覆われた線路跡が見られ、信号故障時などに人が上って手旗を振った櫓も残っている(Ⓑ)。舗装道になった線路跡は、1キロポスト付近から自転車歩行者専用道路になり(Ⓒ)、線路跡の北側に流れる佐々川には、風情ある石橋も見られる。祝橋駅跡には、ホームと駅舎が残されており、機械の作業場として利用されている(Ⓔ)。

太田免付近には、沿線で最後まで残っていた春日鉱があり、坑口からトロッコで運び出された石炭は、引き込み線のホッパーから積み出されていた。引き込み線部分は、切通しになっていたが、今は、ほぼ埋め立てられている(Ⓕ)。また、佐々川を渡る鉄橋跡も、太田橋付近の道路改修工事によって痕跡を消している。

なお、路木場川には、ガーダー橋がそのまま利用され、上流側には、軽便時代のものと思われる石積みの橋

世知原線の跡は草に覆われた松浦鉄道吉井駅構内(A地点)

肥前吉井駅を出発する世知原行きのキハ02(A地点)
昭和42年3月21日/写真:加地一雄

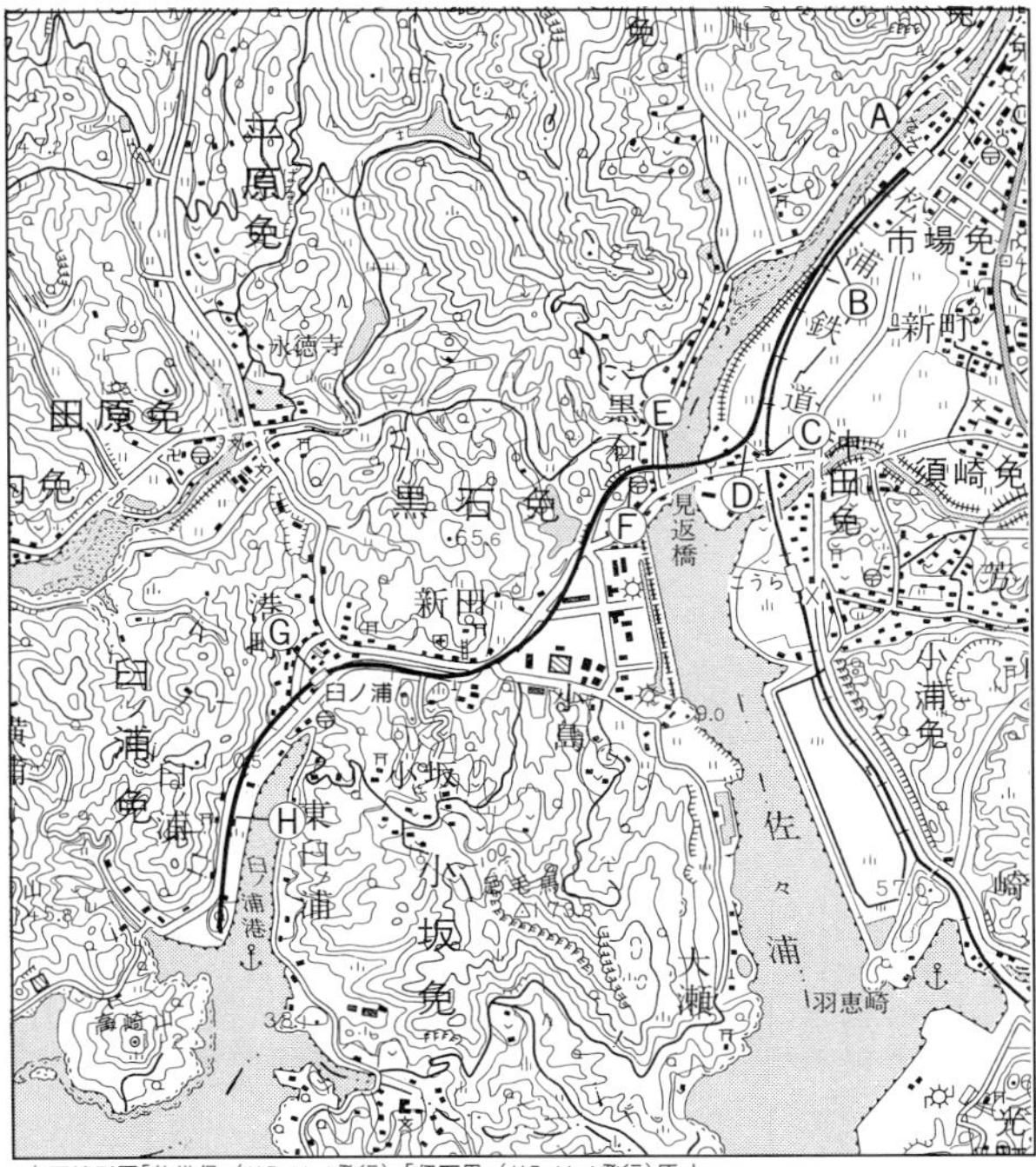

1/5万地形図「佐世保」(H7.11.1発行)、「伊万里」(H7.11.1発行)原寸

看板塗装店付近が軽便時代の肥前黒石駅(F地点)

駅舎が残っている臼ノ浦駅跡。駅名標も立っているが、かすかに残った文字から「はえのさき」と読みとれた(G地点)

平成10年まで道路の海側に臼ノ浦港の石炭積み出しの高架橋がのびていた(H地点)

台を見ることができる(Ⓖ)。

　終着の世知原駅跡は、噴水公園に整備され、C11169の動輪がモニュメントとして設置されている(Ⓗ)。なお、線路はグランドのバックネット付近までのび、ここにホッパーがあったという。また、佐々川上流部に、炭鉱のトロッコが使用したコンクリート橋も残っている(Ⓘ)。

【村田正博】

石炭を積んだホキを牽いたC11が吉井駅へ向かう(C地点)昭和42年3月21日／写真：加地一雄

1キロポスト付近から自転車歩行者専用道路に変わる世知原線跡(C地点)

水路にはコンクリート橋が残っている(D地点)

松浦鉄道との分岐点付近。左側の草むらが世知原線跡(B地点)

ホッパーへの引き込み線跡は埋められているが、その跡を見つけるのはやさしい(F地点)

ホームと駅舎が残っている祝橋駅跡(E地点)

人道橋として残っているトロッコのコンクリート橋(I地点)

世知原駅跡の公園にはC11の動輪が展示されている(H地点)

路木場川のガーダー橋は貴重な遺物の一つ(G地点)

1/5万地形図「佐世保」(H7.11.1発行)、「伊万里」(H7.11.1発行)×0.9

屋久島安房森林鉄道

今も活躍する日本最後の森林鉄道の廃線跡

【安房～苗畑・小杉谷～大株歩道入口】

屋久島は雨の島である。その雨と多様な気候をもつ高山が、この島に世界有数の美しい森を与えた。そしてこの豊かな自然の恵みが、過去500年にわたり屋久杉の伐採という形で島民の生活を支えてきた。

明治時代に入ると、屋久島の森の大部分が国有林になり、林野事業はさらに拡大化。そして大正11年（1922）、小杉谷に営林事業所が開設されるのに伴い、木材の搬出用として島内最初の森林鉄道の建設が開始されたのである。

翌年には貯木場が開設された港町・安房《あんぼう》から小杉谷までの16kmが完成し、最新式の米国製のガソリン動車が導入された。その後も路線は森の奥へと延伸を重ね、昭和30年代の最盛期には全長26kmものネットワークを島東部に広げることとなった。

しかし高度成長期の終わりとともに、次第に環境問題が重視されるようになり、島の国有林開発は保全へと転じていくことになる。昭和44年（1969）5月、小杉谷地区での伐採終了とともに森林鉄道は本来の役目を終え、翌年8月18日をもって前進基地の小杉谷事業所も閉鎖となった。

しかし撤去されると思われた森林鉄道は、偶然が重なり奇跡的に存続されることとなる。

道路と直結する中間地点の荒川地区を中心に、下流部10・7kmは屋久島電工㈱に払い下げられ、安房川に作られた発電用ダムの管理用に転用。

石塚線では昭和時代さながらに、下り勾配を利用した手ブレーキによる貨車の滑走運転が行われている

最盛期には線路が張りめぐらされていたであろう、元営林署貯木場の広い敷地に、わずかに積まれた屋久杉が寂しさを誘う（A地点）

現在の安房森林鉄道の拠点は、小道の行き止まり地点の苗畑で、屋久島電工の機関車やモーターカーが置かれている（B地点）

皇族初の森林鉄道のトロッコ乗車、常陸宮様屋久杉保護林を御見学。昭和45年／熊本営林局「年輪」より

小杉谷分岐から廃線となった小杉谷線（右）が始まる（D地点）

中流部の荒川から上流は、今も土埋木の運搬が行われる日本最後の森林鉄道だ（C地点）

また上流部の荒川～石塚間7・1kmも、下屋久営林署改め屋久島森林管理署の依頼を受けて、㈲愛林により昔の伐採跡に残された土埋木《どまいぼく》搬送のために、年に数回、昔ながらの鉄道による木材運搬が行われている。

このように、多くの区間が今も現役路線として使用されている屋久島の森林鉄道であるが、伐採・運搬に使用されなくなった一部がすでに廃止となっている。そのひとつが、最下流部の安房～苗畑の区間である。

早朝は魚の水揚げで活況を呈す安房港の南に隣接して、かつての屋久杉の出荷場所、貯木場がある。林業衰退とともに営林署から森林管理署に運営機関が移行され、安房貯木土場と名称変更されたこの地に、かつての繁栄の面影はない(Ⓐ)。しかし、広い敷地には屋久杉の土埋木がわずかながら積まれ、また昔ながらの木造の管理棟が維持整備されていることから、今も搬送の拠点として使用されていることがわかった。

昭和48年(1973)まで、この地から森林鉄道は出発していた。廃止となった苗畑までの2kmは、荒川からの木材運搬をトラックに移管することから不必要となったもので、貯木土場を出てからしばらくは車での輸送を容易にするために、廃線跡は拡幅された舗装道路に転じていた。唯一、島内一周道路と交差する部分のみ新たに接続道路が作られたため、かつての線路道を彷彿とさせる小道が残されていた。

その後も廃線跡は、立派な県道と並行する歩道として利用され、往時の雰囲気はとどめていない。しかし小さな集落の脇を通り抜け、安房川に沿って右にカーブすると、道の脇に突然、コンクリート製の橋梁が出現する。この下流部廃線区間最大の遺物は、亜熱帯の植物に巻きつかれながら今もしっかりと残っていたのである。ディーゼル機関車が何両もの運材台車を牽引し、丈夫な橋を渡って山へ戻る姿が思い浮かぶ。線路跡はここから数百mにわたって細い道と並行し、現在の森林鉄道の基点である苗畑へと到る(Ⓑ)。

苗畑から中流部の荒川までの現用区間は、前述のように現在では屋久島電工に払い下げられ、私有地となり立ち入りが厳禁されている。実際、荒川には厳重なゲートが設けられており、通り抜けはできない状態だ。今回は折から開催されていた鉄道保存協会総会に参加し、屋久町と屋久島電工の協力で運良く全線乗車の願いがかなった。今後町では、安全面や法規上の諸問題が解決できれば、一般の人々が参加できる形での森林鉄道の運転を考えているそうで、近い将来計画が実現することを期待したい。

荒川から上流の区間は、林野庁の管理する国有林である。そして、小杉谷分岐を経て石塚までの7・1kmは、不定期とはいえ今も木材の積み出しに使用される日本最後の森林鉄道だ(Ⓒ)。実際、今回廃線跡調査をするため山に入ったところ、年に数回だけ運転するというディーゼル機関車に牽引された3両編成の運材台車と偶然遭遇した。

荒川から一般登山者にも開放されている現役トロッコ道を上ること約40分。石塚線と小杉谷線との分岐点、

急カーブの右手にかつての小杉谷小・中学校跡が残されている(E地点)

林業盛んな時代には頻繁に使われたであろう離合所の跡が、杉の林の中に放置されていた(F地点)

自然災害により鉄橋部分は流出したものの、頑丈に石積みで造られた橋脚は、そのまま川の中に残っていた(G地点)

川を越えていた橋の流出により途切れた森林鉄道の跡(G地点)

小杉谷に到着する。ここから右へと折れる小杉谷線は、平成6年(1994)3月に廃線となったばかりの路線である(Ⓓ)。廃止の要因はさまざまあるのだろうが、世界最高齢の木ともいわれる縄文杉を筆頭とする、樹齢1000年を超える屋久杉や周辺の自然環境が、平成5年(1993)にユネスコの世界遺産に指定され、保護の措置が採られたため、土埋木等の搬出が困難となったのもそのひとつであろう。

小杉谷分岐から長大な橋で安房川を渡り、かつての集材の前進基地、小杉谷集落跡へと入る。線路が左に急カーブした所に、苔に覆われた平地がポッカリと残されていた。それが、小・中学校の校庭跡だと気づくまでしばらく時間がかかった(Ⓔ)。およそ山中に似合わぬ広大な敷地なのである。脇に立てられた案内板によれば、最盛期の1960年代には133世帯540人もの住民が暮らし、最大108人もの生徒が通学していたのだという。森林鉄道でも毎朝、町まで客車列車を運行し、主婦の買い物の便に供していたという。活況を呈したであろう当時の面影は今やなく、苔むした建物の土台やレールで組まれた記念碑に栄華を偲ぶのみである。

廃止から間もないことから、線路や枕木はこの後も完璧な状態で残り(Ⓕ)、登山道としても使用されているためか廃止線とは思えぬほど管理が行き届いている。もしかしたら、将来の復活も考慮されているのではと思わせたものの、三大杉の先の支流に架かる橋梁が流出していたことで淡い期待は裏切られた(Ⓖ)。河原に落ちて剥き出しとなったレールが、自然の猛威を物語る。迂回路を通りさらに上流を目指すと、環境は一層厳しく、大木が軌道に倒れかかったり(Ⓗ)、路盤が冠水したりと、さまざまな障害が行く手を遮る。最大の流出個所は、小さなV字谷の路盤である。鉄砲水の影響からか十数mにわたって削り取られていた(Ⓘ)。いったん整備が行われなくなった小鉄道の末路は哀れなものである。大株歩道入口は、登山道との分かれ道である(Ⓙ)。レールはこの先もしばらく続くものの、この先に架かる橋梁はすでに朽ちつつあり、また立ち入り禁止のロープが張られていることから、先へと進むことは断念した。ここから縄文杉へは、さらに2時間の道のりである。【白川 淳】

緩んだ地盤のためか、路盤に杉の大木が倒れかかる(H地点)

大株歩道を入口からさらに奥へと森林鉄道の跡は続いているものの、路盤の状況は非常に悪く、歩行には困難が伴う(J地点)

山津波により徹底的に破壊され、レールが折れ曲がった廃線道(I地点)

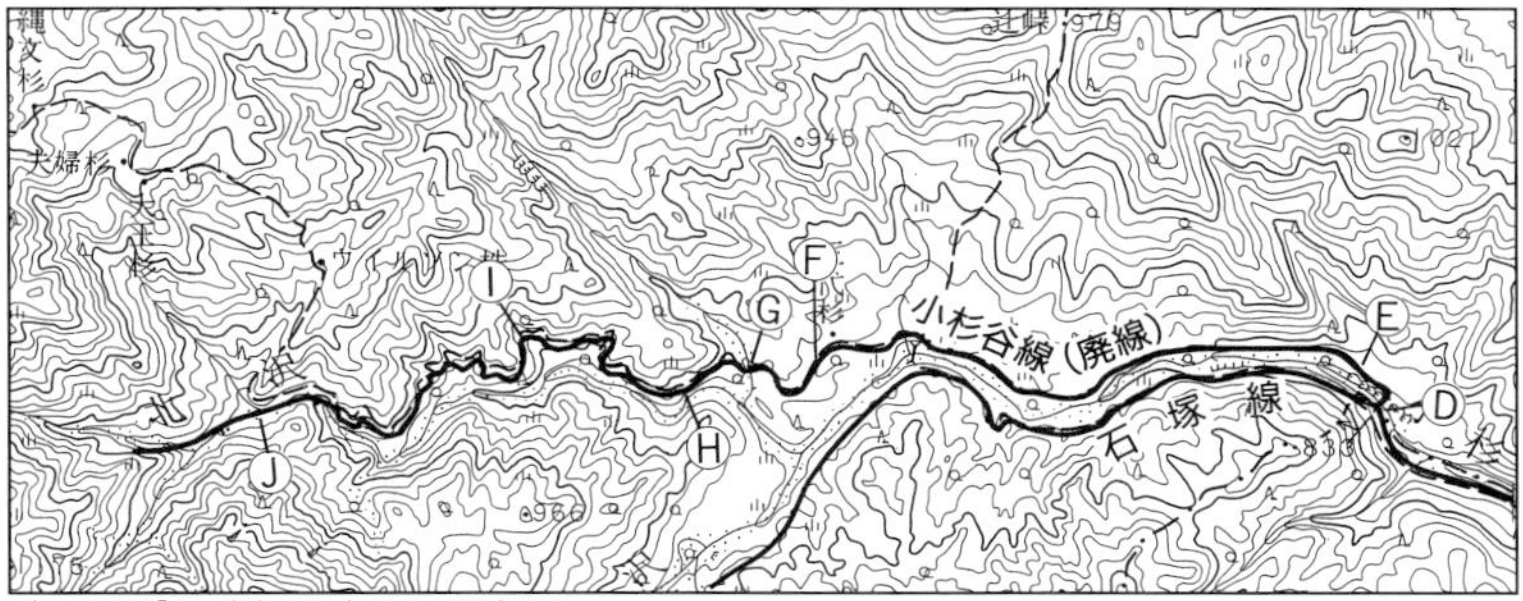

1/5万地形図「屋久島東北部」(H6.7.1発行)原寸

注意 屋久島の山の天候は変わりやすく、急に豪雨に見舞われることも多々あるので、廃線跡を歩く際には山歩き用の十分な装備と飲食料品を持参してほしい。

全国の市場貨物線

各地から新鮮な食料品を積んできたトラックがひしめく中央卸売市場。現在の光景からは想像することすら難しくなってしまったが、かつては鉄道による輸送が主力であり、水産物や青果を扱う卸売場も、貨車からの積み卸しを第一に設計されていた。場内の線路配置についても、当時の技師たちが世界各国から詳細な図面を収集し、それらを手本にして設計したものであった。しかし、鉄道がその役目を終えた現在では、貨車を念頭に建てられた当時の建物はほとんどが姿を消してしまった。その盛業中の頃には、近づくことすらできなかった憧れの市場駅、今では大都市の中で埋もれゆくのみとなっているが、かつての面影を求めて、東京、横浜、名古屋、福岡の市場貨物線の跡を辿った。

【汐留～東京市場】

東京の築地といえば、言わずと知れた天下の巨大市場で、日本中からあらゆる食材が集まってくる。昭和10年(1935)2月11日の開場と同時に開業した汐留～東京市場間の貨物線では、52年間にわたって、全国からの生鮮食料品を積んだ貨車が次々と送り込まれていた。市場内では、レールは3本に分岐し、大きくカーブを描いた卸売場の外周に並行して敷設され、一度に40両の貨車を受け入れる能力を誇っていた。プラットホームのような構造となっている卸売場では、到着した貨車の扉が次々と開けられ、トロ箱が直接積み上げられていた。ここ築地では、レールこそ剝がされたものの、鉄道と一体で設計された卸売場が当時のままで残っており、全国の市場駅でも、ここが唯一の存在となっている(Ⓐ)。

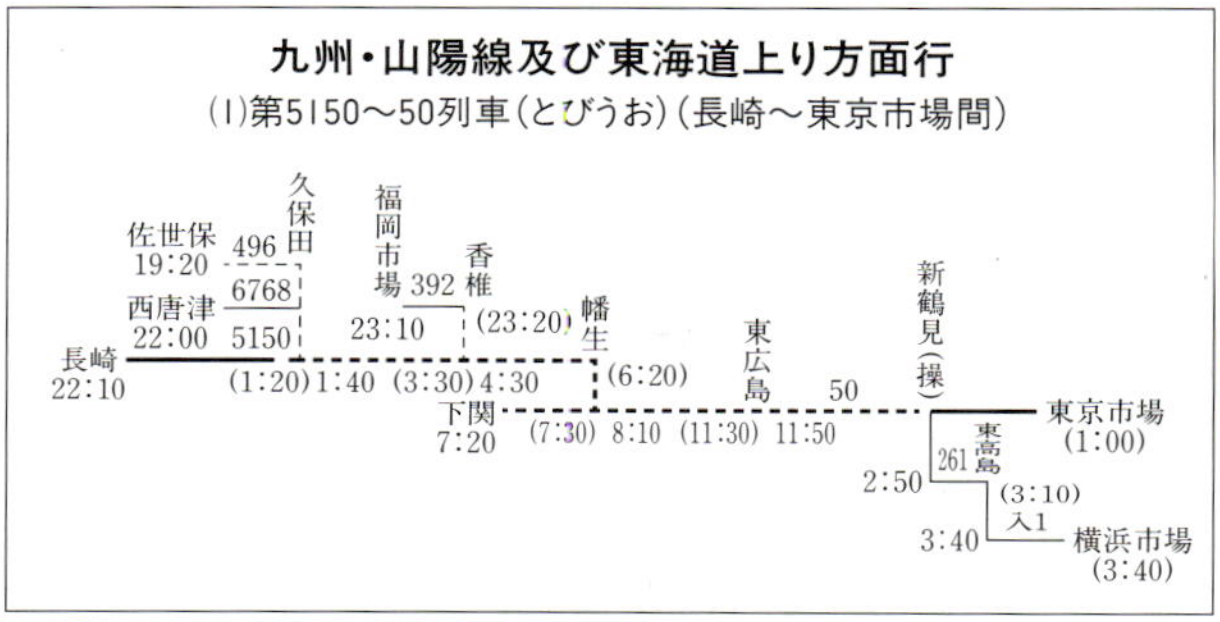

カーブを描いた卸売場は、貨車から直接荷卸しができるよう、プラットホームのような構造となっていた。(A地点)昭和60年

レールがなくなった今も、市場駅の象徴であった卸売場は往年の姿を唯一とどめる(A地点)

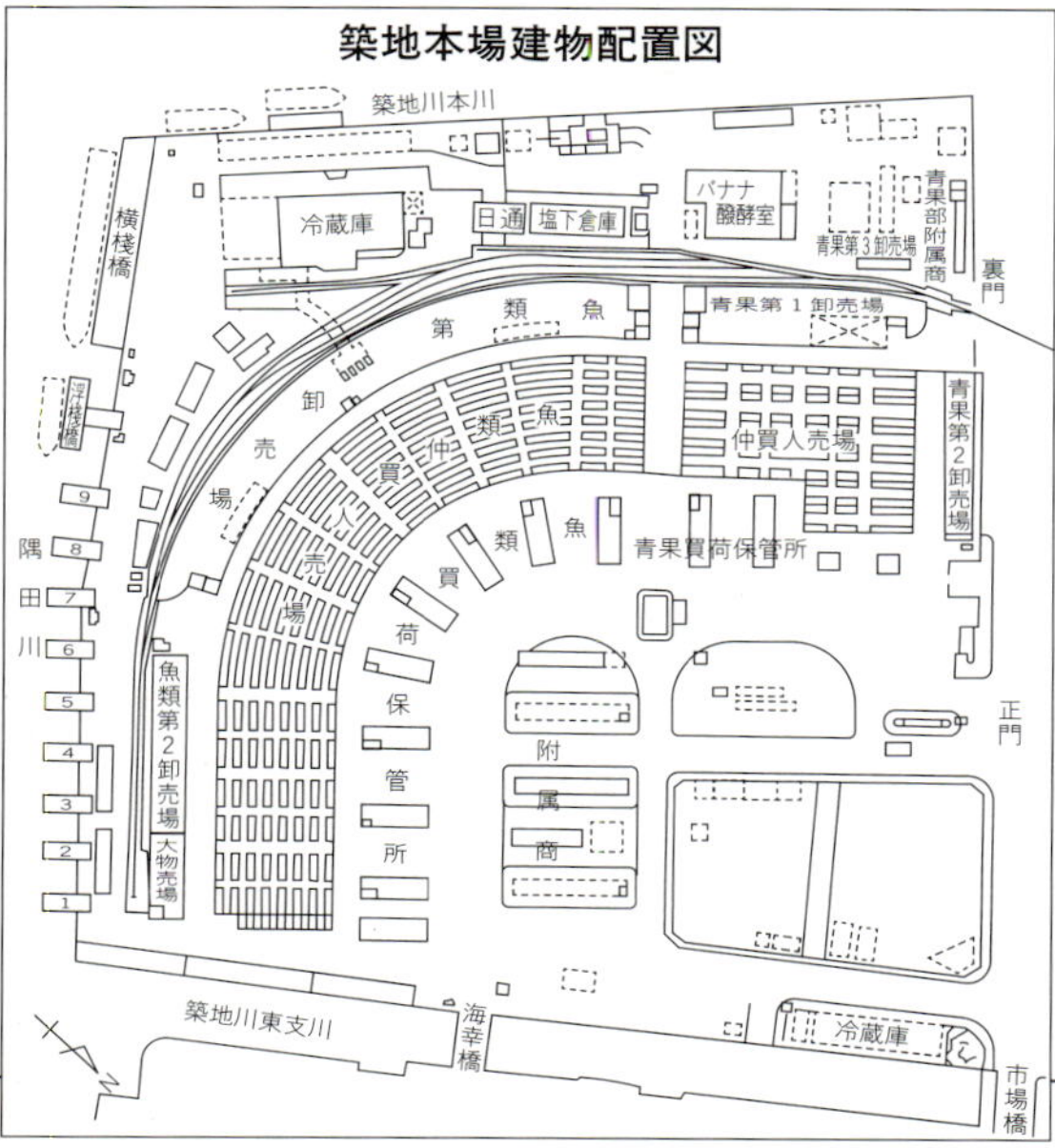

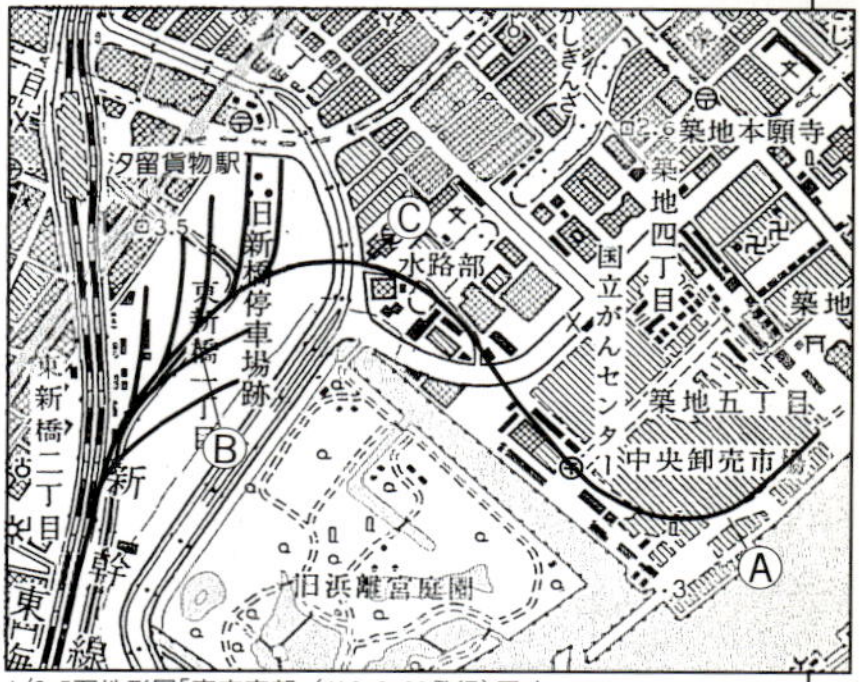

1/2.5万地形図「東京南部」(H8.3.30発行)原寸

鮮魚特急で活躍した高速冷蔵車・レサ10000はJR貨物の手で今も九州で保存されている

貨車による入荷と荷卸し作業。昭和41年／「東京都卸売市場史」より

　こうした鉄道輸送は、それまでと比べ、貨車から荷を卸して荷車やトラックで市場まで運ぶ必要がなくなったため、傷みや紛失が大きく減少したことはもちろん、時間も荷卸運賃費も節約され、絶大な効果をもたらした。列車のダイヤ面でも、産地から市場への直行列車が設定され、昭和43年(1968)10月1日のダイヤ改正では、北海道・三陸鮮魚特急「とうりん」の運転が開始されたほか、車両面でも、より鮮度を保って高速輸送することを目的に、冷蔵貨車レサ10000系が開発され、九州・山陽方面からの鮮魚特急「とびうお」で活躍した。レサの大きなボディーがズラリと横付けされたときの光景は、まさに鉄道貨物の花形を象徴するものであった。

　しかし、これだけ鉄道貨物に有利に設計されていた市場にあっても、その後のトラック輸送のめざましい発展には勝つことができず、昭和62年(1987)1月31日午前2時半、市場関係者による「築地市場最終列車を送る感謝の集い」に送られて、DE10 1553の牽引する最終列車が東京市場駅を後にした。

　あの隆盛を誇った汐留駅も、今では広大な更地へと変わってしまい(B)、汐留から東京市場にかけての廃線跡も、すでに一般道路へと姿を変えているが、道路脇には往時の浜街道踏切の警報機が保存されて名残をとどめている(C)。また、東京市場駅に鮮魚を運び込んでいたレサ10000系は、JR貨物の手により2両が九州内で保管されている。

築地市場の全景。昭和63年12月／「東京都卸売市場史」より

【東高島〜横浜市場】

　国際貿易港である横浜港の臨海地帯には、多数の貨物駅が設置され、埠頭で船からの陸揚げを貨車が待ち受けるという、港湾ならではの光景が展開されていた。横浜市場駅も、そんな臨海地帯にあった貨物駅のひとつで、横浜港に出島のように突き出た横浜市中央卸売市場に昭和9年(1934)6月に開設された。開業当初は地名から山内町駅を名乗り、構内も水産物部卸売場に総延長344mのレールが敷かれているだけであったが、伸びゆく人口とともに市場駅での取扱量も伸び、その人口も昭和17年(1942)には100万人を突破するまでになった。

　第二次大戦中は横浜大空襲で被災したり、終戦後に接収されたりと多難な時代もあったが、それらを乗り越えたあとでは、再び予想を上回るペースで取扱量を伸ばし続け、昭和32年(1957)12月には拡張された青果部にも専用線が新設された。当時は横浜市電も万代橋を渡って中央市場停留場まで乗り入れており、鉄道がもっとも輝きを増していたのはこの頃であった。伸び続けた横浜市

1/2.5万地形図「横浜東部」(H11.10.1発行)原寸

駐車場の区切りがカーブしているのは、市場線の線形の名残(B地点)

東高島駅から横浜市場駅に向けて貨物線が分岐していたこの付近は、勝海舟が設計した海防砲台の台場であった(A地点)

水産物卸売場プラットホーム。「横浜市中央卸売市場30年史」（昭和36年刊）

水産物卸売場の線路が交錯していた跡には保冷車が並ぶ横浜市場（B地点）

の人口は、昭和43年（1968）にはついに200万人を突破し、その旺盛な需要を受けて、昭和45年（1970）8月からは鮮魚特急「とびうお」に横浜市場駅向けの貨車増結が実現するなど順風満帆であった。

しかし、猛烈なモータリゼーションの嵐はここ横浜市場駅にも容赦なく襲いかかり、昭和57年（1982）11月15日、横浜市場駅はついに営業を廃止した。廃線跡は場内の通路や駐車場へと姿を変え、高島線（新鶴見～高島～桜木町）から分岐していた付近では、駐車場全体が大きくカーブしてるあたりに往時の面影を留めている（Ⓐ）。また、市場駅として発足した当時の構内の跡は、3本のレールが並行に敷設されていた時代の名残として、水産物部卸売場と岸壁との間に広い空間を生みだし、商品の整理や積み出しに役立っている（Ⓑ）。

【白鳥～名古屋市場】

名古屋駅のすぐ南側で東海道本線から分岐していくのが貨物線の名古屋港線で、途中にはナゴヤ球場正門前駅が設けられ、プロ野球のゲームがある日には、名古屋駅からの観客輸送列車が続々とやってきたことも記憶に新しい。この正門駅の位置から少し南にあったのが八幡信号場で（Ⓐ）、ここから南東方向に緩くカーブしていく2本の道路が、名古屋市場駅への貨物線の両側にのびていた道路である（Ⓑ）。廃線跡の両側に道路が並行したおかげで、その跡地利用の価値が非常に高まり、ほぼ全線にわたってマンションなどが立ち並んでいる。ちょっと高い位置から見下ろさないかぎり、ここが廃線跡であることが分からないほどである。

この貨物線は、貯木場からの木材輸送を目的に、大正5年（1916）12月に白鳥駅（Ⓓ）への貨物線として開業したのが最初であった。この貯木場に隣接して、中央卸売市場の前身である名古屋市卸売市場が開設されたことから、白鳥駅への貨物線から分岐して、市場に至る鉄道敷設の請願が昭和17年（1942）7月に提出され、1年後に認可が下りた。そして昭和20年（1945）1月8日、待望の市場引き込み線が完成し、初旅荷が入荷した。当時の期待の大きさは、「引込線ニ因ッテ市場ノ荷扱所ニ貨車ハ横付トナリ直ニ卸売場ニ搬入ノ極メテ容易ナルモノノ如シ」といった記載にも表れている。しかし、分岐点で国道1号と市電とを遮断するため、市内交通の障害になるとして開業前から問題となったほか、開業からわずか2カ月の間に、B29による空襲で事務所予定の建物や各売場の建設資材が全焼し、まさに前途多難なスタートとなった。

それでも、昭和24年（1949）4月には、法の定めるところの中央卸売市場へと昇格し、取扱量を伸ばしてゆくこととなった。当時は鉄道に頼る部分が大きく、貨車の到着が市

手前が新幹線の高架で、奥のアーチが名古屋港線から名古屋市場・白鳥方面が分岐していた地点。アーチが小さすぎて、せっかく新幹線のガードが大きくても通過は困難（A地点）

廃線跡がまっすぐにのびているが、奥の方ではすでにマンションが建ち並んでいる（B地点）

貨物列車標準時刻表（昭和41年10月現行）

稲沢線（下り）白鳥－稲沢

行先 / 列車番号 / 駅名	稲沢	稲沢	稲沢
駅名	565	567	569
始発			
■ 白鳥	641	1307	1754
■ 枇杷島	703	レ	レ
■㋝ 清洲	レ	レ	レ
★■ 稲沢	734	1341	1829
終着			

稲沢線（上り）稲沢－白鳥

行先 / 列車番号 / 駅名	白鳥（名市場）	白鳥（名市場）	白鳥（名市場）	白鳥（名市場）	白鳥（名市場）	白鳥（名市場）
駅名	562	564	566	568	570	572
始発						
★■ 稲沢	006	119	430	845	1054	1534
■㋝ 清洲	レ	レ	レ	レ	レ	レ
■ 枇杷島	レ	レ	レ	レ	レ	レ
■ 白鳥	042	147	506	917	1125	1606
終着						

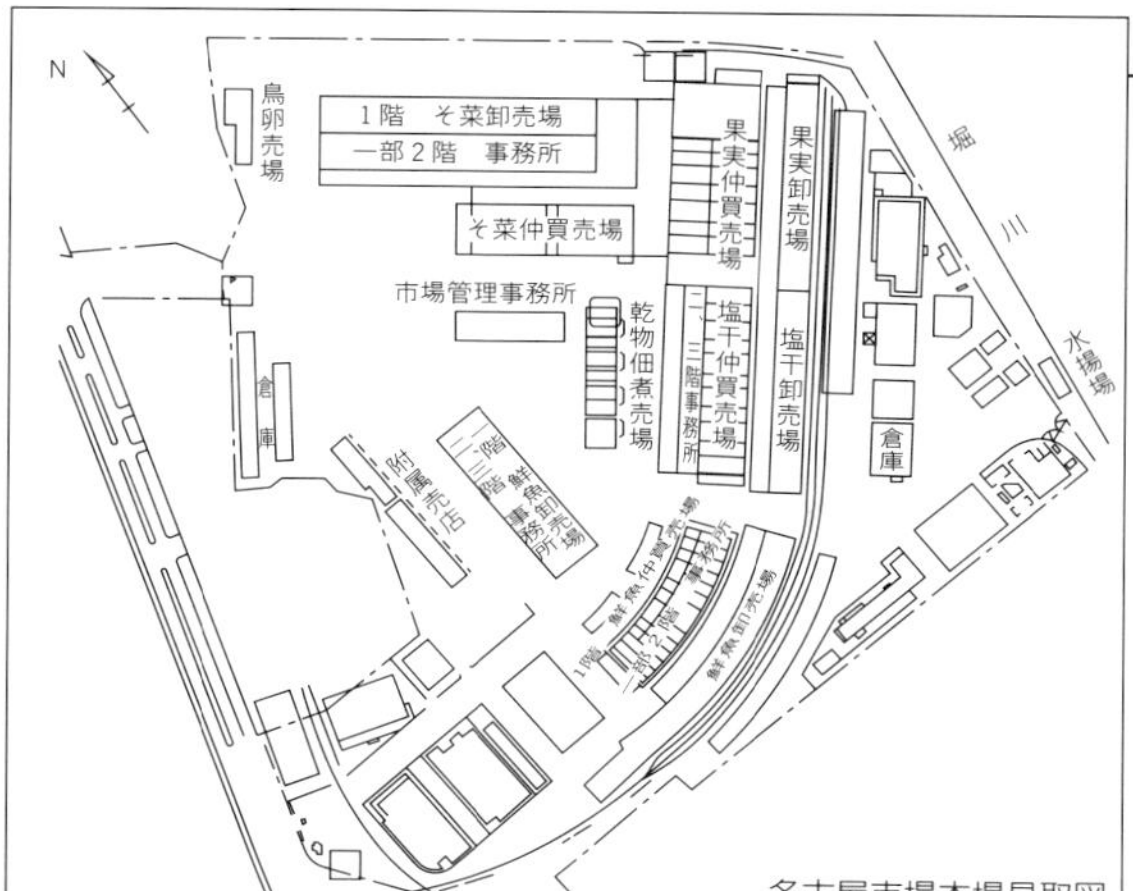

名古屋市場本場見取図

名古屋市場の中では、手前の建物をかすめて、カーブしながら奥へとのびていた(C地点)

鉄道が中心であった時代を知る建物は次々と姿を消している(C地点)

場の動きの鍵を握っており、昭和25年(1950)6月には、市場線のダイヤ改正を受けて、鮮魚部が5時、塩干魚部が6時の早朝取引を開始するほどであった。また、長らく白鳥駅の専用線扱いであったのが、昭和32年(1957)2月1日には名古屋市場駅として独立し、開所式も挙行されて前途を祝した。しかし、駅長は白鳥駅長が兼任のままであった。

市場駅にとって最大の試練となったのが、昭和34年(1959)9月に襲った伊勢湾台風であった。死者およそ5000人を出したこの大惨事では、卸売場が倒壊して市場全体が泥水に没し、市場線も寸断され、台風前日に到着した約100両の貨車が、積み荷もそのまま取り残される事態となった。300万人分の食料の供給を早期に復活させるべく復旧が急がれ、鉄道引き込み線上への倒壊物の撤去が総出で行われた。

この台風の災害を克服した後、敷地の造成や荷卸場の増築が行われ、昭和36年(1961)には待避線も増設されたことにより、場内の総延長は当初の400mから3倍以上の1400mになった。

しかし、市場線を取り巻く状況は、昭和40年(1965)7月の名神高速道路の全通などにより、一段と厳しいものになった。1日6便の列車を稲沢～名古屋市場・白鳥間で運転して各地からの貨車を継送したが、小回りの利くトラックに次第に圧倒されるようになり、昭和50年(1975)12月の国鉄全線ストなども響いて、昭和53年(1978)10月1日に名古屋市場駅は廃止となった。当時を知る建物も残り少なくなっており、そのうちのひとつである冷蔵倉庫も、今まさに解体中であった(Ⓗ)。

名古屋市電と平面交差していた市場線を行くDE10。昭和49年1月19日／写真：徳田耕一

巨大な貯木場にあった白鳥駅跡は、名古屋国際会議場として生まれ変わっている(D地点)

【福岡港～福岡市場】

福岡市場駅は、博多湾を望む産地市場の貨物駅として、昭和39年(1964)2月1日に開業した。レールは水揚岸壁の突端まで引き込まれ、水揚げされた鮮魚は貨車に積み込まれると、香椎駅で長崎発の鮮魚特急「とびうお」に連結され、東京市場駅や横浜市場駅へと直通していた。産地市場と消費地市場の両方に貨車が直接乗り入れるようになったことで、食品物流の合理化に果たした役割は大きかった。駅自体は昭和57年(1982)11月15日に横浜市場駅とともに廃止となったが、うれしいことに、全国の市場駅で唯一、当時のレール

1/2.5万地形図「名古屋南部」(H9.5.1発行)原寸

那珂川橋梁を渡る福岡港へ向かうDE101613。平成4年7月23日／写真:宇都宮靖顕

福岡ボートのスタンドの横を通っていた臨港貨物線。かつては「福岡ボート前」仮乗降場も設けられていた(B地点)

がそのまま残っていた。古めかしい上屋の下に、潮風に晒されてボロボロになったレールが鈍く輝く光景は、魚市場の貨物線のイメージにまさにぴったりであった(Ⓓ)。

さて、福岡市場駅にすぐ隣接してあったのが福岡港駅で、ともに博多港駅からレールがのびていた。残念ながら、この区間ではほとんどが撤去され、一部では駐車場などに変身しているが、博多湾の河口に架かる石堂川橋梁では、10連のガーダーすべてが健在で、しかもレールがそのままま残されている(Ⓐ)。桁によっては平成5年(1993)に塗り直されたものもあり、今後の処遇が気になるところである。

河口の長大な石堂川橋梁はレールもそのままに現存。一部の桁は平成5年に再塗装が行われている(A地点)

この石堂川橋梁より西では、幅の広い道路の真ん中を走っていたが、線路の両側に植えられた街路樹が空高く生い茂り、ここに鉄道が走っていたことを覆い隠している。その先では廃線跡にすぐ隣接してボートレース場があり、開催日ともなると、周辺は人で埋め尽くされるが、かつてはここに「福岡ボート前」仮乗降場も設けられ、臨港貨物線も旅客輸送に一役買っていた(Ⓑ)。沿線には福岡市民会館や県立美術館などの公共施設も集中しており、旅客営業を続けてみるのも面白かったかもしれない。

終点の福岡市場駅と福岡港駅のヤード跡地に差し掛かると、そこは市場関係者の広大な駐車場として生まれ変わっていたが、その車止めには、タイプレートがくっついたままの枕木が活用され、かつてここに鉄道が走っていたことをひそかに暗示していた(Ⓒ)。

手前の広い駐車場がヤード跡で、隣接してマンションが建っている場所が福岡港駅跡(C地点)

福岡港での入換作業。平成4年7月23日／写真:宇都宮靖顕

今回巡った4つの市場駅と、既刊の『鉄道廃線跡を歩くⅥ』で取り上げられた近畿と東北の市場駅を合わせると、昭和50年以降まで存続していた市場駅のすべてが紹介されたことになる。しかし、いずれの市場でも、当時を物語る建物は次々と失われており、鉄道の果たした役割も忘れ去られようとしている。中央卸売市場の歴史を語る上で欠くことのできない鉄道貨物の功績は、いつまでも記憶にとどめておきたいものである。【笹田昌宏】

水揚げ岸壁には当時のレールがそのままで残っている。ここに冷蔵貨車が並んだ頃を彷彿とさせる(D地点)

福岡市場から福岡港へ向かうDE101613。平成4年7月23日／写真:宇都宮靖顕

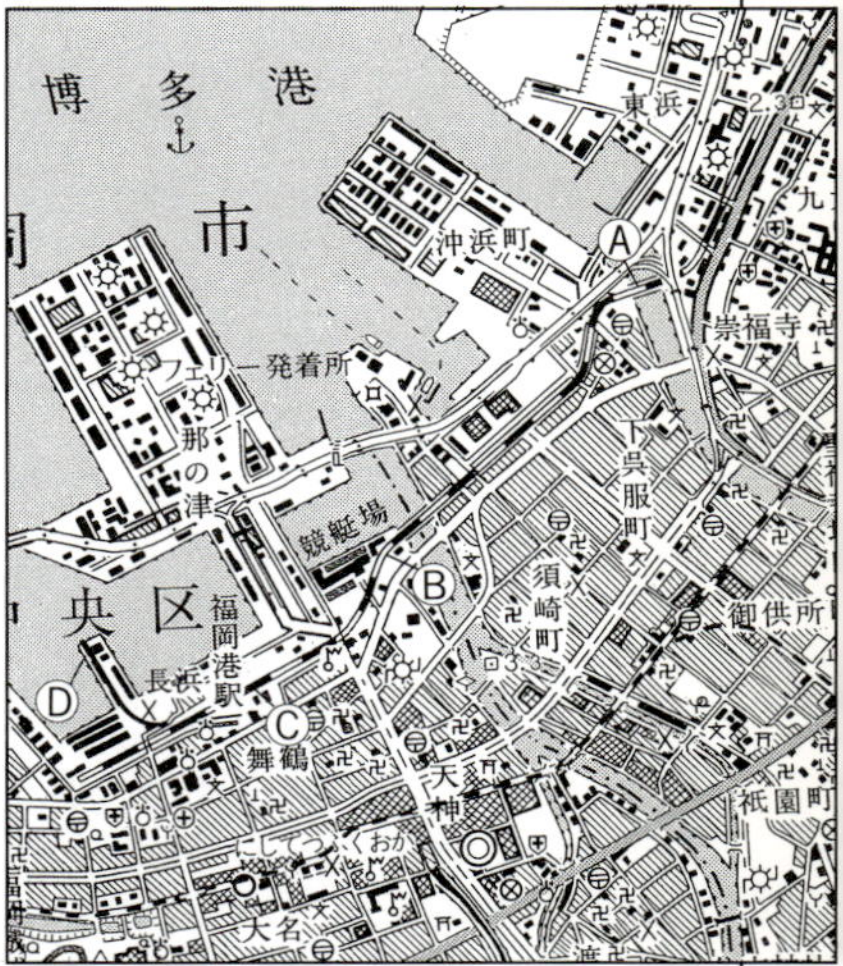

1/5万地形図「福岡」(H8.7.1発行)原寸

〈参考文献〉「各中央卸売市場年史」「貨物時刻表各年度版」「日本中央市場史研究」「中央卸売市場の成立と展開」

泰緬鉄道の廃線跡を歩く

日本南方進出時代の忘れ形見

【タイ・ナムトク～ミャンマー・タンビュザヤ】

忙しなく過ぎ行く時の流れは、僅か半世紀前に全世界で起こった戦争の事実を忘れさせようとしている。今や、日本人がアジアを占有し、遠く南アジアや東インドまで進出していたことは、戦後世代にはにわかに信じられないこととなった。しかし54年前、我々日本人は確かにそこにいた。その証拠のひとつが、タイとビルマ（現ミャンマー）の国境地帯のジャングルに今も残る、泰緬鉄道の線跡である。

第2次世界大戦当時、日本軍は進出していたタイから、イギリス軍の軍事拠点となっていた隣国のビルマへと、国境を越えた軍事作戦を昭和17年（1942）2月より開始した。日本軍の猛攻により、やがてイギリス軍はビルマ西部へ後退を余儀なくされ、鉄道を含む施設を撤去もしくは破壊の上、撤退していった。

このため進出した日本軍は、まず施設の復旧から手を付けねばならなかった。そこですでに1m軌間に改軌し、日本からタイへと送り込んでいたC56形蒸気機関車を、船でビルマへと搬送。さらに軍事物資をより円滑に送り込むため、ビルマ全土を日本軍が制圧した昭和17年（1942）7月より、タイ～ビルマ間を直結する鉄道を、路線の東端、タイのノンプラドック駅より着工した。それが泰緬鉄道である。

軍が策定した線図に従い、突貫工事で建設を進めた鉄道は、しかし連合軍の捕虜やマレー半島から連れてきた住民を過酷な条件で利用したことから、疲労やマラリヤなどの熱帯病により膨大な数の死者が出て、のちに泰緬鉄道は別名「死の鉄道」と呼ばれることになる。アカデミー賞でオスカーを獲得した映画『戦場に架ける橋』は、この時の模様を描いたものだ。ただ映画は連合軍側の目から見た内容で、事実に誇張、脚色があることも記憶しておきたい。例えば最後に落橋するクワイ川橋梁は、木橋ではなく鉄橋で

ヒントク切通し跡には建設時に使用されたトロッコ（左上）も保存されている（E地点）

戦時下の鉄道を彷彿させる木橋が、そのまま残っているるアルヒル桟道橋（B地点）

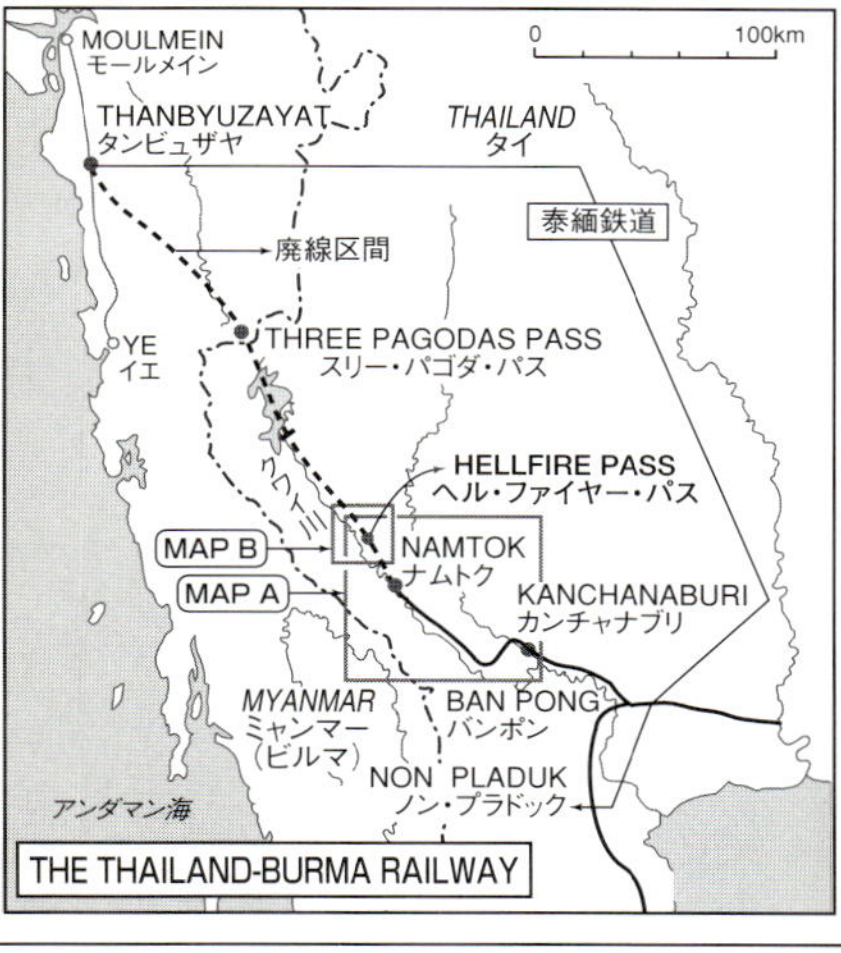

泰緬鉄道開通式当日、タイ側から処女列車を索引して、レール接合地点のコンコイターへ到着したC5631号。昭和18年（1943）10月25日／写真所蔵：塚本和也

ナムトク駅付近の滝の脇に残る路盤には、かつて泰緬鉄道で活躍した日本製のC56形蒸気機関車702号機（もとのC56 4号機）が保存されている（C地点）

あったし、捕虜だけでなく現場に従事した日本人兵士も、建設途上でかなりの死者が出ている点などである。

昭和17年(1942)10月からは、ビルマ側からの鉄道建設もスタートし、翌年10月17日にはタイのコンコイター付近でレールが直結。戦況が押し迫っていたとはいえ、着工から僅か1年3カ月で、貧弱な装備で軟弱な地盤をゆく全長414・92km(東京～大垣間に匹敵する)もの路線を敷設したことは奇跡的である。全通に急を要したため、クワイ川橋梁を除き長大橋梁やトンネルを作らず、急勾配を避けて線路を敷くという無謀な要求にも応えたため、非常な困難を極めたことは容易に想像できる。

開通式は、全通から8日後の昭和18年(1943)10月25日にコンコイターにて執り行われた。午後2時、タイ側からC56 31号、ビルマ側からはK5形蒸気機関車に牽かれた処女列車が爆音を轟かせ、史上初のタイとビルマを結ぶ鉄道がここに完成したのである。

しかしビルマにおける戦況は急速に悪化し、昭和19年(1944)半ばには泰緬鉄道でも空襲が日常的におこるようになった。そのため日中の運行を諦めざるをえなくなり、脱線の危険が常に付きまとう路線で、障害の多い夜間・早朝運行を採用することとなる。その後も日本軍は敗退を重ね、年の後半にはビルマからの大敗走が始まった。前線支援のため建設された泰緬鉄道は、当初の予定と異なり、ビルマからタイへ撤退、転進するための部隊輸送に使われることになり、昭和20年(1945)8月15日、18万人にもおよぶビルマ戦の戦死者を残して戦争は終結。泰緬鉄道も僅か2年の歴史に幕を下ろすこととなった。

戦後、日本軍が使用したC56形蒸気機関車や貨車などの車両は、タイに払い下げられ使用されたものの、泰緬鉄道は連合軍捕虜から徹底的に糾弾され、全路線撤去のうえいったん廃止となった。

しかしその後、タイ王国は全土で荒廃していた鉄道を、世界銀行からの借款で復興させることを決定し、その一環として泰緬鉄道の一部についても復旧させることにした。そして、本線との分岐点、ノンプラドックからカンチャナブリを経てナムトクまでの路線を、昭和24年(1949)から昭和33年(1958)にかけて再敷設。現在もナムトク線として運行を続けている。最近ではネームバリューのあるクワイ川橋梁を整備し、蒸気機関車まで復活させて観光地として売り出している(Ⓐ)。平和な時代ならではの状況といえようか。

この蒸気機関車に乗って廃線跡を目指すことにした。戦時中は路盤も固まらぬ荒れた路線であったというこの鉄道も、現在では揺れも少ない立派なローカル線となった。蒸気機関車は出発地、カンチャナブリ駅を出ると間もなくクワイ川橋梁を渡る。鉄橋は何度も空襲を受けたせいか、一部新しいものに取り替えられているものの、当時の姿を留めて今も健在だ。その後、掘削に苦労したであろうチョンカイの切通しや、木を組

沿線有数の難所、クワイ川橋梁の工事風景。連合軍捕虜、労働者、それに監督する日本軍兵士の姿が見える。(A地点)／写真所蔵: 塚本和也

戦後タイに残されたシゴロクが、クワイ川橋梁を定期列車を索引して渡る。中央の形が違う2連のトラス橋は、戦時中に破壊され復旧されたもの(A地点)。昭和46(1971)7月23日／写真撮影: 塚本和也

博物館が保管する日本製の貨車には、今も日本語の表記(右下)が残されていた(D地点)

付近最大の難所、ヒントク・カッティングには、メモリアルパネルが埋め込まれ、1条のレールが保存されている(E地点)

み合わせて断崖に張り付くように作られたアルヒルの桟道橋(Ⓑ)が、戦時中の様相を今に伝えながら使用されている。かつて機関区のあったワンポーで蒸機列車は、終点となるため後続のローカル列車に乗り換え、さらに一駅先にある現在の終着駅、ナムトク駅へと向かう。

ここから先が泰緬鉄道の廃線跡である。簡単な車止めで終わるレールの先に、路盤は整備された状態で数キロ先まで続いている。それも道理で、近年までこの区間には線路が敷かれていたのだ。タイ政府は将来の延長を考えていたのであろうか。今となっては夢の跡である。

この路盤が尽きる所に、何と蒸気機関車が1両置かれている(Ⓒ)。それもかつて活躍した日本製のC56形である。702とペイントされた機関車は元のC56 4号。当時の線路跡に座した機関車は、泰緬鉄道の物言わぬ証言者として保存されたのだ。付近にはサイ・ヨック滝という小さな滝が飛沫を上げており、観光客にも人気の存在だ。

この先、路盤は熱帯雨林の繁みの中に埋もれる。

再び整備された路盤が出現するのはナムトクから22km先の、オーストラリア政府の援助で作られた農業試験所の裏に残る廃線区間である。その過酷な労働条件から、捕虜にヘル・ファイヤー・パス(地獄の火峠)と呼ばれ恐れられたこの地から、西へ約10kmの廃線跡が整備されて保存されている。これはオーストラリア人のロッド・ビーティー氏(Mr. Rod Beattie)が、捕虜の冥福を祈るため個人でジャングルを平成7年(1995)頃からおよそ2年を費やして再び切り開いたもので、平成9年(1997)にはオーストラリア政府の支援を受けて、路盤の上に新設の博物館「ヘル・ファイヤー・パス記念館」も開館させ、泰緬鉄道の歴史を永久に保存しようとしている。内部には貴重な資料や写真が展示されているので、廃線跡を歩く際には是非訪ねてみたい。

ヘル・ファイヤー・パスと呼ばれた難所。ヒントクのS字状切通しのレール敷設後、完成時の記録写真(E地点)/写真所蔵：塚本和也

なお博物館の用地には、付近で発見されたという有蓋貨車2両のボディーが保管されている(Ⓓ)。恐らく脱線して現場に放置されたものであろう。半世紀という時を超えて今に残る「荷重10瓲」の表記が痛々しい。

さて博物館脇の小道を降りた所が泰緬鉄道152km地点である。ここから戦跡をゆく「カンニュウ・ヒントク・メモリアル・ウォーキング・トレイル」が始まる。

立て看板に注意書きしてあるように、歩きやすい靴を履き、十分な水分と食料を持って枕木が残る廃線道を歩き始めた。

約500m進むと、ヒントクのS字形切通しとも呼ばれた「ヒントク・カッティング」が見えてくる(Ⓔ)。

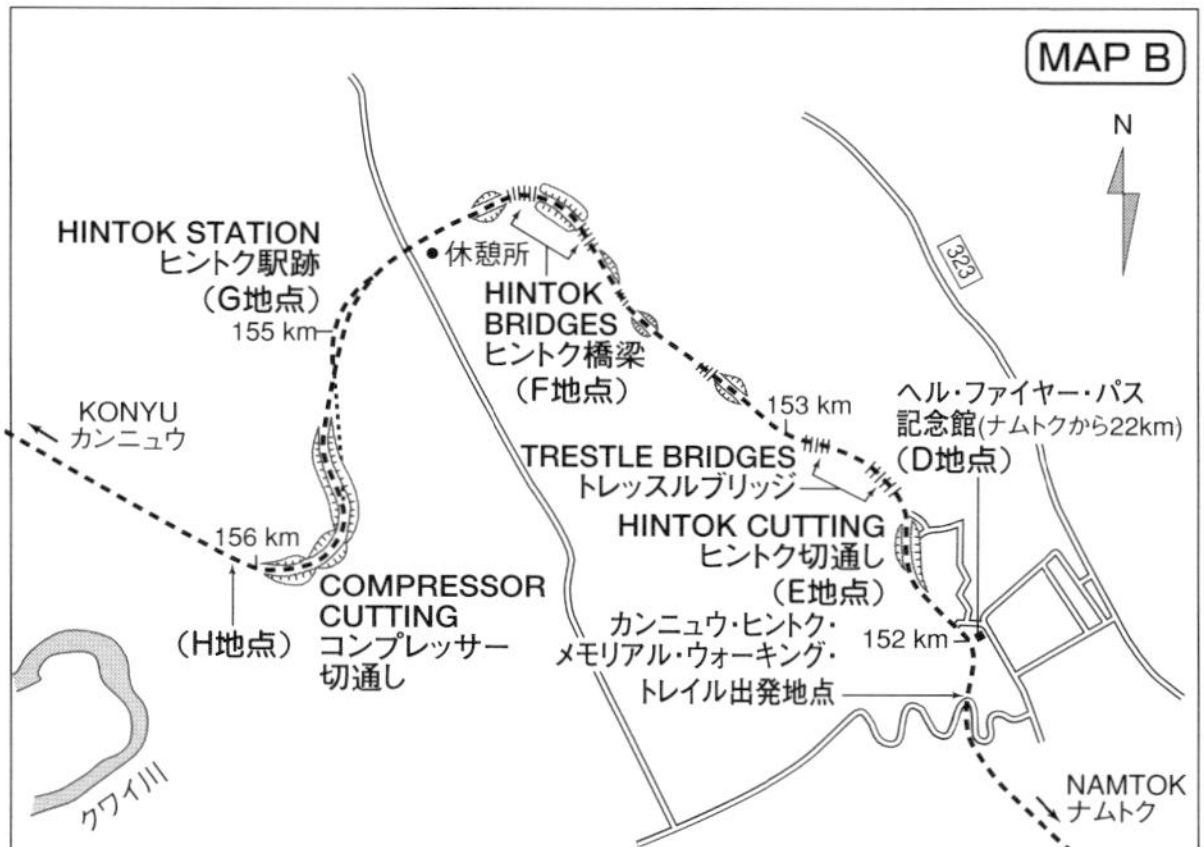

ヒントク橋梁として開設された曲線を描く木造橋を行くC56形軍用列車。3段組みの架柱が工事のスケールを物語る（F地点）／写真所蔵:塚本和也

対岸の階段の段数から橋が非常に高かったことが分かる（F地点）

ノミやハンマーだけの手作業で掘削された、目の前を渡る巨大な岩盤は、見る者を圧倒する。鉄道建設時の苦労を想像させるには充分過ぎる史跡である。むろんレールはすべて撤去されているものの、メモリアル・グッズとして、ロッド氏が付近より発掘したレールの一部や、土砂運搬に使われたと思われるトロッコが当時そのままに展示されている。また切通しの壁には歴史を記録するプレートも埋め込まれていた。

さらに足を進めると、トレイルから下へ降りる階段が開設されていた。雨による路盤の流出かと想像したところ、地図を見ると英文で「トレッスル・ブリッジ」と書かれている。そう、当時は木橋が架けられていたところだったのだ。この場所から１km先にも、ヒントク橋梁と呼ばれる、さらに長大な木橋の跡が残されている(F)。当時の橋は朽ちて今や消滅しているものの、大きな石で荒々しく積まれた橋台が往時の面影を伝えている。短期間に、カーブを描く7mもの長さの谷間に木を組んで架橋したとは、今更ながら信じられない思いだ。

トイレ設備のある屋根付きの休憩所が設置された、未舗装道路とのクロスを過ぎると、平地に複線分の用地が現れた。ここが155km地点に作られた交換駅、ヒントク駅の跡地である(G)。当時2本の線路と1本の行き止まりの線が設けられていたという。現在の遺物は所々に残された枕木だけである。

木橋を支えるために造られた石積みの橋台跡（F地点）

この先には立派な築堤も残っていた(H)。恐らく切り通しで掘削された岩石を運搬したのであろう、盤石な地盤が戦時下の簡易路線には似つかわしくない。来る日も来る日も重労働に明け暮れた、捕虜たちの命と引き換えに作られたことを思うと足取りが重くなる。平和の尊さを考えさせる廃線跡である。

整備された路盤はさらに161km地点のカンニュウ駅跡付近まで続くものの、息が詰まるほど蒸し返す熱帯の気候に疲労したため、再びもと来た数キロの道を戻ることにした。

博物館のロッド氏の話によれば、廃線跡はこの先再びジャングルの中に埋もれており、さらに230km地点のナムチョンヤイ付近から上流は、1980年代になって作られたケオノイ川上流貯水池により水没しているという。路線は、およそ50kmにわたってダムの底に沈んだため、泰緬鉄道開業式が行われた262・87km地点のコンコイター地区も今は窺い知ることできない。

また標高450mにあるタイ、ミャンマー（元ビルマ）国境、約300km地点のスリー・パゴタ・パス（三塔峠）には、当時のレールの一部が保存されているというが、その先のミャンマー領内は、少数民族紛争が勃発する土地のため入境に制限があり、今なお誰も実踏できない状態であるという。ミャンマー国内に残る泰緬鉄道の跡を、終着駅のタンビュザヤまで自由に辿ることができるようになった時、初めて本当の戦後が終わるのかもしれない。

【白川　淳】

切り開かれたヒントク駅跡には入換用引込み線の跡も残る（G地点）

しっかりと固められた石積みの路盤に鉄道が走ったのは、僅か2年余りの短い期間だった（H地点）

参考文献／『高原のポニー「C56」』（塚本和也著）、『HELLFIRE PASS MEMORIAL』・『Thailand-Burma Railway』Australian-Thai Chamber of Commerce著.

鉄道構造物の見方・調べ方

土構造物編

小野田　滋

　これまで、紹介してきたトンネルや橋梁は、いわゆる土木構造物として○○トンネル、△△橋梁といった固有名詞が与えられており、視覚的にも単独で認識できるため、調査の対象として、あるいは鉄道写真の被写体として紹介される機会も比較的多かった。これに対してここで取り上げる土構造物《どこうぞうぶつ》は、最も古典的かつ一般的な土木構造物でありながら固有名詞を持たないため、構造物として認識されることも少なく、またトンネルや橋梁のように画になりにくいこともあって、どちらかと言えば不遇な扱いを受けてきた。そこで今回は、土構造物を対象としてその見方・調べ方について、解説してみよう。

土構造物とは?

　土構造物は、土または岩石材料を主体として構成される構造物の総称で、具体的には土を盛ってその上に鉄道を通す**盛**《も》**土**《ど》と、土を削って鉄道を通す**切取**《きりとり》、さらにこれに付帯する路盤、排水工、のり面防護工などが含まれる。また、土構造物を建設する工事のことを、**土工**《どこう》と称している。

　土構造物は、基本的に自然材料のみによって構成されるため材料費も安価で、施工も比較的容易であるが、降雨や地震などの災害を受けやすいという弱点がある。鉄道の場合、橋梁やトンネル以外の大部分は、この土構造物によって構成されていることになるが、自然材料であるためか、一般に構造物として認識されにくい。特に廃線跡では自然と一体化してしまったり、すでに撤去、埋戻しされてしまっていて区別がつきにくいこともしばしばある。

路盤の見方・調べ方

　路盤は、道床《どうしょう》(一般には砕石が敷設される)の下部に位置して軌道を直接支持する役割を果たしている。そして、図-1に示すように道床と路盤の境界部分を**施工**《せこう》**基面**《きめん》と称し、その高さを表す施工基面高(またはフォーメーション・レベル、FL)は、土構造物に限らず土木構造物を建設する際の基準面となる(施工基面高は標高で表される)。

図-1　路盤の断面

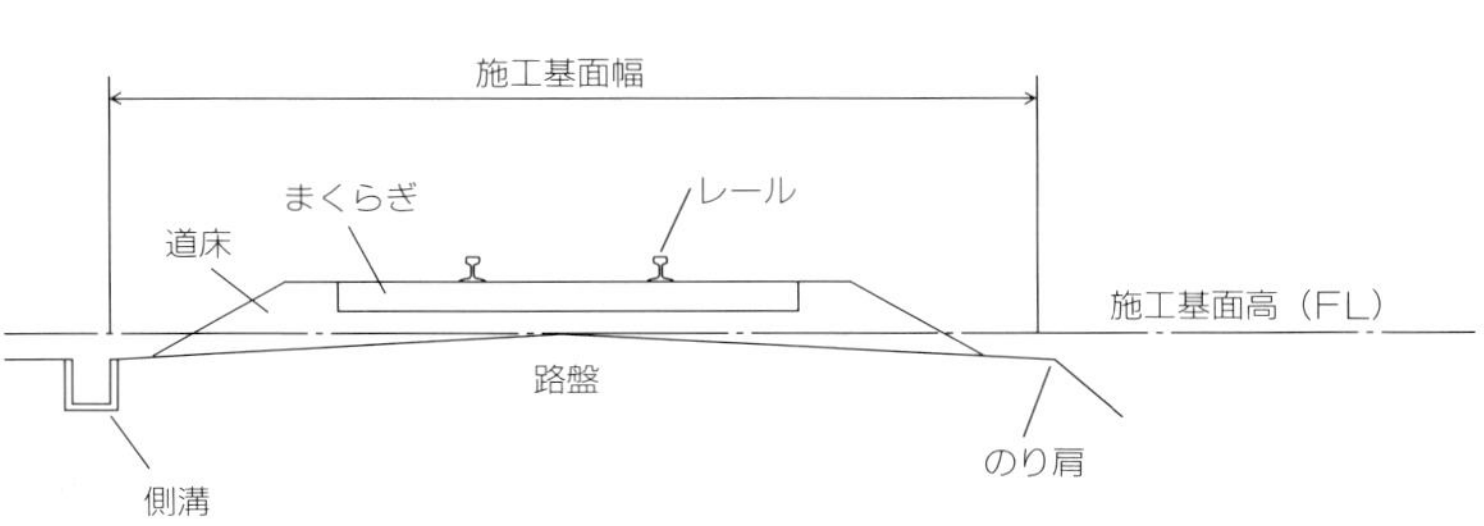

　廃線跡の路盤はほとんどが土または粒の細かい砕石の上に軌道構造を載せた土路盤で構成されているが、近年ではアスファルトコンクリート等を用いてより強固な構造とした強化路盤も用いられている。その表面は排水性を考慮して三%程度の排水勾配が設けられる。また、施工基面から三m以内の深さにあって、路盤や排水層を除いた部分を**路床**《ろしょう》と称しており、盛土の上部や切取によって生じた切取地盤がこれに相当する。

　施工基面のうち、両側の排水溝を除いた幅が**施工基面幅**で、構造物の設計を行う際の基本となる寸法のひとつである。施工基面幅は、軌間や軌道中心間隔(複線

盛土の読み方

　盛土は一般に「もりつち」と読み、岩波書店の『広辞苑』にも「盛り土(もりつち)」という見出し語で掲載されている。しかし、鉄道では古くから慣例的に「もりど」と訓読みと音読みを組合わせて発音しており、業界用語としてすでに定着してしまっている。また、盛土の代わりに「築堤」と呼ばれることも多いが、築堤はダムの堤体や堤防などで使われる用語で(「堤」に堤体や堤防の意味が込められている)、鉄道分野ではほとんど使わないので注意したい(ただし、明治・大正期は鉄道でも「築堤」という用語が一般的に用いられていた)。また、切取の場合も「切り通し」と呼ぶことがあるが、やはり鉄道ではあまり用いない。「盛土」を素直に「もりど」と読むことができるようになれば、あなたも立派な業界人?

以上の場合）、電気・通信設備の建植位置、作業用通路幅、その他の余裕等を考慮して、後述の土工定規などによって決められている。

盛土、切取の見方・調べ方

土構造物のうち、写真-1に示す盛土と写真-2に示す切取は、最も一般的に見られる構造物である。

盛土は、図-2に示すように原地盤上の両側に土を盛った**両盛土**と、自然斜面の片側だけに盛土を行った**片盛土**に大別される。片盛土の場合、その反対側は切取によって仕上げられることが多いため、このような場合を**片切片盛**と呼ぶことがある。また、線増《せんぞう》工事（複線化などで平行して線数を増やす工事）の際に在来の盛土の

写真-1 盛土の例（旧・住友別子鉱山鉄道・星越～土橋間）

に継足して施工基面幅を拡大した盛土のことを、**腹付《はらづけ》盛土**と呼んでいる。なお、片切片盛や腹付盛土では、新旧の地盤の間にすべり面が生じないように、段切りを行った上で土が盛られる。

写真-2 切取の例（旧・信越本線・横川～軽井沢間）

図-2　盛土の種類

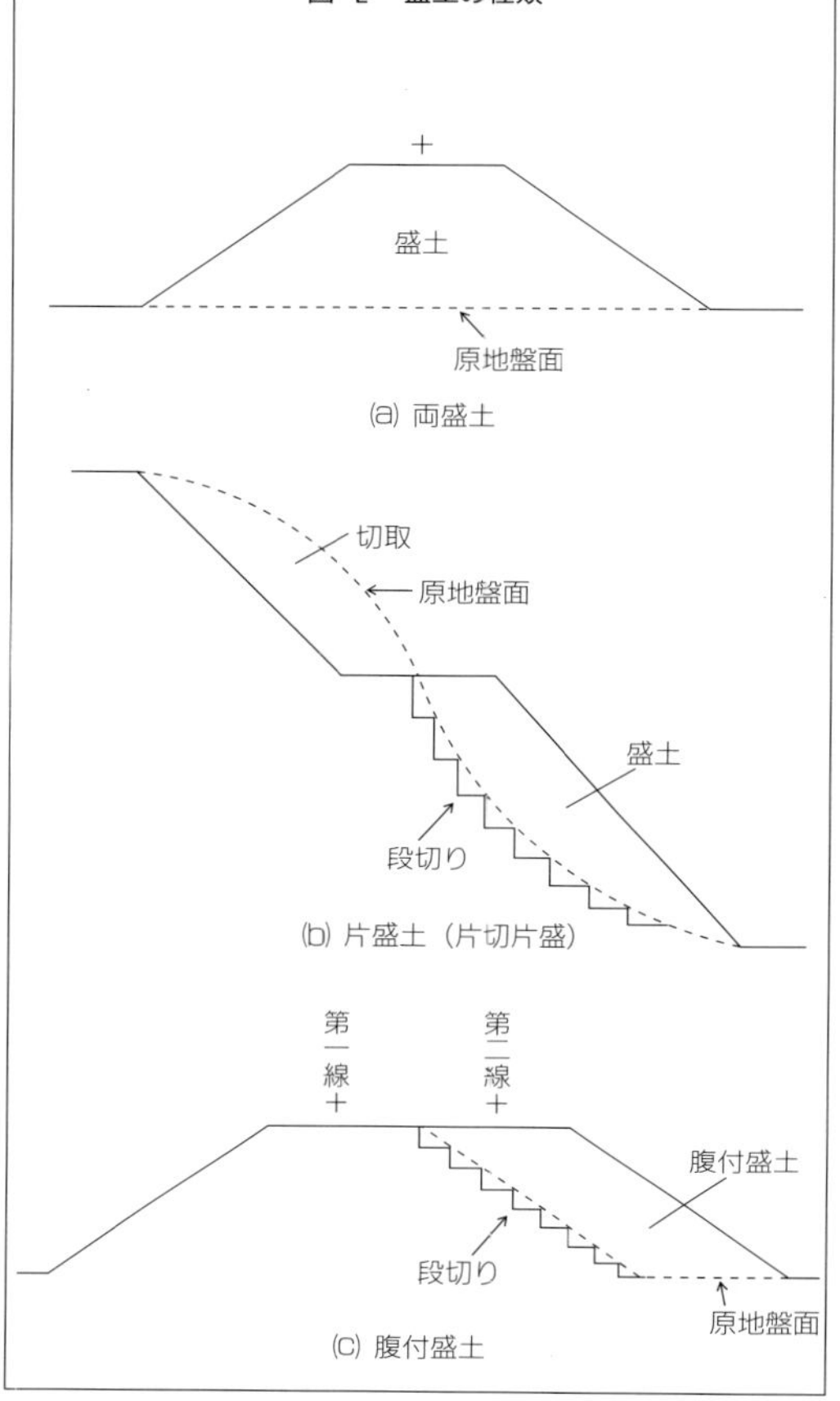

盛土の基本的な断面は図-3に示す通りで、盛土の片側または両側の斜面を**のり面《めん》**（法面）と呼んでいる。のり面の最上端を**のり肩《かた》**、のり面の最下端を**のり尻《じり》**と称し、のり肩とのり尻の間の垂直距離を**のり高《だか》**と称する。このほか、のり面の途中に設けられる小段を**犬走り**と称し、保守点検の通路や盛土の安定性増加、排水工などのスペースとして用いられる。なお、のり肩の部分は一般に犬走りとは呼ばないので、用語の使い方に注意したい。

図-3　盛土の名称

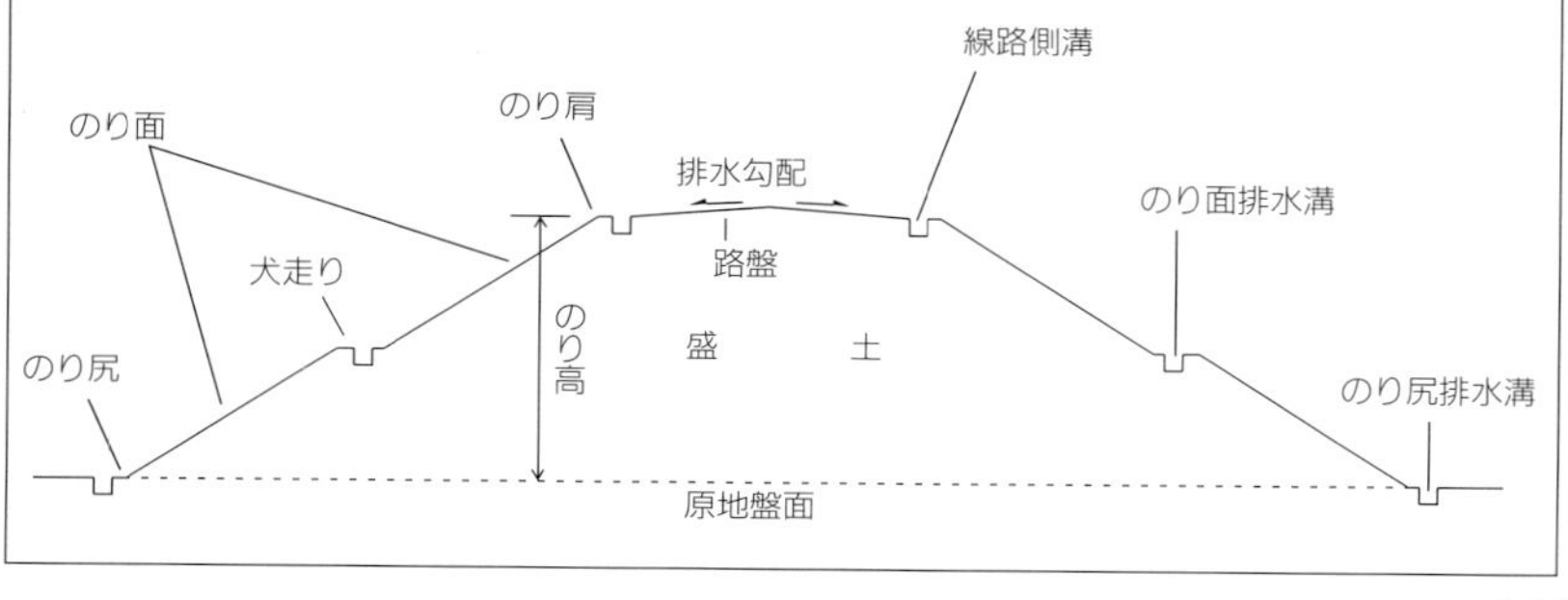

図-4　切取の名称

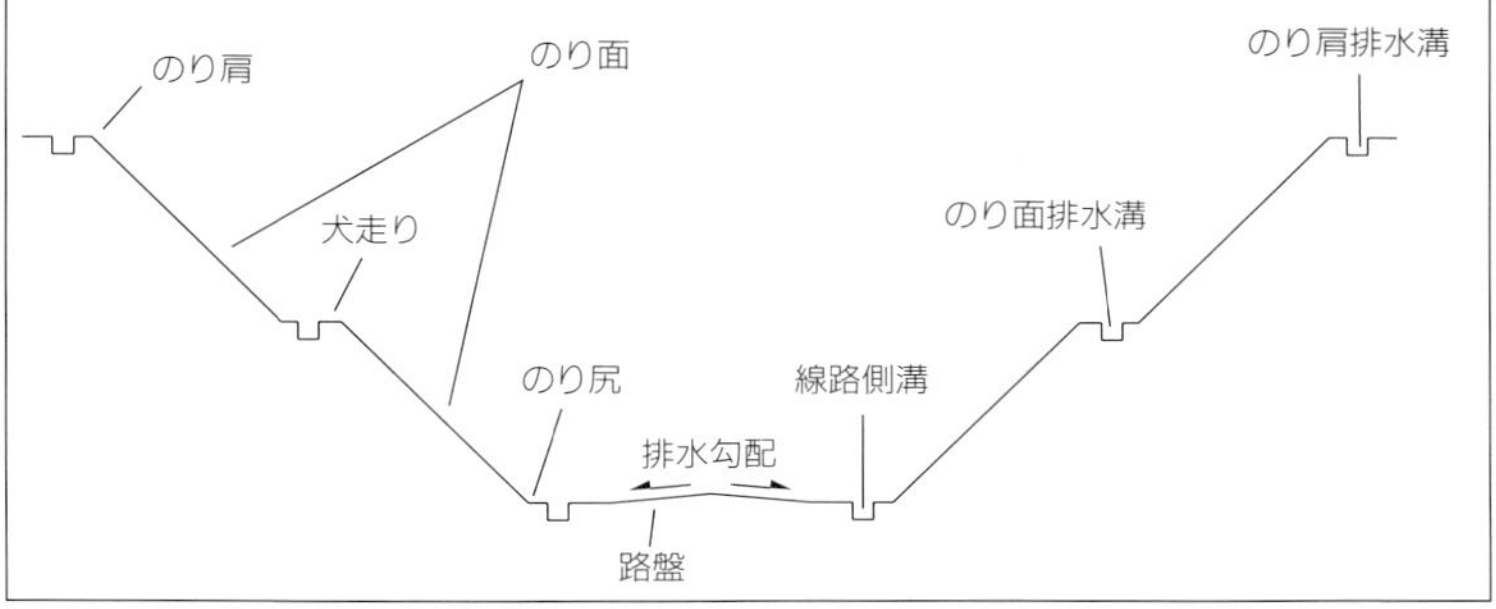

一方、切取も盛土と同じように片側のみを切取る場合と両側を切取る場合がある。切取では、図-4に示すように切取った斜面をのり面と称し、のり高に応じて中途に犬走りを設ける。また、のり面の最上端をのり肩、最下端をのり尻と呼ぶ。

写真-3 切取とトンネル（室蘭本線・母恋～室蘭間、仏坂トンネル）

切取は、写真-3に示すようにそののり高がある高さ（地形条件等により異なるがおおむね20～30m程度）を超えると、トンネルを掘削することとなる。

なお、盛土、切取によらず、原地盤面がそのまま路床を構成する場合は、これを**素地**《そじ》と呼んでいる。

のり面勾配を調べよう

のり面の斜度を示す**のり面勾配**は、図-5に示すように鉛直高さを一とした場合の水平距離で示され、高さ：水平距離＝一：ｎという比率で表されるほか、たとえば一：一・八の勾配を「一割八分の勾配」と呼ぶ慣習がある。のり面勾配は、土工定規などによって、のり高や地盤条件に応じた値が決められている。実際の廃線跡でのり面勾配まで調べることはあまり無いと思われるが、もし簡易レベルなどの簡単な測量器具があれば試しに測ってみると、のり高や地盤条件などによるのり面勾配の違いを把握できるだろう。

図-5　のり面の勾配

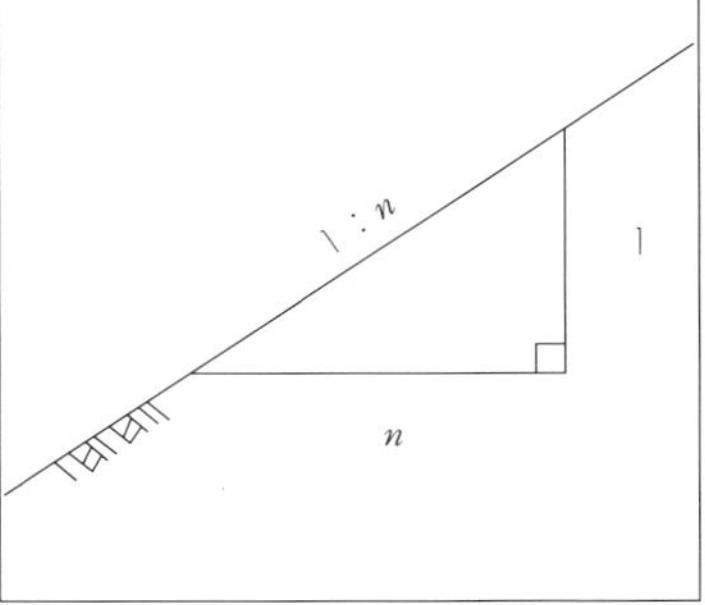

なお、のり面は降雨や凍結などによって浸食・劣化を受け易いため、植物を植える植生工、岩石を積み上げる岩座《がんざ》張り、コンクリートブロックを張りつける張ブロック工、コンクリート製の格子枠を組立てる格子枠工などによって表面の保護を行う場合がある。

土工定規を知ろう

土構造物を設計する上で基本となる断面図を**土工定規**と呼んでおり、簡単なものは鉄道建設のごく初期段階から定められていたが、統一した定規としては、一八九三（明治二六）年に鉄道作業局が制定した「鉄道土工定規並縦截面曲線定規」が最初のものであった。その後、鉄道国有化後の一九〇八（明治四一）年に全国統一規格の土工定規が制定された。

図-6はこの一九〇八（明治四一）年制定の土工定規を示したもので、施工基面幅を広くとった本線用の第一号と、それ以外の線区で用いられる第二号が定められた。これによれば、盛土の場合ののり面勾配は六割六分七厘、切取の場合は六割六分七厘～一割の間、堅岩の切取の場合は一割三分三厘～二割の間と規定されていた。なお、現在の普通鉄道ののり面勾配は、「普通鉄道の施設に関する技術上の基準の細目を定める告示」（昭和六二年・運輸省告示）のうち第六条によって定められており、盛土の場合は施工基面からののり高、切取の場合は切取部分の地質によって標準的な値が決められている。

土留壁と土留擁壁

線路周辺の環境条件によって、盛土や切取ののり面が急勾配とならざるを得ない場合は、地盤のゆるみや変状を防ぐために**土留壁**《どどめへき》や**土留擁壁**《どどめようへき》が設けられる。こうした土圧《どあつ》（土の押し出す力）に抵抗して土を押しとどめる役割を果たす構造物を**抗土圧構造物**《こうどあつ》と称し、土留壁、土留擁壁、橋台（橋台については『鉄道廃線跡を歩く

図-6　土工定規(明治26年制定)

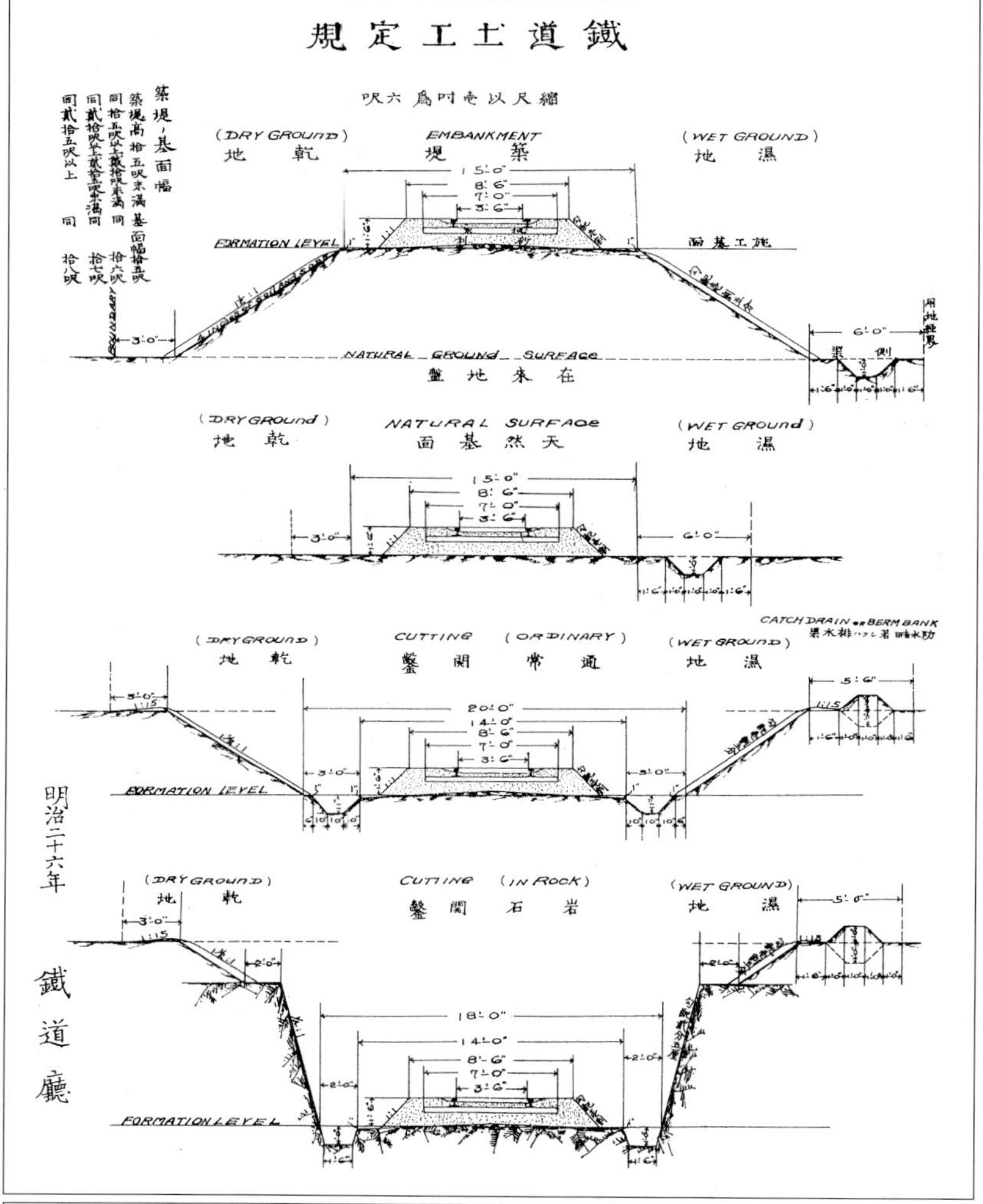

Ⅵ』一九一ページ参照)などがこれに該当する。坑土圧構造物は、土構造物と縁が深く、その変形を抑えて安定性を確保している。工学的には、地盤が自立する場合に用いられるものを土留壁、地盤の変形等により生じる土圧に抵抗してこれを支えるものを土留擁壁と称して区別しており、それぞれ設計条件が異なるが、完成した構造物で両者を識別することは難しい。

一般に、土留壁は自重のみによって安定を保つため簡易な構造となり、煉瓦や石積みによるものは基本的に土留壁であると考えてよい。これに対して土留擁壁は壁体の自重、剛性、強度などによって土圧に抵抗するため規模も大きく、図-7に示すように**重力式擁壁**、**支え壁式擁壁**、**L型擁壁**、**控え壁式擁壁**など様々な構造のものが工夫されている。また、構造も鉄筋コンクリート構造が用いられる。しかし、これらの識別は擁壁背面や内部の構造によって決まることが多いため、外観から区別することは困難である。

図-7　土留壁と土留擁壁の種類

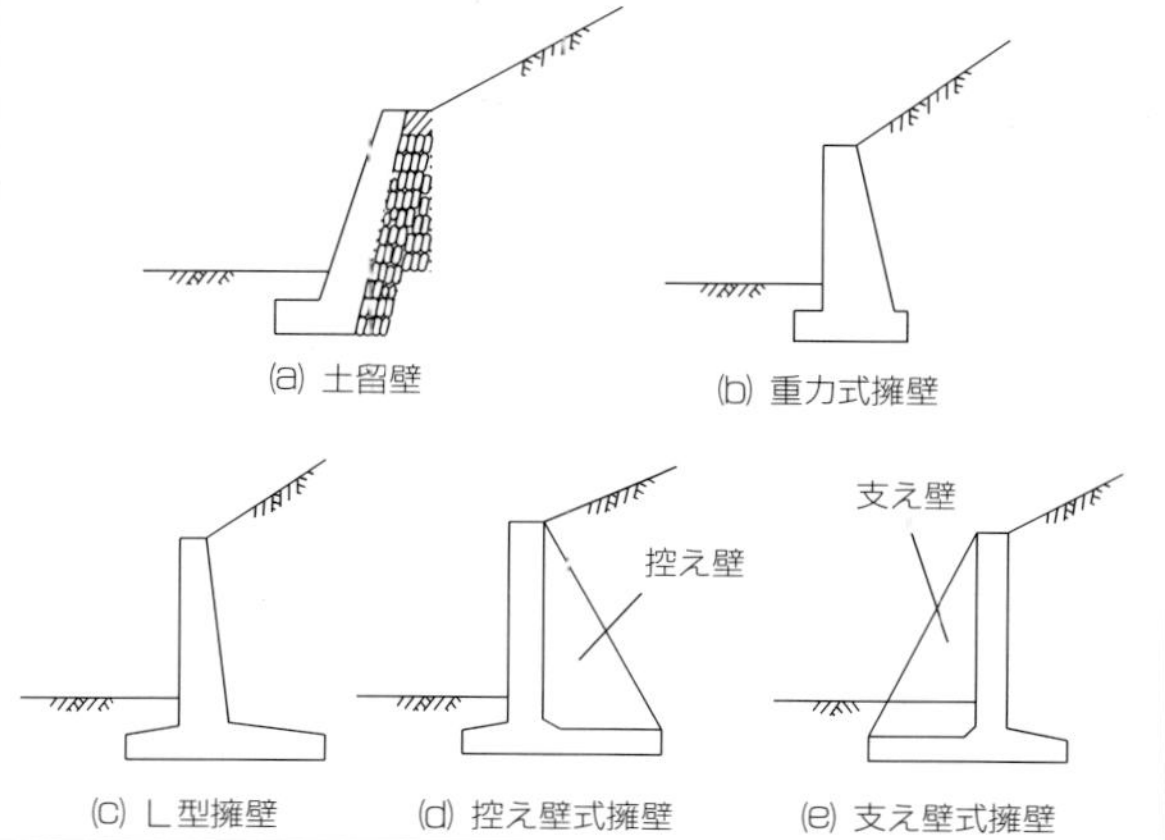

材料編（補遺）

鉄道構造物に用いられている材料の基本的な見方・調べ方については、すでに『鉄道廃線跡を歩くII』で解説した通りであるが、ここでは書ききれなかったいくつかの点について補足してみたい。

煉瓦の大きさ

煉瓦の基本寸法は、オナマと呼ばれる煉瓦の長さ×幅×厚さによって決まる。その比率は、煉瓦を縦横に積むことを考慮しておおよそ長さ：幅：厚さ＝四：二：一となっている。煉瓦の大きさは、煉瓦職人が片手で目地を塗るための鏝《こて》を持つため、もう片方の手で煉瓦を持つことができる寸法で決まったと言われているが、このほかにも煉瓦を焼成する際の火の通りや、煉瓦工場における作業性などによって、経験的に決められたものと考えられる。

煉瓦の標準寸法は、一九二五（大正一四）年に日本標準規格（JES）によって二一〇×一〇〇×六〇㎜と定められるまで、全国版の統一規格はなく、各発注者や製造者が決めた種々雑多な寸法のものが用いられていた。このため、煉瓦の寸法を測ると、地域や時代による違いを明らかにすることが可能となる。これまでの筆者の全国調査によれば、長さと幅はよい相関関係を示すものの、長さと厚さはバラツキがあり、五〇㎜程度の薄い煉瓦から八〇㎜近い厚肉の煉瓦までバラエティに富んでいることがわかっている。ちなみに表-1は、明治三十年代に用いられていた煉瓦の代表的寸法を示したものである。

表-1　明治30年代の煉瓦の代表的寸法

	長さ	幅	厚さ
並形	七寸四分 (224.2mm)	三寸五分 (106.1mm)	一寸七分五厘 (53.0mm)
東京形	七寸五分 (227.3mm)	三寸六分 (109.1mm)	二寸 (60.6mm)
作業局形	七寸五分 (227.3mm)	三寸六分 (109.1mm)	一寸八分五厘 (56.1mm)
山陽新形	七寸二分 (218.2mm)	三寸四分五厘 (104.5mm)	一寸七分 (51.5mm)
山陽形	七寸五分 (227.3mm)	三寸五分五厘 (107.6mm)	二寸三分 (69.7mm)

煉瓦の品質

一見同じように見える煉瓦も、よく見ると赤味がかったものや黒褐色に近いものなど、様々な色調のものがある。また、表面が滑らかでほとんど歪みのない煉瓦もあれば、ムラが多くやや歪んだ形の煉瓦もある。このように、ひと口に煉瓦と称しても、その表情は様々である。

煉瓦は、その製造段階で強度や仕上りによって、いくつかの品質に分類されており、強度が大きく形の整ったものほど品質が良く、強度が小さく形の整っていないものほど品質が悪いとされた。そして、ある一定の品質に達しないものは、製品として納入することができなかった。

煉瓦の品質を示す指標としては、外観や強度、吸水率などが用いられたが、中でも吸水率は簡単に測定できるため、廃線跡で拾ってきた煉瓦で試してみると大まかな品質が推定できる。厳密な吸水率の測定方法は日本工業規格（JIS）で決められているが、それほど厳密さを要求しないのであれば、充分に水を吸わせた煉瓦の重量（m_2）と完全に乾燥した煉瓦の重量（m_1）の差をとり、これを完全に乾燥した煉瓦の重量（m_1）で除して百分率で表す（$a=100\times(m_2-m_1)\div m_1$）だけで簡単に求めることができる。

表-2は、鉄道で用いられていた煉瓦の規格を示したものである。

写真-4 アーチ部分のコンクリートブロック
（函館本線・昆布～ニセコ間、旧・狩太トンネル）

鉄筋コンクリートのはじまりは植木鉢

コンクリートの中に鉄筋を入れることによって強度が増加することは一八五〇年頃から知られていたが、一八六八年にフランスのモニエが鉄筋コンクリート製の植木鉢を開発して特許を取得した。また同じ頃に設計の理論化も行われ、土木・建築の主要構造として急速に普及することとなった。わが国では一九〇三（明治三六）年に京都帝国大学教授の田邊朔郎《たなべさくろう》が京都市山科区の琵琶湖疏水にメラン式鉄筋コンクリート橋を架けたのがその嚆矢であったが、その翌年にはわが国で最初に鉄筋コンクリート構造を用いた鉄道構造物として径間一・八三ｍの島田川暗渠が完成した（『鉄道廃線跡を歩くIV』一八四ページ参照）。建築では、一九〇五（明治三八）年に海軍省技師の真島健三郎により佐世保第三船渠《ドック》と付属建物が鉄筋コンクリート構造によって初めて完成したが、鉄道建築では一九一一（明治四四）年完成の東海道本線国府津機関庫（扇形庫・現存せず）がその嚆矢となった。

表-2　普通煉瓦の規格

基　準	等　級	寸法（長さ×幅×厚さ）	乾燥重量	吸水量(率)	耐圧(圧縮)強度	比　重
鉄道院制定：高架鉄道用並形煉化石仕様書 1901(明治34)年10月 ※強度は「抗圧強」	一等	7寸4分×3寸6分×1寸9分 (224.2mm×109.1mm×57.6mm)	630匁以上 (2362.5g)	16.7%以下	50噸/平方尺以上 (55.3kgf/cm²)	−
	二等			16.7%以下	45噸/平方尺以上 (49.8kgf/cm²)	
	三等			20.0%以下	35噸/平方尺以上 (38.7kgf/cm²)	
隧道工事修繕仕様書 1903(明治36)年頃？	焼過	−	−	10.0%以下	−	1.7以上
	並焼			16.7%以下	−	
東部鉄道管理局制定：並形煉化石仕様書 1910(明治43)年12月	焼過(一等)	7寸4分×3寸6分×1寸9分 (224.2mm×109.1mm×57.6mm)	630匁以上 (2362.5g)	15.0%以下	−	−
	焼過(二等)		620匁以上 (2325.0g)	16.0%以下	−	
	並焼(一等)		600匁以上 (2250.0g)	18.0%以下	−	
鉄道院制定：並形煉化石仕様書 1911(明治44)年7月	一等	第1種：7寸5分×3寸6分×2寸 (227.3mm×109.1mm×60.6mm) 第2種：7寸4分×3寸6分×1寸9分 (224.2mm×109.1mm×57.6mm)	第1種：660匁以上 (2475.0g) 第2種：620匁以上 (2325.0g)	12.0%以下	150噸/平方尺以上 (166.0kgf/cm²)	−
	二等			14.0%以下	130噸/平方尺以上 (143.8kgf/cm²)	
	三等			17.0%以下	100噸/平方尺以上 (110.6kgf/cm²)	
鉄道院制定：土工其ノ他工事示方書標準 1917(大正6)年10月	露出部用	7寸5分×3寸5分×2寸 (227.3mm×109.1mm×60.6mm)	660匁以上 (2475.0g)	14.0%以下	130噸/平方尺以上 (143.8kgf/cm²)	−
	内部用			17.0%以下	100噸/平方尺以上 (110.6kgf/cm²)	
日本標準規格：JES「普通煉瓦」 1925(大正14)年9月	上焼(一等)(二等)	210mm×100mm×60mm	−	14.0%以下	150.0kgf/cm²以上	−
	並焼(一等)(二等)			18.0%以下	100.0kgf/cm²以上	
日本工業規格：JIS「普通煉瓦」 1995(平成7)年5月改	4種	210mm×100mm×60mm	−	10.0%以下	300.0kgf/cm²以上	−
	3種			13.0%以下	200.0kgf/cm²以上	
	2種			15.0%以下	150.0kgf/cm²以上	

コンクリートブロックの調べ方

　コンクリートブロックは、型枠にコンクリートを流し込んで四角い形のブロックを造り、目地を介して煉瓦のように積み上げて構造物を完成させるもので、特に大正時代～昭和初期（一部は戦後まで）のトンネル工事で多用された（写真-4）。ブロックは今日の塀などに用いられている中空のコンクリートブロックとは異なり、中まで詰まった文字通りコンクリートの塊であった（コンクリートブロックは漢字で「混凝土塊」と書く）。一見、石材と似ているため石積み構造と間違われやすいが、どのブロックも表面が平らで寸法が整っていれば、コンクリートブロックである可能性が高い。また釘などの尖ったもので削って、白い粉が生ずるようであれば、コンクリートブロックであると考えられる。

　コンクリートブロックの大きさは、九インチ（二二九㎜）×六インチ（一五二㎜）×一二インチ（三〇五㎜）が標準寸法で、このほかにも半ブロックと称する九インチ×六インチ×六インチという寸法もあった。トンネルではこの2種類のブロックを組合わせることによって三インチ（七六㎜）間隔で覆工《ふっこう》の巻厚を調整することができたとされる。

材料の組み合せ

　『鉄道廃線跡を歩くII』でも触れたように、土木・建築構造物に用いられる材料のうち、煉瓦・石材は明治～大正時代、コンクリートは大正～現在、コンクリートブロックは大正～昭和初期に用いられていた。従って、大正～昭和初期の構造物は、これらの材料が混在して用いられていたことになる。特にトンネルは、アーチ部分に場所打ちコンクリートを打設することが難しかったた

セメント、コンクリート、モルタル

　セメントは、石灰石と粘土を主原料としてこれを焼成、粉砕してできる粉末状の材料で、わが国では一八七三（明治六）年に東京の深川に官営工場が設置されて国産化が開始されたが、品質が安定しなかったためしばらくの間は輸入セメントも併用された。

　このセメントと適量の細骨材（砂など）、粗骨材（砕石など）、水を混ぜて練ったものがコンクリートで、水とセメントの水和反応によって硬化する。また、粗骨材を入れず、セメント、細骨材、水の三種類を練ったものをモルタルと称し、コンクリートよりも強度が低いため、煉瓦や石積みの目地材や、強度を要しない部分の中埋め材、表面の仕上材などに用いられる。

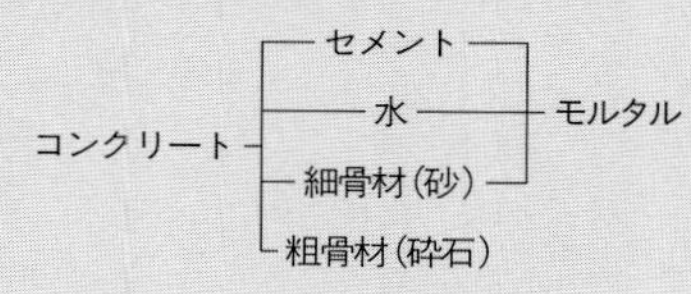

め、後年まで煉瓦やコンクリートブロックが用いられていた。このため、当時のトンネルの中には、坑門と側壁がコンクリートでアーチがコンクリートブロックまたは煉瓦という構造のものが見られるほか、アーチの天端《てんば》部のみをコンクリートブロックまたは煉瓦積みとしたものなど、様々なパターンが存在する。こうした材料の組み合わせは、同じトンネルでも区間によって異なることがあるため、この時代に建設されたトンネルをくぐる時は、材料の組み合わせにも注意しながら観察してみよう。

図-8　鋼材の種類（断面）

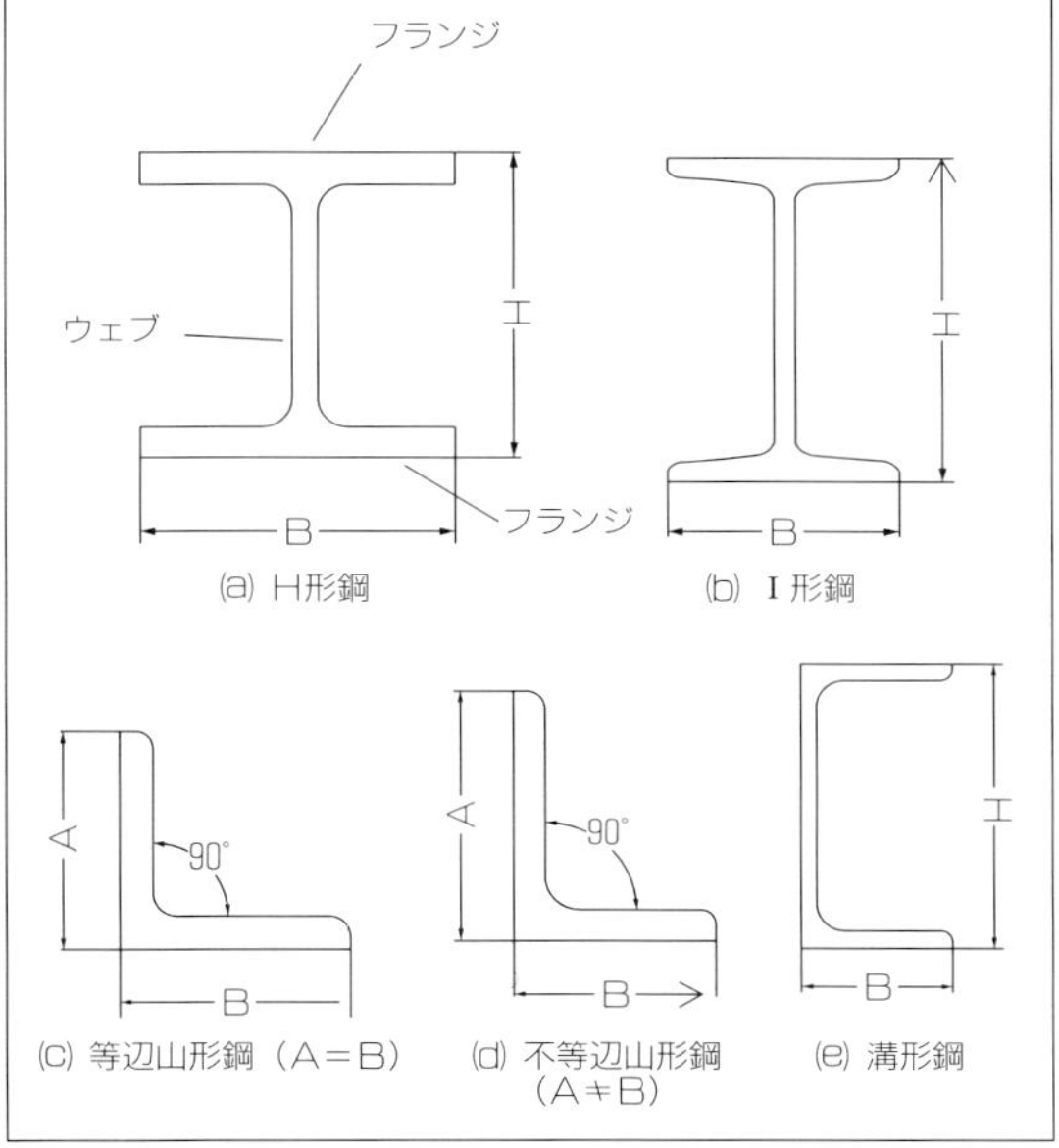

鋼材の種類

鉄道構造物―特に橋梁―に用いられる鋼材の種類には様々なものがあるが、その多くは大量生産される規格品を用いている。鋼材のうち、ある断面形状に圧延したものを形鋼《かたこう》と総称しており、図-8に示すようにH形鋼（単にH鋼と称することもある）、I形鋼、等辺山形鋼、不等辺山形鋼、溝形鋼などがある。H形鋼とI形鋼は一見よく似ているため区別しにくいが、フランジ部分が等厚でできているのがH形鋼、テーパーがついているのがI形鋼である。

『鉄道廃線跡を歩くV』でも触れたように、鋼材には製造所や寸法を示す刻印（陽刻）が打たれている場合があるため、注意して観察してみよう。

古レールの見方・調べ方

鋼材がまだ貴重品であった時代、古レールを線路脇の柵垣やホームの上屋柱、落石防止柵などにリサイクルして用いることがさかんに行われていた。こうした古レールのうち、明治・大正期に製造されたものはほとんどが外国産で、その国籍、メーカーも多種多様である（わが国のレールの国産化は一九〇四（明治三七）年に官営八幡製鉄所で製造されたものが量産の最初）。また、一九〇七（明治四〇）年の鉄道国有化以前は各鉄道会社がまちまちの規格でレールを発注していたため、その断面も様々である。

こうした古レールを鑑定する際の鍵になるのがウェブの刻印（陽刻）と断面で、その見方・調べ方については参考文献で実例を交えながら詳しく解説されているのでここでは省略するが、断面については各レールの断面をあらかじめ切抜いておいた型枠をあてて鑑定する方法や、ゲージを直接あてる方法などが提案されている。また、刻印は、大まかに製造所、製造年（月）、発注会社（鉄道事業者）、その他（材質、規格、重量など）が記されている。こうした古レールはいったん倉庫などに集積して再び転用したため、種々雑多なものが入混じっており、これまでの調査では、ロシアやポーランド、ルクセンブルグなどで製造されたレールも発見されている。廃線跡や駅のホームなどで古レールに出会ったら、ぜひ刻印を確認してみよう。

＊　＊　＊

これまでにも繰返し述べたように、鉄道構造物の達人になるコツは、できる限り多くの構造物に接し、自分の眼で確かめることにある。今回の連載では、こうした現地調査にあたって必要な最小限の知識を解説したに過ぎず、より詳しい内容については鉄道工学や土木工学、土木史、鉄道史等の文献にあたっていただきたい。そこで、最後に構造物の調査にあたって参考となる文献を巻末に紹介し、この連載を終えることとしたい。鉄道構造物にはこのほか、停車場関係の設備や橋梁の一種に分類される高架橋、落石覆や雪覆などの防災施設があるが、廃線跡を歩く時はぜひ沿線に残るこれらの構造物にも注意して、どこにどんな構造物があるのか、それがどんな役割を果たしていたのかなどを考察してみよう。

【㈶鉄道総合技術研究所】

正誤

『鉄道廃線跡を歩くII』
一五三ページ　篇額→扁額
一五八ページ　堅積み→竪積み

『鉄道廃線跡を歩くIII』
一八一ページ　鉄作乙第四三七号型断面→鉄作乙第四三七五号型断面

『鉄道廃線跡を歩くVI』
一八七ページ　堅積み→竪積み

クトリアル,第383号,電気車研究会,1980.12
(113)西野保行,淵上龍雄：レールの趣味的研究序説(再補・下),鉄道ピクトリアル,第385号,電気車研究会,1981.1
(114)西野保行,小西純一,淵上龍雄：日本における鉄道用レールの変遷－残存する現物の確認による追跡－,第２回日本土木史研究発表会論文集,土木学会,1982.6
(115)西野保行：橋形レール見つかる－望まれる確証－,鉄道ピクトリアル,第416号,電気車研究会,1983.5
(116)西野保行,小西純一,淵上龍雄：日本における鉄道用レールの変遷－残存する現物の確認による追跡(第２報)－,第３回日本土木史研究発表会論文集,土木学会,1983.6
(117)栗原利喜雄：見つかった橋形レールの履歴は？－錬鉄ではなかったけれど－,鉄道ピクトリアル,第420号,電気車研究会,1983.8
(118)小西純一：わが国鉄道創業時の橋形レール考,鉄道ピクトリアル,第421号,電気車研究会,1983.9
(119)淵上龍雄：クモハ12形とオーストラリア製レール,鉄道ピクトリアル,第425号,電気車研究会,1983.12
(120)西野保行：孫文がらみのレール,鉄道史料,第41号,鉄道史資料保存会,1986.2
(121)太田幸夫：レールマークに魅せられて,新線路,第41巻,第10号,鉄道現業社,1987.10
(122)山本功,岡村康弘,上石俊之：加古川周辺における古レール使用鉄道構造物,土木史研究,第10号,土木学会,1990.6
(123)吉川文夫：アプト式鉄道のラックレール,鉄道ピクトリアル,第536号,電気車研究会,1990.12
(124)西野保行：東武鉄道の古レール,鉄道ピクトリアル,第537号,電気車研究会,1990.12
(125)西野保行：京阪電気鉄道の初代レール,鉄道ピクトリアル,第553号,電気車研究会,1991.12
(126)西野保行：川越鉄道の初代レール,鉄道ピクトリアル,第560号,電気車研究会,1992.5
(127)渡辺明子,伊藤學,窪田陽一：古レールを使用した忍川橋梁群に関する考察,土木史研究,第16号,土木学会,1996.6
(128)服部朗宏：名鉄金山駅にあったロシヤ製レールについて,鉄道ピクトリアル,第624号,電気車研究会,1996.7
(129)大島登志彦：消えゆくラックレールの面影,鉄道ピクトリアル,第641号,電気車研究会,1997.8
(130)渡利正彦：ＪＲ東海・飛騨古川駅の古レール探訪,鉄道ピクトリアル,第669号,電気車研究会,1999.5
(131)西野保行：古レールを調べようとする方に,鉄道ピクトリアル,第678号,電気車研究会,1999.12

■その他の構造物

(132)菊池重郎：近代日本における鋳鉄柱の系譜(1),建築技術,第203号,建築技術,1968.7
(133)菊池重郎：近代日本における鋳鉄柱の系譜(2),建築技術,第204号,建築技術,1968.8
(134)菊池重郎：近代日本における鋳鉄柱の系譜(3)－跨線橋の歩み－,建築技術,第210号,建築技術,1969.2
(135)吉川文夫：国府津機関庫と相模線駅舎,鉄道ピクトリアル,第350号,電気車研究会,1978.7
(136)三宅正太郎：御殿場線に残る輸入鉄マクラギ,鉄道ピクトリアル,第359号,電気車研究会,1979.3
(137)西野保行：鉄道施設趣味のすすめ－その振興と体系化を願って－,鉄道ピクトリアル,第360号,電気車研究会,1979.4
(138)飯島正資：ここにもあった鉄マクラギ,鉄道ピクトリアル,第362号,電気車研究会,1979.6
(139)谷口良忠：鉄道遺跡をさぐる,下工,第37号,国鉄下関工事局,1980.3
(140)三木理史：初代伊賀鉄道橋梁跡,鉄道ピクトリアル,第420号,電気車研究会,1983.8
(141)山崎寛：京浜急行電鉄の停車しない駅「平沼駅」,鉄道ピクトリアル,第443号,電気車研究会,1985.2
(142)伊東孝,土屋幸正：信越線横川駅跨線橋の保存対策と碓氷線に残る歴史的土木構造物群－その現状と土木史的価値検討の試み－,第５回日本土木史研究発表会論文集,土木学会,1985.6
(143)亀井一男：舞子跨線橋とその仲間について,鉄道史料,第44号,鉄道史資料保存会,1986.11
(144)森屋健一：線路脇に残る休廃止線の橋台－京福電気鉄道三国芦原線－,鉄道ピクトリアル,第478号,電気車研究会,1987.4
(145)中川浩一：営団地下鉄の史跡をたどる,鉄道ピクトリアル,第489号,電気車研究会,1987.12
(146)堤一郎：帝都電鉄の産業遺産をたずねて,鉄道ピクトリアル,第490号,電気車研究会,1988.1
(147)西野保行：福知山線生瀬－武田尾間廃線跡を歩く,鉄道ピクトリアル,第490号,電気車研究会,1988.1
(148)小西純一：碓氷峠の構造物概説,鉄道ピクトリアル,第494号,電気車研究会,1988.4
(149)臼井茂信：アラディン建築－赤煉瓦のランプ小屋－,鉄道ファン,第29巻,第７号,交友社,1989.7
(150)三木理史：関西大手私鉄の煉瓦建築－その歴史と現状をみる－,鉄道ピクトリアル,第519号,電気車研究会,1989.11
(151)小野田滋：大阪環状線桜ノ宮駅周辺の構造物を探る,鉄道ピクトリアル,第520号,電気車研究会,1989.12
(152)中川浩一：磐越西線,只見線の施設探索,鉄道ピクトリアル,第526号,電気車研究会,1990.4
(153)網谷りょういち：煉瓦の歴史と発達－鉄道の煉瓦を題材として－,民族建築,第98号,民族建築学会,1990
(154)秋谷治人,堤一郎：帝都電鉄の産業遺産をたずねて－補遺－,鉄道ピクトリアル,第532号,電気車研究会,1990.9
(155)中川浩一：天竜渓谷瞥見－橋梁・隧道を訪ねて－,鉄道ピクトリアル,第545号,電気車研究会,1991.7
(156)吉川文夫：小田急線路上観察学,鉄道ピクトリアル,第546号,電気車研究会,1991.7
(157)竹田辰男：発見された土木図面に寄せて・阪和天王寺停車場の考察,鉄道史料,第65号,鉄道史資料保存会,1992.2
(158)竹田辰男：発見された土木図面に寄せてⅡ・富木停車場の考察,鉄道史料,第65号,鉄道史資料保存会,1992.2
(159)吉川文夫：西武鉄道線路上観察学,鉄道ピクトリアル,第560号,電気車研究会,1992.5
(160)小野田滋,菊池保孝,山本功,松下英教：「停車場」を探ろう－関西の鉄道土木史を訪ねて(3)－,日本鉄道施設協会誌,第30巻,第９号,日本鉄道施設協会,1992.9
(161)亀井一男：英賀保の手荷物小屋,鉄道ピクトリアル,第565号,電気車研究会,1992.10
(162)吉川文夫：近鉄線路上観察学,鉄道ピクトリアル,第569号,電気車研究会,1992.12
(163)堤一郎：近鉄北勢線,内部・八王子線に残る産業遺産,鉄道ピクトリアル,第569号,電気車研究会,1992.12
(164)青木真美：横軽を歩く－碓氷峠探訪－,鉄道ピクトリアル,第570号,電気車研究会,1993.1
(165)小野田滋：鉄道用れんが構造物の見方・調べ方,鉄道ピクトリアル,第586号,電気車研究会,1994.1
(166)亀井一男：古典的な跨線橋について,鉄道史料,第74号,鉄道史資料保存会,1994.5
(167)小西純一,田島二郎：碓氷峠旧線跡に残る鉄道構造物の技術的特徴と意義,土木史研究,第14号,土木学会,1994.6
(168)高山禮蔵：古典的跨線橋雑感,鉄道史料,第75号,鉄道史資料保存会,1994.8
(169)中川浩一：跨線橋あれこれ,鉄道ピクトリアル,第598号,電気車研究会,1994.11
(170)河田耕一：駅をめぐる構築物,鉄道ピクトリアル,第598号,電気車研究会,1994.11
(171)吉川文夫：東急線路上観察学,鉄道ピクトリアル,第600号,電気車研究会,1994.12
(172)堤一郎：今も残る那珂川トンネルの遺構と鉄道橋転用の本城橋,鉄道ピクトリアル,第601号,電気車研究会,1995.1
(173)小西純一：明治時代における鉄道橋梁下部工序説,土木史研究,第15号,土木学会,1995.6
(174)田島二郎,小西純一,小野田滋,金谷宏二：碓氷峠旧線鉄道構造物の現況について,土木史研究,第16号,土木学会,1996.6
(175)吉川文夫：鉄道産業遺産を調べよう－車両・施設などの各分野にわたる産業遺産調査の基礎知識－,鉄道ピクトリアル,第627号,電気車研究会,1996.10
(176)河野哲也・今尚之：「産業遺産」としての鉄道土木構造物,鉄道ピクトリアル,第627号,電気車研究会,1996.10
(177)河田耕一：鉄道の技術史を歩く,鉄道ピクトリアル,第627号,電気車研究会,1996.10
(178)小野田滋：碓氷峠の鉄道遺産,鉄道ファン,第36巻,第12号,交友社,1996.12
(179)小野田滋,清水慶一,久保田稔男：鉄道構造物におけるフランス積み煉瓦の地域性とその特徴,国立科学博物館研究報告,Ser.E,第19巻,国立科学博物館,1996.12
(180)吉川文夫：京成電鉄沿線観察学,鉄道ピクトリアル,第632号,電気車研究会,1997.1
(181)亀井一男：阪神電車の駅を見る,鉄道ピクトリアル,第640号,電気車研究会,1997.7
(182)吉川文夫：東武鉄道沿線観察学,鉄道ピクトリアル,第647号,電気車研究会,1997.12
(183)堤一郎：東武鉄道の「産業遺産」あれこれ,鉄道ピクトリアル,第647号,電気車研究会,1997.12
(184)堤一郎,阿見誠：東武鉄道矢板線の産業遺産を訪ねて,鉄道ピクトリアル,第647号,電気車研究会,1997.12
(185)大島登志彦,堤一郎：草軽電鉄の歴史とその産業遺産,鉄道ピクトリアル,第652号,電気車研究会,1998.4
(186)堤一郎：京浜急行電鉄の産業遺産,鉄道ピクトリアル,第656号,電気車研究会,1998.7
(187)河野哲也：北海道の鉄道産業遺産をめぐる,鉄道ピクトリアル,第657号,電気車研究会,1998.8
(188)吉川文夫,町田浩一,堤一郎：秩父鉄道沿線観察学,鉄道ピクトリアル,第661号,電気車研究会,1998.11
(189)小野田滋：わが国における鉄道用煉瓦構造物の技術史的研究,鉄道総研報告,特別号・第27号,鉄道総合技術研究所,1998.11
(190)吉川文夫：阪急沿線観察学,鉄道ピクトリアル,第663号,電気車研究会,1998.12
(191)栗野宏：板谷峠越え鉄道遺産の現況,鉄道ピクトリアル,第665号,電気車研究会,1999.2
(192)吉川文夫：相模鉄道沿線観察学,鉄道ピクトリアル,第672号,電気車研究会,1999.7

鉄道構造物に関する文献リスト・2

(38) 小西純一：大谷川に架かる古いプラットトラス,鉄道ピクトリアル,第472号,電気車研究会,1986.12
(39) 倉島鋏一：現存していたわが国最初のトラス桁,鉄道ピクトリアル,第476号,電気車研究会,1987.3
(40) 小西純一：現存していたわが国最初のトラス桁(その２),鉄道ピクトリアル,第478号,電気車研究会,1987.4
(41) 西野保行,小西純一：現存するわが国最初の鉄道用鉄桁－70ftポニーワーレントラス－,第７回日本土木史研究発表会論文集,土木学会,1987.6
(42) 西野保行,小西純一,淵上龍雄：明治時代に製作された鉄道トラス橋の歴史と現状(第３報)－ドイツ系トラス桁－,第７回日本土木史研究発表会論文集,土木学会,1987.6
(43) 小西純一,西野保行,淵上龍雄：明治時代に製作された鉄道トラス橋の歴史と現状(第４報)－米国系トラス桁その１－,第８回日本土木史研究発表会論文集,土木学会,1988.6
(44) 奥山道紀：夕張岳森林鉄道の三弦トラス橋,鉄道ピクトリアル,第509号,電気車研究会,1989.3
(45) 西村俊夫：続・国鉄トラス橋総覧(1),足利工業大学研究集録,第15号,足利工業大学,1989.3
(46) 小西純一：明治村に保存展示の六郷川鉄橋のプロフィール,鉄道ファン,第29巻,第５号,交友社,1989.5
(47) 小西純一,西野保行,淵上龍雄：明治時代に製作された鉄道トラス橋の歴史と現状(第５報)－米国系トラス桁その２－,第９回日本土木史研究発表会論文集,土木学会,1989.6
(48) 石島孝志,篠田哲昭,大野和彦,早川寛志：湖畔橋(ペッパロ橋),第９回日本土木史研究発表会論文集,土木学会,1989.6
(49) 小西純一,西野保行,淵上龍雄：わが国における英国系鉄道トラスの歴史,土木史研究,第10号,土木学会,1990.6
(50) 奈良一郎：歴史的な橋を訪ねて(第２回)－今に残る明治初期の鉄橋－,技術報,第30号,東京鐵骨橋梁製作所,1990.11
(51) 西村俊夫：続・国鉄トラス橋総覧(2),足利工業大学研究集録,第17号,足利工業大学,1991.3
(52) 小西純一,西野保行,淵上龍雄：明治時代に製作された鉄道トラス橋の歴史と現状(第６報)－国内設計桁－,土木史研究,第11号,土木学会,1991.6
(53) 小西純一：御殿場線の鉄橋をめぐって,鉄道ファン,第31巻,第６号,交友社,1991.6
(54) 奈良一郎：歴史的な橋を訪ねて(第３回)－百歳の鉄道橋－,技術報,第31号,東京鐵骨橋梁製作所,1991.6
(55) 西村俊夫：続・国鉄トラス橋総覧(3)－日本鉄道建設公団関係トラス橋について－,足利工業大学研究集録,第18号,足利工業大学,1992.3
(56) 小野田滋,菊池保孝,須貝清行,高木稔：「ボーナル」を見つけよう－関西の鉄道土木史を訪ねて(2)－,日本鉄道施設協会誌,第30巻,第５号,日本鉄道施設協会,1992.5
(57) 小西純一,西野保行,淵上龍雄：わが国におけるドイツ製鉄道橋梁－歴史と現状－,土木史研究,第12号,土木学会,1992.6
(58) 月岡康一,小西純一,和田林道宜：澱川橋梁の設計について－現代トラス橋との比較の試み－,土木史研究,第12号,土木学会,1992.6
(59) 西村俊夫：続・国鉄トラス橋総覧(4)－日本鉄道建設公団関係トラス橋について－,足利工業大学研究集録,第19号,足利工業大学,1993.3
(60) 西村俊夫：続・国鉄トラス橋総覧(5),足利工業大学研究集録,第19号,足利工業大学,1993.3
(61) 西村俊夫：続・国鉄トラス橋総覧(6),足利工業大学研究集録,第19号,足利工業大学,1993.3
(62) 小西純一：四国の鉄道橋あれこれ,鉄道ピクトリアル,第574号,電気車研究会,1993.4
(63) 西野保行,小西純一,中川浩一：明治期におけるわが国の鉄道用プレートガーダーについて－概説－,土木史研究,第13号,土木学会,1993.6
(64) 小野田滋：関西地方に残る明治期のプレートガーダーを訪ねて,鉄道ピクトリアル,第581号,電気車研究会,1993.10
(65) 西村俊夫：続・国鉄トラス橋総覧(7),足利工業大学研究集録,第20号,足利工業大学,1994.3
(66) 小西純一：信濃の鉄道橋,鉄道ピクトリアル,第595号,電気車研究会,1994.9
(67) 奈良一郎：東武鉄道大谷川橋梁の沿革(その沿革の総集),技術報,第38号,東京鐵骨橋梁製作所,1995.1
(68) 阿部英彦,西村俊夫：続・国鉄トラス橋総覧(8),足利工業大学研究集録,第21号,足利工業大学,1995.3
(69) 西野保行,小西純一,淵上龍雄：わが国における鉄道用ラチス桁の現況とその歴史的経緯,土木史研究,第15号,土木学会,1995.6
(70) 奈良一郎：秩父路の橋めぐり－鉄道橋編－,技術報,第40号,東京鐵骨橋梁製作所,1996.3
(71) 阿部英彦,西村俊夫：続・国鉄トラス橋総覧(9),足利工業大学研究集録,第22号,足利工業大学,1996.3
(72) 阿部英彦,西村俊夫：続・国鉄トラス橋総覧(10),足利工業大学研究集録,第22号,足利工業大学,1996.3
(73) 奈良一郎：転車台120年の記録(上)－日本最古のＳＬ・貨車用転車台－,技術報,第41号,東京鐵骨橋梁製作所,1996.10
(74) 中川浩一：蒸気機関車転向の立役者－ターンテーブルの機構と来歴－,鉄道ピクトリアル,第631号,電気車研究会,1997.1
(75) 中川浩一：京成本線荒川橋梁の謎,鉄道ピクトリアル,第632号,電気車研究会,1997.1
(76) 阿部英彦,西村俊夫：続・国鉄トラス橋総覧(11),足利工業大学研究集録,第24号,足利工業大学,1997.3
(77) 奈良一郎：転車台120年の記録(下)－その後の転車台－,技術報,第42号,東京鐵骨橋梁,1997.5
(78) 河野哲也,今尚之,佐藤馨一：幌内鉄道プラットトラスと旧大谷川橋梁に関する研究,土木史研究,第17号,土木学会,1997.6
(79) 奈良一郎：幻の重構桁鉄道橋－日本最初の溶接鉄道桁－,技術報,第43号,東京鐵骨橋梁,1997.11
(80) 河野哲也,今尚之：大夕張周辺に今も残る森林鉄道用橋梁を訪ねて,虹橋,第58号,日本橋梁建設協会,1998
(81) 加藤高尚：大谷川橋梁解体報告,技術報,第44号,東京鐵骨橋梁,1998.6
(82) 贄田秀世,大井晴男,鈴木博人：ボーナル桁を転用した鉄道こ線道路の形態について(染井橋、江戸橋、中野こ線道路橋について),土木史研究,第19号,土木学会,1999.5
(83) 進藤義郎,今尚之,原口征人,佐藤馨一：大夕張地区における森林鉄道橋梁の特徴と評価に関する研究,土木史研究,第19号,土木学会,1999.5

■橋梁（その他）

(84) 網谷りょういち：今も残る京阪間開通当時のレンガ構造物,鉄道ピクトリアル,第483号,電気車研究会,1987.8
(85) 臼井茂信：パウネルの架けたアーチ,鉄道ファン,第28巻,第１号,交友社,1988.1
(86) 小林清明：九州の森林鉄道用アーチ橋,鉄道ピクトリアル,第524号,電気車研究会,1990.3
(87) 河村清春,小野田滋,木村哲雄,菊池保孝：関西地方の鉄道における「斜架拱」の分布とその技法に関する研究,土木史研究,第10号,土木学会,1990.6
(88) 小野田滋：百年目を迎えた旧・関西鉄道のアーチ橋を訪ねて,鉄道ピクトリアル,第531号,電気車研究会,1990.8
(89) 小野田滋,河村清春,木村哲雄,菊池保孝：「ねじりマンポ」を探そう－関西の鉄道土木史を訪ねて－,日本鉄道施設協会誌,第30巻,第１号,日本鉄道施設協会,1992.1
(90) 小野田滋：百年目を迎えた山陽本線三石付近のアーチ橋を訪ねて,鉄道ピクトリアル,第556号,電気車研究会,1992.3
(91) 小野田滋：北九州地方の鉄道橋梁に見られるレンガ・石積みの構造的特徴に関する研究,土木史研究,第12号,土木学会,1992.6
(92) 吉川寛：南海の“めがね橋”,鉄道ピクトリアル,第568号,電気車研究会,1992.12
(93) 戸塚誠司,小林一郎：大正・昭和前期に架設された熊本県内のコンクリートアーチ橋について,土木史研究,第15号,土木学会,1995.6
(94) 小野田滋：南海電鉄高野線の煉瓦アーチ橋を訪ねて,鉄道ピクトリアル,第615号,電気車研究会,1995.12
(95) 小野田滋,河村清春,須貝清行,神野嘉希：組積造による斜めアーチ構造物の分布とその技法に関する研究,土木史研究,第16号,土木学会,1996
(96) 戸塚誠司,小林一郎：熊本県における歴史的コンクリートアーチ橋の評価,土木史研究,第16号,土木学会,1996.6
(97) 小野田滋：阿部美樹志と阪急の構造物,鉄道ピクトリアル,第663号,電気車研究会,1998.12
(98) 小野田滋：西鉄北九州線の煉瓦構造物を訪ねて,鉄道ピクトリアル,第668号,電気車研究会,1999.4
(99) 今尚之,進藤義郎,原口征人,佐藤馨一：旧国鉄士幌線の鉄道土木遺産とその保存活動について,土木史研究,第19号,土木学会,1999.5

■古レール

(100) 銘記に映ずる軌條商工史,鉄道線路,第20巻,第12号,日本鉄道施設協会,1972.12
(101) 栗原利喜雄：錬鉄製双頭レール,熱処理,第15巻,第２号,日本熱処理技術協会,1975.2
(102) 臼井茂信：身近な明治の遺産“ドルトムント”を探そう,鉄道ファン,第16巻,第２号,交友社,1976.2
(103) 西野保行：古レール研究の楽しみ,鉄道線路,第24巻,第９号,日本鉄道施設協会,1976.9
(104) 佐藤俊夫：身近な明治の遺産＜“ドルトムント”を探そう＞に応えて,鉄道ファン,第17巻,第１号,交友社,1977.1
(105) 西野保行,淵上龍雄：レールの趣味的研究序説(上),鉄道ピクトリアル,第329号,電気車研究会,1977.1
(106) 西野保行,淵上龍雄：レールの趣味的研究序説(中),鉄道ピクトリアル,第330号,電気車研究会,1977.2
(107) 西野保行,淵上龍雄：レールの趣味的研究序説(下),鉄道ピクトリアル,第331号,電気車研究会,1977.3
(108) 栗原利喜雄：身近な明治の遺産“古レール”を探そう,金属,第47巻,第３号,アグネ,1977.3
(109) 和久田康雄：逆Ｕ字形レールの発見,鉄道ピクトリアル,第339号,電気車研究会,1977.10
(110) 西野保行,淵上龍雄：レールの趣味的研究序説(補遺),鉄道ピクトリアル,第341号,電気車研究会,1977.12
(111) 遊川清：私の見た古レール,鉄道ピクトリアル,第369号,電気車研究会,1979.12
(112) 西野保行,淵上龍雄：レールの趣味的研究序説(再補・上),鉄道ピ

			T1C－T15	博買D1･5/23-6
			T13－S01	博買D1･5/23-7
			S02－S04	博買D1･5/23-8
			S02－S10	博買D1･5/23-9
			S05－S07	博買D1･5/23-10
			S08－S10	博買D1･5/23-11
			S10－S11	博買D1･5/23-12
97041	薩南中央鉄道	さつなん	T12－S05	博鉄軌134-1
			S06－S09	博鉄軌134-2
			S10－S12	博鉄軌134-3
			S13－S14	博鉄軌134-4
×	薩南鉄道	さつなん	M31	3A/22-2/49運204
×	霧島軽便鉄道	きりしま	M45－T04	3A/22-2/49運202
×	川宮鉄道	せんぐう	T02－T10	博買D1･5/59-1
×	薩隅電気鉄道	さつぐう	T10－T12	3A/22-2/49運205
×	有明鉄道	ありあけ	T15－S04	3A/22-1/49運73
×	鹿児島南海鉄道	かごしまなんかい	S03－S10	3A/22-2/49運206
×			S04－S08	博買U1/100

沖　縄　県

98011	沖縄県営軽便鉄道	おきなわ	T02－T05	3A/22-2/49運243
			T06－T08	3A/22-2/49運244
98011	沖縄県営鉄道〈営業報告書〉	おきなわ	T08－S05	3A/22-2/49運247
98011	沖縄県営鉄道	おきなわ	T09－T11	3A/22-2/49運245
			T09－T11	3A/22-2/49運248
			T12－S08	3A/22-2/49運246
98011	沖縄県鉄道管理所	おきなわ	S06－S15	博鉄軌51
98011	沖縄県営鉄道	おきなわ	S09－S14	3A/22-2/49運249
			S14－S19	3A/22-2/49運250
98511	沖縄電気軌道	おきなわ	M43－T03	3A/22-2/49運251
			T04－S08	3A/22-2/49運252
98512	沖縄電気	おきなわ	T10－S08	博鉄軌50
98521	沖縄馬車軌道	おきなわ	T02－T09	3A/22-2/49運253
98531	糸満馬車軌道	いとまん	T06－T09	3A/22-2/49運258
×	沖縄起業	おきなわ	M42	3A/13-4/47運473
×	国頭馬車軌道	くにがみ	T09－T10	3A/22-2/49運259

鉄道構造物に関する文献リスト

小野田《おのだ》　滋《しげる》　編

鉄道構造物の調査にあたって参考となる文献を、リストとして紹介する。これまでマイナーと思われた廃線跡の分野ではあるが、実際に調べてみると膨大なレポートが報告されており、それだけでも優に小冊子ができてしまうほどである。ここでは、一般的な廃線跡踏査記録は除外し、ある程度特定の構造物を主題としたものや、その見方・調べ方について解説したもの、構造物について技術史的な考察を加えたものを中心としてまとめた(現在使用中の構造物を含む)。また、雑誌記事のみに限り、単行本については省略した。データは5ジャンルに分け、発表順に　著者名／記事名／雑誌名／巻・号／発行所／発行年月　を記載した。

■トンネル

(1) 小野田滋：国鉄奈良線の円形断面トンネルについて,鉄道史料,第42号,鉄道史資料保存会,1986.5
(2) 小栗彰夫：今も残る旧敦賀線小刀根隧道,鉄道ピクトリアル,第470号,電気車研究会,1986.10
(3) 小野田滋：断面から見た鉄道トンネルの史的研究序説(Ⅰ),鉄道ピクトリアル,第487号,電気車研究会,1987.11
(4) 小野田滋：断面から見た鉄道トンネルの史的研究序説(Ⅱ),鉄道ピクトリアル,第488号,電気車研究会,1987.12
(5) 小野田滋：わが国における鉄道トンネルの沿革と現状－旧・関西鉄道をめぐって－,第8回日本土木史研究発表会論文集,土木学会,1988.6
(6) 小野田滋：横須賀線におけるトンネルの沿革とその特徴,鉄道ピクトリアル,第503号,電気車研究会,1988.11
(7) 泉俊弘：宮福鉄道沿線に残る旧・北丹鉄道のトンネル,鉄道ピクトリアル,第504号,電気車研究会,1988.12
(8) 小野田滋,司城能治郎,永井彰,菊池保孝：わが国における鉄道トンネルの沿革と現状(第2報)－旧・京都鉄道、旧・阪鶴鉄道をめぐって－,第9回日本土木史研究発表会論文集,土木学会,1989.6
(9) 小野田滋：保津峡に京都鉄道のトンネルを訪ねて,鉄道史料,第55号,鉄道史資料保存会,1989.8
(10) 小野田滋,山田稔,井上和彦,松岡義幸：わが国における鉄道トンネルの沿革と現状(第3報)－旧・官設鉄道長浜～神戸間をめぐって－,土木史研究,第10号,土木学会,1990.6
(11) 小野田滋：関西本線のトンネルを訪ねて,鉄道ピクトリアル,第536号,電気車研究会,1990.12
(12) 小野田滋,石留和雄,松岡義幸：土木史的観点から見た鉄道トンネルとその特徴(1),日本鉄道施設協会誌,第28巻,第12号,日本鉄道施設協会,1990.12
(13) 小野田滋,石留和雄,松岡義幸：土木史的観点から見た鉄道トンネルとその特徴(2),日本鉄道施設協会誌,第29巻,第1号,日本鉄道施設協会,1991.1
(14) 小野田滋,石留和雄,松岡義幸：土木史的観点から見た鉄道トンネルとその特徴(3),日本鉄道施設協会誌,第29巻,第2号,日本鉄道施設協会,1991.2
(15) 小野田滋：東北本線に日本鉄道時代のトンネルを訪ねて,鉄道ピクトリアル,第549号,電気車研究会,1991.10
(16) 小野田滋：北九州地方に複線断面の単線トンネルを訪ねて,鉄道ピクトリアル,第557号,電気車研究会,1992.3
(17) 竹田辰男：発見された土木図面に寄せてⅢ・雄ノ山隧道の考察,鉄道史料,第70号,鉄道史資料保存会,1993.5
(18) 小野田滋,菊池保孝,須貝清行,古寺貞夫：近畿圏の鉄道トンネルにおける坑門の意匠設計とその特徴,土木史研究,第13号,土木学会,1993.6
(19) 小野田滋,荻原幸一,竹内定行,丸山孝：わが国における鉄道トンネルの沿革と現状(第4報)－信越本線をめぐって－,土木史研究,第13号,土木学会,1993.6
(20) 小野田滋,板井幸市,鶴英樹：わが国における鉄道トンネルの沿革と現状(第5報)－旧・九州鉄道をめぐって－,土木史研究,第15号,土木学会,1995.6
(21) 小野田滋：明治期に建設された信越本線のトンネルを訪ねて,鉄道ピクトリアル,第629号,電気車研究会,1996.12
(22) 木下晃博：中央本線のトンネルを歩く,鉄道ピクトリアル,第675号,電気車研究会,1999.10

■橋梁（鋼橋）

(23) 久保田敬一：本邦鉄道橋ノ沿革ニ就テ,土木学会誌,第3巻,第1号,土木学会,1917.2
(24) 久保田敬一：本邦鉄道橋梁ノ沿革ニ就テ,業務研究資料,第22巻,第2号,鉄道省大臣官房研究所,1934.1
(25) 西村俊夫：国鉄トラス橋総覧,鉄道技術研究資料,第14巻,第12号,国鉄鉄道技術研究所,1957.12
(26) 淵上龍雄：トラス橋を訪ねて(上),鉄道ピクトリアル,第250号,電気車研究会,1971.5
(27) 淵上龍雄：トラス橋を訪ねて(中),鉄道ピクトリアル,第252号,電気車研究会,1971.6
(28) 淵上龍雄：トラス橋を訪ねて(下),鉄道ピクトリアル,第253号,電気車研究会,1971.7
(29) 高山禮蔵：兵庫運河の回転橋・鉄道可動橋のルーツをたずねて,鉄道史料,第14号,鉄道史資料保存会,1979.4
(30) 大塚孝：九州のトラス橋のルーツを訪ねて－九州鉄道とボーストリングトラス橋－,下工,第38号,国鉄下関工事局,1981.3
(31) 今井寛：東赤谷の転車台てんまつ記,鉄道ピクトリアル,第412号,電気車研究会,1983.1
(32) 淵上龍雄,小西純一,西野保行：トラス橋の魅力(1),鉄道ピクトリアル,第435号,電気車研究会,1984.8
(33) 淵上龍雄,小西純一,西野保行：トラス橋の魅力(2),鉄道ピクトリアル,第436号,電気車研究会,1984.9
(34) 淵上龍雄,小西純一,西野保行：トラス橋の魅力(3),鉄道ピクトリアル,第437号,電気車研究会,1984.10
(35) 西野保行,小西純一,淵上龍雄：明治時代に製作された鉄道トラス橋の歴史と現状(第1報)－200フィートダブルワーレントラスを中心として－,第5回日本土木史研究発表会論文集,土木学会,1985.6
(36) 西野保行,小西純一,淵上龍雄：明治時代に製作された鉄道トラス橋の歴史と現状(第2報)－英国系トラスその2－,第6回日本土木史研究発表会論文集,土木学会,1986.6
(37) 西野保行,小西純一：中央線のトラス橋－その初代橋梁を中心として－,鉄道ピクトリアル,第467号,電気車研究会,1986.8

廃止・未成私鉄、専用鉄道調査研究のための一次史料「鉄道省文書」所蔵箇所一覧

1999(平成11)年11月22日(月)現在 ／ 伊藤雅彦《いとうまさひこ》・星野真太郎《ほしのしんたろう》・石野《いしの》 哲《てつ》 編

鉄道省文書(てつどうしょうもんじょ)とは、明治後期頃から昭和30年代頃まで、私鉄各社から、監督官庁である鉄道省(鉄道省前後の鉄道院・運輸通信省・運輸省と、軌道がらみの内務省・建設省も含むこととする)に提出した**免許**がらみ(開業から廃止に至るまでの許認可・届出)の書類や、**営業報告書**の現物を、各社ごとにまとめ、1社ないし数社を綴り合わせ表紙を付け簿冊形態としたものの通称で、私鉄鉄道史の調査・研究に欠かすことができない一次史料となっている文書群である。

戦後になっても運輸省が保管していたが、国家買収私鉄がらみは『日本国有鉄道百年史』編纂の際に国鉄総裁室修史課が借用し、のち**交通博物館**に移管された。廃止・未成私鉄がらみも、昭和46(1971)年7月1日**国立公文書館**が設置されたのに伴い「運輸省公文書」の名前で順次移管された。これら以外の現に営業中の私鉄は、先代の合併された私鉄も含めて運輸省に存置され、現実の運輸行政に使われている。ただ、震災・戦災などで失われたものや、簿冊に綴じる際や移管時に誤って混入したと思われる文書も存在し、一体どの私鉄のどの年代の史料が本当にあるのか、その場合どこに所蔵されているのかという単純なことが、史料研究以前の大問題となっていた。

そこで、**交通博物館**と**国立公文書館**が所蔵する**鉄道省文書**のうちの、私鉄(鉄道・軌道)と専用鉄道関係すべてを会社ごとに整理し、都道府県のJIS番号・所蔵年度順に並べ替え、閲覧請求蔵書番号も掲げた一覧表を作成した。所在地都道府県名、存在した私鉄か未成に終わった私鉄か専用鉄道か専用側線かの区別、及び正式社名について、目録だけでは不確かなものは、現物を閲覧して調査した。なお、最近廃止となった私鉄約600簿冊(1簿冊に複数社のものあり)が1998年に国立公文書館に追加移管され現在公開準備作業中であるが、これは今回のリストには入っていない。

このほか、各都道府県の公文書館で一部の鉄道省文書を所蔵しているケースが確認されている。戦前の各産業の営業報告書については、神戸大学経済経営研究所附属経営分析文献センターが大規模なマイクロフィルム化を実施しており、雄松堂出版からも「営業報告書集成」第1～5集としてマイクロフィルム版が市販されている。当然この中には、鉄道各社の営業報告書もたくさん含まれている。

○**都道府県名**　自治省の都道府県JIS番号(01北海道～47沖縄県)順で、おおむね北(東)から南(西)へ並んでいる。2都府県にまたがる私鉄は、路線の中心と思われる都府県に掲載した。

○**5桁数字**　和久田康雄著『私鉄史ハンドブック』掲載の「整理番号」4桁の末尾に、社名変更順に1、2、3…と付け5桁としたもの。この5桁数字がある場合は、過去存在したことがある私鉄(一部現存の私鉄もあり)ということになるが、未成に終わった区間の申請文書も混じっている場合がある。

未成私鉄か専用鉄道かの区別を記号または漢字で記した。「×」は免許・特許を却下されたか、又は開業に至らなかった鉄道・軌道で、いわゆる未成線。「□」としたのは専用鉄道。「×□」は専用鉄道の未成線。「回」は専用鉄道がのち普通の私鉄になったケース。疑問が残るものには「?」を付記した。

○**社名**　「国立公文書館」「交通博物館」の目録に原則揃えたため、該当年度時代の社名でなく、後代の社名のものも多い。これは、簿冊は溜まった文書をどんどん綴じて行く形態で、表紙の社名は最新のものに書き換えられつつ使われていたためである。社名は正式社名としたが、株式会社の表記は省略した。「国立公文書館」は原則免許がらみ文書であるが、一部営業報告書が混じっているので、この場合のみ社名の後ろに〈営業報告書〉と注記した。

○**社名読み**　現物にはほとんど読みがなの記載がないため、『私鉄史ハンドブック』や地名事典などで調査した。疑問が残るものには「?」を付記した(専用鉄道社名の「日本」の読みは、確認できたもの以外は「にっぽん(にほん)」とした)。

○**年度**　該当史料の年度を元号で記載した。Mは明治、Tは大正、Sは昭和、Hは平成。

○**閲覧請求蔵書番号**　頭が「3」から始まるのは**国立公文書館**(原則土曜日曜祝日休館。入館無料。予約不要。営団地下鉄東西線竹橋駅下車徒歩5分)所蔵分。「3C/27/48建748-1～20」の「1～20」は1から20の簿冊を1行にまとめて記したもの。このような蔵書番号と社名を備え付けの「公文書閲覧請求票」に記入すれば、誰でも文書現物を閲覧できる(同時に5簿冊まで閲覧可)。但しその場での即時コピーはできない。「47運」は昭和47(1972)年運輸省から移管の鉄道省文書で、「49運」「58運」もある。建設省道路局路政課より移管の軌道がらみの文書もあるが「48建」のみ。「47運」「50運」についてはインターネット(http://www.sorifu.go.jp/koubunsho/)上で目録検索ができる(「50運」は旅客自動車、貨物自動車関係の文書のみで鉄道関係は無い)。

国立公文書館報「北の丸」は同館の広報誌で、昭和48(1973)年11月より発行され、県立図書館などに配布されている。今までに、S48.11/49.3/49.12/50.3/50.9/51.3/51.9/52.3/52.9/53.3/54.3/55.3/55.12/57.1/58.3/59.3/60.3/61.5/62.3/63.3/H01.3/02.3/03.3/04.3/05.3/06.3/07.3/08.3/09.3/10.3/11.3の通巻1～31号が刊行され、時々鉄道に関連のある記述・特集も載っていて参考になる。

交通博物館(原則月曜休館。入館料310円。JR秋葉原駅下車徒歩5分)所蔵のものには頭に「博」を付けた。文書現物はすべてマイクロフィルム化されており、マイクロリーダーで閲覧することになる。国家買収私鉄の許認可がらみの文書(**博買**と略記)のほか、私鉄各社の営業報告書(**博鉄軌**と略記)もある。ただ、「博買」には国家買収以外の私鉄や営業報告書も混在し、「博鉄軌」にも許認可がらみの文書が一部混じっている。閲覧には事前の予約(☎03-3251-8481)が必要で、火～土曜の平日に限られる(マイクロリーダーは1台。画面で見ながらコピーがとれる。1枚30円)。蔵書番号と社名は備え付けの「閲覧票」に記入する。私鉄が多岐にわたる場合は予めリストを用意し、「閲覧票」に添付してもよい。

＜参考文献＞

和久田康雄『私鉄史ハンドブック』(電気車研究会第2刷1995.12)／河野敬一『大正・昭和戦前期における鉄道敷設申請却下について－国立公文書館蔵「鉄道書文書」にみる地方鉄道建設の動向－(「北の丸」28号1996.3)／河野敬一『昭和戦前期までの鉄道関係公文書について－運輸省所蔵公文書を中心として－(「北の丸」30号1998.3)／三木理史『近代交通研究における史・資料－「鉄道書文書」を中心に－(「地理学の諸相」大明堂1998)／鉄道公式統計(鉄道局年報・鉄道院年報・鉄道院鉄道統計資料・鉄道省鉄道統計資料・鉄道統計資料・鉄道統計・国有鉄道陸運統計・鉄道統計年報)／『トワイライトゾ～ン・マニュアル 1・Ⅳ・5・8』(ネコ・パブリッシング1992.9/1995.10/1996.11/1999.11)付録「専用線一覧表」／おやけ・こういち自費出版『小名浜・鉄道往来記』(1994)・『黒ダイヤの記憶－常磐炭田石城南部地区の炭鉱－』(1997)／小熊米雄「雄別鉄道」(鉄道ピクトリアル1962.3臨時増刊号)／『停車場変遷大事典 国鉄・JR編』(JTB1998.10)／角川日本地名大辞典／吉田東伍『大日本地名辞書』(初版1907。冨山房第七刷1982)／日本経済新聞社『1995年版会社年鑑《上場会社版》』上・下巻(1995)

◎リストに掲載したデータは、3764件(行)あります。

博買	846件	うち788件が過去存在(93%)	148簿冊
博鉄軌	1034件	うち970件が過去存在(94%)	346簿冊
公文書館	1884件	うち604件が過去存在(32%)	2568簿冊
計	3764件	うち2362件が過去存在(63%)	3062簿冊

63%が過去存在した私鉄(一部現存の私鉄も含む。5桁が付けられた私鉄)で、残り37%が未成私鉄か専用鉄道ということになる。なお、運輸省で現在所蔵している文書は約3500簿冊(1簿冊に複数社のものあり)である。

◎ここに掲載した「鉄道省文書所蔵箇所一覧」と同じ内容のデジタルデータ3764レコードを、「カンマ区切りテキスト形式」、インターネット経由で、ご希望の方に販売いたします。詳細については、http://rurubu.com/ の「JTB出版案内」をクリックしてJTB出版事業局のホームページにアクセス(http://www.jtb.co.jp/rurubu/index.htm)し、その中の INFORMATION の欄から選んでご覧ください。

P233へつづく

北　海　道

10011	北海道炭礦鉄道	ほっかいどう	M22－M39	博買D1·5/100-1
			M27－M28	博買D1·5/100-2
10021	釧路鉄道	くしろ	M25	博買D1·5/37-1
			M26－M30	博買D1·5/38-1
10031	北海道鉄道	ほっかいどう	M30	博買D1·5/98-1
			M33－M40	博買D1·5/98-2
			M40	博買D1·5/39-1
10041	苫小牧軽便鉄道	とまこまい	T02－T05	博買D1·5/70-1
			T02－T09	博買D1·5/70-2
			T06－S02	博買D1·5/70-3
			T10－S02	博買D1·5/70-4
10053	美唄鉄道	びばい	T04－S01	博鉄軌270-1
			S02－S06	博鉄軌270-2
			S07－S12	博鉄軌270-3
			S13－S15	博鉄軌270-4
			S21－S25	博鉄軌270-5
10054	三菱鉱業	みつびし	S27－S29	3A/13-10/58運222
10061	定山渓鉄道	じょうざんけい	T02－T06	3A/22-1/49運74
			T04－T14	博鉄軌155-1
			T07－T09	3A/22-1/49運75
			T10－T12	3A/22-1/49運76
			T13－T15	3A/22-1/49運77
			S01－S07	博鉄軌155-2
			S02－S04	3A/22-1/49運78
			S05－S09	3A/22-1/49運79
			S08－S15	博鉄軌155-3
			S10－S15	3A/22-1/49運80
			S16－S24	3A/22-1/49運81
			S21－S25	博鉄軌155-4
			S25－S26	3A/22-1/49運82
			S26－S28	博鉄軌155-5
			S27－S31	3A/22-1/49運83
10071	寿都鉄道	すっつ	T07－T13	博鉄軌165-1
			T14－S03	博鉄軌165-2
			S04－S08	博鉄軌165-3
			S09－S12	博鉄軌165-4
			S13－S15	博鉄軌165-5
			S21－S25	博鉄軌165-6
			S26－S28	博鉄軌165-7
10082	北海道鉄道	ほっかいどう	T07	博買D1·5/98-3
			T08	博買D1·5/98-4
			T08－T13	博買D1·5/98-5
			T09－T11	博買D1·5/98-6
			T10－S04	博買D1·5/98-7
			T12－T13	博買D1·5/98-8
			T14－S01	博買D1·5/98-10
			T14－S01	博買D1·5/98-9
			S02－S04	博買D1·5/98-11
			S02－S04	博買D1·5/98-12
			S05－S07	博買D1·5/98-13
			S05－S08	博買D1·5/98-14
			S08－S10	博買D1·5/98-15
			S09－S15	博買D1·5/98-16
			S11－S13	博買D1·5/98-17
			S14－S15	博買D1·5/98-18
			S14－S18	博買D1·5/98-19
			S17	博買D4·1/5-1
10092	雄別炭礦鉄道	ゆうべつ	T08－T14	博鉄軌330-1
			T11－T14	博買D1·5/110
			T15－S04	博鉄軌330-2
			S05－S08	博鉄軌330-3
			S09－S12	博鉄軌330-4
			S13－S15	博鉄軌330-5
			S21－S25	博鉄軌330-6
			S26－S28	博鉄軌330-7
10101	十勝鉄道	とかち	T12－S03	博鉄軌214-1
			T13－S04	3A/22-1/49運49
			S04－S08	博鉄軌214-2
			S09－S13	博鉄軌214-3
			S14－S15	博鉄軌214-4
			S21－S25	博鉄軌214-5
			S26－S28	博鉄軌214-6
10111	日高拓殖鉄道	ひだか	T11－S04	博買D1·5/88-1
			T12－T14	博買D1·5/88-2
			T15－S02	博買D1·5/88-3
10121	釧路臨港鉄道	くしろ	T13－S02	博鉄軌97-1
			S03－S06	博鉄軌97-2
			S07－S10	博鉄軌97-3
			S11－S15	博鉄軌97-4
			S21－S25	博鉄軌97-5
			S26－S28	博鉄軌97-6
10131	河西鉄道	かさい	T14－S06	博鉄軌64-1
			S07－S12	博鉄軌64-2
			S13－S15	博鉄軌64-3
10141	夕張鉄道	ゆうばり	T13－S02	博鉄軌328-1
			S03－S05	博鉄軌328-2
			S06－S08	博鉄軌328-3
			S09－S12	博鉄軌328-4
			S13－S15	博鉄軌328-5
			S21－S25	博鉄軌328-6
			S26－S28	博鉄軌328-7
10151	渡島海岸鉄道	おしま	T15－S06	3A/13-4/47運536
10151	渡島海岸鉄道〈営業報告書〉	おしま	S01－S06	3A/13-2/47運118
			S07－S10	3A/13-2/47運119
10151	渡島海岸鉄道	おしま	S07－S13	3A/13-4/47運537
10151	渡島海岸鉄道〈営業報告書〉	おしま	S11－S13	3A/13-2/47運120
10151	渡島海岸鉄道	おしま	S14－S15	博買D1·5/27-1
			S14－S20	3A/13-5/47運566
10161	胆振鉄道	いぶり	T13－S06	博買D1·5/10-1
			T14－S08	博買D1·5/10-2
			S07－S16	博買D1·5/10-3
10171	北海道拓殖鉄道	ほっかいどう	T12－S03	3A/13-4/47運525
			T14－S05	博鉄軌295-1
			S02－S04	博買D1·5/101
			S04－S06	3A/13-5/47運554
			S06－S07	博鉄軌295-2
			S07－S10	3A/13-5/47運555
			S08－S09	博鉄軌295-3
			S10－S12	博鉄軌295-4
			S11－S17	3A/13-5/47運556
			S13－S15	博鉄軌295-5
			S21－S25	博鉄軌295-6
			S26－S28	博鉄軌295-7
10181	洞爺湖電気鉄道	とうやこ	T15－S06	3A/13-3/47運391
			S02－S07	博鉄軌213-1
			S07－S18	3A/22-1/49運60
			S08－S10	博鉄軌213-2
			S11－S14	博鉄軌213-3
10191	北見鉄道	きたみ	S02－S14	3A/13-3/47運309
			S04－S14	博鉄軌84
10201	留萌鉄道	るもい	S03－S07	博買D1·5/114
			S08－S09	博買D1·5/114
			S10－S12	博買D1·5/114
			S13－S15	博買D1·5/114
			S21－S25	博鉄軌337-1
			S26－S28	博鉄軌337-2
10211	三菱鉱業	みつびし	S13－S15	博鉄軌310-1
			S21－S25	博鉄軌310-2
			S26－S28	博鉄軌310-3
			S28－S29	3A/13-10/58運222
10221	胆振縦貫鉄道	いぶり	S06－S11	博買D1·5/11-1
			S09－S12	博買D1·5/11-2
			S12－S15	博買D1·5/11-3
			S12－S19	博買D1·5/11-4
			S13－S15	博買D1·5/11-5
			S18	博買D1·5/11-6
10231	羽幌炭礦鉄道	はぼろ	S21－S25	博鉄軌257-1
			S26－S28	博鉄軌257-2
10241	天塩鉄道	てしお	S14－S15	博鉄軌205-1
			S21－S25	博鉄軌205-2
			S26－S28	博鉄軌205-3
10252	早来鉄道	はやきた	S20－S27	3A/22-1/49運29
			S21－S25	博鉄軌260-2
10271	根室拓殖鉄道	ねむろ	S21－S25	博鉄軌245-2
			S26－S28	博鉄軌245-3
10281	大沼電鉄	おおぬま	S21－S27	3A/22-2/49運272
			S22－S25	博鉄軌45-4
			S26－S27	博鉄軌45-5
			S27－S28	3A/22-2/49運273
10291	三井鉱山	みつい	S14－S21	3A/13-10/58運16
10291	三井鉱山芦別鉱業所	みつい	S22－S30	3A/13-10/58運28
10291	三井鉱山	みつい	S24－S25	博鉄軌309-1
			S26－S28	博鉄軌309-2
10514	帝国電力	ていこく	T10－T14	博鉄軌204-1
			T15－S05	博鉄軌204-2
			S06－S10	博鉄軌204-3
			S11－S14	博鉄軌204-4
10517	函館市交通部	はこだて	S21－S25	博鉄軌251-1
			S26－S28	博鉄軌251-2
10541	上川馬車鉄道	かみかわ	M42－T08	3A/22-1/49運134
10553	札幌電気軌道	さっぽろ	T10－S15	博鉄軌136
10554	札幌市交通局	さっぽろ	S22－S25	博鉄軌137-1
			S26－S28	博鉄軌137-2
10561	札幌軌道	さっぽろ	M42－S04	3A/22-2/49運187
			T10－S10	博鉄軌135-1
			S08－S10	3A/22-1/49運135

			S10	博鉄軌135-2
10572	登別温泉	のぼりべつ	T10－S08	博鉄軌248
10581	士別軌道	しべつ	T08－S02	3A/22-2/49運256
			S11－S15	博鉄軌150-1
			S21－S25	博鉄軌150-2
			S26－S28	博鉄軌150-3
10591	早来軌道	はやきた	T09－S04	3A/13-2/47運114
			T11－S05	博鉄軌260-1
			S05－S17	3A/13-5/47運560
10601	沙流軌道	さる	T09－T15	3A/13-2/47運113
			T11－S05	博鉄軌140-1
			S06－S13	博鉄軌140-2
			S14－S15	博鉄軌140-3
10602	沙流鉄道	さる	S26－S27	3A/22-1/49運28
10611	軽石軌道	けいせき	T09－S07	3A/22-2/49運274
			T10－S10	博鉄軌110-1
			S11－S12	博鉄軌110-2
10621	厚真軌道	あつま	T15－S04	3A/13-2/47運115
10631	旭川電気軌道	あさひかわ	S05－S13	博鉄軌8-1
			S14－S15	博鉄軌8-2
			S21－S25	博鉄軌8-3
			S26－S28	博鉄軌8-4
			S27－S30	博鉄軌8-5
10641	江当軌道	えとう？	S02－S11	博鉄軌38
			S11	3A/13-5/47運565
10651	大沼電鉄	おおぬま	S02－S10	博鉄軌45-1
			S11－S14	博鉄軌45-2
			S15	博鉄軌45-3
10662	札幌郊外電気軌道	さっぽろ	S03－S11	博鉄軌138
			S03－S12	3A/22-2/49運186
10671	根室拓殖軌道	ねむろ	S02－S07	3A/22-2/49運264
			S03－S15	博鉄軌245-1
10681	旭川市街軌道	あさひかわ	S04－S10	博鉄軌9-1
			S21－S25	博鉄軌9-2
			S26－S28	博鉄軌9-3
10691	湧別軌道	ゆうべつ	S04－S12	博鉄軌329
10701	余市臨港軌道	よいち	S04－S10	3A/22-2/49運255
			S05－S14	博鉄軌332
×	函湯鉄道	かんとう	M28	博買D1・5/31-1
×	渡島鉄道	おしま	M29－M33	3A/13-4/47運469
×	函館鉄道	はこだて	M30	博買D1・5/37-1
回	京都合資会社専用鉄道	きょうと	M40	博買D1・5/39-1
×	日高馬車軌道	ひだか	M43	3A/13-4/47運473
×	愛別馬車軌道	あいべつ	M43－T05	3A/22-2/49運189
×			M43－T05	3A/22-2/49運190
×	清幌軌道	きよほろ？	T03－T05	3A/22-2/49運146
×	北海道興業鉄道	ほっかいどう	T03－T07	博買D1・5/97
×	北海道雨龍鉄道	ほっかいどううりゅう	T06－S02	博買D1・5/99
×			T07－S01	博買U1/68
×	常呂鉄道組合	ところ	T08－T10	3A/13-2/47運237
×	南夕張炭礦鉄道	みなみゆうばり	T09－T15	3A/13-3/47運247
×	北海水力電気	ほっかい	T09－S02	3A/13-3/47運342
×	温根湯軌道	おんねとう	T10－T14	3A/22-2/49運145
×	浦幌炭礦鉄道	うらほろ	T11－S03	3A/13-3/47運251
×	旭川市営自動車軌道	あさひかわ	T13	3A/13-1/47運3
×	旭川電気軌道	あさひかわ	T13	3A/13-1/47運3
×	鵡川鉄道	むかわ	T13	3A/13-1/47運3
□	明治製糖	めいじ	T13－S22	3A/13-10/58運96
□	王子製紙	おうじ	T13－S24	3A/13-10/58運8
×	北見中央鉄道	きたみ	T14－S04	3A/13-3/47運276
□	合同酒精	ごうどう	T14－S16	3A/13-10/58運119
□	三井物産	みつい	T14－S17	3A/13-10/58運133
□	日本製鋼所	にっぽん(にほん)	T14－S22	3A/13-10/58運141
×	定山渓温泉電気鉄道	じょうざんけい	T15	3A/13-1/47運19
×	芽室軌道	めむろ	T15－S05	3A/22-1/49運142
×	由仁軌道	ゆに	T15－S11	3A/22-1/49運142
×	函館電気軌道	はこだて	S02	3A/13-1/47運22
×			S02	3A/13-1/47運34
×	長恵鉄道	ちょうけい？	S02－S06	3A/22-2/49運216
×	釧北鉄道	せんぼく	S02－S07	3A/13-3/47運300
×	天塩鉄道	てしお	S02－S07	3A/13-3/47運298
×	天北鉄道	てんぽく	S02－S07	3A/13-3/47運297
×	標津殖民鉄道	しべつ	S02－S08	3A/13-3/47運302
×	北海水力電気	ほっかい	S02－S11	博鉄軌294
×			S02－S12	博買U1/68
×	旭川市街電気軌道	あさひかわ	S03	3A/13-1/47運41
×	雨龍炭礦鉄道	うりゅう	S03	3A/13-1/47運36
×	恵比島鉄道	えびしま	S03	3A/13-1/47運59
×	小清水軌道	こしみず	S03	3A/13-1/47運40
×	胆振軌道	いぶり	S03	3A/13-1/47運38
×	函館電力軌道	はこだて	S03	3A/13-1/47運47
×	留萠鉄道	るもい	S03	3A/13-1/47運36
×	函館急行鉄道	はこだて	S03－S12	3A/22-2/49運188
×	古宇鉄道	ふるう	S04	3A/13-1/47運51
×	御影拓殖鉄道	みかげ	S04	3A/13-1/47運56
×	小樽高架電気軌道	おたる	S04	3A/13-1/47運49
×	小樽電気軌道	おたる	S04	3A/13-1/47運49
×	十勝拓殖鉄道	とかち	S04－S05	3A/13-3/47運326
×	小樽市営	おたる	S04－S10	3A/22-2/49運145
×	温根湯軌道	おんねとう	S05－S10	博鉄軌59
×	函館急行鉄道	はこだて	S05－S12	博鉄軌250
×	月寒電気軌道合資会社	つきさっぷ	S06	3A/13-2/47運82
×	戸井電気軌道	とい	S06	3A/13-2/47運81
×	札幌郊外電鉄	さっぽろ	S06	3A/13-2/47運82
□	大日本麦酒	だいにっぽん？	S06	3A/13-10/58運190
×	第二標津殖民鉄道	だいにしべつ	S06	3A/13-1/47運65
×	定山渓鉄軌	じょうざんけい	S06	3A/13-2/47運82
×	天塩炭礦鉄道	てしお	S06	3A/13-1/47運73
×	東川軌道	ひがしかわ	S06	3A/13-2/47運82
×	函館電気軌道	はこだて	S06	3A/13-2/47運81
×	北海道電気鉄道	ほっかいどう	S06	3A/13-1/47運73
×	積丹鉄道	しゃこたん	S06－S13	3A/13-3/47運356
□	浅野セメント	あさの	S06－S22	3A/13-11/58運305
×	新旭川軌道	しんあさひかわ	S07	3A/13-2/47運83
×	層雲峡電気軌道	そううんきょう	S07	3A/13-2/47運83
×	層雲渓電気軌道	そううんけい	S07	3A/13-2/47運83
□	日本製鉄	にっぽん(にほん)	S07－S18	3A/13-10/58運202
□	室蘭埠頭	むろらん	S07－S24	3A/13-10/58運173
×	旭鷹電鉄	きょくよう？	S08	3A/13-2/47運83
×	釧路市街軌道	くしろ	S08	3A/13-2/47運84
×	釧路自動車	くしろ	S08	3A/13-2/47運84
×	鷹栖軌道	たかす	S08	3A/13-2/47運83
×	北海道鉄道軌道	ほっかいどう	S09	3A/13-2/47運85
×	札幌鋼索鉄道	さっぽろ	S10	3A/13-2/47運77
×	鷹布電気軌道	たかふ？	S10	3A/13-2/47運85
×	和琴軌道	わこと	S10	3A/13-2/47運85
□	北海道炭礦汽船	ほっかいどう	S10－S21	3A/13-11/58運315
×	渡島半島鉄道	おしま	S11	3A/13-2/47運78
□	大日本電力	だいにっぽん？	S12－S18	3A/13-10/58運121
□	日本鉱業	にっぽん(にほん)	S13－S18	3A/13-10/58運15
□	陸軍省	りくぐんしょう	S14	3A/13-10/58運110
□	夕張製作所	ゆうばり	S14－S17	3A/13-10/58運36
□	日曹鉱業	にっそう	S14－S18	3A/13-10/58運25
□	北海道興農工業	ほっかいどう	S14－S19	3A/13-10/58運17
回	釧路埠頭倉庫	くしろ	S16－S21	3A/13-10/58運2
□	明治鉱業	めいじ	S16－S24	3A/13-11/58運303
□	日本製鉄	にっぽん(にほん)	S19－S24	3A/13-10/58運27
□	峩朗礦業	がろう	S19－S24	3A/13-10/58運31
□	茅沼炭化礦業	かやぬま	S19－S26	3A/13-10/58運68
□	北海道炭礦汽船	ほっかいどう	S20－S26	3A/13-10/58運72
□	三井木材工業	みつい	S22－S26	3A/13-11/58運318
□	日本曹達	にっぽん	S23－S24	3A/13-10/58運143
□	三菱鉱業	みつびし	S23－S30	3A/13-10/58運142
□	日本製鋼	にっぽん(にほん)	S24－S31	3A/13-11/58運346
□	日本甜菜製糖	にっぽん	S24－S31	3A/13-10/58運137
□	日本曹達天塩鉱業所	にっぽん	S25－S26	3A/13-10/58運177
□	室蘭埠頭	むろらん	S25－S27	3A/13-10/58運152
□	北日本製紙	きたにっぽん(にほん)	S25－S27	3A/13-10/58運149
回	雄別炭礦鉄道(尺別専用鉄道)	ゆうべつ	S25－S29	3A/13-11/58運316
□	豊羽鉱山	とよばね？	S26－S28	3A/13-10/58運46
□	北海道炭礦汽船	ほっかいどう	S27－S30	3A/13-10/58運226
□	日曹炭鉱	にっそう	S27－S31	3A/13-11/58運319
×□	針田鉱業	はりた？	S29－S30	3A/13-10/58運150
□	東洋高圧工業	とうよう	S31	3A/13-10/58運37
□	日曹炭鉱	にっそう	S37	3A/13-10/58運212
×	洞爺湖鉄道	とうやこ	S37－S38	3A/22-1/49運50
□	北日本製紙	きたにっぽん(にほん)	S37－S39	3A/13-10/58運100
□	日本甜菜製糖	にっぽん	S39	3A/13-10/58運163
□	北海道電力	ほっかいどう	S39	3A/13-10/58運101
□	明治鉱業	めいじ	S39	3A/13-10/58運172

青　森　県

21011	陸奥鉄道	むつ	T05－S02	博買D1・5/109-1
			T09－S03	博買D1・5/109-2
21021	十和田鉄道	とわだ	T04－T13	博鉄軌221-1
			T14－S04	博鉄軌221-2
			S05－S08	博鉄軌221-3
			S09－S13	博鉄軌221-4
			S14－S15	博鉄軌221-5
			S21－S25	博鉄軌221-6
21022	十和田観光電鉄	とわだ	S26－S28	博鉄軌221-7
21031	弘南鉄道	こうなん	T15－S08	博鉄軌116-1
			S09－S15	博鉄軌116-2
			S21－S25	博鉄軌116-3
			S26－S28	博鉄軌116-4

21042	五戸鉄道	ごのへ	T14－S06	博鉄軌126-1
			S07－S08	博鉄軌126-2
			S09－S10	博鉄軌126-3
			S11－S14	博鉄軌126-4
			S15	博鉄軌126-5
21043	南部鉄道	なんぶ	S21－S25	博鉄軌235-1
			S26－S28	博鉄軌235-2
21051	津軽鉄道	つがる	S03－S10	博鉄軌202-1
			S11－S15	博鉄軌202-2
			S21－S25	博鉄軌202-3
			S26－S28	博鉄軌202-4
21061	弘前電気鉄道	ひろさき	S24－S25	博鉄軌272-1
			S26－S28	博鉄軌272-2
21512	田名部運輸軌道	たなぶ	T11－S05	博鉄軌188-1
			S05－S14	博鉄軌188-2
			S11	3A/22-1/49運52
×	大湊鉄道	おおみなと	M29－M31	3A/13-4/47運446
×	茂浦鉄道	もうら	M44－T07	3A/13-2/47運159
×	東津軽鉄道	ひがしつがる	T11－T15	3A/13-3/47運258
×	岩木鉄道	いわき	T11－S04	3A/13-3/47運253
×	八戸水力電気	はちのへ	S02－S08	3A/22-2/49運148
×	東陸奥鉄道	ひがしむつ	S04	3A/13-1/47運49
×	北海本土連絡鉄道	はっかいほんど	S04	3A/13-1/47運53
×	東陸奥鉄道	ひがしむつ	S04－S06	3A/13-3/47運323
×	大間鉄道	おおま	S04－S07	3A/13-3/47運354
×	弘藤鉄道	こうとう？	S06	3A/13-1/47運64
×	上磯鉄道	かみいそ	S06	3A/13-1/47運63
×	八戸水力電気	はちのへ	S06－S08	博鉄軌255
×	弘藤鉄道	こうとう？	S07	3A/13-1/47運76
×	日満運輸	にちまん	S10	3A/13-2/47運77
×	高森鉄道	たかもり	S12	3A/13-2/47運79
□	高森鉱山	たかもり	S17	3A/13-11/58運302

岩　手　県

22011	田中長兵衛(釜石鉱山軽便鉄道)	たなか	M44－T06	3A/13-4/47運493
22012	田中鉱山	たなか	M44－T09	博鉄軌239-1
			T06－T08	3A/13-4/47運512
			T09－T15	3A/13-4/47運513
22013	釜石鉱山	かまいし	T10－T14	博鉄軌239-2
			T15－S06	博鉄軌239-3
			S02－S06	3A/22-2/49運254
			S07－S13	博鉄軌239-4
			S07－S15	3A/13-5/47運567
22014	日鉄鉱業	にってつ	S14－S15	博鉄軌239-5
			S14－S17	3A/13-5/47運569
			S16－S17	3A/13-5/47運568
			S19－S24	3A/13-10/58運53
22021	岩手軽便鉄道	いわて	M44－T02	博買D1・5/15-1
			M44－T09	博買D1・5/15-2
			T03	博買D1・5/15-3
			T04	博買D1・5/15-4
			T05－T07	博買D1・5/15-5
			T08－T09	博買D1・5/15-6
			T10－T12	博買D1・5/15-7
			T10－T15	博買D1・5/15-8
			T13－T14	博買D1・5/15-9
			T15－S03	博買D1・5/15-10
			S02－S03	博買D1・5/15-11
			S02－S04	博買D1・5/15-12
			S04－S06	博買D1・5/15-13
			S04－S08	博買D1・5/15-14
			S07－S09	博買D1・5/15-15
			S09－S12	博買D1・5/15-16
			S10－S11	博買D1・5/15-17
			S11	博買D1・5/15-18
			S11	博買D1・5/15-19
			S11	博買D1・5/15-20
22031	盛岡電気工業	もりおか	T07－S01	博鉄軌256-1
22032	花巻温泉電気鉄道	はなまき	T02－T06	3A/13-11/58運295
			T06－T11	3A/13-11/58運297
			T07－T10	3A/13-11/58運296
			T08－T11	3A/13-11/58運287
			T10－T15	3A/13-11/58運289
			T13－T15	3A/13-11/58運288
			T15－S07	3A/13-11/58運293
			S01－S08	博鉄軌256-2
			T15－S10	3A/13-11/58運290
			S08－S18	3A/13-11/58運294
			S09－S15	博鉄軌256-3
			S12－S18	3A/13-11/58運291
			S24－S25	3A/13-11/58運292
22034	花巻温泉電鉄	はなまき	S21－S25	博鉄軌256-4
			S26－S28	博鉄軌256-9
22041	松尾鉱業	まつお	S08－S18	3A/13-10/58運79
22051	岩手開発鉄道	いわて	S21－S25	博鉄軌29
22511	釜石鉱山馬車軌道	かまいし	M42－M44	博買U1/70
22532	盛岡電気工業	もりおか	T10－T15	博鉄軌256-5
22533	花巻温泉電気鉄道	はなまき	S01－S10	博鉄軌256-6
			S11－S14	博鉄軌256-7
22535	花巻温泉電鉄	はなまき	S21－S25	博鉄軌256-8
22541	胆江軌道	たんこう	M45－S03	3A/22-2/49運147
			T11－S02	博鉄軌191
22551	岩北軌道	がんぼく	T06－T12	3A/22-1/49運140
×	岩秋鉄道	がんしゅう	M29－M31	3A/13-4/47運455
×	磐仙鉄道	ばんせん？	M30－M35	3A/13-4/47運468
×	釜石鉄道	かまいし	M31	博買D1・5/29-1
×	磐仙鉄道	ばんせん？	M36	3A/13-4/47運473
×	西尾直蔵経営	にしお	T09－T11	3A/13-11/58運337
×	東北鉄道鉱業	とうほく	T10－S09	博鉄軌30
×			T11	3A/13-3/47運249
×	河村信之経営軌道	かわむら	T11－T13	博鉄軌72
×	岩手炭鉱鉄道	いわて	T11－S08	博買U1/69
×	葛巻軌道	くずまき	T12－T14	3A/13-11/58運339
×	厳美軌道	げんび	S03	3A/13-1/47運43
×	厳美鉄道	げんび	S06	3A/13-1/47運67
□	日本製鉄	にっぽん(にほん)	S10－S17	3A/13-10/58運50
×	岩手炭礦鉄道	いわて	S10－S18	3A/22-1/49運59
×			S16	3A/13-2/47運80
×			S18－S24	3A/13-11/58運317
×	北岩手鉄道	きたいわて	S27－S28	博鉄軌82
×	岩手窯業	いわて	S27－S31	3A/13-10/58運179

宮　城　県

23011	仙北軽便鉄道	せんぼく	M44	3A/13-2/47運122
			M45－T03	3A/13-2/47運123
			T04－T08	3A/13-2/47運124
23021	仙北鉄道	せんぼく	T07－T08	3A/13-4/47運514
			T08－T13	博鉄軌176-1
			T09－T10	3A/13-4/47運515
			T11－T13	3A/13-4/47運516
			T14－S02	博鉄軌176-2
			T14－S07	3A/13-4/47運517
			S03－S05	博鉄軌176-3
			S06－S08	博鉄軌176-4
			S08－S16	3A/13-4/47運518
			S09－S12	博鉄軌176-5
			S13－S14	博鉄軌176-6
			S15	博鉄軌176-5
			S21－S25	博鉄軌176-7
			S26－S28	博鉄軌176-8
23031	宮城電気鉄道	みやぎ	T10－T13	博買D1・5/104-3
			T11－S01	博買D1・5/104-4
			T11－S02	博買D1・5/104-5
			T14	博買D1・5/104-7
			T15－S02	博買D1・5/104-8
			S02－S05	博買D1・5/104-9
			S03－S07	博買D1・5/104-10
			S06－S08	博買D1・5/104-11
			S06－S20	博買D1・5/104-12
			S08－S11	博買D1・5/104-13
			S09－S12	博買D1・5/104-14
			S12－S14	博買D1・5/104-15
			S13－S15	博買D1・5/104-16
			S15－S16	博買D1・5/104-17
			S17－S18	博買D1・5/104-18
23041	仙台鉄道	せんだい	S05－S07	博鉄軌174-3
			S05－S14	3A/13-5/47運561
			S08－S10	博鉄軌174-4
			S11－S15	博鉄軌174-5
			S21－S25	博鉄軌174-6
			S26－S28	博鉄軌174-7
23051	栗原鉄道	くりはら	S21－S25	博鉄軌105-3
			S26－S28	博鉄軌105-4
23061	秋保電気鉄道	あきう	S21－S25	博鉄軌5-4
			S26－S28	博鉄軌5-5
23512	角田軌道	かくだ	T01－S05	3A/22-2/49運151
			T10－S02	博鉄軌61
23533	秋保電気軌道	あきう	T01－T04	3A/13-2/47運108
			T05－S04	3A/13-2/47運109
			T10－S04	博鉄軌5-1
			S05－S10	博鉄軌5-2
			S11－S15	博鉄軌5-3
23534	秋保電気鉄道	あきう	S06－S21	3A/22-1/49運53
			S22－S26	3A/22-1/49運54
23541	牡鹿軌道	おしか	T10－T13	博買U1/69
23542	金華山軌道	きんかさん	T06－T14	3A/22-2/49運184
			T11－S03	3A/22-1/49運136
			T12－S02	博鉄軌91-1

			S02－S05	博鉄軌91-2
			S04－S15	3A/22-1/49運137
			S05－S10	博鉄軌91-3
			S11－S14	博鉄軌91-4
23562	仙南温泉軌道	せんなん	T07－S12	3A/22-1/49運138
			T10－S12	博鉄軌175
23571	栗原軌道	くりはら	T10－S10	博鉄軌105-1
			S11－S15	博鉄軌105-2
23581	大崎水電	おおさき	T07－T14	博買D1･5/104-1
			T10－T12	博買D1･5/104-2
23583	松島電車	まつしま	T13－S10	博買D1･5/104-6
			S11－S12	博買D1･5/104-19
23591	仙台軌道	せんだい	T07－T10	3A/13-4/47運519
			T15－S04	3A/13-4/47運535
23592	仙台鉄道	せんだい	T11－S04	博鉄軌174-1
			S01－S04	博鉄軌174-2
23601	松山人車軌道	まつやま	T11－S04	3A/22-2/49運150
			T11－S04	博鉄軌299
23611	増東軌道	ぞうとう	T13－S14	3A/22-2/49運149
23621	仙台市電気水道事業部	せんだい	S01－S10	博鉄軌173-1
			S11－S15	博鉄軌173-2
23621	仙台市交通部	せんだい	S21－S25	博鉄軌173-3
23621	仙台市交通事業局	せんだい	S26－S28	博鉄軌173-4
			S28	博鉄軌173-5
×	石巻鉄道	いしのまき	M29	博買D1･5/13-1
×			M31	博買D1･5/13-2
×			M36	3A/13-4/47運473
×	日本製鉄	にっぽん(にほん)	M42－T04	3A/13-11/58運337
×	松島軽便鉄道	まつしま	M45－T05	3A/13-2/47運164
×	三陸軽便鉄道	さんりく	T03－T07	3A/13-2/47運224
×	鈴木学経営人車軌道	すずき	T06－T14	3A/22-2/49運183
×	広瀬軌道	ひろせ	T08－T10	3A/13-11/58運336
×	南奥州鉄道	みなみおうしゅう	T10－S02	3A/13-3/47運248
×	加美軌道	かみ	T12－T15	博買U1/70
×	宮城軌道	みやぎ	T13	3A/13-1/47運3
×	長浜軌道	ながはま	T13	3A/13-1/47運1
×	青葉軌道	あおば	T14－S03	3A/13-11/58運336
×	東浜鉄道	ひがしはま	T14－S03	3A/13-3/47運275
×	女川鉄道	おながわ	T15	3A/13-1/47運15
×	定義鉄道	じょうぎ	T15	3A/13-1/47運21
×	黒川軌道	くろかわ	T15－S03	3A/22-2/49運259
×	角田電気鉄道	かくだ	T15－S04	3A/13-3/47運284
×	田尻軌道	たじり	T15－S04	博買D1･5/43-1
×	鳴子温泉電気鉄道	なるご？	S02	3A/13-1/47運33
×	迫鉄道	はさま	S02－S08	3A/13-3/47運301
×	七岩軌道	なないわ？	S03	3A/13-1/47運46
×	迫鉄道	はさま	S03－S09	博鉄軌253
×	仙山鉄道	せんざん	S04	3A/13-1/47運59
×	臨港鉄道	りんこう	S04	3A/13-1/47運53
×	仙山鉄道	せんざん	S06	3A/13-1/47運68
×	陸前鉄道	りくぜん	S11	3A/13-2/47運78
□	東北振興パルプ	とうほく	S14－S17	3A/13-10/58運26
□	東北パルプ	とうほく	S39	3A/13-10/58運166

秋　田　県

31011	小坂鉄道	こさか	M41	博買D1･5/39-1
			M42	3A/13-11/58運325
			M42	3A/13-11/58運326
31021	秋田鉄道	あきた	T01－T05	博買D1･5/1-1
			T02－T09	博買D1･5/1-2
			T06－T07	博買D1･5/1-3
			T08－T10	博買D1･5/1-4
			T10－T12	博買D1･5/1-5
			T12－S02	博買D1･5/1-6
			T12－S02	博買D1･5/1-7
			T13－S01	博買D1･5/1-8
			S02－S04	博買D1･5/1-9
			S03－S09	博買D1･5/1-10
			S05－S07	博買D1･5/1-11
			S08	博買D1･5/1-12
			S08－S10	博買D1･5/1-13
31031	横荘鉄道	おうしょう	T04－T07	博買D1･5/22-1
			T05－T12	博買D1･5/22-2
			T08－T11	博買D1･5/22-3
			T12－T14	博買D1･5/22-4
			T13－S01	博買D1･5/22-5
			T14－S02	3A/22-2/49運233
			T15－S02	博買D1･5/22-6
			S02－S05	博買D1･5/22-7
			S03－S06	博買D1･5/22-8
			S06－S09	博買D1･5/22-9
			S07－S16	博買D1･5/22-10
			S10	博買D1･5/22-11
31032	羽後鉄道	うご	S14－S24	3A/22-2/49運227
			S15－S17	3A/22-2/49運228
			S21－S25	博鉄軌33-1
			S25－S26	3A/22-2/49運229
31033	羽後交通	うご	S26－S28	博鉄軌33-2
			S26－S31	3A/22-2/49運230
			S37－S38	3A/22-2/49運231
			S39－S40	3A/22-2/49運232
31041	雄勝鉄道	おがち	T13－S03	3A/22-2/49運224
			T14－S06	博鉄軌47-1
			S04－S09	3A/22-2/49運225
			S07－S09	博鉄軌47-2
			S10－S12	博鉄軌47-3
			S10－S16	3A/22-2/49運226
			S13－S15	博鉄軌47-4
31515	秋田市	あきた	T10－S02	博鉄軌3-1
			S02－S10	博鉄軌3-2
			S11－S15	博鉄軌3-3
31515	秋田市交通局	あきた	S21－S25	博鉄軌3-4
			S26－S28	博鉄軌3-5
31521	五城目軌道	ごじょうのめ	T09－T15	3A/22-2/49運191
			T10－S15	博鉄軌121
31522	秋田中央交通	あきた	S21－S25	博鉄軌4-1
			S26－S28	博鉄軌4-2
×	船川鉄道	ふながわ	M30	3A/13-4/47運438
□	合名会社藤田組専用鉄道	ふじた	M36	3A/13-4/47運473
×	日本水力電気	にっぽん(にほん)	T05－T09	3A/13-2/47運233
×	吉乃軽便鉄道	よしの	T07－T10	3A/13-2/47運235
×	大館軌道	おおだて	T07－T10	3A/22-2/49運192
×	阿仁鉄道	あに	T09－T11	3A/13-2/47運243
×	矢島鉄道	やしま	T10－T15	3A/22-2/49運181
×	羽後電力	うご	T11－T13	3A/22-1/49運16
×	増田水力電気	ますだ	T13－S02	博鉄軌298
×	矢島鉄道	やしま	T14－S09	博鉄軌317
×	秋田市街軌道	あきた	S03	3A/13-1/47運41
×	秋田電気軌道	あきた	S03	3A/13-1/47運36
×	角六電気軌道	かくろく？	S03－S13	3A/22-2/49運151
□	大日本鉱業	だいにっぽん？	S06－S16	3A/13-10/58運118
×	矢島鉄道	やしま	S10－S11	3A/22-2/49運181
×	男能鉄道	だんのう？	S12	3A/13-2/47運79
□	東北肥料	とうほく	S28	3A/13-10/58運175
□？	東日本熔銅	ひがしにっぽん(にほん)	S30	3A/13-10/58運187
□	東北肥料	とうほく	S39	3A/13-10/58運161

山　形　県

32011	高畠鉄道	たかはた	T11－S02	3A/13-11/58運323
			T11－S08	博鉄軌184-1
			T13－S04	3A/13-11/58運324
			S09－S15	博鉄軌184-2
32021	尾花沢鉄道	おばなざわ	T14－S06	博鉄軌56-1
			S07－S09	博鉄軌56-2
			S10－S13	博鉄軌56-3
			S14－S15	博鉄軌194-5
32031	三山電気鉄道	さんざん	T13－S06	博鉄軌143-1
			S07－S12	博鉄軌143-2
			S13－S15	博鉄軌143-3
32032	山形交通	やまがた	S21－S25	博鉄軌322-1
			S26－S28	博鉄軌322-2
32511	谷地軌道	やち	T05－T12	3A/13-2/47運230
			T05－T14	博鉄軌319-1
			T08－S10	3A/13-2/47運112
			T15－S10	博鉄軌319-2
32521	赤湯人車軌道	あかゆ	T05－S02	3A/22-1/49運141
			T10－T15	博鉄軌12
×	山形鉄道	やまがた	M20－M22	3A/22-1/49運55
×	酒田鉄道	さかた	M27－M30	3A/13-4/47運412
×	鶴岡鉄道	つるおか	M29－M30	3A/13-4/47運436
×	金山軌道	かねやま	T07－T13	博鉄軌72
×	谷地軌道	やち	T12	博鉄軌319-3
×	村山電気鉄道	むらやま	T14－S02	3A/13-3/47運274
×			T15－S02	博鉄軌314
×	温海電気鉄道	あつみ	S02	3A/13-1/47運33
×	庄内軌道	しょうない	S02	3A/13-1/47運59
×	酒田電気鉄道	さかた	S04	3A/13-1/47運50
×	羽前電気鉄道	うぜん	S06	3A/13-1/47運71
×	出羽電気鉄道	でわ	S06	3A/13-1/47運71
×	鶴岡酒田高速度電気鉄道	つるおかさかた	S06	3A/13-1/47運70
×	蔵王高速電鉄	ざおう	S23－S24	3A/22-1/49運21
×			S24－S25	博鉄軌129
×			S25－S26	3A/22-1/49運22
×			S27－S29	3A/22-1/49運23

福　島　県

24011	岩越鉄道	がんえつ	M29	博買D1·5/30-1
			M30	博買D1·5/30-2
			M30－M38	博買D1·5/30-3
			M37	博買D1·5/39-1
24021	白棚鉄道	はくほう	T02－T03	博買D1·5/57-1
			T03－T12	博買D1·5/57-2
			T06－T09	博買D1·5/57-3
			T10－S04	博買D1·5/57-4
			T13－S02	博買D1·5/57-5
			S03－S06	博買D1·5/57-6
			S06－S13	博買D1·5/57-7
			S07－S10	博買D1·5/57-8
			S11－S14	博買D1·5/57-9
24031	小名浜臨港鉄道	おなはま	S21－S25	博鉄軌54-3
			S26－S28	博鉄軌54-4
24041	日本硫黄	にっぽん(にほん)	S19－S25	3A/22-1/49運45
			S21－S25	博鉄軌241-4
			S26－S28	博鉄軌241-5
			S28－S31	3A/13-10/58運180
24051	福島電気鉄道	ふくしま	S21－S25	博鉄軌277-5
			S26－S28	博鉄軌277-7
24061	江名鉄道	えな	S24－S25	博鉄軌39
24521	磐城炭礦	いわき	T10－S02	博鉄軌27-1
			S02－S10	博鉄軌27-2
			S11－S14	博鉄軌27-3
24532	赤井軌道	あかい	M42－T11	3A/22-1/49運141
			T10－T11	博鉄軌12
24553	信達軌道	しんたつ	T10－T15	博鉄軌277-2
24554	福島電気鉄道	ふくしま	T12－S04	博鉄軌277-1
			S05－S10	博鉄軌277-3
			S11－S15	博鉄軌277-4
			S21－S25	博鉄軌277-6
24561	勿来軌道	なこそ	M42－S14	3A/13-2/47運110
			T10－S13	博鉄軌226
24571	日本硫黄	にっぽん(にほん)	M42－M44	3A/22-1/49運40
			M45－T10	3A/22-1/49運41
			T10－S02	博鉄軌241-1
			T11－S03	3A/22-1/49運42
			S02－S10	博鉄軌241-2
			S04－S11	3A/22-1/49運43
			S11－S15	博鉄軌241-3
			S12－S17	3A/22-1/49運44
24582	日本鉄道事業	にっぽん(にほん)	M42－S12	博買U1/72
			T11－S02	博買U1/71
24592	小名浜臨港鉄道	おなはま	T10－S10	博鉄軌54-1
			S11－S15	博鉄軌54-2
24601	好間軌道	よしま	T10－S11	博鉄軌331
			T12－S11	博買D1·5/43-1
□	津川良蔵専用鉄道	つがわ？	M36	3A/13-4/47運473
□	岡田平太(入山専用鉄道)	おかだ	M37	3A/13-4/47運473
×	棚倉鉄道	たなぐら？	M38－M41	3A/13-4/47運477
×	常磐電気	じょうばん？	M41	3A/13-4/47運473
×	白棚軌道	はくほう	M42	3A/13-4/47運473
×	加納軽便軌道	かのう	M43	3A/13-4/47運473
×	磐城軽便鉄道	いわき	T04－T07	3A/13-3/47運338
×	柳津軽便	やないづ	T06－T08	3A/13-3/47運339
×	磐城鉄道	いわき	T11－S02	3A/13-3/47運400
×	常葉軌道	ときわ	T11－S08	3A/22-2/49運194
□	日本電気工業	にっぽん(にほん)	T12－S07	3A/13-10/58運14
×	磐城鉄道	いわき	T12－S07	博鉄軌28-1
×	相馬鉄道	そうま	T12－S10	3A/22-2/49運195
□	古河石炭鉱業	ふるかわ	T12－S24	3A/13-10/58運87
□	磐城セメント	いわき	T13－S25	3A/13-10/58運176
×	原釜電気軌道	はらかま？	T14－S02	博鉄軌178
×	東部電力	とうぶ	T14－S05	3A/22-2/49運166
□	三井鉱山	みつい	T14－S08	3A/13-10/58運115
□	大日本炭礦	だいにっぽん？	T14－S16	3A/13-10/58運116
×	片浜軌道	かたはま	T15－S05	博鉄軌72
□	磐城炭礦	いわき	T15－S19	3A/13-10/58運136
営業貨物軌道	新町軌道	にいまち	S02－S08	博鉄軌163
×	郡山湯本電鉄	こおりやまゆもと	S02－S11	3A/13-3/47運305
□	中央石炭	ちゅうおう	S02－S24	3A/13-10/58運199
×	磐城鉄道	いわき	S03－S12	3A/13-4/47運408
□	入山採炭	いりやま	S04－S24	3A/13-11/58運321
×	相馬鉄道	そうま	S06	博鉄軌178
営業貨物軌道	新町軌道	にいまち	S08－S11	3A/22-1/49運51
×	磐城鉄道	いわき	S08－S11	博鉄軌28-2
□	日本電気工業	にっぽん(にほん)	S08－S24	3A/13-10/58運70
□	第二磐城炭鉱	だいにいわき	S10－S11	3A/13-10/58運198
×	新磐城鉄道	しんいわき	S13	3A/13-2/47運79
専用側線	内務省	ないむしょう	S18	3A/13-10/58運125
□	王城炭礦	おうじろ	S19－S27	3A/13-10/58運60
□	常磐炭礦	じょうばん？	S25－S29	3A/13-10/58運39
□	古河鉱業	ふるかわ	S25－S31	3A/13-10/58運45
□	日曹鉱業	にっそう	S27	3A/13-10/58運60
□	電源開発	でんげん	S28－S31	3A/13-11/58運308
□	常磐炭礦	じょうばん？	S37	3A/13-10/58運169
□	電源開発	でんげん	S37	3A/13-10/58運164
□	磐城セメント	いわき	S39	3A/13-10/58運165

茨　城　県

41011	水戸鉄道	みと	M23－M24	博鉄軌U1/118
			M33	博買D1·5/102-1
41021	太田鉄道	おおた	M29	博買D1·5/25-1
			M32	博鉄軌U1/118
41022	水戸鉄道	みと	M41－T05	博買D1·5/102-2
			T06－T08	博買D1·5/102-3
			T09－S02	博買D1·5/102-4
			T10－S13	博買D1·5/102-5
			T14－S02	博買D1·5/102-6
41031	龍崎鉄道	りゅうがさき	M30－M35	3A/13-4/47運466
			M37	3A/13-4/47運473
			M42－M44	3A/13-4/47運486
41042	常総筑波鉄道	じょうそうつくば	S26－S28	博鉄軌157
41051	湊鉄道	みなと	S13－S15	博鉄軌312
41052	茨城交通	いばらき	S26－S28	博鉄軌24-2
41071	鹿島参宮鉄道	かしま	S26－S28	博鉄軌68
41081	筑波山鋼索鉄道	つくばさん	T11－S09	3A/13-3/47運254
41101	常南電気鉄道	じょうなん	T12－S03	博鉄軌159-1
			T13－S04	3A/13-3/47運384
			S04－S06	博鉄軌159-3
			S04－S13	3A/13-3/47運383
			S07－S09	博鉄軌159-5
			S10－S13	博鉄軌159-7
41112	日立電鉄	ひたち	S26－S28	博鉄軌267
41121	水戸電気鉄道	みと	S02－S06	博鉄軌311-1
			S07－S10	博鉄軌311-2
41122	常陽運輸	じょうよう	T15－S04	3A/13-3/47運392
			S05－S07	3A/13-3/47運393
41512	笠間稲荷軌道	かさま	T10－S05	博鉄軌66
41513	笠間稲荷運輸	かさま	T01－S05	博買U1/70
41522	茨城交通	いばらき	S26－S28	博鉄軌24-1
41531	樺穂興業	かばほ	T12－S10	博鉄軌73-1
			S11－S15	博鉄軌73-2
			S21－S25	博鉄軌73-3
			S26－S27	博鉄軌73-4
41541	鹿島軌道	かしま	T12－S05	博鉄軌67
			T15－S04	3A/13-3/47運286
41551	村松軌道	むらまつ	T12－S08	3A/13-11/58運342
41561	常南電気鉄道	じょうなん	T12－S03	3A/13-3/47運382
			T12－S04	博鉄軌159-2
			S03－S13	3A/22-2/49運193
			S05－S07	博鉄軌159-4
			S08－S10	博鉄軌159-6
			S11－S13	博鉄軌159-8
×	磯湊鉄道	いそみなと？	M27	3A/13-11/58運344
×			M28－M29	3A/13-4/47運426
×	常総鉄道	じょうそう	M28－M30	3A/13-4/47運427
×	湊鉄道	みなと	M40	3A/22-1/49運55
×	久慈軽便鉄道	くじ	T02－T04	3A/13-2/47運203
×	鹿島参宮鉄道	かしま	T03－T06	3A/13-2/47運220
×	茨城電気鉄道	いばらき	T03－T07	3A/13-2/47運225
×	新茨城炭坑鉄道	しんいばらき	T09－T11	3A/13-2/47運242
×	下総鉄道	しもうさ	T11－T13	3A/13-3/47運256
×	大津馬車軌道	おおつ	T11－T13	3A/22-2/49運145
×	霞ケ浦鉄道	かすみがうら	T11－T15	3A/13-3/47運260
×	筑波登山電車	つくば	T12－S04	3A/13-3/47運262
×	八俣軌道	やつまた	T13－T15	3A/13-2/47運105
□	日本鉱業	にっぽん(にほん)	T13－S02	3A/13-10/58運1
×	武市常喜軌道	たけいち？	T13－S04	博買D1·5/43-1
□	鬼怒川砂利	きぬがわ	T13－S23	3A/13-10/58運89
×	加波山鉄道	かばやま	T14－S08	3A/13-3/47運277
×	稲荷電車軌道	いなり	T15	3A/13-1/47運19
×	久慈軌道	くじ	T15	3A/13-1/47運13
×	久慈町営軌道	くじ	T15	3A/13-1/47運13
×	鹿島軌道	かしま	S01	博買U1/68
×	水川軌道	すいせん？	S01	3A/13-1/47運21
×	関東電気鉄道	かんとう	T15－S10	3A/13-3/47運290
×	笠間電気鉄道	かさま	S02	3A/13-1/47運22
×	大洗観光電気鉄道	おおあらい	S02	3A/13-1/47運22
×	友浜軌道	ゆうひん？	S02	3A/13-1/47運25
×	加波山鉄道	かばやま	S02－S04	博鉄軌74
×	霞ケ浦鉄道	かすみがうら	S03	3A/13-1/47運36
×	常野鉄道	じょうや	S03	3A/13-1/47運37

×	高保頭電気鉄道	こうほとう？	S04	3A/13-1/47運53
×	浅草急行電鉄	あさくさ	S04	3A/13-1/47運59
□	日本鉱業	にっぽん(にほん)	S04−S13	3A/13-10/58運15
□	那珂川砂利	なかがわ	S04−S16	3A/13-10/58運114
×	関東電気鉄道	かんとう	S05−S08	博鉄軌79
×	霞成電気鉄道	かせい？	S06	3A/13-1/47運62
×	白谷石材軌道	はくや？	S09	3A/13-2/47運85
×	成田横断鉄道	なりた	S10	3A/13-2/47運77
□	日立製作所	ひたち	S18−S23	3A/13-10/58運71
□	日本鉱業	にっぽん(にほん)	S24−S27	3A/13-10/58運54
□	日立製作所	ひたち	S25−S29	3A/13-10/58運228

栃　木　県

42011	両毛鉄道	りょうもう	M20−M23	博買D1･5/32-1
42021	佐野鉄道	さの	M26−M27	博買D1･5/32-1
			M30−M42	博鉄軌139
			M32−M33	3A/13-4/47運470
42031	赤見軽便鉄道	あかみ	T02−T03	3A/13-3/47運373
42032	赤見鉄道	あかみ	T02−S02	博鉄軌2
			T04−S02	3A/13-3/47運374
42051	東野鉄道	とうや	T02−T05	3A/22-2/49運234
			T06−T08	3A/22-2/49運235
			T09−T13	3A/22-2/49運236
			T09−S04	3A/22-2/49運238
			T14−S09	3A/22-2/49運237
			S10−S15	3A/22-2/49運239
			S16−S24	3A/22-2/49運240
			S2[illegible]−S25	博鉄軌212
			S25−S26	3A/22-2/49運241
42071	日光登山鉄道	にっこう	S07−S17	3A/13-5/47運562
42551	鍋山人車鉄道	なべやま	T10−S13	博鉄軌229-1
42552	鍋山軌道	なべやま	S14−S15	博鉄軌229-2
			S2[illegible]−S25	博鉄軌229-3
			S26−S28	博鉄軌229-4
42572	喜連川人車軌道	きつれがわ	M33−M40	博鉄軌85
42582	那須軌道	なす	M41−S09	3A/22-2/49運185
42602	塩原電車	しおばら	M43−M44	3A/22-2/49運268
			T10−T15	3A/22-2/49運269
			T10−S09	博鉄軌147
			S03−S11	3A/22-2/49運270
×	野岩鉄道	やがん	M25−M29	3A/13-4/47運421
×	常野鉄道	じょうや	M27−M30	3A/13-4/47運425
×	都賀鉄道	つが	M28−M31	3A/13-4/47運419
×	東野鉄道	とうや	M39−M41	3A/22-2/49運242
×	城東軌道	じょうとう	M41	3A/13-4/47運473
×	東野鉄道	とうや	M41−M43	3A/13-2/47運131
×	宝積寺人車鉄道	ほうしゃくじ	M42	3A/13-4/47運473
×	塩原水力電気	しおばら	M43	3A/13-4/47運473
×	日光山電気鉄道	にっこうさん	T02−T04	3A/13-2/47運196
×	烏山鉄道	からすやま	T03−T05	3A/13-2/47運212
×	茂木鉄道	もてぎ	T03−T06	3A/13-2/47運219
×	那須電気鉄道	なす	T08−S13	3A/13-3/47運398
×	中宮祠電力	ちゅうぐうし	T11−T15	3A/13-3/47運259
×	那須電気鉄道	なす	T13−S09	博鉄軌228
×	黒磯軌道	くろいそ	T13−S10	3A/13-11/58運339
□	古河合名会社	ふるかわ	T14−S14	3A/13-10/58運126
□	合資会社市村組	いちむらぐみ	T15−S13	3A/13-10/58運59
×	壬生電鉄	みぶ	S03	3A/13-1/47運46
×	那須軌道	なす	S04	3A/22-1/49運56
×	日光登山鉄道	にっこう	S04	3A/13-1/47運58
×	大谷石材鉄道	おおや	S05−S13	3A/22-1/49運26
×	塩原電車	しおばら	S06	3A/13-1/47運65
×	野州鉄道	やしゅう	S06	3A/13-1/47運64
×	黒磯軌道	くろいそ	S06−S08	博鉄軌107
□	高崎板紙	たかさき	S14−S16	3A/13-10/58運35
□	関東ドロマイト工業	かんとう	S21	3A/13-10/58運124
□	高崎製紙	たかさき	S25−S28	3A/13-10/58運225
□	日鉄鉱業	にってつ	S37	3A/13-10/58運104

群　馬　県

43021	足尾鉄道	あしお	M32−M42	博買D1･5/2-1
			M43−M44	博買D1･5/2-2
			M45−T01	博買D1･5/2-3
			T02	博買D1･5/2-4
			T03−T04	博買D1･5/2-5
			T05−T07	博買D1･5/2-6
43041	岩鼻軽便鉄道	いわはな	T05−S01	博鉄軌31-1
			S02−S10	博鉄軌31-2
			S02−S21	3A/22-1/49運71
43062	伊香保ケーブル鉄道	いかほ	S02−S06	3A/13-5/47運553
43071	赤城登山鉄道	あかぎ	S30−S32	博鉄軌210
43541	緑野馬車鉄道	みどの	T08−T09	博買D1･5/106
			T09−T10	3A/13-2/47運240
43571	吾妻温泉馬車軌道	あがつま	M43−T01	3A/13-2/47運106
43572	吾妻軌道	あがつま	M43−T08	博鉄軌U1/113
43575	東京電燈	とうきょう	T10−S09	博鉄軌208
43581	里見軌道	さとみ	T06−S07	博鉄軌12
×	群馬鉄道	ぐんま	M20	博買D1･5/39-1
×	上越鉄道	じょうえつ	M28−M33	3A/13-4/47運430
×	北甘楽馬車鉄道	きたかんら	M42	3A/13-4/47運473
×	両毛馬車鉄道	りょうもう	M42	3A/13-4/47運473
×	上州軽便鉄道	じょうしゅう	T04−T07	3A/13-2/47運231
×	上州電気鉄道	じょうしゅう	T11−T14	3A/13-3/47運399
×	沼田電気鉄道	ぬまた	T11−S04	3A/13-3/47運252
×	上毛鉄道	じょうもう	T13	3A/13-1/47運1
×	上州電気鉄道	じょうしゅう	T13−S04	博鉄軌156
×	多野鉄道	たの	T15−S04	3A/13-3/47運287
×	両毛電気鉄道	りょうもう	T15−S04	3A/13-3/47運285
×	上州電気鉄道	じょうしゅう	T15−S11	3A/13-3/47運404
×	桐熊電気鉄道	きりくま？	S03	3A/13-3/47運312
×	城南電気鉄道	じょうなん	S03	3A/13-1/47運36
×	桐生電気鉄道	きりゅう	S04	3A/13-1/47運50
×	沼田索道	ぬまた	S04	3A/13-1/47運51
×	群馬鉄道	ぐんま	S04−S11	3A/13-3/47運355
×			S05−S09	博鉄軌109

埼　玉　県

44012	秩父鉄道	ちちぶ	S26−S28	博鉄軌196
44031	武州鉄道	ぶしゅう	M43−M45	3A/13-3/47運362
			T01−T05	3A/13-3/47運363
			M45−T09	博鉄軌282-1
			T09−T15	3A/13-3/47運368
			T10−T14	博鉄軌282-2
			T10−T15	3A/13-3/47運364
			T15−S05	博鉄軌282-3
			S02−S06	3A/13-3/47運365
			S06−S09	博鉄軌282-4
			S07−S10	3A/13-3/47運366
			S10−S12	博鉄軌282-5
			S11−S13	3A/13-3/47運367
44041	越生鉄道	おごせ	S03−S12	博鉄軌52-1
			S13−S15	博鉄軌52-2
44051	日本ニッケル	にっぽん(にほん)	S16−S24	3A/13-10/58運155
			S19	3A/13-10/58運23
			S23−S25	博鉄軌243-1
			S26−S28	博鉄軌243-2
			S33−S35	3A/13-10/58運92
44512	行田馬車鉄道	ぎょうだ	M43−T12	3A/13-11/58運338
44551	本庄電気軌道	ほんじょう	T10−S08	博鉄軌297
×	武州鉄道	ぶしゅう	M29	博鉄軌281
×	北武鉄道	ほくぶ	M43−T07	3A/13-2/47運132
×	幸手鉄道	さって	M44−T03	3A/13-2/47運136
×	岩槻電気軌道	いわつき	M45−T07	3A/22-2/49運182
×	埼玉鉄道	さいたま	T02−T04	3A/13-2/47運199
×	三芳人車軌道	みよし	T05−T08	3A/13-11/58運340
□	埼玉県営	さいたま	T12	3A/13-10/58運123
□	日本煉瓦製造	にっぽん(にほん)	T12−T15	3A/13-10/58運195
×	関東鉄道	かんとう	T13	3A/13-1/47運1
×	久喜筑波鉄道	くきつくば	T15−S10	3A/13-3/47運289
×	三峰電気鉄道	みつみね	S02	3A/13-1/47運34
□	日本電気工業	にっぽん(にほん)	S02−S03	3A/13-11/58運314
×	武甲電気鉄道	ぶこう	S02−S03	3A/13-3/47運291
×	埼玉鉄道	さいたま	S03	3A/13-1/47運40
×	埼玉電鉄	さいたま	S03	3A/13-1/47運44
×	武甲電気鉄道	ぶこう	S03−S07	博買U1/73
×	熊谷鉄道	くまがや	S04	3A/13-1/47運50
×	深谷鉄道	ふかや	S04	3A/13-1/47運57
×	刀南電気鉄道	とうなん？	S04−S06	3A/13-3/47運322
×	武原鉄道	ぶげん？	S06	3A/13-1/47運62
□	日本電気工業	にっぽん(にほん)	S07	3A/13-11/58運313
□	昭和電工	しょうわ	S25−S29	3A/13-11/58運310
□	日本鋼管ライトスチール	にっぽん(にほん)	S37−S39	3A/13-10/58運103

千　葉　県

45011	総武鉄道	そうぶ	M22−M27	博買D1･5/60-1
			M26−M31	博買D1･5/60-2
			M31−M34	博買D1･5/60-3
45021	房総鉄道	ぼうそう	M26	博買D1･5/94-1
			M29	博買D1･5/94-2
			M37	3A/13-4/47運473
45031	成田鉄道	なりた	M27−M28	博買D1･5/74-1
			M30−M31	博買D1･5/74-2
			M30−M31	博買D1･5/74-3
			M41−M45	博買D1･5/74-4
			T01−T05	博買D1･5/74-5

			T06	博買D1・5/74-6
			T07－T08	博買D1・5/74-7
			T09－T10	博買D1・5/74-8
45041	千葉県営	ちば	M43－M45	博買D1・5/74-15
			T01－T05	博買D1・5/74-16
			T06－T08	博買D1・5/74-17
			T09－S02	博買D1・5/74-18
			T09－S02	博買D1・5/74-19
45042	成田鉄道	なりた	S02－S03	博買D1・5/74-20
			S02－S05	博買D1・5/74-23
			S04－S10	博買D1・5/74-21
			S06－S09	博買D1・5/74-24
			S10－S15	博買D1・5/74-25
			S11－S18	博買D1・5/74-22
			S21－S22	3A/13-3/47運395
45051	銚子遊覧鉄道	ちょうし	T01－T12	3A/13-2/47運193
45071	銚子鉄道	ちょうし	T11－S05	博鉄軌201-1
			S06－S15	博鉄軌201-2
45072	銚子電気鉄道	ちょうし	S21－S25	博鉄軌201-3
			S26－S28	博鉄軌201-4
45081	北総鉄道	ほくそう	T15－S04	博買D1・5/60-4
45101	南総鉄道	なんそう	T14－S02	3A/13-3/47運387
			S01－S08	博鉄軌233-1
			S03－S08	3A/13-3/47運388
			S09－S11	博鉄軌233-2
			S12－S14	博鉄軌233-3
45112	九十九里鉄道	くじゅうくり	S10－S15	博鉄軌95-2
			S21－S25	博鉄軌95-3
			S26－S28	博鉄軌95-4
45533	成田鉄道	なりた	M42－T13	博買D1・5/74-9
			T10－T13	博買D1・5/74-11
			T13－S20	博買D1・5/74-10
			T14－S05	博買D1・5/74-12
			S06－S10	博買D1・5/74-13
			S11－S15	博買D1・5/74-14
45543	夷隅軌道	いすみ	M44－S04	博買D1・5/7-1
			T10－S09	博買D1・5/7-2
45551	九十九里軌道	くじゅうくり	T14－S09	博鉄軌95-1
×	安房鉄道	あわ	M28－M31	3A/13-4/47運449
×	吾妻鉄道	あづま	M29－M33	3A/13-4/47運445
×	君津馬車鉄道	きみつ	M44	3A/13-11/58運338
×	行船人車軌道	ぎょうせん？	M44－T03	3A/22-1/49運142
×	木更津人車軌道	きさらづ	T01－T04	3A/13-11/58運338
×	武総鉄道	ぶそう	T01－T05	3A/13-3/47運335
×	船橋鉄道	ふなばし	T02－T07	3A/13-2/47運208
×	香取鉄道	かとり	T03－T05	3A/13-2/47運213
×	船橋鉄道	ふなばし	T03－T05	博鉄軌284
×	北総鉄道	ほくそう	T03－T05	3A/13-2/47運211
×	武総鉄道	ぶそう	T13	3A/13-1/47運3
×	銚子佐原電気鉄道	ちょうしさわら	T15	3A/13-1/47運20
×	東葛鉄道	とうかつ	T15	3A/13-1/47運13
×	武総鉄道	ぶそう	T15	3A/13-1/47運15
×	東総電気鉄道	とうそう	S02	3A/13-1/47運31
×	成田急行鉄道	なりた	S02－S04	博買D1・5/75-1
×	香匝鉄道	かそう？	S02－S12	3A/13-3/47運307
×	旭電気鉄道	あさひ	S03	3A/13-1/47運43
×	香海電気鉄道	かかい？	S03	3A/13-1/47運42
×	大東鉄道	だいとう	S03	3A/13-1/47運43
×	東総電気鉄道	とうそう	S03	3A/13-1/47運43
×	九成電気鉄道	くなり？	S04	3A/13-1/47運58
×	鹿野山電気鉄道	かのうざん	S04	3A/13-1/47運57
×	千葉鉄道	ちば	S04	3A/13-1/47運56
×	九十九里電気鉄道	くじゅうくり	S04－S05	博鉄軌96
×	成田急行鉄道	なりた	S05－S12	博買D1・5/75-2
×	鹿野山軌道	かのうざん	S06	3A/13-2/47運81
×	成芝鉄道	なりしば？	S06	3A/13-1/47運69
×	清澄鋼索鉄道	きよすみ	S06	3A/13-1/47運68
×	房州鉄道	ぼうしゅう	S06	3A/13-1/47運73
×	香匝鉄道	かそう？	S07	博鉄軌69
□	陸軍省	りくぐんしょう	S15	3A/13-10/58運110
□	川崎製鉄	かわさき	S37	3A/13-10/58運102
□			S37	3A/13-10/58運84
□			S37－S38	3A/13-10/58運215

東京府（東京都）

46011	日本鉄道	にっぽん（にほん）	M14－M31	博買D1・5/81-1
			M17	博買D1・5/81-2
			M18	博買D1・5/81-3
			M19	博買D1・5/81-4
			M21	博買D1・5/81-5
			M22	博買D1・5/81-6
			M23	博買D1・5/81-7
			M24	博買D1・5/81-8
			M25	博買D1・5/81-9
			M27－M36	博買D1・5/81-10
46011	日本鉄道〈社報〉	にっぽん（にほん）	M32－M39	博鉄軌U1/119
46021	甲武鉄道	こうぶ	M21－M37	博買D1・5/42-1
			M31	博買D1・5/42-2
46032	青梅電気鉄道	おうめ	M24	博買D1・5/28-1
			M26－M38	博買D1・5/28-2
			M39－T09	博買D1・5/28-3
			M41－T05	博買D1・5/28-4
			T06－T08	博買D1・5/28-5
			T09－T11	博買D1・5/28-6
			T09－S04	博買D1・5/28-7
			T10－S01	博買D1・5/28-8
			T12－T14	博買D1・5/28-9
			T15－S02	博買D1・5/28-10
			S02－S09	博買D1・5/28-11
			S03－S04	博買D1・5/28-12
			S05－S11	博買D1・5/28-13
			S10－S13	博買D1・5/28-14
			S12－S17	博買D1・5/28-15
			S18－S19	博買D1・5/28-16
46041	川越鉄道	かわごえ	M24－M26	博買D1・5/32-1
46051	東武鉄道	とうぶ	M37－M40	博買D1・5/39-1
			S31－S33	博鉄軌210
46061	東上鉄道	とうじょう	M42	博買D1・5/39-1
46111	玉南電気鉄道	ぎょくなん	T12－T15	3A/13-3/47運381
46121	五日市鉄道	いつかいち	T10－S01	博買D1・5/77-3
			T11－S01	博買D1・5/14-1
			S02－S04	博買D1・5/77-5
			S02－S06	博買D1・5/77-7
			S05－S07	博買D1・5/77-9
			S07－S10	博買D1・5/77-12
			S08－S13	博買D1・5/77-15
			S11－S15	博買D1・5/77-17
46141	高尾登山鉄道	たかお	T11－S04	博鉄軌181-1
			S05－S10	博鉄軌181-2
			S11－S15	博鉄軌181-3
			S21－S25	博鉄軌181-4
46143	高尾登山電鉄	たかお	S26－S28	博鉄軌181-5
46192	大多摩観光開発	おおたま	S26－S28	博鉄軌44
46193	御嶽登山鉄道	みたけ	S02－S12	博鉄軌307-1
			S13－S15	博鉄軌307-2
46511	東京馬車鉄道	とうきょう	M17	博鉄軌U1/118
			M30－M32	博鉄軌U1/118
46513	東京鉄道	とうきょう	M44	博鉄軌U1/115
46514	東京市	とうきょう	T13－T14	3C/27/48建741-3～17
			T13－S03	3C/27/48建742-1～17
			T13－S05	3C/27/48建751-1～5
			T13－S05	3C/27/48建751-7～13
			T13－S17	3C/27/48建745-14～19
			T13－S17	3C/27/48建745-1～12
			T14－T15	3C/27/48建743-1～14
			T14－S09	3C/27/48建756-10～13
			T14－S09	3C/27/48建756-1～8
			T15－S04	3C/27/48建744-1～15
			S02－S03	3C/27/48建746-1～19
			S02－S04	3C/27/48建747-1～18
			S03	3C/27/48建748-1～20
			S03－S04	3C/27/48建749-1～16
			S03－S04	3C/27/48建750-1～17
			S04－S05	3C/27/48建752-1～11
			S04－S06	3C/27/48建753-1～14
			S04－S08	3C/27/48建755-1～13
			S06－S07	3C/27/48建754-11～17
			S06－S07	3C/27/48建754-1～9
			S08－S12	3C/27/48建757-1～14
			S11－S18	3C/27/48建758-1～11
			S13－S17	3C/27/48建759-1～6
46591	京王電気軌道	けいおう	S02－S04	3A/13-3/47運295
46621	武蔵中央電気鉄道	むさし	S04－S08	3A/13-3/47運325
×	毛武鉄道	もうぶ	M28－M33	3A/13-4/47運424
×	武相中央鉄道	ぶそう	M28－M40	3A/13-4/47運475
×	城南鉄道	じょうなん	M29－M31	3A/13-4/47運448
×	武相中央鉄道	ぶそう	M30－M40	3A/13-4/47運476
×	坂東鉄道	ばんどう	M37－M41	3A/13-4/47運478
×	多摩鉄道	たま	M40－M41	3A/13-4/47運481
×			M42	博買D1・5/39-1
×	阪東鉄道	ばんどう	M43－T01	3A/13-2/47運133
×	八平軽便電気鉄道	はちひら？	M43－T02	3A/13-2/47運135
×	東海電気軌道	とうかい	M43－T05	3A/22-2/49運166
×	西武軽便電気鉄道	せいぶ	M44－T03	3A/13-2/47運137
×	千住鉄道	せんじゅ	M44－T05	3A/13-2/47運138
×	京西軽便鉄道	けいさい？	M45－T05	3A/13-2/47運165
×	阪東鉄道	ばんどう	T02－T10	3A/13-2/47運134
□	立川砂利鉄道	たちかわ	T12－T13	3A/13-10/58運129
×	成田急行電気鉄道	なりた	T13	3A/13-1/47運1
×	東京単軌鉄道	とうきょう	T13	3A/13-1/47運1
×	東京鉄道	とうきょう	T13	3A/13-3/47運267

×	日本電気鉄道	にっぽん(にほん)	T13	3A/13-1/47運4
□	多摩川砂利鉄道	たまがわ	T13－S05	3A/13-10/58運9
×	高尾山電気軌道	たかおさん	T14	3A/13-1/47運7
×	城北高速電鉄	じょうほく	T14	3A/13-1/47運5
×	東京軌道	とうきょう	T14	3A/13-1/47運5
×	東京高架鉄道	とうきょう	T14	3A/13-1/47運6
×	南津電気鉄道	なんしん	T14	3A/13-1/47運7
×	第二武甲電気鉄道	だいにぶこう	T15	3A/13-1/47運15
×	東京日光電気鉄道	とうきょうにっこう	T15	3A/13-1/47運13
×	東神電鉄	とうしん	T15	3A/13-1/47運14
×	南津電気鉄道	なんしん	T15－S09	3A/13-3/47運350
□	日産化学工業	にっさん	T15－S12	3A/13-10/58運24
□	王子製紙	おうじ	T15－S19	3A/13-10/58運94
×	宮都電気鉄道	きゅうと？	S02	3A/13-1/47運25
×	京浦電気鉄道	けいほ？	S02	3A/13-1/47運24
×	京埼電気鉄道	けいき？	S02	3A/13-1/47運25
×	恵比寿電気鉄道	えびす	S02	3A/13-1/47運23
×	江ノ島急行電気鉄道	えのしま	S02	3A/13-1/47運35
×	佐藤彌一専用鉄道	さとうやいち	S02	3A/13-1/47運32
×	西武急行鉄道	せいぶ	S02	3A/13-1/47運23
×	巣鴨大宮電鉄	すがも	S02	3A/13-1/47運26
×	多摩川急行電気鉄道	たまがわ	S02	3A/13-1/47運26
×	中武電気鉄道	ちゅうぶ	S02	3A/13-1/47運23
×	東京外円鉄道	とうきょう	S02	3A/13-1/47運23
×	東京郊外電気鉄道	とうきょう	S02	3A/13-1/47運23
×			S02	3A/13-1/47運24
×	東京循環鉄道	とうきょう	S02	3A/13-1/47運24
×	東京鉄道	とうきょう	S02	3A/13-1/47運25
×	東京南郊電鉄	とうきょう	S02	3A/13-1/47運34
×	東大電気鉄道	とうだい	S02	3A/13-1/47運25
×	南郊高速度電気鉄道	なんこう	S02	3A/13-1/47運25
×	日本電気鉄道	にっぽん(にほん)	S02	3A/13-1/47運27
×	目黒郊外電気鉄道	めぐろ	S02	3A/13-1/47運59
×	立新電気鉄道	りっしん？	S02	3A/13-1/47運26
×	南津電気鉄道	なんしん	S02－S06	博鉄軌232
×	東京多摩川電鉄	とうきょうたまがわ	S02－S10	3A/13-4/47運407
□	東洋化成工業	とうよう	S02－S13	3A/13-10/58運63
×	関東電鉄	かんとう	S03	3A/13-1/47運38
×	京浜急行電気鉄道	けいひん	S03	3A/13-1/47運37
×	京北電気鉄道	けいほく？	S03	3A/13-1/47運39
×	埼玉電気鉄道	さいたま	S03	3A/13-1/47運40
×	渋谷電気軌道	しぶや	S03	3A/13-1/47運40
×	常東急行電鉄	じょうとう	S03	3A/13-1/47運39
×	大東電気鉄道	だいとう	S03	3A/13-1/47運39
×	田端電鉄	たばた	S03	3A/13-1/47運38
×	都南電気軌道	となん	S03	3A/13-1/47運38
×	東京高速電気鉄道	とうきょう	S03	3A/13-1/47運37
×	東京大師電鉄	とうきょうだいし	S03	3A/13-1/47運37
×	東京電気鉄道	とうきょう	S03	3A/13-1/47運39
×	東京野田急行電鉄	とうきょうのだ	S03	3A/13-1/47運38
×	東総電気鉄道	とうそう	S03	3A/13-1/47運38
×	東浜電気鉄道	とうひん	S03	3A/13-1/47運37
×	八王子小田原急行電鉄	はちおうじ	S03	3A/13-1/47運47
×	尾久電気鉄道	おぐ？	S03	3A/13-1/47運40
×	立川急行鉄道	たちかわ	S03	3A/13-1/47運48
完成時買収	奥多摩電気鉄道	おくたま	S03－S19	博買D1・5/26-1
×	井ノ頭電気鉄道	いのかしら	S04	3A/13-1/47運51
×	荏原電鉄	えばら	S04	3A/13-1/47運54
×	上野懸垂電車	うえの	S04	3A/13-1/47運50
×	早稲田電鉄	わせだ	S04	3A/13-1/47運58
×	総武電気鉄道	そうぶ	S04	3A/13-1/47運51
×	大井電気鉄道	おおい	S04	3A/13-1/47運56
×	大丸組経営	だいまるぐみ	S04	3A/13-1/47運56
×	大森電気鉄道	おおもり	S04	3A/13-1/47運54
×	池上電気鉄道	いけがみ	S04	3A/13-1/47運59
×	中央砂利鉄道	ちゅうおう	S04	3A/13-1/47運56
×	中央電気鉄道	ちゅうおう	S04	3A/13-1/47運59
×	中武電気鉄道	ちゅうぶ	S04	3A/13-1/47運53
×	東京鎌倉急行電鉄	とうきょうかまくら	S04	3A/13-1/47運54
×	東京鎌倉高速電鉄	とうきょうかまくら	S04	3A/13-1/47運54
×	東京高架鉄道	とうきょう	S04	3A/13-1/47運56
×	東京湾電気鉄道	とうきょうわん	S04	3A/13-1/47運53
×	東神電気鉄道	とうしん	S04	3A/13-1/47運55
×	日光急行電気鉄道	にっこう	S04	3A/22-1/49運56
×	日東電鉄	にっとう	S04	3A/22-1/49運56
×	日本飛行鉄道	にっぽん(にほん)	S04	3A/13-1/47運55
×	武総海岸鉄道	ぶそう	S04	3A/13-1/47運51
×	堀之内電気鉄道	ほりのうち	S04	3A/13-1/47運58
×	東京多摩川電鉄	とうきょうたまがわ	S04－S06	博鉄軌207
×□	武蔵砂利鉄道	むさし	S04－S08	3A/13-2/47運98
×	大東京鉄道	だいとうきょう？	S04－S09	博鉄軌179

×	鎌倉急行電気鉄道	かまくら	S04－S10	3A/13-3/47運328
×	東京大宮電気鉄道	とうきょうおおみや	S05－S06	博鉄軌206
×	羽田航空電鉄	はねだ	S06	3A/13-1/47運68
×	下総急行電鉄	しもうさ	S06	3A/13-1/47運60
×	京宮電鉄	けいぐう？	S06	3A/13-1/47運66
×	隅田川電気鉄道	すみだがわ	S06	3A/13-1/47運62
×	江東電気軌道	こうとう	S06	3A/13-2/47運81
×	秋川鉄道	あきがわ	S06	3A/13-1/47運67
×	千住大宮高速電気鉄道	せんじゅ	S06	3A/13-1/47運66
×	大宮急行電気鉄道	おおみや	S06	3A/13-1/47運66
×	大森電気鉄道	おおもり	S06	3A/13-1/47運60
×	大森電鉄	おおもり	S06	3A/13-1/47運60
×	中央急行電気鉄道	ちゅうおう	S06	3A/13-1/47運60
×	東越電気軌道	とうえつ	S06	3A/13-2/47運81
×	東京川越電気鉄道	とうきょうかわごえ	S06	3A/13-1/47運61
×	東京大宮電鉄	とうきょうおおみや	S06	3A/13-1/47運66
×	武原鉄道	ぶげん？	S06	3A/13-1/47運67
×	武蔵電気軌道	むさし	S06	3A/13-2/47運81
×	豊島懸垂電車	としま	S06	3A/13-1/47運61
×□	浅野セメント	あさの	S06－S07	3A/13-10/58運188
×	京宮電気軌道	けいぐう？	S07	3A/13-2/47運83
×	三原山登山鉄道	みはらやま	S08－S11	3A/13-3/47運333
×	五反電車軌道	ごたん	S09	3A/13-2/47運85
×	城西電気軌道	じょうさい	S09	3A/13-2/47運85
×	池上電気鉄道	いけがみ	S09	3A/13-2/47運85
×	東京軌道	とうきょう	S09	3A/13-2/47運85
×	東京電気軌道	とうきょう	S09	3A/13-2/47運85
×	京浜地下鉄道	けいひん	S10	3A/13-2/47運85
×	京北電気軌道	けいほく？	S10	3A/13-2/47運85
×	早稲田板橋電気軌道	わせだいたばし	S10	3A/13-2/47運85
□	陸軍省	りくぐんしょう	S11	3A/13-10/58運110
完成時買収	奥多摩電気鉄道	おくたま	S12－S14	博買D1・5/26-2
×	東京西北電気鉄道	とうきょう	S16	3A/13-2/47運80
◎	日立航空機	ひたち	S18－S19	3A/13-10/58運77
◎			S19	3A/13-10/58運93
□	多摩川砂利木材	たまがわ	S20	3A/13-10/58運61
□	東京都	とうきょう	S22－S23	3A/13-10/58運144
営業索道	多摩採石	たま	S23	3A/13-10/58運91
□	十條製紙	じゅうじょう	S27	3A/13-10/58運138
□	東京都	とうきょう	S29－S30	3A/13-10/58運117
□			S37	3A/13-10/58運171
□			S38	3A/13-10/58運162
□	日立製作所	ひたち	S38	3A/13-10/58運214
□	豊洲鉄道運輸	とよす	S38	3A/13-10/58運208
□	十條製紙	じゅうじょう	S39	3A/13-10/58運170

神奈川県

47011	横浜鉄道	よこはま	M36	博買D1・5/111-1
			M39－M44	博買D1・5/111-2
			M45－T06	博買D1・5/111-3
47023	箱根登山鉄道	はこね	S26－S28	博鉄軌252-1
47031	相模鉄道	さがみ	T10－S03	博買D1・5/46-2
			S18	博買D1・5/46-3
			S19－S21	博買D1・5/46-4
			S26－S28	博鉄軌132
47041	大雄山鉄道	だいゆうざん	T11－S01	博鉄軌180-1
			S02－S09	博鉄軌180-2
47051	鶴見臨港鉄道	つるみ	T12－S09	博買D1・5/66-2
			T13－S03	博買D1・5/66-3
			T13－S04	博買D1・5/66-4
			S04	博買D1・5/66-5
			S04－S13	博買D1・5/66-6
			S05－S07	博買D1・5/66-7
			S05－S07	博買D1・5/66-8
			S08－S09	博買D1・5/66-9
			S08－S10	博買D1・5/66-10
			S10－S11	博買D1・5/66-11
			S10－S12	博買D1・5/66-12
			S11－S12	博買D1・5/66-13
			S12	博買D1・5/66-14
			S13	博買D1・5/66-15
			S13－S14	博買D1・5/66-16
			S14－S15	博買D1・5/66-17
			S16－S17	博買D1・5/66-18
			S17	博買D4・1/5-1
			S18	博買D1・5/66-19
			S18	博買D1・5/66-20
			S18－S21	博買D1・5/66-21
47071	南武鉄道	なんぶ	T09－S01	博買D1・5/77-1
			T10－S01	博買D1・5/77-2
			S02	博買D1・5/77-4

			S02－S04	博買D1・5/77-6
			S03－S04	博買D1・5/77-8
			S05－S07	博買D1・5/77-10
			S05－S07	博買D1・5/77-11
			S08－S10	博買D1・5/77-13
			S08－S11	博買D1・5/77-14
			S11－S12	博買D1・5/77-16
			S12－S14	博買D1・5/77-18
			S13	博買D1・5/77-19
			S15－S16	博買D1・5/77-20
47091	大山鋼索鉄道	おおやま	S02－S13	3A/13-3/47運308
			S04－S12	博鉄軌46
47112	江ノ島鎌倉観光	えのしまかまくら	S26－S28	博鉄軌37-5
			S28－S31	博鉄軌37-6
47514	箱根登山鉄道	はこね	S26－S28	博鉄軌252-2
47524	熱海軌道組合	あたみ	M42－T13	博買D1・5/3
			T09－T12	博鉄軌12
47544	江ノ島電気鉄道	えのしま	T10－S02	博鉄軌37-1
			S03－S04	博鉄軌37-2
			S06－S09	博鉄軌37-3
			S15－S21	博鉄軌37-4
47552	横浜市	よこはま	T13－S04	3C/27/48建736-1～17
			S02－S04	3C/27/48建737-1～15
			S03－S09	3C/27/48建738-10～14
			S03－S09	3C/27/48建738-1～8
			S03－S16	3C/27/48建739-1～13
			S04－S12	3C/27/48建740-1～15
			S14－S17	3C/27/48建741-1～2
47563	湘南軌道	しょうなん	T10－S09	博鉄軌158
47571	海岸電気軌道	かいがん	T08－S04	博買D1・5/66-1
47581	川崎市交通部	かわさき	S22－S25	博鉄軌78-1
			S26－S28	博鉄軌78-2
×	相海鉄道	そうかい	M28－M42	3A/13-4/47運437
×	相模鉄道	さがみ	M29	博買D1・5/46-1
×	鎌倉鉄道	かまくら	M29－M31	3A/13-4/47運456
×	上相電気鉄道	じょうそう	M41	博買D1・5/39-1
×	大山軽便鉄道	おおやま	M44－T03	3A/13-2/47運155
×	相海鉄道	そうかい	T03	3A/13-2/47運218
×	浦賀鉄道	うらが	T03－T06	3A/13-2/47運221
×	大山鉄道	おおやま	T03－T07	3A/13-2/47運222
×	浦賀鉄道	うらが	T12	3A/13-1/47運1
×	湘南臨海電気鉄道	しょうなん	T12	3A/13-1/47運1
×	相海自働車鉄道	そうかい	T12	3A/13-1/47運1
×□	小田原紡織	おだわら	T13－T14	3A/13-2/47運92
□	浅野セメント	あさの	T13－S17	3A/13-10/58運147
×	東海電気軌道	とうかい	T14	3A/13-1/47運6
×	相武電気鉄道	そうぶ	T14－S11	3A/13-3/47運403
×	道了ケーブル鉄道	どうりょう	T15	3A/13-1/47運21
×	相武電気鉄道	そうぶ	S01－S09	博鉄軌177
×	鎌倉金沢電鉄	かまくらかなざわ	S02	3A/13-1/47運33
×	江ノ島横浜電気鉄道	えのしまよこはま	S02	3A/13-1/47運35
×	大山鋼索鉄道	おおやま	S02	3A/13-1/47運32
×	大山鋼索電気鉄道	おおやま	S02	3A/13-1/47運32
×	大船片瀬電気軌道	おおふなかたせ	S02	3A/13-1/47運22
×□	平秦砂利	ひらはた	S02－S09	3A/13-2/47運94
×	京神電気鉄道	けいしん	S03	3A/13-1/47運44
×	江ノ島懸垂電車	えのしま	S03	3A/13-1/47運40
×	鶴見玉川電鉄	つるみたまがわ	S03	3A/13-1/47運42
×	都橘電気鉄道	ときつ？	S03	3A/13-1/47運44
×	道了尊登山鉄道	どうりょうそん	S03	3A/13-1/47運41
×	道了鋼索鉄道	どうりょう	S03－S06	3A/13-3/47運317
×	空中電気鉄道	くうちゅう	S03－S10	3A/13-3/47運351
×	金目川電気軌道	かなめがわ	S04	3A/13-1/47運56
×	大平電気鉄道	おおひら？	S04	3A/13-1/47運52
×	空中電気鉄道	くうちゅう	S04－S10	博鉄軌93
□	横浜倉庫	よこはま	S05－S06	3A/13-10/58運62
×	日本自動車道	にっぽん(にほん)	S08－S09	3A/13-3/47運357
□	南満洲鉄道	みなみまんしゅう	S08－S25	3A/13-10/58運20
×	横須賀軌道	よこすか	S09	3A/13-2/47運85
□	日本鋼管	にっぽん(にほん)	S14－S20	博鉄軌240
□	日満倉庫	にちまん	S15－S24	3A/13-11/58運304
□	日本高爐セメント	にっぽん(にほん)	S17－S18	3A/13-10/58運219
□	日本冶金	にっぽん	S23－S31	3A/13-10/58運49
□	東京湾倉庫	とうきょうわん	S24	3A/13-11/58運347
□	日本専売公社	にっぽん(にほん)	S24－S26	3A/13-10/58運223
□	昭和電工	しょうわ	S25－S26	3A/13-11/58運310
□	日本鋼管	にっぽん(にほん)	S26－S31	3A/13-10/58運174
□	東洋埠頭	とうよう	S27	3A/13-10/58運216
□	川崎製鉄	かわさき	S27－S29	3A/13-11/58運320
□	三井埠頭	みつい	S28	3A/13-10/58運189
□	出光興産	いでみつ	S28－S29	3A/13-10/58運224
□	日本鉱業	にっぽん(にほん)	S29	3A/13-10/58運54
□	東洋硝子	とうよう	S29－S30	3A/13-10/58運151
□	大協石油	だいきょう	S31	3A/13-10/58運196
□	東亜石油	とうあ	S31	3A/13-10/58運184
□	日本鋼管	にっぽん(にほん)	S34－S37	3A/13-10/58運97
□	東亜石油	とうあ	S37	3A/13-10/58運156
□	日本アミノ飼料	にっぽん(にほん)	S37	3A/13-10/58運158
□	日本鋼管	にっぽん(にほん)	S37	3A/13-10/58運220
□	味の素	あじのもと	S37	3A/13-10/58運217
□	大協石油	だいきょう	S38	3A/13-10/58運213
□	東亜石油	とうあ	S39	3A/13-10/58運167
□	東京湾倉庫	とうきょうわん	S39	3A/13-10/58運168

新　潟　県

33011	北越鉄道	ほくえつ	M27－M37	博買D1・5/96-1
			M37	3A/13-4/47運473
33021	魚沼鉄道	うおぬま	M43	博買D1・5/16-1
			M44－M45	博買D1・5/16-2
			T01－T05	博買D1・5/16-3
			T06－T11	博買D1・5/16-4
			T07－T10	博買D1・5/16-5
33031	越後鉄道	えちご	M41	博買D1・5/20-1
			M42－M45	博買D1・5/20-2
			M44－T09	博買D1・5/20-3
			T01	博買D1・5/20-4
			T02－T03	博買D1・5/20-5
			T04	博買D1・5/20-6
			T05	博買D1・5/20-7
			T06－T07	博買D1・5/20-8
			T07－T08	博買D1・5/20-9
			T09	博買D1・5/20-10
			T10	博買D1・5/20-11
			T10－T12	博買D1・5/20-12
			T11－T12	博買D1・5/20-13
			T11－T14	博買D1・5/20-14
			T13－T14	博買D1・5/20-15
			T13－T14	博買D1・5/20-16
			T15－S02	博買D1・5/20-17
			T15－S13	博買D1・5/20-18
33041	頸城鉄道	くびき	T02－T08	博鉄軌100-1
			T09－S01	博鉄軌100-2
			S02－S09	博鉄軌100-3
			S10－S15	博鉄軌100-4
			S26－S28	博鉄軌100-5
33051	栃尾鉄道	とちお	S26－S28	博鉄軌217
33061	長岡鉄道	ながおか	M42－M43	3A/13-4/47運491
33071	蒲原鉄道	かんばら	T12－S02	博鉄軌80-1
			S03－S06	博鉄軌80-2
			S07－S09	博鉄軌80-3
			S10－S12	博鉄軌80-4
			S13－S15	博鉄軌80-5
			S21－S25	博鉄軌80-6
			S26－S28	博鉄軌80-7
33081	新潟臨港	にいがた	T08－T13	博買D1・5/78-1
			T09－T14	博買D1・5/78-2
			T10－T14	博買D1・5/78-3
			T14－S02	博買D1・5/78-4
			T15－S06	博買D1・5/78-5
			S03－S06	博買D1・5/78-6
			S07－S10	博買D1・5/78-7
			S07－S16	博買D1・5/78-8
			S11	博買D1・5/78-9
33091	新潟電鉄	にいがた	S14－S15	博鉄軌238
×	越羽鉄道	えつう	M29－M30	3A/13-4/47運439
×	新潟電気軌道	にいがた	M42－M43	3A/13-11/58運337
×	山田又七馬車軌道	やまだ	M42－T04	3A/13-2/47運105
×	木村松二郎軽便鉄道	きむら	M44－T01	3A/13-2/47運143
×	長岡鉄道	ながおか	M44－T03	3A/13-2/47運142
×	新潟電力	にいがた	T02－T07	3A/13-3/47運336
×			T07－S04	3A/13-3/47運340
×	新潟電気	にいがた	T12－S02	博鉄軌237
□	電気化学工業	でんき	T13－S19	3A/13-10/58運95
×	早川電気鉄道	はやかわ	T14	3A/13-1/47運7
□	昭和肥料	しょうわ	T15－S02	3A/13-10/58運203
□			S02－S04	3A/13-10/58運19
□	農林省	のうりんしょう	S04	3A/13-10/58運127
×	北越電気鉄道	ほくえつ	S04	3A/22-1/49運56
×	万代電気鉄道	ばんだい	S04	3A/13-1/47運51
×	新潟電力	にいがた	S04－S05	3A/13-3/47運353
□	昭和肥料	しょうわ	S04－S06	3A/13-10/58運207
×	新潟鉄道	にいがた	S05	3A/13-1/47運60
×	中越急行鉄道	ちゅうえつ	S09	3A/13-2/47運77
□	昭和電工	しょうわ	S15－S17	3A/13-10/58運109
□	日鉄鉱業	にってつ	S21－S30	3A/13-10/58運76
□	電気化学工業	でんき	S25－S26	3A/13-10/58運34
□	日本曹達	にっぽん	S26	3A/13-10/58運143
□			S27－S28	3A/13-10/58運177
□	電気化学工業	でんき	S37	3A/13-10/58運159

□	日本軽金属	にっぽん	S37	3A/13-10/58運160
□	日本曹達	にっぽん	S39	3A/13-10/58運98

富　山　県

51011	中越鉄道	ちゅうえつ	M27−M31	博買D1・5/62-1
			M28−T06	博買D1・5/62-2
			M41−M44	博買D1・5/62-3
			M45−T05	博買D1・5/62-4
			M45−T07	博買D1・5/62-5
			T08	博買D1・5/62-6
			T09−S02	博買D1・5/62-7
			T15−S05	博買D1・5/62-8
51023	富山電気鉄道	とやま	S17	博買D4・1/5-1
51032	富山鉄道	とやま	S08	博鉄軌218
51042	加越鉄道	かえつ	S18	博鉄軌78-1
51043	加越能鉄道	かえつのう	S25	博鉄軌60
51071	富岩鉄道	ふがん	T12−T15	3A/13-11/58運298
			T12−S02	博鉄軌275-1
			S02−S03	3A/13-11/58運299
			S03−S06	博鉄軌275-2
			S04−S09	3A/13-11/58運300
			S07−S10	博鉄軌275-3
			S10−S12	3A/13-11/58運301
			S11−S13	博鉄軌275-4
			S13−S16	3A/13-11/58運322
営業貨物軌道	大山軌道	おおやま	M42−T06	3A/22-2/49運168
×	吉川外五名(井波町福野町間馬車鉄道)	よしかわ？	M43	3A/13-4/47運473
×	新湊軽便鉄道	しんみなと	M44−T02	3A/13-2/47運146
□	庄川水力電気	しょうがわ	T09−S14	3A/13-10/58運3
□	北海電化工業・東亞合成化学工業・日産化学工業・北陸建材工業・十條製紙	ほっかい	T13−S26	3A/13-10/58運85
×	高伏電気軌道	たかふし？	T15	3A/13-1/47運11
×	加越電気鉄道	かえつ	S02	3A/13-1/47運29
×	氷見電気鉄道	ひみ	S02	3A/13-1/47運30
×	七尾鉄道	ななお	S03	3A/13-1/47運36
×	高伏電気軌道	たかふし？	S04	3A/13-1/47運55
回	日本電力	にっぽん(にほん)	S04−S09	3A/13-10/58運5
×	水波電気鉄道	すいは	S05	3A/22-1/49運24
□	日本鋼管	にっぽん(にほん)	S06−S26	3A/13-10/58運64
回	日本電力	にっぽん(にほん)	S10−S13	3A/13-10/58運6
回	日本発送電	にっぽん(にほん)	S14−S16	3A/13-10/58運82
回			S17	3A/13-10/58運48

石　川　県

52011	七尾鉄道	ななお	M27−M29	博買D1・5/71-1
52021	温泉電軌	おんせん	T03−T11	博鉄軌293-1
			T12−T14	博鉄軌293-2
			T15−S04	博鉄軌293-3
			S05−S07	博鉄軌293-4
			S08−S11	博鉄軌293-5
			S12−S15	博鉄軌293-6
52031	石川鉄道	いしかわ	T03−T12	博鉄軌71-1
52043	尾小屋鉄道	おごや	T09−S04	博鉄軌53-1
			S04−S15	博鉄軌53-2
			S21−S25	博鉄軌53-3
			S26−S28	博鉄軌53-4
52053	北陸鉄道	ほくりく	S21−S25	博鉄軌293-8
			S26−S28	博鉄軌293-10
52061	能登鉄道	のと	T10−S15	3A/13-11/58運348
			T11−S01	博鉄軌247-1
			S02−S06	博鉄軌247-2
			S07−S09	博鉄軌247-3
			S10−S15	博鉄軌247-4
52071	能美電気鉄道	のみ	T13−S01	博鉄軌71-11
			S02−S05	博鉄軌71-12
			S06−S08	博鉄軌71-13
			S09−S11	博鉄軌71-14
			S12−S15	博鉄軌71-15
52081	浅野川電気鉄道	あさのがわ	T13−S03	博鉄軌7-1
			S04−S08	博鉄軌7-2
			S09−S13	博鉄軌7-3
52091	金名鉄道	きんめい	S02−S15	博鉄軌92
52102	小松電気鉄道	こまつ	S01−S07	博鉄軌128-1
			S08−S15	博鉄軌128-2
52512	金石電気鉄道	かないわ	T10−S10	博鉄軌70-1
			S11−S15	博鉄軌70-2
52523	温泉電軌	おんせん	T05−T14	3A/13-2/47運111
			T12−S05	博鉄軌58-1
			S06−S10	博鉄軌58-2
			S11−S14	博鉄軌58-3
52571	金沢電気軌道	かなざわ	T05−T12	博鉄軌71-2
			T10−T14	博鉄軌71-6
			T10−S04	博鉄軌71-10
			T13−T14	博鉄軌71-3
			T15−S03	博鉄軌71-4
			T15−S04	博鉄軌71-7
			S04−S06	博鉄軌71-5
			S05−S10	博鉄軌71-8
			S11−S15	博鉄軌71-9
52573	北陸鉄道	ほくりく	S15−S18	博鉄軌293-7
			S22	博鉄軌293-9
×	北陸鉄道	ほくりく	M22	3A/22-1/49運55
×	金福鉄道	かなふく？	M44−T07	3A/13-2/47運140
×	金沢堀川電気軌道	かなざわほりかわ	T12	3A/13-1/47運1
×	石能鉄道	せきのう？	T13	3A/13-1/47運3
×	美鶴鉄道	びかく？	T14	3A/13-1/47運7
□	米谷倉庫	よねや？	T14−S02	3A/13-10/58運139
×	河北電気鉄道	かほく	T15	3A/13-1/47運10
×	片山津電気鉄道	かたやまづ	T15	3A/13-1/47運13
×	和倉電気鉄道	わくら	T15	3A/13-1/47運20
×	加賀電気鉄道	かが	S02	3A/13-1/47運30
×	七氷鉄道	ななひ？	S02	3A/13-1/47運30
□	金沢材木	かなざわ	S02−S05	3A/13-10/58運113
×	能越石灰	のうえつ	S03	3A/13-1/47運36
×	七氷鉄道	ななひ？	S03−S06	3A/13-3/47運318
×	城北電気鉄道	じょうほく	S06	3A/13-1/47運68
□	西田商事	にしだ	S06	3A/13-2/47運99
×	夢香山鋼索鉄道	ゆめかやま？	S06	3A/13-1/47運72

福　井　県

53013	南越鉄道	なんえつ	T09−T14	博鉄軌230-1
			T10−T15	3A/13-4/47運524
			T12−T13	博鉄軌230-2
			T15−S05	博鉄軌230-3
			S06−S09	博鉄軌230-4
			S10−S13	博鉄軌278-8
			S14−S15	博鉄軌278-9
53041	福武電気鉄道	ふくぶ	T11−T14	博鉄軌278-1
			T15−S03	博鉄軌278-2
			S04−S07	博鉄軌278-3
			S08−S13	博鉄軌278-4
			S14	博鉄軌278-5
53042	福井鉄道	ふくい	S21−S25	博鉄軌276-1
			S26−S28	博鉄軌276-3
53061	鯖浦電気鉄道	せいほ	T12−S03	博鉄軌170-1
			S04−S07	博鉄軌170-2
			S08−S11	博鉄軌170-3
			S12−S15	博鉄軌170-4
53071	三国芦原電鉄	みくにあわら	S07−S15	博鉄軌304
53511	本郷軌道	ほんごう	T10−S10	博鉄軌296-1
			S11−S15	博鉄軌296-2
			S21−S25	博鉄軌296-3
53521	福武電気鉄道	ふくぶ	S02−S13	博鉄軌278-6
			S11−S15	博鉄軌278-7
53522	福井鉄道	ふくい	S21−S25	博鉄軌276-2
			S26−S28	博鉄軌276-4
×	小浜鉄道	おばま	M30	3A/22-1/49運85
×	越前鉄道	えちぜん	M36	3A/13-4/47運473
×	吉崎鉄道	よしざき	T14−S09	3A/13-3/47運402
×	越美電気鉄道	えつみ	T15	3A/13-1/47運21
×	福井電気鉄道	ふくい	S02	3A/13-1/47運33
×	河野水電	こうの	S03	3A/13-1/47運41
×	敦賀電気軌道	つるが	S03	3A/13-1/47運41
×	吉崎鉄道	よしざき	S04−S08	博鉄軌334
×	三里浜鉄道	さんりはま	S06	3A/13-1/47運62
×	福井電気鉄道	ふくい	S06	3A/13-1/47運69
□	大同肥料	だいどう	S16−S24	3A/13-10/58運154
□	大和紡績	だいわ	S26−S28	3A/13-10/58運47

山　梨　県

48011	富士山麓電気鉄道	ふじさんろく	S26−S28	博鉄軌279
48515	山梨電気鉄道	やまなし	T10−S05	博鉄軌325-1
			S05−S10	博鉄軌325-2
			S11−S13	博鉄軌325-3
48523	坂本諏訪松外四名	さかもと	T10−S02	博鉄軌12
48543	富士山麓電気鉄道	ふじさんろく	M45−T10	博買U1/76
			T10−S04	博買U1/75
			T13−S04	博買U1/74
48552	富士廻遊軌道	ふじ	M45−S03	博買U1/77
			T10−S02	博買U1/77
48561	峡西電気鉄道	きょうせい	S13−S15	博鉄軌325-4
48562	山梨交通	やまなし	S21−S25	博鉄軌325-5

			S26−S28	博鉄軌325-6
×	甲信鉄道	こうしん	M20−M26	博買D1・5/41-1
×	駿甲鉄道	すんこう	M29−M30	3A/13-4/47運433
×	身延製材軌道	みのぶ	T02−S11	3A/22-1/49運139
×	身延山鉄道	みのぶさん	T11−S17	3A/13-3/47運401
×	甲府電車軌道	こうふ	T12	3A/13-1/47運1
×	山梨県営軌道	やまなし	T15	3A/13-1/47運12
×			T15	3A/13-1/47運20
×	身延登山鉄道	みのぶ	T15	3A/13-1/47運15
×	三富電気軌道	さんぷ？	S02	3A/13-1/47運32
×	富士登山鉄道	ふじ	S02	3A/13-1/47運22
×	三塩鉄道	さんえん	S02−S10	3A/13-3/47運304
×	富士登山鉄道	ふじ	S03	3A/13-1/47運41
×	三塩鉄道	さんえん	S03−S10	博買U1/80
×	河口湖鋼索鉄道	かわぐちこ	S06	3A/13-1/47運75
×	峡東電気鉄道	きょうとう	S06	3A/13-1/47運74
×	御嶽登山鉄道	みたけ	S08	3A/13-1/47運76
×	身延登山鉄道	みのぶ	S08	3A/13-1/47運76

長　野　県

34012	伊那電気鉄道	いな	M45−T02	博買D1・5/6-2
			T03−T05	博買D1・5/6-3
			T06−T07	博買D1・5/6-4
			T08	博買D1・5/6-5
			T08−T11	博買D1・5/6-6
			T09−T11	博買D1・5/6-7
			T09−S04	博買D1・5/6-8
			T11−S02	博買D1・5/6-9
			T12	博買D1・5/6-10
			T12−T13	博買D1・5/6-11
			T12−T14	博買D1・5/6-12
			T13−T14	博買D1・5/6-13
			T14−S01	博買D1・5/6-14
			T15	博買D1・5/6-15
			T15−S03	博買D1・5/6-16
			S02	博買D1・5/6-17
			S03−S05	博買D1・5/6-18
			S04−S07	博買D1・5/6-19
			S06−S08	博買D1・5/6-20
			S08−S12	博買D1・5/6-21
			S09−S11	博買D1・5/6-22
			S12−S16	博買D1・5/6-23
			S13−S14	博買D1・5/6-24
			S17	博買D4・1/5-1
			S17−S20	博買D1・5/6-25
34021	信濃鉄道	しなの	M44−T03	博買D1・5/56-1
			M45−T09	博買D1・5/56-2
			T04	博買D1・5/56-3
			T05	博買D1・5/56-4
			T09−T10	博買D1・5/56-5
			T10−T13	博買D1・5/56-6
			T11−T14	博買D1・5/56-7
			T14−S04	博買D1・5/56-8
			T15−S02	博買D1・5/56-9
			S03−S07	博買D1・5/56-10
			S05−S07	博買D1・5/56-11
			S08−S10	博買D1・5/56-12
			S08−S12	博買D1・5/56-13
			S11−S12	博買D1・5/56-14
			S11−S12	博買D1・5/56-15
34031	草津軽便鉄道	くさつ	M43−T03	3A/22-1/49運32
			T01−T09	博鉄軌94-1
			T04−T05	3A/22-1/49運33
			T06−T08	3A/22-1/49運114
34032	草津電気鉄道	くさつ	T09−T14	3A/22-1/49運113
			T09−T15	3A/22-1/49運31
			T10−S01	博鉄軌94-2
			T15−S01	3A/22-1/49運34
			S02−S05	博鉄軌94-3
			S02−S07	3A/22-1/49運116
			S06−S08	博鉄軌94-4
			S08−S11	3A/22-1/49運115
			S12−S14	3A/22-1/49運35
34033	草軽電気鉄道	くさかる	S12−S16	博鉄軌94-5
			S14−S18	3A/22-1/49運36
			S21−S25	博鉄軌94-6
			S22−S24	3A/22-1/49運37
			S25−S26	3A/22-1/49運38
			S26−S29	博鉄軌94-7
			S34−S36	3A/22-1/49運39
34041	佐久鉄道	さく	T02−T04	博買D1・5/47-1
			T03−T09	博買D1・5/47-2
			T05−T08	博買D1・5/47-3
			T09	博買D1・5/47-4
			T10−T13	博買D1・5/47-5
			T10−T13	博買D1・5/47-6
			T14−S04	博買D1・5/47-7
			T15−S10	博買D1・5/47-8
			S05−S09	博買D1・5/47-9
			S08−S10	博買D1・5/47-10
34051	丸子鉄道	まるこ	T05−T12	博鉄軌301-1
			T13−S03	博鉄軌301-2
			S04−S07	博鉄軌301-3
			S08−S13	博鉄軌301-4
			S14	博鉄軌301-5
34071	飯山鉄道	いいやま	T06−T09	博買D1・5/12-2
			T06−T12	博買D1・5/12-3
			T10	博買D1・5/12-4
			T10−S04	博買D1・5/12-5
			T11−T12	博買D1・5/12-6
			T13−S01	博買D1・5/12-7
			T13−T15	博買D1・5/12-8
			S02−S03	博買D1・5/12-9
			S02−S04	博買D1・5/12-10
			S04−S07	博買D1・5/12-11
			S05−S07	博買D1・5/12-12
			S08−S10	博買D1・5/12-13
			S08−S12	博買D1・5/12-14
			S11−S13	博買D1・5/12-15
			S13−S19	博買D1・5/12-16
			S14	博買D1・5/12-17
34082	長野電鉄	ながの	T09−T12	博鉄軌225-1
			T13−S01	博鉄軌225-2
			T13−T15	博鉄軌225-3
			S02−S04	博鉄軌225-4
			S05−S07	博鉄軌225-5
			S08−S11	博鉄軌225-6
			S12−S15	博鉄軌225-7
			S21−S25	博鉄軌225-8
			S26−S28	博鉄軌225-9
34101	池田鉄道	いけだ	T14−S01	3A/13-3/47運389
			T14−S05	博鉄軌21-1
			S02−S13	3A/13-3/47運390
			S06−S09	博鉄軌21-2
			S10−S12	博買U1/73
34111	布引電気鉄道	ぬのびき	T09−T15	博鉄軌244-2
			T10−S03	博鉄軌244-1
			S02−S11	3A/13-3/47運311
34121	上田温泉電軌	うえだ	T15−S06	博鉄軌32-2
			S07−S09	博鉄軌32-4
			S10−S13	博鉄軌32-6
34122	上田電鉄	うえだ	S14−S15	博鉄軌32-7
34123	上田丸子電鉄	うえだまるこ	S21−S25	博鉄軌32-8
			S26−S28	博鉄軌32-9
34131	善光寺白馬電鉄	ぜんこうじはくば	S02−S04	3A/13-11/58運264
			S05−S09	3A/13-11/58運265
			S05−S09	博鉄軌171-1
			S10−S11	3A/13-11/58運266
34131	善光寺白馬電鉄〈営業報告書〉	ぜんこうじはくば	S10−S16	3A/13-11/58運267
34131	善光寺白馬電鉄	ぜんこうじはくば	S12−S23	3A/13-11/58運268
			S21−S25	博鉄軌171-2
			S25−S26	3A/13-11/58運269
			S26−S28	博鉄軌171-3
			S27−S28	3A/13-11/58運270
34512	伊那電気鉄道	いな	M42−T12	博買D1・5/6-1
34521	上田温泉電軌	うえだ	T10−S02	博鉄軌32-1
			S02−S10	博鉄軌32-3
			S11−S13	博鉄軌32-5
×	飯山鉄道	いいやま	T02−T03	博買D1・5/12-1
×	松代軽便鉄道	まつしろ	T02−T04	3A/13-2/47運200
×	北信電気鉄道	ほくしん	T02−T10	3A/13-2/47運128
×	北信鉄道	ほくしん	T09	3A/13-2/47運129
×	中信電気鉄道	ちゅうしん	T09−S11	3A/13-3/47運344
×	高遠電気軌道	たかとお	T10−S05	博鉄軌182
×	木曽御嶽鉄道	きそおんたけ	T11−T14	3A/13-3/47運257
×	佐久諏訪電気鉄道	さくすわ	T11−S05	博鉄軌199
×	中央登山鉄道	ちゅうおう	T14	3A/13-1/47運6
×	白馬自動車	はくば	T14	3A/13-1/47運6
×	佐久電軌	さく	T15	3A/13-1/47運14
×	諏訪電気鉄道	すわ	T15	3A/13-1/47運20
×	岡谷電軌	おかや	S02	3A/13-1/47運59
×	諏塩急行電気鉄道	すえん？	S02	3A/13-1/47運59
×	諏塩電気鉄道	すえん？	S02	3A/13-1/47運59
×	諏訪松本鉄道	すわまつもと	S02	3A/13-1/47運33
×			S02	3A/13-1/47運59
×	中信電気鉄道	ちゅうしん	S02	3A/13-1/47運59
×	天龍川電力	てんりゅうがわ	S02	3A/13-1/47運59
×	松諏鉄道	しょうす？	S02−S12	3A/13-3/47運306
×	善光寺鋼索鉄道	ぜんこうじ	S02−S12	3A/13-3/47運310
×	善光寺登山鉄道	ぜんこうじ	S02−S12	3A/13-4/47運406

×			S03－S12	博鉄軌172
×	中信鉄道	ちゅうしん	S05	3A/13-1/47運72
□	岡谷運送	おかや	S13－S18	3A/13-10/58運132

岐　阜　県

54052	東美鉄道	とうみ	S14－S15	博鉄軌211
54071	駄知鉄道	だち	T08－T13	博鉄軌187-1
			T14－S02	博鉄軌187-2
			S03－S05	博鉄軌187-3
			S06－S07	博鉄軌187-4
			S08－S10	博鉄軌187-5
			S11－S15	博鉄軌187-6
54072	東濃鉄道	とうのう	T01－T05	博買D1·5/67-1
			T04－T12	博買D1·5/67-2
			T06－T08	博買D1·5/67-3
			T09－S09	博買D1·5/67-4
			T13－T15	博買D1·5/67-5
			S21－S25	博鉄軌209-1
			S26－S28	博鉄軌209-2
54081	北恵那鉄道	きたえな	T11－S01	博鉄軌83-1
			S02－S05	博鉄軌83-2
			S06－S08	博鉄軌83-3
			S09－S11	博鉄軌83-4
			S12－S15	博鉄軌83-5
			S21－S25	博鉄軌83-6
			S26－S28	博鉄軌83-7
54101	谷汲鉄道	たにぐみ	S10－S14	博鉄軌189
			S15	博鉄軌187-6
54111	坂川鉄道	さかがわ	T13－S08	博鉄軌130-1
			T13－S09	3A/13-4/47運526
			S09－S14	博鉄軌130-2
			S10－S19	3A/22-1/49運69
			S12－S15	博鉄軌130-3
			S15	博鉄軌186-3
54121	笠原鉄道	かさはら	T13－S05	博鉄軌65-1
			S06－S10	博鉄軌65-2
			S11－S15	博鉄軌65-3
54131	西濃鉄道	せいのう	S01－S07	博鉄軌169-1
			S08－S15	博鉄軌169-2
			S21－S25	博鉄軌169-3
			S26－S28	博鉄軌169-4
54142	神岡鉱業	かみおか	S21－S25	博鉄軌75
54143	三井金属鉱業	みつい	S26－S28	博鉄軌308
54512	矢作水力	やはぎ	M42－S02	3A/13-2/47運104
			T15－S05	博鉄軌320-1
			S03－S10	3A/22-2/49運271
			S06－S09	博鉄軌320-2
			S09－S10	3A/22-2/49運165
54533	神岡水電	かみおか	T12－S10	博鉄軌76-1
			S11－S15	博鉄軌76-2
×	美濃鉄道	みの	M37	3A/13-4/47運473
×	渥美軌道	あつみ	M45－T03	3A/22-1/49運141
×	金華山登山鉄道	きんかざん	T01－T03	3A/13-2/47運184
×	中濃電気鉄道	ちゅうのう	M45－T03	3A/13-2/47運175
×	揖斐軽便鉄道	いび	T01－T03	3A/13-2/47運180
×	濃飛電気鉄道	のうひ	T01－T04	3A/13-11/58運333
×	武芸軽便鉄道	むげ	T02－T04	3A/13-2/47運202
×	竹鼻軽便鉄道	たけはな	T02－T05	3A/13-2/47運205
×	中濃鉄道	ちゅうのう	T13－S02	3A/13-3/47運269
×	明知電気鉄道	あけち	T13－S02	3A/13-3/47運268
×	津保鉄道	つぼ	T14	3A/13-1/47運8
×	中濃鉄道	ちゅうのう	T14－S02	博鉄軌200
×	養老鉄道	ようろう	T15	3A/13-1/47運13
×	養老遊覧電車	ようろう	T15	3A/13-1/47運12
×	名岐鉄道	めいき？	S02	3A/13-1/47運28
×	金華登山鉄道	きんか	S03－S04	3A/13-3/47運314
×	昭和鉄道	しょうわ	S06	3A/13-1/47運68
×	谷汲参詣鉄道	たにぐみ	S06	3A/13-1/47運65
×	穂積鉄道	ほづみ	S06	3A/13-1/47運64
×	北方鉄道	きたがた	S06	3A/13-1/47運64
□	岸和田人絹	きしわだ	S09－S19	3A/13-10/58運30
□	日本発送電	にっぽん(にほん)	S15－S24	3A/13-10/58運48
□			S25－S30	3A/13-10/58運83
×	北濃鉄道	ほくのう	S29	3A/13-5/47運570

静　岡　県

56015	駿豆鉄道	すんず	T07－T12	博鉄軌167-1
			T13－S01	博鉄軌167-2
			S02－S06	博鉄軌167-3
			S07－S10	博鉄軌167-4
56017	駿豆鉄道	すんず	S26－S28	博鉄軌167-9
56021	富士身延鉄道	ふじみのぶ	M44－T01	博買D1·5/91-2
			M45－T04	博買D1·5/91-3
			T02	博買D1·5/91-4
			T02－S02	博買D1·5/91-5
			T03－T05	博買D1·5/91-6
			T04－S09	博買D1·5/91-7
			T05－T09	博買D1·5/91-8
			T06	博買D1·5/91-9
			T07	博買D1·5/91-10
			T08－T09	博買D1·5/91-11
			T10－T12	博買D1·5/91-12
			T10－T12	博買D1·5/91-13
			T12－S02	博鉄軌178
			T13－T14	博買D1·5/91-14
			T13－T15	博買D1·5/91-15
			T15－S03	博買D1·5/91-16
			S02	博買D1·5/91-17
			S02	博買D1·5/91-18
			S03	博買D1·5/91-19
			S04－S06	博買D1·5/91-20
			S04－S07	博買D1·5/91-21
			S07－S08	博買D1·5/91-22
			S08－S10	博買D1·5/91-23
			S09－S10	博買D1·5/91-24
			S11	博買D1·5/91-25
			S11－S12	博買D1·5/91-26
			S13－S14	博買D1·5/91-27
56031	藤相鉄道	とうそう	T09－T15	3A/13-4/47運521
56041	中遠鉄道	ちゅうえん	T13－S01	博鉄軌197-1
			S02－S04	博鉄軌197-2
56052	浜松鉄道	はままつ	M45－T03	3A/13-11/58運272
			T01－T10	博鉄軌258-1
			T04－T05	3A/13-11/58運273
			T05－T09	3A/13-11/58運274
			T10－T15	3A/13-11/58運271
			T10－T15	3A/13-11/58運275
			T10－S02	博鉄軌258-2
			S02－S11	3A/13-11/58運276
			S03－S09	博鉄軌258-3
			S10－S15	博鉄軌258-4
			S12－S18	3A/13-11/58運277
56061	安倍鉄道	あべ	T02－T10	3A/13-3/47運378
			T10－S01	博鉄軌14-1
			T11－T15	3A/13-3/47運379
			S02－S08	博鉄軌14-2
			S02－S09	3A/13-3/47運380
56072	遠州鉄道	えんしゅう	S21－S25	博鉄軌40-4
			S26－S28	博鉄軌40-5
56081	大井川鉄道	おおいがわ	S26－S28	博鉄軌41
56091	西遠鉄道	せいえん	S02－S12	博鉄軌168-2
56101	光明電気鉄道	こうみょう	T13－S03	3A/13-3/47運385
			T14－S04	博鉄軌120-1
			S04－S10	3A/13-3/47運386
			S05－S07	博鉄軌120-2
			S08－S10	博鉄軌120-3
56102	高鳥順作経営	たかとり	S10－S11	3A/13-3/47運394
56111	岳南鉄道	がくなん	S24－S25	博鉄軌62-1
			S26－S28	博鉄軌62-2
56512	富士鉄道	ふじ	M43－T02	博買D1·5/91-1
56521	島田軌道	しまだ	S26－S28	博鉄軌152
56532	御殿場馬車鉄道	ごてんば	T10－S01	博鉄軌122
56542	御前崎軌道	おまえざき	M43－T11	3A/22-2/49運167
56543	堀之内軌道運輸	ほりのうち	T07－S04	3A/13-2/47運117
			T11－S10	3A/22-2/49運177
56565	駿豆鉄道	すんず	T12－S02	博鉄軌167-5
			S02－S09	博鉄軌167-6
			S10－S14	博鉄軌167-7
			S26－S28	博鉄軌167-8
56581	大日本軌道浜松支社	だいにっぽん	M41－M44	3A/13-2/47運100
			M45－T13	3A/13-2/47運101
			T04－T06	3A/13-2/47運102
			T07－T14	3A/13-2/47運103
56583	遠州電気鉄道	えんしゅう	T08－S01	博鉄軌40-1
			S02－S09	博鉄軌40-2
			S10－S15	博鉄軌40-3
56585	浜松電気鉄道	はままつ	T10－S05	博鉄軌259-1
			S06－S10	博鉄軌259-2
			S11－S15	博買U1/80
56594	中泉合同運送	なかいずみ	T01－S07	3A/13-2/47運110
			T10－S07	博鉄軌222
56601	富士軌道	ふじ	M42－T10	3A/13-11/58運332
			T10－S05	博買U1/78
			S06－S12	博買U1/79
56611	庵原軌道	いはら	M43－T09	3A/22-1/49運133
			T02－T05	3A/22-2/49運176
56621	南豆馬車鉄道	なんず	T10－S15	博鉄軌234-1
			S21－S22	博鉄軌234-2
56631	根方軌道	ねがた？	T10－T13	博鉄軌178

56641	西遠軌道	せいえん	T12－S02	博鉄軌168-1
×	浜松鉄道	はままつ	M29－M30	3A/13-4/47運441
×	遠参鉄道	えんさん	M29－M31	3A/13-4/47運452
×	富士鉄道	ふじ	M30	3A/13-11/58運331
×	富士川鉄道	ふじがわ	M33	博買U1/79
×	駿遠鉄道	すんえん	M44－T07	3A/13-2/47運144
×	北遠軽便鉄道	ほくえん	T01－T03	3A/13-2/47運181
×	静岡軽便鉄道	しずおか	M45－T04	3A/13-2/47運166
×	磐田鉄道	いわた	T01－T05	3A/13-2/47運189
×	伊東鉄道	いとう	T02－T05	3A/13-2/47運204
×	興島軌道	おきしま？	T03－T05	3A/22-2/49運168
×	静岡電気鉄道	しずおか	T03－T07	3A/13-3/47運337
×			T08－T11	3A/13-3/47運341
×	伊豆鉄道	いず	T09－T11	3A/13-2/47運244
×	豆東鉄道	ずとう	T09－T14	3A/13-3/47運245
□	王子製紙	おうじ	T12－S06	3A/13-10/58運7-2
×	浜松臨海鉄道	はままつ	T13－S07	3A/13-3/47運349
□	日清紡績	にっしん	T14－T15	3A/13-10/58運120
×	下田自動車	しもだ	T15	3A/13-1/47運15
×	興津電気鉄道	おきつ	T15	3A/13-1/47運19
×	駿甲電気鉄道	すんこう	T15	3A/13-1/47運19
×	天龍水電	てんりゅう	T15	3A/13-1/47運16
×	天龍電気鉄道	てんりゅう	T15	3A/13-1/47運16
×	南豆鉄道	なんず	T15	3A/13-1/47運15
□	浜松倉庫	はままつ	T15－S06	3A/13-10/58運65
×	遠三急行電気鉄道	えんさん	S02	3A/13-1/47運28
×	天龍川鉄道	てんりゅうがわ	S02	3A/13-1/47運30
×	駿富電気鉄道	すんぷ？	S02－S07	3A/13-3/47運299
□	遠州銀行	えんしゅう	S02－S10	3A/13-2/47運95
□	日本楽器	にっぽん(にほん)	S02－S17	3A/13-10/58運185
×	伊豆山鋼索鉄道	いずさん	S03	3A/13-1/47運46
×	関東鋼索電気鉄道	かんとう	S03	3A/13-1/47運41
×	秋葉山鋼索鉄道	あきはさん	S03	3A/13-1/47運47
×	駿甲電気鉄道	すんこう	S03	3A/13-1/47運45
×	静岡身延電気鉄道	しずおかみのぶ	S03	3A/13-1/47運45
×	天龍電気	てんりゅう	S03	3A/13-1/47運46
×	熱海鋼索電気鉄道	あたみ	S03	3A/13-3/47運313
×	富士大石寺鉄道	ふじたいせきじ	S03	3A/13-1/47運45
×	江ノ浦臨港鉄道	えのうら	S03－S09	3A/13-3/47運319
□	三河セメント	みかわ	S04	3A/13-10/58運88
□	天龍運輸	てんりゅう	S06	3A/13-11/58運306
×	南豆鉄道	なんず	S06	3A/13-1/47運75
×	日本遊覧飛行鉄道	にっぽん(にほん)	S06	3A/13-1/47運75
×	熱海魚見崎遊園地	あたみうおみさき	S06	3A/13-1/47運63
×	熱海登山鉄道	あたみ	S06	3A/13-1/47運63
×	辨天島電気鉄道	べんてんじま	S06	3A/13-1/47運75
□	東洋モスリン	とうよう	S09－S16	3A/13-10/58運192
□	静岡合同運送	しずおか	S09－S26	3A/13-10/58運135
□	東京人造絹糸	とうきょう	S10－S19	3A/13-10/58運29
⧈	日本発送電	にっぽん(にほん)	S12－S13	3A/13-10/58運56
□	王子製紙	おうじ	S12－S17	3A/13-11/58運311
⧈	日本発送電	にっぽん(にほん)	S17－S18	3A/13-10/58運48
□	日本軽金属	にっぽん	S17－S23	3A/13-10/58運200
□	天龍運輸	てんりゅう	S21－S26	3A/13-10/58運135
□	本州製紙	ほんしゅう	S26－S30	3A/13-10/58運67
⧈	中部電力	ちゅうぶ	S26－S31	3A/13-10/58運204
×□	大浜製紙	おおはま	S29－S31	3A/13-10/58運57
□	本州製紙	ほんしゅう	不明	3A/13-11/58運312

愛　知　県

55011	豊川鉄道	とよかわ	M27－M29	博買D1・5/69-1
			M29	博買D1・5/39-1
			M29－T01	博買D1・5/69-2
			M30－M33	博買D1・5/69-3
			M34－S05	博鉄軌U1/114
			M37	博買D1・5/39-1
			M42－T05	博買D1・5/69-4
			T06－T09	博買D1・5/69-5
			T09－S01	博買D1・5/69-6
			T10－T14	博買D1・5/69-7
			T15－S02	博買D1・5/69-8
			S03－S07	博買D1・5/69-9
			S08－S15	博買D1・5/69-10
			S12－S14	博買D1・5/69-11
			S14－S17	博買D1・5/69-12
			S17	博買D4・1/5-1
55081	鳳来寺鉄道	ほうらいじ	T10－T13	博買D1・5/95-1
			T10－T14	博買D1・5/95-2
			T10－S04	博買D1・5/95-3
			T14－S09	博買D1・5/95-4
			S10－S18	博買D1・5/95-5
			S12－S14	博買D1・5/95-6
			S17	博買D4・1/5-1
55101	碧海電気鉄道	へきかい	S04－S18	3A/13-5/47運559
55111	田口鉄道	たぐち	S02－S06	博鉄軌186-1
			S07－S10	博鉄軌186-2
			S11－S15	博鉄軌186-3
			S21－S25	博鉄軌186-4
			S26－S28	博鉄軌186-5
55141	三信鉄道	さんしん	S02－S04	博買D1・5/53-1
			S03－S07	博買D1・5/53-2
			S05－S08	博買D1・5/53-3
			S08－S10	博買D1・5/53-4
			S09－S10	博買D1・5/53-5
			S11	博買D1・5/53-6
			S11－S13	博買D1・5/53-7
			S12－S13	博買D1・5/53-8
			S14	博買D1・5/53-9
			S14－S18	博買D1・5/53-10
			S17	博買D4・1/5-1
55512	名古屋市	なごや	T10－S05	博鉄軌227-5
			T10－S10	博鉄軌227-1
			T10－S10	博鉄軌227-2
			T10－S10	博鉄軌227-4
55512	名古屋市電気局	なごや	T11－S05	博鉄軌227-6
55512	名古屋市	なごや	T12－T14	3C/27/48建708-6～19
			T14－S03	3C/27/48建709-1～20
			T15－S03	3C/27/48建710-1～18
			T15－S04	3C/27/48建711-1～16
			S04－S07	3C/27/48建712-1～15
			S06－S09	3C/27/48建713-1～13
55512	名古屋市電気局	なごや	S06－S13	博鉄軌227-7
55512	名古屋市	なごや	S07－S19	3C/27/48建716-1～13
			S09－S12	3C/27/48建714-1～14
			S11－S12	博鉄軌227-3
			S12－S13	3C/27/48建715-1～13
55512	名古屋市電気局	なごや	S14－S15	博鉄軌227-8
55512	名古屋市	なごや	S16－S23	3C/27/48建717-1～7
55512	名古屋市交通局	なごや	S21－S25	博鉄軌227-9
			S26－S28	博鉄軌227-10
55532	瀬戸電気鉄道	せと	T01－T05	3A/13-2/47運191
55611	豊橋電気軌道	とよはし	T13－S13	博鉄軌220-1
55612	豊橋交通	とよはし	S21－S25	博鉄軌220-2
			S26－S28	博鉄軌220-3
×	尾濃鉄道	びのう	M27－M32	3A/13-4/47運461
×	尾三鉄道	びさん	M29－M31	3A/13-4/47運453
×	瀬戸鉄道	せと	M29－M33	3A/13-4/47運454
×	愛知鉄道	あいち	M32－M41	3A/13-4/47運480
×	信参鉄道	しんさん	M33－M39	3A/13-4/47運472
×	尾濃鉄道	びのう	M44－T02	3A/13-2/47運141
×	尾陽電気鉄道	びよう	T01－T03	3A/13-2/47運179
×	参宮鉄道汽船	さんぐう	M45－T05	博買D1・5/52-1
×	知多軽便鉄道	ちた	T02－T04	3A/13-2/47運197
×	尾張電気軌道	おわり	T02－T07	3A/13-2/47運210
×	丹葉電気鉄道	たんよう？	T03－T05	3A/13-2/47運216
×	愛岐鉄道	あいぎ？	T09－T14	3A/13-3/47運246
×	豊橋自動車鉄道	とよはし	T10	3A/13-1/47運1
×	参宮電気鉄道	さんぐう	T11－T14	博買U1/81
□	日本油脂	にっぽん(にほん)	T12－S24	3A/13-11/58運309
□	三菱電機	みつびし	T12－S26	3A/13-10/58運131
×	稲沢電燈	いなざわ	T14	3A/13-1/47運7
×	高浜電気鉄道	たかはま	T14	3A/13-1/47運5
×	中村電車	なかむら	T14	3A/13-1/47運6
×	尾濃電気鉄道	びのう	T14	3A/13-1/47運5
×	名養電気鉄道	めいよう？	T14	3A/13-1/47運6
□	日本毛織	にっぽん(にほん)	T14－S26	3A/13-10/58運33
×□	元名古屋セメント(豊国セメント)	もとなごや	T15	3A/13-1/47運9
×	参宮鉄道	さんぐう	T15	3A/13-1/47運16
×	浅井鉄道	あざい	T15	3A/13-1/47運9
×	大浜電気鉄道	おおはま	T15	3A/13-1/47運15
×	知多電気鉄道	ちた	T15	3A/13-1/47運9
×	二川電気軌道	ふたがわ	T15	3A/13-1/47運20
×	愛知中央鉄道	あいち	T15－S02	3A/13-3/47運279
×	龍泉寺鉄道	りゅうせんじ	T15－S09	3A/13-3/47運405
×	天龍川鉄道	てんりゅうがわ	S02	3A/13-1/47運31
×	東春電気鉄道	とうしゅん？	S02	3A/13-1/47運29
×	乃木山電気軌道	のぎさん？	S02	3A/13-1/47運22
×	幡豆電気鉄道	はず	S02	3A/13-1/47運59
×	尾州電気鉄道	びしゅう	S02	3A/13-1/47運29
×	尾陽鉄道	びよう	S02	3A/13-1/47運27
×	帝国火薬工業	ていこく	S02－S03	3A/13-3/47運292
□	日本無線電信	にっぽん(にほん)	S02－S03	3A/13-2/47運93
×	浅井鉄道	あざい	S03	3A/13-1/47運46
×	相栄鉄道	そうえい？	S03	3A/13-1/47運45
×	中村電気軌道	なかむら	S03	3A/13-1/47運44
×	中部鉄道	ちゅうぶ	S03	3A/13-1/47運46
×	帝国火薬工業	ていこく	S03－S09	博鉄軌203
×	愛知中央鉄道	あいち	S03－S10	博鉄軌1
×	帝国火薬工業	ていこく	S03－S10	3A/13-3/47運321
×	湖南電気鉄道	こなん	S04	3A/13-1/47運50

×	多治見鉄道	たじみ	S04	3A/13-1/47運52
×	中部日本鉄道	ちゅうぶにっぽん(にほん)	S04	3A/13-1/47運57
□	農林省	のうりんしょう	S04	3A/13-10/58運127
×	品野電気鉄道	しなの	S04	3A/13-1/47運52
×	豊橋臨港鉄道	とよはし	S04－S09	3A/22-2/49運166
×	名古屋急行電気鉄道	なごや	S04－S10	3A/13-3/47運327
□	富士瓦斯紡績	ふじ	S05	3A/13-10/58運58
□	ライジングサン石油	らいじんぐさん	S05	3A/13-10/58運140
×	西浦鉄道	にしうら	S05	3A/13-1/47運67
×	中村電気軌道	なかむら	S05	3A/13-1/47運74
×	津蟹鉄道	つかに？	S05	3A/13-1/47運74
×	豊三電鉄	ほうさん？	S06	3A/13-1/47運64
×	豊浜電鉄	ほうひん？	S06	3A/13-1/47運74
×	名古屋地下鉄道	なごや	S06	3A/13-1/47運63
×			S06	3A/13-1/47運75
□	昭和毛絲紡績	しょうわ	S06－S14	3A/13-10/58運130
□	蒲郡臨港線	がまごおり	S06－S16	3A/13-10/58運112
×	愛知中央鉄道	あいち	S08－S11	3A/13-3/47運280
□	三菱重工業	みつびし	S17－S19	3A/13-11/58運345
□	蒲郡臨港運送	がまごおり	S17－S26	3A/13-10/58運135
□	日本油脂	にっぽん(にほん)	S37	3A/13-10/58運211

三　重　県

57011	関西鉄道	かんせい(かんさい)	M20－M39	博買D1・5/33-1
			M22－M25	博買D1・5/33-2
			M33	博買D1・5/39-1
			M39－M41	博買D1・5/33-3
			M45－T03	3A/13-2/47運126
57021	参宮鉄道	さんぐう	M22－M37	博買D1・5/51-1
			M28－M40	博買D1・5/51-2
57052	北勢電気鉄道	ほくせい	T09－T13	博鉄軌291-1
			T09－S02	3A/13-4/47運523
			T14－S03	博鉄軌291-2
57061	安濃鉄道	あのう	T02－T09	博鉄軌13-1
			T10－T14	博鉄軌13-2
			T15－S07	博鉄軌13-3
57072	伊勢電気鉄道	いせ	T11－S04	博買U1/81
57101	中勢鉄道	ちゅうせい	T09－T13	博買D1・5/64-3
			T09－T15	博買D1・5/64-4
			T10－T13	博買D1・5/64-5
			T14－S02	博買D1・5/64-6
			S03－S18	3A/22-1/49運57
57111	朝熊登山鉄道	あさま	T09－S03	博鉄軌162-1
57113	合同電気	ごうどう	S04－S08	博鉄軌162-2
			S09－S11	博鉄軌162-3
57114	東邦電力	とうほう	S11－S14	博鉄軌162-4
57115	神都交通	しんと	S14－S15	博鉄軌162-5
57116	三重交通	みえ	S21－S25	博鉄軌303
57121	志摩電気鉄道	しま	S11－S15	博鉄軌151
57131	三岐鉄道	さんぎ	S03－S07	博鉄軌142-1
			S08－S09	博鉄軌142-2
			S10－S12	博鉄軌142-3
			S13－S15	博鉄軌142-4
			S21－S25	博鉄軌142-5
			S26－S28	博鉄軌142-6
57516	神都交通	しんと	S14－S15	博鉄軌162-6
57521	大日本軌道伊勢支社	だいにっぽん	M41－T09	博買D1・5/64-1
			T05－T09	博買D1・5/64-2
57522	中勢鉄道	ちゅうせい	T09	3A/13-2/47運239
			S14	博買U1/86
57531	三重軌道	みえ	M43－T06	博買U1/82
57551	桑名電軌	くわな	S02－S13	博鉄軌108
×	勢和鉄道	せいわ	M27－M29	3A/13-4/47運413
×	両宮鉄道	りょうぐう	M27－M29	3A/13-4/47運414
×			M28－M32	3A/13-4/47運415
×	二見鉄道	ふたみ	M33－M35	3A/13-4/47運471
×	伊和鉄道	いわ？	M33－M40	3A/13-4/47運474
×	二見鉄道	ふたみ	M36	3A/13-4/47運473
×	北山鉄道	きたやま	M40－M42	3A/13-4/47運494
×	上名鉄道	じょうめい？	M44	3A/13-2/47運157
×	紀勢軽便鉄道	きせい	M44－T02	3A/13-2/47運145
×	鳥羽鉄道	とば	M45－T03	3A/13-2/47運174
×	南紀軽便鉄道	なんき	T01－T05	3A/13-2/47運190
×	朝熊鉄道	あさま	T02－T03	3A/13-2/47運194
×	南勢鉄道	なんせい	T11－T13	3A/13-3/47運255
×	鳥羽湾展望鉄道	とばわん	T12－T15	3A/13-3/47運263
×	関西急行電車	かんさい	T13	3A/13-1/47運3
×	京名電気鉄道	けいめい？	T13	3A/13-1/47運3
×	南島電気鉄道	なんとう	T15	3A/13-1/47運11
×	勢南鉄道	せいなん	S04	3A/13-1/47運58
×	赤目鉄道	あかめ	S04	3A/13-1/47運51

□	石原産業海運	いしはら	S16－S26	3A/13-10/58運90
営業索道	尾鷲索道木材	おわせ	S25	博鉄軌57

滋　賀　県

61021	湖南鉄道	こなん	M45－T11	博鉄軌333-1
61023	八日市鉄道	ようかいち	S12－S15	博鉄軌333-2
61031	江若鉄道	こうじゃく	T09－T12	博鉄軌114-1
			T13－S01	博鉄軌114-2
			S05－S07	博鉄軌114-3
			S08－S09	博鉄軌114-4
			S10－S11	博鉄軌114-5
			S12－S15	博鉄軌114-6
			S21－S25	博鉄軌114-7
			S26－S28	博鉄軌114-8
61041	比叡山鉄道	ひえいざん	T15－S04	3A/13-4/47運538
			S06－S10	博鉄軌264
×	比叡登山軽便鉄道	ひえい	M45－T03	3A/13-2/47運173
×	近若軽便鉄道	きんじゃく？	T04－T07	3A/13-2/47運229
×	比叡山電気鋼索鉄道	ひえいざん	T13	3A/13-1/47運1
×	石山電気鉄道	いしやま	T15	3A/13-1/47運10
×	江州電気鉄道	ごうしゅう	S02	3A/13-1/47運31
×	穴村電気鉄道	あなむら	S04	3A/13-1/47運52
×	日野鉄道	ひの	S04	3A/13-1/47運52
×	穴村鉄道	あなむら	S06	3A/13-1/47運67
×	立木山鋼索鉄道	たちきやま？	S06	3A/13-1/47運64
×	石山宇治電気軌道	いしやまうじ	S08	3A/13-2/47運83

京　都　府

62011	奈良鉄道	なら	M27－M33	博買D1・5/73-1
62021	京都鉄道	きょうと	M27－M28	博買D1・5/36-1
			M35－M40	博買D1・5/36-2
62031	北丹鉄道	ほくたん	T09－S01	博鉄軌292-1
			S02－S07	博鉄軌292-2
			S08－S11	博鉄軌292-3
			S12－S15	博鉄軌292-4
			S21－S25	博鉄軌292-5
62051	男山索道	おとこやま	T11－S02	3A/13-3/47運250
62072	天橋立鋼索鉄道	あまのはしだて	T13－T15	3A/13-3/47運273
			T15－S09	3A/13-3/47運288
			T15－S09	博鉄軌15
			S11－S20	3A/22-1/49運58
62101	愛宕山鉄道	あたごやま？	T15－S03	3A/13-3/47運283
			S02－S05	博鉄軌11-1
			S04－S07	3A/13-3/47運281
			S06－S09	博鉄軌11-2
			S08－S20	3A/22-1/49運70
			S14	博鉄軌11-3
62111	丹後海陸交通	たんご	S26－S28	博鉄軌192
62511	京都電気鉄道	きょうと	M41－T06	博鉄軌89
			M42－M43	3A/13-11/58運249
			M44	3A/13-11/58運250
			M45	3A/13-11/58運251
			T01－T02	3A/13-11/58運252
			T03－T06	3A/13-11/58運253
62531	京都市営	きょうと	M44－T01	3A/13-10/58運229
			T02	3A/13-10/58運230
			T03－T06	3A/13-10/58運231
			T07－T09	3A/13-10/58運232
			T10－T12	3A/13-10/58運233
			T10－S04	3A/13-11/58運248
62531	京都市営〈営業報告書〉	きょうと	T12－S04	3A/13-11/58運255
62531	京都市	きょうと	T12－S07	3C/26/48建702-1～15
62531	京都市営	きょうと	T13－T14	3A/13-10/58運234
62531	京都市	きょうと	T13－S04	3C/26/48建703-1～20
62531	京都市営	きょうと	T15	3A/13-10/58運235
			S02	3A/13-10/58運236
62531	京都市電気局	きょうと	S02－S05	博鉄軌90-1
62531	京都市営	きょうと	S03－S04	3A/13-10/58運237
62531	京都市営〈営業報告書〉	きょうと	S03－S06	3A/13-11/58運254
62531	京都市	きょうと	S03－S09	3C/27/48建704-1～15
62531	京都市営	きょうと	S04－S05	3A/13-10/58運238
62531	京都市	きょうと	S05－S10	3C/27/48建705-1～17
62531	京都市営	きょうと	S06－S07	3A/13-10/58運239
62531	京都市電気局	きょうと	S06－S10	博鉄軌90-2
62531	京都市(無軌条電車)	きょうと	S06－S15	3C/27/48建708-1～5
62531	京都市営	きょうと	S08－S09	3A/13-10/58運240
62531	京都市	きょうと	S08－S13	3C/27/48建706-1～13
62531	京都市営	きょうと	S10－S11	3A/13-10/58運241
62531	京都市電気局	きょうと	S11－S15	博鉄軌90-3

62531	京都市営	きょうと	S12	3A/13-10/58運242
			S13	3A/13-10/58運243
			S13－S21	3A/13-10/58運245
62531	京都市	きょうと	S13－S24	3C/27/48建707-1～13
62531	京都市営	きょうと	S14－S16	3A/13-10/58運244
			S17	3A/13-10/58運246
62531	京都市交通局	きょうと	S21－S25	博鉄軌90-4
62531	京都市営	きょうと	S22－S24	3A/13-11/58運247
62531	京都市交通局	きょうと	S27－S31	博鉄軌90-5
×	京姫鉄道	けいき？	M28－M30	3A/13-4/47運422
×	京北鉄道	けいほく？	M28－M32	3A/13-4/47運443
×	丹後鉄道	たんご	M29－M31	3A/13-4/47運429
×	京北鉄道	けいほく？	M33－M35	博鉄軌113
×			M36	3A/13-4/47運473
×	叡山鉄道	えいざん	M39	博買D1・5/39-1
×	八幡電気軌道	やわた	M43－T04	3A/13-2/47運105
×	橋立電気軌道	はしだて	M44－T07	3A/13-11/58運335
×	妙見鉄道	みょうけん	T02－T08	3A/13-11/58運327
×	舞鶴電気軌道	まいづる	T08	3A/22-2/49運150
×	京都鉄道	きょうと	T11－S10	3A/13-3/47運345
×	柳谷登山鉄道	やなぎたに	T12	3A/22-1/49運27
×	京都名古屋電気鉄道	きょうとなごや	T13	3A/13-1/47運3
×	中丹鉄道	ちゅうたん	T13－S04	3A/13-3/47運271
×	京畿鉄道	けいき	T13－S06	博鉄軌88
×	稲荷山鋼索鉄道	いなりやま	T15	3A/13-1/47運20
×	稲荷山鋼索電気鉄道	いなりやま	T15	3A/13-1/47運20
×	京都東電気鉄道	きょうとひがし	T15	3A/13-1/47運10
×	笠置山ケーブル電気鉄道	かさぎやま	S02	3A/13-1/47運34
×	山科電気鉄道	やましな	S02	3A/13-1/47運33
×	山城電気鉄道	やましろ	S02	3A/13-1/47運33
×	洛東循環電気鉄道	らくとう	S02	3A/13-1/47運33
×	洛東電気鉄道	らくとう	S02	3A/13-1/47運59
×	京神急行電鉄	けいしん	S04	3A/13-1/47運57
×	高雄鉄道〈営業報告書〉	たかお	S05－S09	3A/13-2/47運121
×	高雄鉄道	たかお	S05－S10	3A/13-4/47運409
×	峰山間人鉄道	みねやまたいざ	S05－S10	3A/13-3/47運331
×	宮津鉄道	みやづ	S05－S11	3A/13-3/47運332
×	愛宕山鋼索鉄道	あたごやま？	S06	3A/13-1/47運72
×	畿内電鉄	きない	S06	3A/13-1/47運69
×	京神急行電気鉄道	けいしん	S06	3A/13-1/47運70
×	城南電気軌道	じょうなん	S07	3A/13-2/47運83
×	桃山参陵電気軌道	ももやま	S07	3A/13-2/47運83
×	宇治川電気軌道	うじがわ	S08	3A/13-2/47運83
×	間人鉄道	たいざ	S11	3A/13-2/47運78
□	大江山ニッケル鉱業	おおえやま	S14－S22	3A/13-10/58運13
×	京亀電鉄	けいき？	S21－S24	3A/22-1/49運25

大　阪　府

63021	大阪鉄道	おおさか	M21－M28	博買D1・5/24-1
			M33	博買D1・5/39-1
63031	浪速鉄道	なにわ	M27	博買D1・5/72-1
63041	南海鉄道	なんかい	M27	博買D1・5/76-1
			M29	博買D1・5/76-2
63051	高野鉄道	こうや	M27－M35	3A/13-4/47運417
63063	大阪鉄道	おおさか	T11－S03	博買D1・5/24-2
63071	西成鉄道	にしなり	M27	博買D1・5/79-1
			M37－M39	3A/13-4/47運411
63091	水間鉄道	みずま	T13－S04	博鉄軌306-1
			S05－S09	博鉄軌306-2
			S10－S15	博鉄軌306-3
			S21－S25	博鉄軌306-4
			S26－S28	博鉄軌306-5
63122	信貴山急行電鉄	しぎさん	S08－S17	3A/13-5/47運563
63514	南海鉄道	なんかい	T12－S13	3C/26/48建694-8～13
			T15－S05	3C/26/48建695-1～15
			S04－S17	3C/26/48建696-1～16
			S12－S24	3C/26/48建697-1～10
63521	大阪市電気局	おおさか	T10－T14	博鉄軌43-1
63521	大阪市	おおさか	T13	3C/27/48建717-8～10
			T13－T15	3C/27/48建718-1～20
			T13－T15	3C/27/48建719-1～17
			T14－S06	3C/27/48建723-1～14
			T15－S03	3C/27/48建720-1～17
			T15－S03	3C/27/48建721-1～19
63521	大阪市電気局	おおさか	S01－S05	博鉄軌43-2
63521	大阪市	おおさか	S03－S08	3C/27/48建722-1～19
			S05－S09	3C/27/48建724-1～14
63521	大阪市電気局	おおさか	S06－S10	博鉄軌43-3
63521	大阪市	おおさか	S07－S14	3C/27/48建725-1～13
			S08－S17	3C/27/48建726-1～15
			S10－S17	3C/27/48建727-1～14
			S11－S13	3C/27/48建728-1～9
63521	大阪市電気局	おおさか	S11－S15	博鉄軌43-4
63521	大阪市	おおさか	S12－S18	3C/27/48建729-1～6
			S13－S17	3C/27/48建730-1～9
			S14－S20	3C/27/48建731-1～14
63521	大阪市電気局	おおさか	S21－S25	博鉄軌43-5
			S26－S28	博鉄軌43-6
63521	大阪市交通局	おおさか	S32	博鉄軌43-7
63531	阪神電気鉄道	はんしん	T12－S14	3C/26/48建674-10～21
			T13－S04	3C/26/48建692-13～15
			T15－S15	3C/26/48建675-1～22
			S02－S17	3C/26/48建693-1～12
			S04－S09	3C/26/48建676-1～16
			S04－S09	3C/26/48建677-1～18
			S05－S17	3C/26/48建678-1～19
			S09－S18	3C/26/48建694-1～7
			S11－S19	3C/26/48建679-1～15
63542	阪神急行電鉄	はんしん	T12－S04	3C/26/48建683-7～18
			T13－S12	3C/26/48建680-1～19
			T15－S06	3C/26/48建684-1～13
			S05－S10	3C/26/48建685-1～15
			S10－S18	3C/26/48建686-1～10
			S11－S13	3C/26/48建681-1～11
			S12－S18	3C/26/48建682-1～6
			S15－S18	3C/26/48建687-1～3
63543	京阪神急行電鉄	けいはんしん	S18－S24	3C/26/48建682-7～13
			S18－S25	3C/26/48建697-11～16
			S18－S25	3C/26/48建701-17～22
			S24－S27	3C/26/48建683-1～6
63551	京阪電気鉄道	けいはん	T12－T18	3C/26/48建687-4～12
			T14－S14	3C/26/48建688-1～15
			S03－S12	3C/26/48建689-1～17
			S04－S13	3C/26/48建690-1～13
			S05－S12	3C/26/48建691-1～11
			S13－S17	3C/26/48建692-1～12
63571	大阪電気軌道	おおさか	T13－S02	3C/27/48建731-15
			T13－S06	3C/27/48建732-1～18
			S02－S07	3C/27/48建733-1～14
			S05－S07	3C/27/48建734-1～13
			S08－S16	3C/27/48建735-1～17
63581	阪神国道電軌	はんしん	T15－S02	3C/26/48建699-6～12
63591	阪堺電鉄	はんかい	S06－S10	博鉄軌262
×	河陽鉄道	かよう	M26－M29	3A/13-4/47運416
×	河内鉄道	かわち	M28－M32	3A/13-4/47運442
×	阪北鉄道	はんぽく？	M30－M31	3A/13-4/47運451
×	河南鉄道	かなん	M31－M32	3A/13-4/47運457
×	生駒山軽便鉄道	いこまやま	M44－T02	3A/13-2/47運151
×	東大阪軽便鉄道	ひがしおおさか	M44－T02	3A/13-2/47運169
×	槇尾鉄道	まきお	T02－T06	3A/13-2/47運207
×	参宮鉄道	さんぐう	T02－T07	博買D1・5/51-3
×	玉造電気軌道	たまつくり	T13	3A/13-1/47運3
×	信貴電気鉄道	しぎ	T13	3A/13-1/47運1
×	大阪循環電気軌道	おおさか	T13	3A/13-1/47運3
×	大阪宝塚電鉄	おおさかたからづか	T13	3A/13-1/47運1
×	名阪電力鉄道	めいはん	T13	3A/13-1/47運3
×	牛滝電気鉄道	うしたき	T13－S02	3A/13-3/47運270
×	能勢妙見電気鉄道	のせみょうけん	T14	3A/13-1/47運7
×	豊能電気鉄道	とよの	T14	3A/13-1/47運8
×	槇尾電気鉄道	まきお	T14	3A/13-1/47運7
×	紀泉電気鉄道	きせん	T15	3A/13-1/47運21
×	京阪急行電気鉄道	けいはん	T15	3A/13-1/47運17
×	甲阪電気鉄道	こうはん？	T15	3A/13-1/47運21
×	参宮電気鉄道	さんぐう	T15	3A/13-1/47運18
×	畝傍電気鉄道	うねび	T15	3A/13-1/47運12
×	大阪宝塚電鉄	おおさかたからづか	T15	3A/13-1/47運11
×	大東電気鉄道	だいとう	S01	3A/13-1/47運21
×	東阪電気鉄道	とうはん	T15	3A/13-1/47運18
×	日下楽園鋼索鉄道	くさか	T15	3A/13-1/47運21
×	木津川鉄道	きづがわ	T15	3A/13-1/47運13
×	河泉電気鉄道	かせん	S02	3A/13-1/47運27
×	河内電気鉄道	かわち	S02	3A/13-1/47運27
×	参宮電気鉄道	さんぐう	S02	3A/13-1/47運29
×	大阪地下鉄道	おおさか	S02	3A/13-1/47運35
×	奈良急行電気鉄道	なら	S02	3A/13-1/47運27
×	金剛山ケーブル	こんごうさん	S03	3A/13-1/47運40
×	信貴鋼索電気鉄道	しぎ	S03	3A/13-1/47運36
×	信貴山電気鉄道	しぎさん	S03	3A/13-1/47運36
×	信貴登山電気鉄道	しぎ	S03	3A/13-1/47運36
×	粉河電気鉄道	こかわ	S03	3A/13-1/47運42
×	犬鳴電気鉄道	いぬなき	S03－S06	3A/22-2/49運201
□	梅鉢車輛	うめばち	S03－S19	3A/13-10/58運146
×	阪神海岸鉄道	はんしん	S04	3A/13-1/47運52
×	阪神海岸電気鉄道	はんしん	S04	3A/13-1/47運49
×	天野山鉄道	あまのさん	S04－S08	3A/13-3/47運324
×	奈良急行自動車	なら	S04－S11	3A/13-3/47運329

×	関西急行電鉄	かんさい	S06	3A/13-1/47運61
×	京阪急行電鉄	けいはん	S06	3A/13-1/47運70
×	京阪神単軌高架鉄道	けいはんしん	S06	3A/13-1/47運70
×	阪神海岸鉄道	はんしん	S06	3A/13-1/47運64
×	住吉電気軌道	すみよし	S06	3A/13-2/47運82
×	大阪地下鉄道	おおさか	S06	3A/13-1/47運63
×	大摂急行	だいせつ	S06	3A/13-1/47運62
×	東大阪電気鉄道	ひがしおおさか	S06	3A/13-2/47運81
×	日本懸垂電気鉄道	にっぽん(にほん)	S06	3A/13-1/47運61
×	飯盛山鋼索鉄道	いいもりやま	S06	3A/13-1/47運70
×	北大阪電気鉄道	きたおおさか	S06	3A/13-1/47運65
×	北大阪電鉄	きたおおさか	S06	3A/13-2/47運82
×	大阪循環鉄道	おおさか	S07	3A/13-1/47運76
×	大阪循環電気鉄道	おおさか	S07	3A/13-1/47運76
×	大阪地下鉄道	おおさか	S08	3A/13-1/47運76
×	日露支通運電鉄	にちろし	S08	3A/13-2/47運84
×	堺電気軌道	さかい	S09	3A/13-2/47運85
×	大阪鉄道	おおさか	S09	3A/13-2/47運85
×	南海急行電鉄	なんかい	S09	3A/13-2/47運85
×	瓢箪山鋼索電気鉄道	ひょうたんやま	S10	3A/13-2/47運77
×	大東電気鉄道	だいとう	S12	3A/13-2/47運78
□	汽車製造	きしゃ	S12－S26	3A/13-10/58運32
□	帝国車輛工業	ていこく	S25－S30	3A/13-10/58運145
□	住友金属工業	すみとも	S23	3A/13-10/58運182

兵 庫 県

64011	山陽鉄道	さんよう	M21－M37	博買D1･5/54-1
			M30－M32	博鉄軌U1/117
			M37－M39	博買D1･5/54-2
64021	摂津鉄道	せっつ	M25	3A/13-4/47運411
64022	阪鶴鉄道	はんかく	M27－M29	博買D1･5/84-1
			M31－M39	博買D1･5/84-2
			M33	博買D1･5/39-1
			M38－M40	3A/13-4/47運473
64031	播但鉄道	ばんたん	M26－M36	博買D1･5/86-1
			M28－M30	博買D1･5/86-2
64041	播州鉄道	ばんしゅう	M44－T01	博買D1･5/85-1
			M44－T09	博買D1･5/85-2
			T02	博買D1･5/85-3
			T03	博買D1･5/85-4
			T04	博買D1･5/85-5
			T05	博買D1･5/85-6
			T06	博買D1･5/85-7
			T07－T08	博買D1･5/85-8
			T08－T09	博買D1･5/85-9
			T09－T12	博買D1･5/85-10
			T10－T14	博買D1･5/85-11
			T12	博買D1･5/85-12
64042	播丹鉄道	ばんたん	T12－T13	博買D1･5/85-13
			T12－T14	博買D1･5/85-14
			T13－S03	博買D1･5/85-15
			T14－T15	博買D1･5/85-16
			T15－S03	博買D1･5/85-17
			S02－S04	博買D1･5/85-18
			S04－S06	博買D1･5/85-19
			S05－S07	博買D1･5/85-20
			S07－S09	博買D1･5/85-21
			S08－S10	博買D1･5/85-22
			S10－S12	博買D1･5/85-23
			S11－S12	博買D1･5/85-24
			S13－S14	博買D1･5/85-25
			S13－S16	博買D1･5/85-26
			S17	博買D1･5/85-27
			S17	博買D4･1/5-1
			S18	博買D1･5/85-28
64051	龍野電気鉄道	たつの	M41－T02	3A/13-3/47運358
			T02－T05	3A/13-3/47運360
			T06－T09	3A/13-3/47運361
64061	有馬鉄道	ありま	T03－T11	3A/13-2/47運127
64071	新宮軽便鉄道	しんぐう	T02－T05	博買U1/88
			T06－T09	3A/13-3/47運396
64072	播州水力電気鉄道	ばんしゅう	T09－T13	3A/13-3/47運359
			T10－T14	3A/13-3/47運397
			T12－S07	博鉄軌263-3
64073	谷口節経営	たにぐち	T13	博鉄軌263-1
64074	播電鉄道	ばんでん	T02－T11	博買U1/89
			T14－S02	博鉄軌263-2
			T14－S11	博買U1/90
			S03－S05	博買U1/92
			S06－S09	博買U1/92
64074	播電鉄道〈営業報告書も〉	ばんでん	S09－S10	3A/13-2/47運91
64082	篠山鉄道	ささやま	M44－T05	3A/13-2/47運161
			T05－T12	博買U1/83
			T06－T08	3A/13-2/47運162
			T09－T15	3A/13-4/47運522
			T09－T15	博買U1/85
			T13－S02	博鉄軌133-1
			S02－S14	3A/13-2/47運163
			S03－S05	博鉄軌133-2
			S06－S09	博買U1/84
			S15－S19	博買U1/86
64091	赤穂鉄道	あこう	T02－T05	3A/13-4/47運503
			T06－T09	3A/13-4/47運504
			T10	3A/13-4/47運505
			T11－T15	3A/13-4/47運506
			S02－S07	3A/13-4/47運507
			S08－S27	3A/22-1/49運48
64101	別府軽便鉄道	べふ	T05－S08	博鉄軌287-1
			S09－S15	博鉄軌287-2
64102	別府鉄道	べふ	S21－S25	博鉄軌287-3
			S26－S28	博鉄軌287-4
64111	淡路鉄道	あわじ	T01－T05	3A/13-4/47運495
			T03－T13	博鉄軌19-1
			T06－T14	3A/13-4/47運502
			T07－T12	3A/13-4/47運496
			T13－T15	3A/13-4/47運497
			T14－S02	博鉄軌19-2
			S02－S07	3A/13-4/47運498
			S06－S08	博鉄軌19-3
			S08－S10	3A/13-4/47運499
			S09－S12	博鉄軌19-4
			S11－S16	3A/13-4/47運500
			S13－S15	博鉄軌19-5
			S17－S18	3A/13-4/47運501
64112	淡路交通	あわじ	S26－S28	博鉄軌19-6
64131	摩耶鋼索鉄道	まや	T11－T14	博鉄軌300-1
			T15－S04	博鉄軌300-2
			S05－S08	博鉄軌300-3
64141	妙見鋼索鉄道	みょうけん	T11－T15	3A/13-2/47運130
64151	神戸有馬電気鉄道	こうべありま	S16－S21	博鉄軌117
64153	神戸電気鉄道	こうべ	S26－S28	博鉄軌119
64161	出石鉄道	いずし	T10－S05	博鉄軌23-1
			S06－S13	博鉄軌23-2
			S14	博鉄軌23-3
64171	六甲越有馬鉄道	ろっこうごえありま	T13－S06	博鉄軌338-1
			S07－S14	博鉄軌338-2
			S15	博鉄軌338-3
			S21－S25	博鉄軌338-4
			S26－S28	博鉄軌338-5
64222	北沢産業	きたざわ	S26－S27	3A/13-10/58運182
64531	兵庫電気軌道	ひょうご	T13－T15	3C/26/48建699-13～16
64532	宇治川電気	うじがわ	S02	3C/26/48建699-17～18
			S02－S06	3C/26/48建700-1～14
			S06－S08	3C/26/48建701-1～6
64533	山陽電気鉄道	さんよう	T15－S10	博鉄軌146-1
			S08－S12	3C/26/48建673-11～16
			S12－S22	3C/26/48建674-1～9
			S21－S26	博鉄軌146-2
			S23－S28	3C/26/48建699-2～5
64543	神戸市電気局	こうべ	T10－T14	博鉄軌118-1
64543	神戸市	こうべ	T12－S12	3C/26/48建669-1～20
64543	神戸市電気局	こうべ	T15－S05	博鉄軌118-2
64543	神戸市	こうべ	S03－S12	3C/26/48建670-1～21
			S04－S09	3C/26/48建671-1～15
64543	神戸市電気局	こうべ	S06－S10	博鉄軌118-3
64543	神戸市	こうべ	S09－S12	3C/26/48建672-1～17
			S12－S22	3C/26/48建673-1～10
64543	神戸市交通局	こうべ	S21－S25	博鉄軌118-4
			S26－S28	博鉄軌118-5
64551	能勢電気軌道	のせ	T12－S25	3C/26/48建701-10～16
×	有馬電気鉄道	ありま	M24－M29	3A/13-4/47運423
×	唐三電気鉄道	とうさん?	M28－M32	3A/13-4/47運444
×	西播鉄道	せいばん	M29－M32	3A/13-4/47運465
×	播磨鉄道	はりま	M30－M32	博買U1/88
×	有馬電気鉄道	ありま	M32	3A/13-4/47運411
×	龍野鉄道	たつの	M39－M41	3A/13-4/47運479
×	淡路電気鉄道	あわじ	M41	3A/13-4/47運473
×	別府軽便鉄道	べふ	M42－T02	3A/13-2/47運226
×	曽根軽便馬車軌道	そね	M43－M44	3A/22-2/49運195
×	播美鉄道	ばんび	M43－M44	博買D1･5/87-1
×	有馬電気軌道	ありま	M43－T03	3A/13-11/58運334
×	播美鉄道	ばんび	M43－T05	博買D1･5/87-2
×	播磨電気軌道	はりま	M43－T06	3A/13-11/58運335
×	山崎軽便鉄道	やまざき?	M44－T02	3A/13-2/47運139
×	播美支線鉄道	ばんび	M44－T03	3A/13-2/47運152
×	姫路鉄道	ひめじ	M44－T03	3A/13-2/47運156
×	明石鉄道	あかし	M44－T03	3A/13-2/47運183

×	摩耶山ケーブル鉄道	まやさん	T01－T04	3A/13-2/47運185
×	播美鉄道	ばんび	T01－T14	博買D1・5/87-3
×	丹播鉄道	たんばん	T02－T05	博買U1/86
×	但馬軽便鉄道	たじま	T05－T15	3A/13-2/47運232
×	播美鉄道	ばんび	T06－T09	博買D1・5/87-4
×	苦楽園自動車鉄道	くらくえん	T11－T12	3A/22-2/49運259
×	宝塚鋼索鉄道	たからづか	T11－T15	3A/13-3/47運261
×	宝塚尼崎電気鉄道	たからづかあまがさき	T11－T15	3A/13-3/47運347
×	有馬電気軌道	ありま	T11－S12	3A/13-11/58運334
×	神戸福崎電気鉄道	こうべふくさき	T12	3A/13-1/47運1
×	篠山電気鉄道	ささやま	T13	3A/13-1/47運3
×	神有鉄道	しんゆう	T13	3A/13-1/47運1
×	姫路岡山電鉄	ひめじおかやま	T13	3A/13-1/47運3
×	摂津電気軌道	せっつ	T13－S07	3A/13-11/58運336
×	西宮電気鉄道	にしのみや	T14	3A/13-1/47運8
×	尼崎鉄道	あまがさき	T14	3A/13-1/47運5
×	摂津電気軌道	せっつ	T14－S07	博買D1・5/106
×	播磨電気鉄道	はりま	T14－S12	博買U1/91
□	日本毛織	にっぽん(にほん)	T14－S17	3A/13-10/58運86
×	苦楽園電気軌道	くらくえん	T15	3A/13-1/47運19
×	甲陽索道	こうよう	T15	3A/13-1/47運9
×	甲陽電気鉄道	こうよう	T15	3A/13-1/47運10
×	阪神海岸鉄道	はんしん	T15	3A/13-1/47運16
×	阪播電気鉄道	はんばん？	T15	3A/13-1/47運12
×	宍粟軽便鉄道	しそう	T15	3A/13-1/47運15
×	清水鉄道	きよみず	T15	3A/13-1/47運14
×	有馬電気軌道	ありま	T15	3A/13-1/47運9
×	高取鋼索鉄道	たかとり	T15－S03	3A/13-3/47運282
□	三菱倉庫	みつびし	T15－S06	3A/13-10/58運206
×	播美鉄道	ばんび	T15－S09	博買D1・5/87-5
×	甲子園電鉄	こうしえん	S02	3A/13-1/47運26
×	阪神有馬電気鉄道	はんしんありま	S02	3A/13-1/47運27
×	神戸中央電気鉄道	こうべ	S02	3A/13-1/47運32
×	東淡鉄道	とうたん	S02	3A/13-1/47運27
□	ライジングサン石油	らいじんぐさん	S02－S06	3A/13-10/58運191
×	宝塚尼崎電気鉄道	たからづかあまがさき	S02－S07	3A/13-3/47運348
×	再度山登山電気鉄道	ふたたびさん	S02－S09	3A/13-3/47運303
×	播磨電気鉄道	はりま	S02－S11	博鉄軌261
×	再度山鋼索鉄道	ふたたびさん	S03	3A/13-1/47運45
×	武庫電気鉄道	むこ	S03	3A/13-1/47運42
×	阪神海岸鉄道	はんしん	S04	3A/13-1/47運49
×	阪神四国連絡鉄道	はんしんしこく	S04	3A/13-1/47運55
×	書写電気鉄道	しょしゃ	S04	3A/13-1/47運52
□	川崎車輌	かわさき	S04	3A/13-10/58運128
×	相生臨港鉄道	あいおい	S04	3A/13-1/47運52
×	尼崎築港	あまがさき	S04－S06	3A/13-5/47運557
×	淡路快速交通	あわじ	S04－S12	3A/13-3/47運330
×	尼崎築港	あまがさき	S04－S15	博鉄軌318-3
×	淡路快速交通	あわじ	S05	博鉄軌18
×	京神高速電鉄	けいしん	S06	3A/13-1/47運71
×	山陽電気鉄道	さんよう	S06	3A/13-1/47運71
×	西宮臨港鉄道	にしのみや	S06	3A/13-1/47運68
□	東神倉庫	とうしん？	S06	3A/13-10/58運134
×	有馬登山電気鉄道	ありま	S06	3A/13-1/47運74
×	尼崎築港	あまがさき	S06－S10	3A/13-5/47運558
×	有馬急行電軌	ありま	S08	3A/13-2/47運83
×	有馬電気軌道	ありま	S08－S12	3C/26/48建701-7～9
□	日本製鉄	にっぽん(にほん)	S12－S16	3A/13-10/58運21
□	東京芝浦電気	とうきょうしばうら	S17－S22	3A/13-10/58運122
×□	米田信用購買販売利用組合	よねだ？	S18	3A/13-10/58運148
□？	川崎重工業	かわさき	S21	3A/13-10/58運186
□	三菱石油	みつびし	S28	3A/13-10/58運209
□	製鉄化学工業	せいてつ	S36	3A/13-10/58運99

奈　良　県

65011	南和鉄道	なんわ	M24－M37	3A/13-4/47運410
65051	大和鉄道	やまと	S13－S14	博鉄軌324
65091	南和電気鉄道	なんわ	S10－S17	3A/13-5/47運564
			S13－S15	博鉄軌236
×	信貴山ケーブル鉄道	しぎさん	M45－T03	3A/13-2/47運172
×			T03－T05	3A/13-2/47運215
×	洞川電気軌道	どろがわ	T10－T14	3A/22-2/49運166
×	大峯鉄道	おおみね	T11－S13	3A/13-3/47運346
×	葛城電気鉄道	かつらぎ	T14	3A/13-1/47運6
×	生駒登山鋼索鉄道	いこま	T14	3A/13-1/47運5
×	大奈良電気軌道	だいなら？	T14	3A/13-1/47運8
×	宝興電気軌道	ほうこう	T14	3A/13-1/47運8
×	和紀電気鉄道	わき	T14	3A/13-1/47運5
×	嫩草山登山電気鉄道	わかくさやま	T14	3A/13-1/47運8
×	宇陀電気鉄道	うだ	T15	3A/13-1/47運10
×			T15	3A/13-1/47運9
×	参宮電気鉄道	さんぐう	T15	3A/13-1/47運17
×	吉野高野連絡電気鉄道	よしのこうや	S02	3A/13-1/47運28
×	三笠鋼索鉄道	みかさ	S02	3A/13-1/47運26
×	多武峰電気鉄道	とうのみね	S02	3A/13-1/47運28
×	奈良電気軌道	なら	S02	3A/13-1/47運25
×	金剛登山電気鉄道	こんごう	S02－S04	3A/13-3/47運293
×			S03	3A/13-1/47運43
×	三笠山エスカレーター	みかさやま	S03	3A/13-1/47運43
×	室生登山鉄道	むろう	S03	3A/13-1/47運42
×	中央奈良電気軌道	ちゅうおうなら	S03	3A/13-1/47運40
×	東和電気鉄道	とうわ	S03	3A/13-1/47運41
×	南和電気鉄道	なんわ	S03	3A/13-1/47運43
×	紀和電気鉄道	きわ	S04	3A/13-1/47運55
×	賀名生電気鉄道	あのう	S06	3A/13-1/47運67
×	月瀬電気鉄道	つきがせ	S06	3A/13-1/47運72
×	多武峰電気鉄道	とうのみね	S06	3A/13-1/47運63
×	奈良軌道	なら	S06	3A/13-2/47運82
×	南和電気軌道	なんわ	S09	3A/13-2/47運85

和　歌　山　県

66011	紀和鉄道	きわ	M37	3A/13-4/47運473
66031	新宮鉄道	しんぐう	M32－M42	博買D1・5/58-1
			M43－T03	博買D1・5/58-2
			M43－T09	博買D1・5/58-3
			T04－T05	博買D1・5/58-4
			T06－T09	博買D1・5/58-5
			T10－T14	博買D1・5/58-6
			T10－T15	博買D1・5/58-7
			T15－S04	博買D1・5/58-8
			S02－S10	博買D1・5/58-9
			S05－S09	博買D1・5/58-10
			S09	博買D1・5/58-11
66041	有田鉄道	ありだ	T02－T09	博鉄軌17-1
			T10－T14	博鉄軌17-2
			T15－S05	博鉄軌17-3
			S06－S10	博鉄軌17-4
			S11－S15	博鉄軌17-5
			S21－S25	博鉄軌17-6
			S26－S27	博鉄軌17-7
66052	野上電気鉄道	のかみ	T02－T06	博鉄軌246-1
			T07－T11	博鉄軌246-2
			T12－T14	博鉄軌246-3
			T15－S04	博鉄軌246-4
			S05－S08	博鉄軌246-5
			S09－S12	博鉄軌246-6
			S13－S15	博鉄軌246-7
			S21－S25	博鉄軌246-8
			S26－S27	博鉄軌246-9
66081	御坊臨港鉄道	ごぼう	S03－S09	3A/13-11/58運343
			S04－S08	博鉄軌127-1
			S09－S13	博鉄軌127-2
			S14－S15	博鉄軌127-3
			S21－S25	博鉄軌127-4
			S26－S27	博鉄軌127-5
×	南紀鉄道	なんき	M29－M31	3A/13-4/47運447
×	紀州鉄道	きしゅう	M37	3A/13-4/47運473
×	紀伊軽便鉄道	きい	T02－T07	3A/13-2/47運209
×	高野電気鉄道	こうや	T13	3A/13-1/47運1
×	高野登山鋼索鉄道	こうや	T13	3A/13-1/47運1
×	和歌浦電気鉄道	わかのうら	T13	3A/13-1/47運1
×	紀南電気鉄道	きなん	T14	3A/13-1/47運8
×	那智登山鉄道	なち	T14	3A/13-1/47運6
×	和歌山鉄道	わかやま	T14	3A/13-1/47運5
×	西高野登山鉄道	にしこうや	T15	3A/13-1/47運10
×	粉河電気鉄道	こかわ	S02	3A/13-1/47運32
×	西高野登山鉄道	にしこうや	S02－S06	3A/13-3/47運296
×	吉野高野鉄道	よしのこうや	S04	3A/13-1/47運55
□	住友金属工業	すみとも	S05－S19	3A/13-10/58運81
×	紀三井寺鋼索鉄道	きみいでら	S06	3A/13-1/47運67
×	南紀急行電気鉄道	なんき	S06	3A/13-1/47運69
×	湯崎白浜鉄道	ゆざきしらはま	S09	3A/13-2/47運77
×	田殿鉄道	たどの	S12	3A/13-2/47運79
□？	大日本油脂	だいにっぽん？	S18－S19	3A/13-10/58運55
□	住友金属工業	すみとも	S35－S36	3A/13-10/58運69

鳥　取　県

71012	伯陽電鉄	はくよう	T11－T15	3A/13-4/47運527
			T12－S03	博鉄軌249-1
			S02－S07	3A/13-4/47運529
			S08－S10	博鉄軌249-2

			S11－S14	博鉄軌249-3
			S15	博鉄軌249-4
			S16－S19	3A/13-4/47運530
71013	山陰中央鉄道	さんいん	S28－S29	3A/22-1/49運30
71014	日ノ丸自動車	ひのまる	S26－S28	博鉄軌269
71511	米子電車軌道	よなご	T12－S05	博鉄軌335-1
			T13－T15	3A/22-1/49運127
			S02－S04	3A/22-1/49運128
			S03－S11	3A/13-3/47運352
			S05－S13	博鉄軌335-2
			S05－S14	3A/22-1/49運129
71522	岩井町	いわい	T14－S15	博鉄軌26
×	内浜鉄道	うちはま	S02	3A/13-1/47運28
×	境鉄道	さかい	S02－S04	3A/13-3/47運294
×	三朝温泉鉄道	みささ	S05－S15	博鉄軌302
×	大山登山軽便鉄道	だいせん	S05	3A/13-1/47運63
×	大山登山電気鉄道	だいせん	S05	3A/13-1/47運63

島　根　県

72021	簸上鉄道	ひのかみ	T03－T05	博買D1・5/89-1
			T06－T12	博買D1・5/89-2
			T10－S02	博買D1・5/89-3
			T13－S02	博買D1・5/89-4
			S03－S09	博買D1・5/89-5
			S03－S10	博買D1・5/89-6
			S08－S09	博買D1・5/89-7
72031	広瀬鉄道	ひろせ	T14－S05	博鉄軌273-1
			T15－S03	3A/13-4/47運528
			S04－S18	3A/13-4/47運530
			S06－S09	博鉄軌273-2
			S10－S12	博鉄軌273-3
			S13－S15	博鉄軌273-4
72032	山陰中央鉄道	さんいん	S21－S25	博鉄軌141
72042	出雲鉄道	いずも	T13－T15	3A/13-4/47運531
			S02－S07	3A/13-4/47運532
			S08－S13	3A/13-4/47運533
			S14－S18	3A/13-4/47運534
			S22	博鉄軌293-8
×	松江電気鉄道	まつえ	T13	3A/13-1/47運3
×	大社電気鉄道	たいしゃ	T14	3A/13-1/47運8
×			T15	3A/13-1/47運19
×	日御碕鉄道	ひのみさき	S03	3A/13-1/47運59
×	加賀電気鉄道	かが	S06	3A/13-1/47運73
×	出雲電気鋼索鉄道	いずも	S06	3A/13-1/47運74
×	石見鉄道	いわみ	S06	3A/13-1/47運74
×	島根電気鉄道	しまね	S06	3A/13-1/47運73
×	松江電気軌道	まつえ	S08	3A/13-2/47運84
×	安来鉄道	やすぎ	S09	3A/13-2/47運85

岡　山　県

73011	中国鉄道	ちゅうごく	M27	博買D1・5/63-1
			M29	博買D1・5/63-2
			M31－M38	博買D1・5/63-3
			M31－M40	博鉄軌U1/116
			M32－M33	博買D1・5/63-4
			M39－T09	博買D1・5/63-5
			M42－M43	博買D1・5/63-6
			M44－M45	博買D1・5/63-7
			M45－T02	3A/13-2/47運125
			T01－T05	博買D1・5/63-8
			T06－T09	博買D1・5/63-9
			T10－T15	博買D1・5/63-10
			T10－T15	博買D1・5/63-11
			T10－S01	博買D1・5/63-12
			S02－S06	博買D1・5/63-13
			S02－S06	博買D1・5/63-14
			S07－S10	博買D1・5/63-15
			S07－S10	博買D1・5/63-16
			S11－S14	博買D1・5/63-17
			S11－S14	博買D1・5/63-18
			S14－S18	博買D1・5/63-19
73021	下津井軽便鉄道	しもつい	M44－T09	博鉄軌154-1
73022	下津井鉄道	しもつい	T10－S01	博鉄軌154-2
			S02－S10	博鉄軌154-3
			S11－S15	博鉄軌154-4
73023	下津井電鉄	しもつい	S21－S25	博鉄軌154-5
			S26－S28	博鉄軌154-6
73031	井原笠岡軽便鉄道	いばらかさおか	M43－T04	3A/13-4/47運539
73032	井笠鉄道	いかさ	M44－T09	博鉄軌20-1
			T05－T07	3A/13-4/47運543
			T05－S04	3A/13-4/47運542
			T08－T12	3A/13-5/47運545
			T10－T12	博鉄軌20-2
			T13－T14	博鉄軌20-3
			T13－S02	3A/13-5/47運547
			T15－S02	博鉄軌20-4
			S03－S04	博鉄軌20-5
			S03－S13	3A/13-5/47運549
			S05－S07	博鉄軌20-6
			S08－S10	博鉄軌20-7
			S11－S12	博鉄軌20-8
			S13－S14	博鉄軌20-9
			S14－S18	3A/13-5/47運551
			S15	博鉄軌20-10
			S21－S25	博鉄軌20-11
			S22－S25	3A/13-5/47運552
			S26－S28	博鉄軌20-12
73042	西大寺鉄道	さいだいじ	T04－T12	3A/13-4/47運484
			T13－S11	3A/13-4/47運485
73051	三蟠軽便鉄道	さんばん	T02－T05	3A/13-3/47運375
73052	三蟠鉄道	さんばん	T03－T12	博鉄軌144-1
			T06－T12	3A/13-3/47運376
			T13－S02	博鉄軌144-2
			T13－S06	3A/13-3/47運377
			S03－S06	博鉄軌144-3
73061	片上鉄道	かたかみ	S21－S25	博鉄軌280
73071	中国稲荷山鋼索鉄道	ちゅうごくいなりやま	T14－S08	3A/13-3/47運278
			S03－S14	博鉄軌198
73081	水島工業都市開発	みずしま	S23－S25	博鉄軌305
			S27	3A/13-10/58運181
73082	倉敷市交通局	くらしき	S26－S28	博鉄軌104
73091	岡山臨港鉄道	おかやま	S26－S28	博鉄軌49
73102	玉野市	たまの	S28	博鉄軌190
73511	西大寺軌道	さいだいじ	M42－M44	3A/13-4/47運482
			M45－T03	3A/13-4/47運483
73521	岡山電気軌道	おかやま	T10－S05	博鉄軌48-1
			S06－S10	博鉄軌48-2
			S11－S15	博鉄軌48-3
			S21－S25	博鉄軌48-4
			S26－S28	博鉄軌48-5
×	吉備鉄道	きび	M27－M29	3A/13-4/47運418
×	中備鉄道	ちゅうび	M28－M29	3A/13-4/47運420
×	井原高屋軽便鉄道	いばらたかや	M44－M45	3A/13-2/47運158
×	総矢軽便鉄道	そうや	M44－T02	3A/13-2/47運147
×	中備軽便鉄道	ちゅうび	M44－T02	3A/13-2/47運148
×	福島軽便鉄道	ふくしま	M44－T02	3A/13-2/47運149
×	津山軽便鉄道	つやま	M44－T03	3A/13-2/47運171
×	矢掛軽便鉄道	やかげ	M44－T03	3A/13-2/47運153
×	玉島軽便鉄道	たましま	M44－T04	3A/13-2/47運154
×	西美鉄道	さいび？	T01	3A/13-2/47運176
×	大元鉄道	おおもと	T01－T03	3A/13-2/47運182
×	陰陽電気軽便鉄道	いんよう	T01－T04	3A/13-2/47運187
×	高井軽便鉄道	たかい	T01－T04	3A/13-2/47運186
×	瀬戸軽便鉄道	せと	T01－T08	3A/13-2/47運192
×	吉備津軽便鉄道	きびつ	T02－T04	3A/13-2/47運198
×	片上軽便鉄道	かたかみ	T02－T04	3A/13-2/47運195
×	西美鉄道	さいび？	T02－T07	3A/13-2/47運177
×	吉備鉄道	きび	T03－T05	3A/13-2/47運214
×	牛窓軽便鉄道	うしまど	T03－T05	3A/13-2/47運217
×	東備軽便鉄道	とうび	T03－T07	3A/13-2/47運223
×	四国連絡鉄道	しこく	T08－S04	3A/13-2/47運236
×	倉敷鉄道	くらしき	T12－S02	博鉄軌103
×			T12－S06	3A/13-3/47運266
×	備前電鉄	びぜん	T13	3A/13-1/47運3
×	備南電鉄	びなん	T13	3A/13-1/47運1
×	四国連絡鉄道	しこく	T13－S02	博鉄軌149
×	苫田鉄道	とまだ	T14	3A/13-1/47運5
×	中備電気軌道	ちゅうび	T15	3A/13-1/47運12
×	備南電気鉄道	びなん	T15	3A/13-1/47運12
×	岡山臨港鉄道	おかやま	S02	3A/13-1/47運26
×	黄薇電気軌道	きび？	S06	3A/13-2/47運81
×	三備電気鉄道	さんび	S06	3A/13-1/47運61
×	山陽鉄道	さんよう	S06	3A/13-1/47運71
□	陸軍省	りくぐんしょう	S16	3A/13-10/58運110
□	三菱重工業	みつびし	S17－S26	3A/13-11/58運345

広　島　県

74012	鞆鉄道	とも	M43－T01	3A/13-4/47運487
			M43－T09	博鉄軌219-1
			T02－T05	3A/13-4/47運488
			T06－S02	3A/13-4/47運489
			S03－S10	3A/13-4/47運490
			S05－S09	博鉄軌219-2
			S10－S15	博鉄軌219-3
			S11－S26	3A/22-1/49運47
			S21－S25	博鉄軌219-4
			S26－S28	博鉄軌219-5
			S29	3A/22-1/49運46

74021	両備軽便鉄道	りょうび	M44－T01	3A/13-4/47運540
			M45－T12	博鉄軌336-1
			T02－T05	3A/13-4/47運541
			T06－T10	3A/13-5/47運544
			T11－T15	3A/13-5/47運546
74022	両備鉄道	りょうび	T13－S04	博鉄軌336-2
			S02－S08	3A/13-5/47運548
			S05－S10	博鉄軌336-3
			S08	博買D1・5/113
74023	神高鉄道	じんこう	S08－S14	3A/13-5/47運550
			S08－S14	博鉄軌161
74031	芸備鉄道	げいび	M44－T03	博買D1・5/40-1
			M45－T04	博買D1・5/40-2
			T04－T05	博買D1・5/40-3
			T05－T09	博買D1・5/40-4
			T06－T07	博買D1・5/40-5
			T08－T09	博買D1・5/40-6
			T09－S04	博買D1・5/40-7
			T10－T11	博買D1・5/40-8
			T10－T12	博買D1・5/40-9
			T12－T14	博買D1・5/40-10
			T13－S01	博買D1・5/40-11
			T15－S04	博買D1・5/40-12
			S02－S04	博買D1・5/40-13
			S05－S07	博買D1・5/40-14
			S05－S08	博買D1・5/40-15
			S07－S09	博買D1・5/40-16
			S08－S10	博買D1・5/40-17
			S09－S12	博買D1・5/40-18
			S11－S12	博買D1・5/40-19
74051	尾道鉄道	おのみち	T02－T05	3A/13-4/47運508
			T06－S01	3A/13-4/47運509
			T07－S01	博鉄軌55-1
			T08－T15	3A/13-4/47運511
			S02－S05	博鉄軌55-2
			S02－S08	3A/13-4/47運510
			S06－S09	博鉄軌55-3
			S10－S13	博鉄軌55-4
			S14－S15	博鉄軌55-5
			S21－S25	博鉄軌55-6
			S26－S28	博鉄軌55-7
74511	呉電気鉄道	くれ	M42－M44	博買D1・5/44-12
			M44－T02	3A/13-2/47運150
74513	広島呉電力	ひろしま	M44－T03	博買D1・5/44-2
74514	広島電気	ひろしま	T10－T14	博買D1・5/44-5
			T10－S06	博買D1・5/44-6
74521	大日本軌道広島支社	だいにっぽん	M41－T08	博買D1・5/44-1
74522	可部軌道	かべ	T08－T15	博買D1・5/44-3
			T10－T14	博買D1・5/44-4
74523	広島電気	ひろしま	T15－S02	博買D1・5/44-7
			S03－S06	博買D1・5/44-8
74524	広浜鉄道	こうひん	S06－S11	博買D1・5/44-10
			S06－S11	博買D1・5/44-9
			S11	博買D1・5/44-11
74541	芸南電気軌道	げいなん	T12－S05	博鉄軌112-1
			S06－S13	博鉄軌112-2
			S14－S15	博鉄軌112-3
74542	呉市交通局	くれ	S21－S25	博鉄軌106-1
			S26－S28	博鉄軌106-2
×	大社両山鉄道	たいしゃりょうざん	M26－M29	3A/13-4/47運434
×			M29－M31	3A/13-4/47運435
×	芸石鉄道	げいせき	M29－M32	3A/13-4/47運460
×	尾三鉄道	びさん	M29－M32	3A/13-4/47運458
×	鞆鉄道	とも	M29－M32	3A/13-4/47運459
×	備後鉄道	びんご	M30	博買D1・5/90-1
×	備後電気鉄道	びんご	M32－M43	博鉄軌274
×	備後鉄道	びんご	M37	博買D1・5/39-1
×	備後電気鉄道	びんご	M42	博買D1・5/86-1
×	宮島登山鉄道	みやじま	M44－T07	3A/13-2/47運160
×	賀茂軽便鉄道	かも	M45－T04	3A/13-2/47運167
×	芸陽軽便鉄道	げいよう	M45－T06	3A/13-2/47運170
×	呉軽便鉄道	くれ	T04－T06	3A/13-2/47運228
×	比婆鉄道	ひば	T06－T12	3A/13-2/47運234
電力専業会社	広島電燈	ひろしま	T10	博買D1・5/44-13
×	芸石鉄道	げいせき	T12－S10	3A/13-3/47運264
□	芸備倉庫	げいび	T13－S06	3A/13-10/58運153
×	厳島鋼索鉄道	いつくしま	T14	3A/13-1/47運5
×			T14	3A/13-1/47運6
×	宮島登山鉄道	みやじま	T15	3A/13-1/47運14
×			T15	3A/13-1/47運21
×	海田電鉄	かいた	S02	3A/13-1/47運27
×	芸北鉄道	げいほく	S02	3A/13-1/47運28
×	福山府中電気鉄道	ふくやまふちゅう	S02	3A/13-1/47運22
×	芸石鉄道	げいせき	S03－S05	博鉄軌111
×	尾府連絡鉄道	びふ	S03－S06	3A/13-3/47運316
×	広島電気鉄道	ひろしま	S06	3A/13-1/47運64
×	竹原鉄道	たけはら	S06	3A/13-1/47運66
×	備後電気鉄道	びんご	S06	3A/13-1/47運65
×	芸石鉄道	げいせき	S09	3A/13-3/47運265
×	交通株式会社軌道〈呉市〉	こうつう	S09－S13	3A/13-2/47運116

山口県

75012	宇部鉄道	うべ	M44－T05	博買D1・5/17-1
			M44－T12	博買D1・5/17-2
			T06－T09	博買D1・5/17-3
			T09－S03	博買D1・5/17-4
			T10－T13	博買D1・5/17-5
			T13－S02	博買D1・5/17-6
			T14－S04	博買D1・5/17-7
			S02－S04	博買D1・5/17-8
			S02－S07	博買D1・5/17-9
			S03－S05	博買D1・5/17-10
			S05－S08	博買D1・5/17-11
			S05－S10	博買D1・5/17-12
			S06－S08	博買D1・5/17-13
			S08－S12	博買D1・5/17-14
			S09－S11	博買D1・5/17-15
			S09－S13	博買D1・5/17-16
			S11－S14	博買D1・5/17-17
			S12－S14	博買D1・5/17-18
			S13－S14	博買D1・5/17-19
			S14－S16	博買D1・5/17-20
			S15－S18	博買D1・5/17-21
			S17	博買D4・1/5-1
75021	長州鉄道	ちょうしゅう	T06－S03	博買D1・5/55-1
75022	山陽電気軌道	さんよう	S05－S10	博鉄軌145-3
			S11－S14	博鉄軌145-4
75032	小野田鉄道	おのだ	T02－T05	博買D1・5/21-1
			T06－S02	博買D1・5/21-2
			T06－S02	博買D1・5/21-3
			T07－S01	博買D1・5/21-4
			S02－S10	博買D1・5/21-5
			S03－S11	博買D1・5/21-6
			S11－S14	博買D1・5/21-7
			S17	博買D4・1/5-1
75041	美祢軽便鉄道	みね	T03－T10	博買D1・5/103
75051	船木軽便鉄道	ふなき	T02－T08	博鉄軌283-1
75052	船木鉄道	ふなき	T09－T13	博鉄軌283-2
			T14－S02	博鉄軌283-3
			S03－S06	博鉄軌283-4
			S07－S10	博鉄軌283-5
			S11－S15	博鉄軌283-6
			S21－S25	博鉄軌283-7
			S26－S28	博鉄軌283-8
75062	長門鉄道	ながと	T04－S02	博鉄軌224-1
			S03－S10	博鉄軌224-2
			S11－S15	博鉄軌224-3
			S24－S25	博鉄軌224-4
			S26－S28	博鉄軌224-5
75071	防石鉄道	ぼうせき	T01－T05	3A/22-1/49運87
			T03－T12	博鉄軌290-1
			T06－T08	3A/22-1/49運88
			T09	3A/22-1/49運89
			T09－S03	3A/22-1/49運90
			T10－T12	3A/22-1/49運91
			T13－S02	博鉄軌290-2
			T13－S03	3A/22-1/49運92
			S03－S06	博鉄軌290-3
			S04－S19	3A/22-1/49運93
			S07－S10	博鉄軌290-4
			S11－S13	博鉄軌290-5
			S14－S15	博鉄軌290-6
			S23－S26	3A/22-1/49運94
			S26－S28	博鉄軌290-7
			S27	3A/22-1/49運95
75523	山口県営軌道	やまぐち	M42－T13	3A/22-1/49運111
			T13－S04	3A/22-1/49運112
75523	山口県電気局	やまぐち	S04－S05	博鉄軌323
75531	伊佐軌道	いさ	T09－S03	3A/22-1/49運130
			T11－S10	博鉄軌22-1
			S11－S15	博鉄軌22-2
75541	山陽電気軌道	さんよう	T13－S05	博鉄軌145-1
			T15－S21	3C/26/48建698-1～19
			S06－S13	博鉄軌145-2
			S24－S26	3C/26/48建699-1
			S26－S28	博鉄軌145-5
×	山口鉄道	やまぐち	M29	3A/22-1/49運19
×	長防軽便鉄道	ちょうぼう	T01－T06	3A/22-1/49運20

×	大嶺軽便鉄道	おおみね	T02−T04	3A/22-1/49運18
×	中関軽便鉄道	ちゅうかん？	T02−T05	3A/13-2/47運206
×	周防鉄道	すおう	T12−T13	博鉄軌164
×	徳山電気軌道	とくやま	T13	3A/22-2/49運166
×	山口電気軌道	やまぐち	T13−S02	3A/22-2/49運181
×□	渡辺祐策経営	わたなべ	S03−S04	3A/13-2/47運96
□	日立製作所・日本石油	ひたち	S06−S16	3A/13-10/58運22
×	関門連絡鉄道	かんもん	S12	3A/13-2/47運78
×	関門隧道	かんもんずいどう	S12	3A/13-2/47運78

徳　島　県

82011	徳島鉄道	とくしま	M29−M34	博買D1・5/68-1
82032	阿波鉄道	あわ	M44−T03	博買D1・5/4-1
			T01−T09	博買D1・5/4-2
			T10−T12	博買D1・5/4-3
			T12−S02	博買D1・5/4-4
			T13−S01	博買D1・5/4-5
			S02−S03	博買D1・5/4-6
			S03−S08	博買D1・5/4-7
			S04−S05	博買D1・5/4-8
			S06−S13	博買D1・5/4-9
			S08	博買D1・5/4-10
82041	阿南鉄道	あなん	T01−T05	博買D1・5/5-1
			T02−T11	博買D1・5/5-2
			T06−S02	博買D1・5/5-3
			T06−S02	博買D1・5/5-4
			T12−S01	博買D1・5/5-5
			S02−S05	博買D1・5/5-6
			S03−S12	博買D1・5/5-7
			S06−S08	博買D1・5/5-8
			S09−S11	博買D1・5/5-9
			S11	博買D1・5/5-10
82051	箸蔵登山鉄道	はしくら	S05−S15	博鉄軌254
×	阿波国共同鉄道	あわのくに	M42−M43	3A/13-4/47運492
×	立川軽便鉄道	たつかわ	T04−T06	3A/13-2/47運227
×	阿陽鉄道	あよう	S06	3A/13-1/47運67
×	四国興業	しこく	S06	3A/13-1/47運65
×	中津峯登山鉄道	なかつみね	S08	3A/13-1/47運76
×			S08−S10	3A/13-3/47運334
×	徳島電気軌道	とくしま	S09	3A/13-2/47運85
×	眉山登山鉄道	びざん	S09−S10	3A/22-1/49運12

香　川　県

81011	讃岐鉄道	さぬき	M20−M37	博買D1・5/49-1
81022	四国水力電気	しこく	T03−T09	博鉄軌148-1
			T10−T14	博鉄軌148-2
			T15−S03	博鉄軌148-3
			S04−S05	博鉄軌148-4
			S06−S07	博鉄軌148-5
			S08−S10	博鉄軌148-6
			S11−S13	博鉄軌148-7
81031	琴平参宮電鉄	ことひら	T13−S03	博鉄軌124-1
			S04−S09	博鉄軌124-2
			S10−S15	博鉄軌124-5
			S21−S25	博鉄軌124-6
			S26−S28	博鉄軌124-7
81041	琴平電鉄	ことひら	T14−S04	博鉄軌123-1
			S05−S07	博鉄軌123-2
			S08−S10	博鉄軌123-3
			S11−S15	博鉄軌123-4
81042	高松琴平電気鉄道	たかまつことひら	S21−S25	博鉄軌185-3
			S26−S28	博鉄軌185-4
81051	屋島登山鉄道	やしま	S02−S10	博鉄軌318-1
			S11−S15	博鉄軌318-2
			S21−S25	博鉄軌318-3
81061	塩江温泉鉄道	しおのえ	S03−S08	博鉄軌123-5
			S09−S13	博鉄軌123-6
81071	琴平急行電鉄	ことひら	S04−S06	博鉄軌125-1
			S07−S09	博鉄軌125-2
			S10−S12	博鉄軌125-3
			S13−S15	博鉄軌125-4
81081	八栗登山鉄道	やくり	S03−S08	博鉄軌316-1
			S09−S15	博鉄軌316-2
81511	高松電気軌道	たかまつ	T10−S05	博鉄軌185-1
			S06−S16	博鉄軌185-2
81521	四国水力電気	しこく	T12−S02	博鉄軌148-8
			S02−S07	博鉄軌148-9
			S08−S10	博鉄軌148-10
			S08−S17	3A/22-1/49運17
			S11−S13	博鉄軌148-11
			S14−S15	博鉄軌148-12
81531	琴平参宮電鉄	ことひら	T10−S05	博鉄軌124-3
			S06−S15	博鉄軌124-4
×	屋島登山鉄道	やしま	T15	3A/13-1/47運20
×	高松坂出電気鉄道	たかまつ	T15	3A/13-1/47運14
×	阿讃中央鉄道	あさん	S02	3A/13-1/47運34
×	琴平登山鉄道	ことひら	S02	3A/13-1/47運22
×	讃阿中央電鉄	さんあ	S02	3A/13-1/47運34
×	多度津電鉄	たどつ	S02	3A/13-1/47運22
×	琴平ケーブル鉄道	ことひら	S06	3A/13-1/47運62
×	琴平鋼索鉄道	ことひら	S06	3A/13-1/47運62
×	琴平地下鋼索鉄道	ことひら	S06	3A/13-1/47運62
×	紫雲登山鉄道	しうん	S06	3A/13-1/47運64
×	西讃鉄道	せいさん	S06	3A/13-1/47運69
×	善通寺鉄道	ぜんつうじ	S06	3A/13-1/47運68
×	琴平電鉄	ことひら	S09	3A/13-2/47運85
×			S10	3A/13-2/47運85

愛　媛　県

83011	伊予鉄道	いよ	M19−M22	博鉄軌U1/118
			M19−M31	博買D1・5/9-1
			M24−M26	博鉄軌U1/118
			M27	博買D1・5/9-2
			M32−M42	博買D1・5/9-3
			M43−T09	博買D1・5/9-4
83012	伊予鉄道電気	いよ	T10−T12	博鉄軌25-4
			T13−S01	博鉄軌25-5
			S02−S05	博鉄軌25-6
			S06−S08	博鉄軌25-7
			S09−S11	博鉄軌25-8
			S12−S14	博鉄軌25-9
			S15	博鉄軌25-10
			S15	博鉄軌25-11
83013	伊予鉄道	いよ	S21−S25	博鉄軌25-12
			S26−S28	博鉄軌25-14
83041	宇和島鉄道	うわじま	M29−M30	博買D1・5/18-1
			M44−T05	博買D1・5/18-2
			M44−T11	博買D1・5/18-3
			T06−T10	博買D1・5/18-4
			T11−S08	博買D1・5/18-5
			T12−T14	博買D1・5/18-6
			T15−S04	博買D1・5/18-7
			S05−S09	博買D1・5/18-8
			S08	博買D1・5/18-9
83051	愛媛鉄道	えひめ	M44	博買D1・5/19-1
			M44−T05	博買D1・5/19-2
			T04−T12	博買D1・5/19-3
			T06−T07	博買D1・5/19-4
			T08	博買D1・5/19-5
			T09	博買D1・5/19-6
			T10−S01	博買D1・5/19-7
			T13−S01	博買D1・5/19-8
			S02−S04	博買D1・5/19-9
			S02−S10	博買D1・5/19-10
			S05−S06	博買D1・5/19-11
			S07−S10	博買D1・5/19-12
83062	住友鉱業	すみとも	S04−S08	博鉄軌166-1
			S09−S13	博鉄軌166-2
			S14−S15	博鉄軌166-3
83064	別子鉱業	べっし	S21−S25	博鉄軌285
83512	伊予鉄道電気	いよ	T12−S02	博鉄軌25-1
			S02−S10	博鉄軌25-2
			S11−S14	博鉄軌25-3
83513	伊予鉄道	いよ	S21−S25	博鉄軌25-13
			S26−S28	博鉄軌25-15
×	別子鉄道	べっし	M22	博買D1・5/39-1
×	宇和島鉄道	うわじま	M38	3A/13-4/47運473
×	久谷軽便鉄道	くたに	T01−T03	3A/13-2/47運178
×	石手軽便鉄道	いして	T01−T05	3A/13-2/47運188
×	予讃鉄道	よさん	T02−T03	博買D1・5/112
×			T04−T09	3A/13-11/58運341
×	東予電気鉄道	とうよ	S03	3A/13-1/47運59
×	愛徳電気鉄道	あいとく	S03−S09	3A/13-3/47運320
×	道後電気軌道	どうご	S09	3A/13-2/47運85

高　知　県

84011	高知鉄道	こうち	T09−S01	博鉄軌115-1
			S02−S05	博鉄軌115-2
			S06−S09	博鉄軌115-3
			S10−S15	博鉄軌115-4
84013	土佐電気鉄道	とさ	S21−S25	博鉄軌216-7
			S26−S28	博鉄軌216-8
84512	土佐電気	とさ	T10−S02	博鉄軌216-1
			S02−S05	博鉄軌216-2
			S06−S10	博鉄軌216-3
			S11−S14	博鉄軌216-4
			S15	博鉄軌215

84514	土佐電気鉄道	とさ	S21−S25	博鉄軌216-5
			S26−S28	博鉄軌216-6
×	土佐電力索道	とさ	T14	3A/13-1/47運8
×	土陽電気鉄道	とよう？	S02	3A/13-1/47運22
×	土佐鉄道	とさ	S06	3A/13-1/47運63
□	土佐セメント	とさ	S06−S09	3A/13-10/58運18
×	土佐軌道合資会社	とさ	S06−S13	博鉄軌215
×	渡川水力電気	わたりがわ	S10	3A/13-2/47運77
□	土佐石灰工業	とさ	S16−S17	3A/13-10/58運205

福岡県

91011	九州鉄道	きゅうしゅう	M19−M40	博買D1・5/34-1
			M22−M25	博買D1・5/34-2
			M30−M32	博買D1・5/34-3
			M31−M38	博買D1・5/34-4
			M35	博買D1・5/34-5
91021	筑豊興業鉄道	ちくほう	M21−M23	博買D1・5/65-1
			M27−M29	博買D1・5/65-2
91031	豊州鉄道	ほうしゅう	M22−M32	博買D1・5/92-1
			M28−M31	博買D1・5/92-2
			M29−M33	博買D1・5/92-3
91041	博多湾鉄道	はかたわん	M31−M33	博買D1・5/82-1
			M37−M41	博買D1・5/82-1
			M38	博買D1・5/39-1
91042	博多湾鉄道汽船	はかたわん	T11−S03	博買D1・5/83-3
			T12−S07	博買D1・5/83-4
			T13−S14	博買D1・5/83-5
			S08	博買D1・5/83-6
91051	大川鉄道	おおかわ	T08−S08	3A/22-1/49運119
91061	宇島鉄道	うのしま	M44−T05	3A/13-3/47運369
			M45−T12	博鉄軌35-1
			T06−S13	3A/13-3/47運370
			T13−S05	博鉄軌35-2
			S06−S11	博鉄軌35-3
91071	鞍手軽便鉄道	くらて	M44−T08	博鉄軌194-1
91072	帝国炭業	ていこく	T10−T14	博鉄軌194-2
			T15−S04	博鉄軌194-3
91073	九州鉱業	きゅうしゅう	S04	3A/22-2/49運153
			S04−S10	博鉄軌194-4
91074	筑豊鉱業鉄道	ちくほう	S11−S14	博鉄軌194-5
			S21−S25	博鉄軌194-6
91081	小倉鉄道	こくら	M29	博買D1・5/45-1
			M39−T09	博買D1・5/45-2
			M42−M45	博買D1・5/45-3
			T01−T03	博買D1・5/45-4
			T04−T05	博買D1・5/45-5
			T06−T07	博買D1・5/45-6
			T08−T09	博買D1・5/45-7
			T10−T13	博買D1・5/45-8
			T10−T13	博買D1・5/45-9
			T14−S03	博買D1・5/45-10
			T14−S05	博買D1・5/45-11
			S04−S07	博買D1・5/45-12
			S06−S09	博買D1・5/45-13
			S08−S12	博買D1・5/45-14
			S10	博買D1・5/45-15
			S11−S12	博買D1・5/45-16
			S13−S15	博買D1・5/45-17
			S13−S16	博買D1・5/45-18
			S17	博買D4・1/5-1
			S17−S18	博買D1・5/45-19
91091	蘆屋鉄道	あしや	M44−T05	3A/13-3/47運371
			M44−S01	博鉄軌10
			T06−S07	3A/13-3/47運372
91101	筑前参宮鉄道	ちくぜん	T08−T09	博買U1/97
			S13−S15	博鉄軌193
91112	九州肥筑鉄道	きゅうしゅうひちく	S06−S13	博鉄軌87
			S10−S13	3A/22-2/49運152
91121	九州産業鉄道	きゅうしゅう	T08−T09	博買D1・5/50-1
			T08−T14	博買D1・5/50-2
			T10−T14	博買D1・5/50-3
			T15−S02	博買D1・5/50-4
			T15−S03	博買D1・5/50-5
			S03−S09	博買D1・5/50-8
			S04−S06	博買D1・5/50-9
			S07−S09	博買D1・5/50-10
91122	産業セメント鉄道	さんぎょうせめんと	S10−S11	博買D1・5/50-11
			S10−S18	博買D1・5/50-12
			S13−S14	博買D1・5/50-13
			S17	博買D4・1/5-1
91131	北九州鉄道	きたきゅうしゅう	T07	博買D1・5/35-1
			T08−T10	博買D1・5/35-2
			T08−T13	博買D1・5/35-3
			T11−T12	博買D1・5/35-4
			T11−S03	博買D1・5/35-5
			T13−T14	博買D1・5/35-6
			T14−S01	博買D1・5/35-7
			T15−S03	博買D1・5/35-8
			S02−S03	博買D1・5/35-9
			S04−S05	博買D1・5/35-10
			S04−S06	博買D1・5/35-11
			S06−S07	博買D1・5/35-12
			S07−S08	博買D1・5/35-13
			S08−S09	博買D1・5/35-14
			S09−S10	博買D1・5/35-15
			S10−S12	博買D1・5/35-16
			S11−S13	博買D1・5/35-17
91141	金宮鉄道	かなみや	S03−S04	博買D1・5/50-6
			S03−S09	博買D1・5/50-7
91151	門司築港	もじ	T09−S04	3A/22-2/49運220
			T11−S11	3A/22-2/49運267
			S06−S23	3A/22-2/49運222
91161	筑豊電気鉄道	ちくほう	S26	博鉄軌339
			S27−S31	博鉄軌195
91181	三井鉱山	みつい	T12−S07	3A/13-10/58運10
			S08−S15	3A/13-10/58運11
			S16−S22	3A/13-10/58運12
91522	南筑軌道	なんちく	M44−T04	3A/22-1/49運104
			T05−T14	3A/22-1/49運105
91532	筑後軌道	ちくご	M45	3A/22-1/49運110
			T01−T02	博買U1/94
			T02	3A/22-1/49運109
			T03	博買U1/95
			T04	3A/22-1/49運108
			T05−T07	3A/22-1/49運117
			T07−T08	博買U1/95
			T10−S04	博買U1/96
			S04−S09	博鉄軌323
91551	津屋崎軌道	つやざき	M41−T13	博買D1・5/83-1
			T10−T12	博買D1・5/83-2
91561	朝倉軌道	あさくら	M41−M45	3A/22-1/49運126
			T01−T04	3A/22-1/49運125
			T05−T07	3A/22-2/49運144
			T08−T14	3A/22-1/49運123
			T10−S02	博鉄軌6-1
			T10−S05	博鉄軌6-2
			T15−S15	3A/22-1/49運124
			S06−S13	博鉄軌6-3
			S14	博鉄軌6-4
			S15	3A/22-1/49運120
91571	三潴軌道	みずま	M42−T01	3A/13-11/58運328
			T02−T03	3A/13-11/58運329
			T05−S05	3A/13-11/58運330
91641	鞍手軌道	くらて	M44−T04	3A/22-1/49運102
			T05−S13	3A/22-1/49運103
91661	大川鉄道	おおかわ	T13−S07	博買U1/87
91671	中央軌道	ちゅうおう	T06−S03	3A/22-1/49運121
			T10−S02	3A/22-1/49運122
91681	徳力軌道	とくりき	T11−T15	3A/22-2/49運166
91711	大隈軌道	おおくま	T10−S07	博買U1/87
91741	若松市交通局	わかまつ	S26−S28	博鉄軌339
×	船越鉄道	ふなこし	M28−M29	3A/13-4/47運431
×			M29−M30	3A/13-4/47運432
×	東筑炭田鉄道	とうちく	M29−M32	3A/13-4/47運463
×	豊前運炭鉄道	ぶぜん	M29−M32	3A/13-4/47運462
×	金辺鉄道	きべ	M29−M33	3A/13-4/47運428
×	福柏鉄道	ふくかす	M31	3A/13-4/47運450
×	西州鉄道	せいしゅう？	M32	3A/13-4/47運464
回	大任運炭専用鉄道	おおとう	M32	博買D1・5/39-1
×	金辺鉄道	きべ	M37	3A/13-4/47運473
×	筑紫鉄道	つくし	M37	3A/13-4/47運473
×	小倉鉄道	こくら	M41	博買D1・5/39-1
×	豊州電気軌道	ほうしゅう	M44−T02	博買D1・5/93-1
×	早良軌道	さわら	M45−T03	3A/22-2/49運148
×	豊筑電気軌道	ほうちく	M45−T04	博買D1・5/93-1
×	宗像軌道	むなかた	T01−T07	3A/22-1/49運16
×	東筑軌道	とうちく	T02−T04	3A/22-2/49運180
×	門司築港鉄道	もじ	T02−T05	3A/22-2/49運221
×	宇美軌道	うみ	T03−T04	3A/22-1/49運16
×	行橋軽便鉄道	ゆくはし	T03−T04	3A/22-2/49運200
×	三池電気軌道	みいけ	T03−T05	3A/22-2/49運215
×	東筑軌道	とうちく	T05−T08	3A/22-1/49運143
×	筑豊電気軌道	ちくほう	T06	3A/13-1/47運2
×	金田馬車軌道	かなだ	T07−T08	博鉄軌72
×	日田鉄道	ひた	T07−S02	3A/22-1/49運9
×	筑州鉄道	ちくしゅう	T08−T13	3A/22-2/49運214
×	那珂川軽便鉄道	なかがわ	T08−T13	3A/13-2/47運238
×	日田鉄道	ひた	T08−S01	博鉄軌266
×	彦山鉄道	ひこさん	T11−T15	3A/22-2/49運203
×	南筑電気軌道	なんちく	T13	3A/13-1/47運1
×	甘木電気鉄道	あまぎ	T14	3A/13-1/47運6

×	遠鞍電気軌道	えんあん？	T15	3A/13-1/47運14
専用側線	小倉兵器製造所	こくら	T15	3A/13-10/58運111
×	船小屋鉄道	ふなごや	T15	3A/13-1/47運19
×	大分鉄道	だいぶ	T15	3A/13-1/47運9
×	宗像地方鉄道	むなかた	T15－S04	3A/22-1/49運13
□	三好鉱業・大君鉱業	みよし	T15－S09	3A/13-10/58運4
□	日本製鉄	にっぽん(にほん)	T15－S09	3A/13-10/58運194
□	貝島鉱業	かいじま	T15－S23	3A/13-10/58運74
×	筑紫運炭鉄道	つくし	S02	3A/13-1/47運32
×	高良登山鉄道	こうら	S03－S04	3A/13-3/47運315
□	農林省	のうりんしょう	S03－S04	3A/13-10/58運127
□	三菱鉱業	みつびし	S03－S20	3A/13-10/58運221
□	戸畑市営	とばた	S04－S13	3A/13-10/58運193
×	宝満登山鋼索鉄道	ほうまん	S06	3A/13-1/47運75
□	豊国セメント	ほうこく	S06－S13	3A/13-10/58運41
×	小倉臨港鉄道	こくら	S07	3A/13-1/47運76
□	日本製鉄	にっぽん(にほん)	S09－S13	3A/13-10/58運201
□	日本鉱業	にっぽん(にほん)	S09－S24	3A/13-10/58運52
□	浅野セメント	あさの	S10	3A/13-10/58運210
×	関門海峡鉄道	かんもん	S12	3A/13-2/47運79
□	梅崎牧太郎	うめざき？	S12－S21	3A/13-10/58運197
□	九州曹達	きゅうしゅう	S13－S19	3A/13-11/58運307
□	嘉穂鉱業	かほ	S15－S16	3A/13-10/58運75
□	日本製鉄	にっぽん(にほん)	S15－S22	3A/13-10/58運80
×□	小倉製鋼	こくら	S17	3A/13-10/58運40
×□	小倉築港	こくら	S18	3A/13-10/58運107
×□	日本鉱業	にっぽん(にほん)	S18－S19	3A/13-10/58運15
□	日本曹達	にっぽん	S19－S21	3A/13-10/58運143
□	日本炭礦	にっぽん(にほん)	S22－S28	3A/13-10/58運218
□	日本セメント	にっぽん(にほん)	S22－S29	3A/13-10/58運227
□	嘉穂鉱業	かほ	S23－S24	3A/13-10/58運178
□	三菱化成工業	みつびし	S24－S27	3A/13-10/58運38
□	磐城セメント・豊国セメント	いわき	S24－S29	3A/13-10/58運42
□	三井鉱山	みつい	S25	3A/13-10/58運177
□	日本化成	にっぽん(にほん)	S25	3A/13-10/58運177
□	八幡製鉄	やはた	S25	3A/13-10/58運177
□	三井鉱山	みつい	S25－S26	3A/13-10/58運177
□	日本炭礦	にっぽん(にほん)	S25－S26	3A/13-10/58運177
□	日豊化学工業	にっぽう	S26	3A/13-10/58運177
□	豊国セメント	ほうこく	S26	3A/13-10/58運177
□	八幡製鉄	やはた	S27－S30	3A/13-10/58運43
□	麻生産業	あそう	S30－S31	3A/13-11/58運312
□	住友金属工業	すみとも	S35	3A/13-10/58運69
□	日鉄鉱業	にってつ	S35－S36	3A/13-10/58運78
□	八幡製鉄	やはた	S35－S36	3A/13-10/58運44
□	小野田セメント	おのだ	S38	3A/13-10/58運157

佐　賀　県

93011	伊万里鉄道	いまり	M29	博買D1・5/8-1
93031	肥前電気鉄道	ひぜん	T02－T07	3A/22-2/49運266
			T07－T12	博鉄軌265
			T08－S07	博買U1/98
			T13－S01	博買U1/99
			S02－S07	博買U1/100
93513	九州電燈鉄道	きゅうしゅう	M45－T06	3A/22-2/49運169
93522	佐賀軌道	さが	M44－T08	3A/13-2/47運107
93531	祐徳軌道	ゆうとく	M42－T05	3A/22-1/49運107
			T06－S06	3A/22-1/49運106
			T10－S06	博鉄軌327-1
			S06	博鉄軌327-2
93543	佐賀電気軌道	さが	M45－T04	3A/22-2/49運260
			T05－T07	3A/22-2/49運261
			T08－S04	3A/22-2/49運262
			T10－S05	博鉄軌131
			S05	3A/22-1/49運118
			S06－S10	博買U1/93
93551	肥前電気軌道	ひぜん	M42－M45	3A/22-2/49運263
93551	肥前電気鉄道	ひぜん	M44－T07	博鉄軌265
93551	肥前電気軌道(鉄道)	ひぜん	T01－T07	3A/22-2/49運265
93561	肥筑軌道	ひちく	T03－S10	3A/22-1/49運132
			T12－S10	3A/22-1/49運131
			S11	博鉄軌268
×	筑紫鉄道	つくし	M34	3A/22-2/49運218
□	貝島太助(柚ノ木原炭坑専用鉄道)	かいじま	M36	3A/13-4/47運473
×	鳥田鉄道	とりた？	T09－T11	3A/13-2/47運241
×	伊万里鉄道	いまり	T11－T14	3A/22-2/49運219
×	杵島軌道	きしま	T14	3A/13-1/47運5
×	杵島鉄道	きしま	T15	3A/13-1/47運9

長　崎　県

94011	島原鉄道	しまばら	M41－T09	博鉄軌153-1
			T10－T13	博鉄軌153-2
			T14－S05	博鉄軌153-3
			S06－S08	博鉄軌153-4
			S09－S12	博鉄軌153-5
			S13－S15	博鉄軌153-6
94022	佐世保鉄道	させぼ	T07－T09	博買D1・5/48-1
			T07－S04	博買D1・5/48-2
			T10－T13	博買D1・5/48-3
			T10－T15	博買D1・5/48-4
			T14－S03	博買D1・5/48-5
			S02－S06	博買D1・5/48-6
			S04－S06	博買D1・5/48-7
			S07	博買D1・5/48-8
			S07－S08	博買D1・5/48-10
			S07－S08	博買D1・5/48-9
			S07－S09	博買D1・5/48-11
			S09－S11	博買D1・5/48-12
			S10	博買D1・5/48-13
			S11	博買D1・5/48-14
			S11	博買D1・5/48-15
94031	口之津鉄道	くちのつ	T08－T12	博鉄軌98-1
			T13－S01	博鉄軌98-2
			S02－S05	博鉄軌98-3
			S06－S08	博鉄軌98-4
			S09－S12	博鉄軌98-5
			S13－S15	博鉄軌98-6
94042	温泉鉄道	うんぜん	T01－T09	3A/22-1/49運86
			S02－S08	博鉄軌36-5
94052	雲仙鉄道	うんぜん	T08－T12	3A/22-1/49運96
			T09－S02	3A/22-1/49運97
			T10－T12	3A/22-1/49運100
			T10－S01	博鉄軌36-1
			T13－S02	3A/22-1/49運101
			T13－S08	3A/22-1/49運98
			S02－S05	博鉄軌36-2
			S03－S10	3A/22-1/49運99
			S06－S09	博鉄軌36-3
			S10－S13	博鉄軌36-4
			S11－S13	3A/22-2/49運210
94511	長崎電気軌道	ながさき	T10－S05	博鉄軌223-1
			S06－S13	博鉄軌223-2
			S14－S15	博鉄軌223-3
			S26－S28	博鉄軌223-4
×	長津電気軌道	ながつ？	T08－S05	3A/13-2/47運110
×	茂木鉄道	もぎ	T09－S07	3A/13-3/47運343
×	茂木鉄道	もてぎ	T10－S07	博鉄軌315
×	佐世保電気軌道	させぼ	T11－T15	3A/22-2/49運178
□	三菱重工業	みつびし	T11－S16	3A/13-11/58運345
×	長温電気鉄道	ちょうおん？	T13－S04	3A/13-3/47運272
×	雲仙登山電気鉄道	うんぜん	S02－S06	3A/22-1/49運14
×	長崎軌道	ながさき	S03	3A/13-1/47運59
×	早日電気鉄道	はやひ？	S06	3A/13-1/47運72
□	長崎製鋼	ながさき	S26	3A/13-10/58運177

熊　本　県

95012	熊延鉄道	ゆうえん	M45－T03	3A/22-2/49運162
			T04	3A/22-2/49運163
			T05	3A/22-2/49運154
			T06－T08	3A/22-2/49運155
			T09－T12	3A/22-2/49運156
			T09－T14	博鉄軌326-1
			T09－S02	3A/22-2/49運159
			T13－S02	3A/22-2/49運157
			T15－S07	博鉄軌326-2
			S03－S09	3A/22-2/49運160
			S10－S16	3A/22-2/49運164
			S15－S26	3A/22-2/49運161
			S26－S28	博鉄軌326-3
			S38－S39	3A/22-2/49運158
95021	鹿本鉄道	かもと	T05－T06	3A/22-1/49運84
			T05－S01	博鉄軌77-1
			T07－T09	3A/22-2/49運196
			T09－T14	3A/13-4/47運520
			T10－T14	3A/22-2/49運197
			T15－S06	3A/22-2/49運198
			S02－S07	博鉄軌77-2
			S07－S24	3A/22-2/49運199
			S08－S14	博鉄軌77-3
			S15	博鉄軌77-4
			S21－S25	博鉄軌77-5
			S26	3A/13-10/58運183

95022	山鹿温泉鉄道	やまが	S29－S30	3A/22-1/49運11
95041	荒尾市交通部	あらお	S24－S25	博鉄軌16-1
			S26－S28	博鉄軌16-2
95512	大日本軌道熊本支社	だいにっぽん	T08－T09	博買D1･5/43-1
95522	菊池電気軌道	きくち	T10－S07	博鉄軌81-1
			S08－S15	博鉄軌81-2
95524	熊本電気鉄道	くまもと	S21－S25	博鉄軌102-4
			S26－S28	博鉄軌102-5
95532	熊本電気軌道	くまもと	T11－S05	博鉄軌102-1
			S06－S10	博鉄軌102-2
			S11－S15	博鉄軌102-3
95541	熊本市電気局	くまもと	T13－S05	博鉄軌101-1
			S06－S15	博鉄軌101-2
95541	熊本市交通局	くまもと	S21－S25	博鉄軌101-3
			S26－S28	博鉄軌101-4
×	山鹿鉄道	やまが	M28－M30	3A/22-1/49運10
×	日奈久小鉄道	ひなぐ	M31	3A/22-2/49運209
×	百貫小鉄道	ひゃっかん	M32－M37	3A/22-2/49運213
×	百貫鉄道	ひゃっかん	M37－M38	博買D1･5/39-1
□	志岐炭鉱専用鉄道	しき	M39	博買D1･5/39-1
×	肥筑鉄道	ひちく	M44－T03	3A/22-1/49運15
×	人吉軽便鉄道	ひとよし	T01－T04	3A/22-2/49運211
×	肥後鉄道	ひご	T01－T05	3A/22-2/49運212
×	松本清三郎馬車軌道	まつもと	T03－T10	3A/22-2/49運150
×	木山鉄道	きやま？	T09－S02	3A/22-2/49運223
×			T09－S02	博鉄軌86
×	城南電気軌道	じょうなん	T13	3A/13-1/47運3
□	王子製紙	おうじ	T14－T15	3A/13-10/58運7
×	馬見原軌道	まみはら	T15	3A/13-1/47運19
□	王子製紙	おうじ	T15－S08	3A/13-10/58運7-3
×	阿蘇軌道	あそ	S02	3A/13-1/47運25
×	内牧温泉鉄道	うちのまき	S02	3A/13-1/47運25
×	阿蘇登山鉄道	あそ	S02－S04	3A/22-1/49運72
□	王子製紙	おうじ	S08－S22	3A/13-10/58運51
×	阿蘇ケーブルカー鋼索鉄道	あそ	S09	3A/13-2/47運77
□	三井化学	みつい	S16－S23	3A/13-10/58運108
□	三井化学工業	みつい	S25	3A/13-10/58運177
□	十條製紙	じゅうじょう	S27－S28	3A/13-10/58運138

大　分　県

92011	耶馬渓鉄道	やばけい	M44－T03	3A/13-11/58運256
			T01－T12	博鉄軌321-1
			T04－T09	3A/13-11/58運257
			T10－S01	3A/13-11/58運258
			T13－S03	博鉄軌321-2
			S02－S07	3A/13-11/58運259
			S04－S06	博鉄軌321-3
			S07－S09	博鉄軌321-4
			S09－S15	3A/13-11/58運260
			S10－S15	博鉄軌321-5
			S16－S21	3A/13-11/58運263
92012	大分交通	おおいた	S21－S25	博鉄軌42-1
			S22－S24	3A/13-11/58運262
			S26－S28	博鉄軌42-2
92021	日出生鉄道	ひじゅう	M45－T12	博鉄軌289-1
			T13－S03	博鉄軌289-2
92022	豊州鉄道	ほうしゅう	M44－T05	3A/13-11/58運278
			T06－T08	3A/13-11/58運279
			T09－T11	3A/13-11/58運280
			T09－S04	博買D1･5/92-4
			T12－S08	3A/13-11/58運281
			S04－S07	博鉄軌289-3
			S08－S10	博鉄軌289-4
			S10－S14	3A/13-11/58運261
			S11－S13	博鉄軌289-5
			S14	博鉄軌289-6
92031	大湯鉄道	だいとう	T01－T03	博買D1･5/61-1
			T02－T11	博買D1･5/61-2
			T04－T05	博買D1･5/61-3
			T06－T12	博買D1･5/61-4
92041	宇佐参宮鉄道	うさ	M45－T05	3A/13-11/58運282
			T03－S01	博鉄軌34-1
			T06－T08	3A/13-11/58運283
			T09－T15	3A/13-11/58運284
			S02－S09	3A/13-11/58運285
			S02－S10	博鉄軌34-2
			S10－S19	3A/13-11/58運286
			S11－S14	博鉄軌34-3
92051	国東鉄道	くにさき	T02－T05	3A/22-1/49運61
			T03－T12	博鉄軌99-1
			T05－T09	3A/22-1/49運62
			T10－T14	3A/22-1/49運63
			T11	3A/22-1/49運64
			T12－S02	3A/22-1/49運65
			T13－S01	博鉄軌99-2
			S02－S05	博鉄軌99-3
			S03－S09	3A/22-1/49運66
			S06－S08	博鉄軌99-4
			S09－S12	博鉄軌99-5
			S10－S15	3A/22-1/49運67
			S13－S15	博鉄軌99-6
			S16－S19	3A/22-1/49運68
92063	別府鋼索鉄道	べっぷ	S05－S12	博鉄軌288-1
			S24－S25	博鉄軌288-2
92071	日本鉱業	にっぽん(にほん)	S23－S25	博鉄軌242-1
			S26－S28	博鉄軌242-2
			S27－S29	3A/13-10/58運73
92514	別府大分電鉄	べっぷおおいた	S02－S10	博鉄軌286-1
			S11－S15	博鉄軌286-2
×	九州東南鉄道	きゅうしゅうとうなん	M31－M33	3A/13-4/47運467
×	宇佐参宮鉄道	うさ	M32	3A/22-2/49運208
×	日豊鉄道	にっぽう	M32	博買D1･5/80-1
×	臼杵鉄道	うすき	M43－T03	3A/22-2/49運217
×	高田鉄道	たかだ	M45－T02	3A/13-2/47運168
×			T02－T04	3A/13-2/47運201
×	新耶馬渓鉄道	しんやばけい	T02－T04	3A/22-2/49運207
×	大分鉄道	おおいた	T04	3A/13-1/47運1
×	別府遊覧電気軌道	べっぷ	S02－S10	3A/22-2/49運179
×	大別府ケーブル鉄道	だいべっぷ？	S06	3A/13-1/47運69
×	別府地獄遊覧軌道合資会社	べっぷ	S06	3A/13-2/47運82
□	日本鉱業	にっぽん(にほん)	S20	3A/13-10/58運15

宮　崎　県

96011	宮崎県営鉄道	みやざき	M45－T02	博買D1･5/105-1
			T02－S01	博買D1･5/105-2
			T03－T05	博買D1･5/105-3
			T06－S10	博買D1･5/105-4
			S02－S10	博買D1･5/105-5
			S09－S11	博買D1･5/105-6
96021	宮崎軽便鉄道	みやざき	M44－T02	3A/22-2/49運175
			T03－T08	3A/22-2/49運172
96022	宮崎鉄道	みやざき	M44－T12	博鉄軌313-1
			T09－S07	3A/22-2/49運174
			T13－S03	博鉄軌313-2
			S04－S06	博鉄軌313-3
			S07－S10	博鉄軌313-4
			S08－S16	3A/22-2/49運173
			S11－S15	博鉄軌313-5
			S17－S21	3A/22-2/49運170
96023	宮崎交通	みやざき	S21－S25	博鉄軌313-6
			S24－S26	3A/22-2/49運171
			S26－S28	博鉄軌313-7
96511	日向軌道	ひゅうが	T14－S09	3A/22-2/49運257
			T14－S10	博鉄軌271-1
			S11－S14	博鉄軌271-2
96521	銀鏡軌道	しろみ	S07－S15	博鉄軌160-1
			S21－S25	博鉄軌160-2
96531	宮崎県営軌道	みやざき	S06－S10	博買D1･5/106
			S06－S10	博買D1･5/108
×	西南鉄道	せんなん	M29－M30	3A/13-4/47運440
×	宮崎電気鉄道	みやざき	T11－S07	博買D1･5/107-1
×	鵜戸参宮鉄道	うど	T14	3A/13-1/47運5
×	高鍋軌道	たかなべ	T15	3A/13-1/47運20
×	高鍋鉄道	たかなべ	S01－S12	博鉄軌183-1
×	宮崎電気鉄道	みやざき	S03－S09	博買D1･5/107-2
×□	旭絹織	あさひ	S04－S07	3A/13-2/47運97
×	高鍋鉄道	たかなべ	S13－S14	博鉄軌183-2

鹿　児　島　県

97011	鹿児島電気軌道	かごしま	S02－S04	博鉄軌63
97021	南薩鉄道	なんさつ	T01－T09	博鉄軌231-1
			T10－T14	博鉄軌231-2
			T15－S05	博鉄軌231-3
			S06－S09	博鉄軌231-4
			S10－S12	博鉄軌231-5
			S13－S14	博鉄軌231-6
			S15	博鉄軌134-4
			S21－S25	博鉄軌231-7
			S26－S28	博鉄軌231-8
97032	大隅鉄道	おおすみ	M44－T03	博買D1･5/23-1
			M45－T12	博買D1･5/23-2
			T04－T05	博買D1･5/23-3
			T06－T09	博買D1･5/23-4
			T10－T15	博買D1･5/23-5

『鉄道廃線跡を歩く』I～VII 総索引

【編著者プロフィール】

宮脇俊三（みやわき・しゅんぞう）

1926年、埼玉県川越市に生まれ、東京で育つ。1951年東京大学文学部西洋史学科卒業。「中央公論」編集長、編集局長、開発室長、常務取締役を経て、1978年同社退社。1977年国鉄全線完乗。主な著書に『時刻表2万キロ』（第5回ノンフィクション賞受賞）、『最長片道切符の旅』、『汽車旅12カ月』、『時刻表昭和史』（第6回交通図書賞受賞）、『台湾鉄路千公里』、『時刻表おくのほそ道』、『シベリア鉄道9400キロ』、『終着駅は始発駅』、『終着駅へ行ってきます』、『椰子が笑う汽車は行く』、『殺意の風景』（第13回泉鏡花文学賞受賞）、『失われた鉄道を求めて』、『汽車旅は地球の果てへ』、『日本探見二泊三日』『夢の山岳鉄道』『韓国・サハリン鉄道紀行』『第1回JTB紀行文学大賞受賞』『古代史紀行』『平安鎌倉史紀行』『ヨーロッパ鉄道紀行』などがある。1998年12月より『増補版・時刻表昭和史』などを刊行。『宮脇俊三鉄道紀行全集』（全6巻）刊行。1999年第47回菊池寛賞受賞。

● 参考文献

時刻表（JTB刊）、鉄道ピクトリアル（鉄道図書刊行会刊）、鉄道ファン（交友社刊）、鉄道ジャーナル（鉄道ジャーナル社刊）、レイル・マガジン（ネコ・パブリッシング刊）、私鉄史ハンドブック（電気車研究会刊）、日本鉄道請負業史・昭和後期篇、三菱重工業東京製作所50年史、高原のポニー「C56」（塚本和也著）、Hellfire Pass memorial Thailand-Burma Railway

● 取材協力・資料提供

歌登町企画振興課、沼田町役場、栗山町役場、東京高校、調布学園、北陸鉄道、紀和町鉱山資料館、上板町立民俗資料館、下尾久営林署、伊勢市立図書館、荒川好夫、青木栄一、加藤弘行、鎌田繁、須永秀夫、角田聡、黒岩正行、権田純朗、唐澤昌弘、福田静二、吉田文人、川合宏幸、宇都宮靖顕、塚本和也、高沢正代

● 執筆者

浅野明彦、岡本憲之、長船友則、大塚孝、大野雅弘、奥山道紀、河野哲也、岸由一郎、木下晃博、笹田昌宏、杉崎行恭、関田克孝、奈良崎博保、東山祐介、徳田耕一、橋本正夫、水谷昌義、村田正博、森口誠之、柳澤美樹子、白川淳、加地一雄

● 編集協力

東京編集工房・吉津由美子

● デザイン

中澤賢吉

● 地図作成・編集

協立社、エム・アン・イー・プロダクション

「本書に掲載した地図は、建設省国土地理院長の承認を得て、同院発行の20万分の1地勢図、5万分の1地形図、2万5千分の1地形図及び1万分の1地形図を複製したものである。
（承認番号　平11総複、第368号）」

《建設省国土地理院》閲覧室の受付は月～金曜（祝日は除く）の9～12時と13時～16時30分

● 関東地方測量部調査課成果係

☎03(3201)7582
〒100-0001　東京都千代田区大手町1-3-1大手町合同庁舎第1号館4階

● 北海道地方測量部（札幌市）☎011(709)2311
● 東北地方測量部（仙台市）☎022(295)8611
● 北陸地方測量部（富山市）☎0764(41)0888
● 中部地方測量部（名古屋市）☎052(961)5638
● 近畿地方測量部（大阪市）☎06(6941)4507
● 中国地方測量部（広島市）☎082(221)9743
● 四国地方測量部（高松市）☎087(861)9013
● 九州地方測量部（福岡市）☎092(413)7881
● 沖縄支所（那覇市）☎098(855)2595

■ 申込方法　各測量部に用意してある謄本受付申請書を記入し、代金（コピー1枚500円分の収入印紙）と送料430円～枚数に応じた料金分の切手を添えて提出。

■ 本書に対するご感想、ご意見、またご要望などをお聞かせ下さい。今後の参考にさせていただきたいと存じます。

■ 本文取材日／1998年12月～1999年9月

鉄道廃線跡を歩く Ⅶ
地図から消えた鉄道実地踏査60

JTBキャンブックス

編著者　宮脇俊三
発行人　青木玲二
発行所　JTB
印刷所　図書印刷

〒150-0043　東京都渋谷区道玄坂一十八　渋谷野村ビル七階
☎〇三-三四七七-九五九〇

本書の内容についてのお問い合わせは
JTB出版事業局編集三部

〒150-8558　東京都渋谷区道玄坂一十八　渋谷野村ビル七階
☎〇三-三四七七-九五七四

図書のご注文は
JTB出版販売センター

©Shunzou Miyawaki & JTB 2000
禁無断転載・複製　370810 993404
Printed in Japan
ISBN4-533-03376-8　C2026

落丁・乱丁はお取り替えいたします。

Can Books "好評の既刊本"

趣味を知り、味わい深くするビジュアル読本

◆ 海外
エーゲ海だより
スペイン パラドール紀行
サファリへ行こう

◆ 芸術
モーツァルトのウィーン
モーツァルトのイタリア
フランス 印象派の旅
イタリア ルネサンスの旅
日本で見られる世界の芸術《アート》品
京の離宮と御所
東京・鎌倉・横浜　名庭を歩く
和風旅館建築の美
個人美術館見て歩き
バルセロナ・カタルーニャ美術散歩
太陽の人 岡本太郎

◆ 自然
スイス・アルプスの花
ハワイの花
オーストラリアの花
東京花探見
紅葉めぐり
富士山
日本 滝めぐり
日本 桜めぐり

◆ 社寺
西国三十三カ所めぐり
四国八十八カ所めぐり
坂東三十三カ所 秩父三十四カ所めぐり
奈良大和路の仏像
近江・若狭の古寺と仏像
鎌倉の古寺
石仏を歩く
よくわかる仏像の見方
よくわかる古建築の見方
よくわかる日本庭園の見方

◆ 趣味
やきものの旅 東日本
やきものの旅 西日本
全国やきもの探し
俳句吟行ガイド
花火うかれ
徳光ゆかりの写真入門教室
カメラ撮影テクニック
アロマテラピー健康法

◆ 食
漁師料理探訪
ヨーロッパ「食」の職人たち
諸国そばの本

◆ 文学
永井荷風の愛した東京下町
文豪の愛した東京山の手
文士の愛した鎌倉
奥の細道を旅する
源氏物語五十四帖を歩く
山頭火 漂泊の跡を歩く

◆ 鉄道
全国保存鉄道
全国保存鉄道Ⅱ
全国保存鉄道Ⅲ　東日本編
全国保存鉄道Ⅳ　西日本編
鉄道廃線跡を歩く
鉄道廃線跡を歩くⅡ
鉄道廃線跡を歩くⅢ
鉄道廃線跡を歩くⅣ
鉄道廃線跡を歩くⅤ
鉄道廃線跡を歩くⅥ
鉄道廃線跡を歩くⅦ
サハリン
台湾の鉄道
アルプス・チロルの鉄道
韓国の鉄道
海外保存鉄道
世界のスーパーエクスプレス
世界の蒸気機関車
日本の駅舎
追憶のSL C62
都電が走った街 今昔
都電が走った街 今昔Ⅱ
知られざる鉄道
時刻表でたどる鉄道史
鉄道考古学を歩く
全国軽便鉄道
玉電が走った街 今昔
名古屋市電が走った街 今昔

◆ 歴史
「江戸」を歩く
橋ものがたり
古事記・日本書紀を歩く
熊野古道を歩く

◆ 野外
はじめてのオートキャンピング
はじめてのアウトドアクッキング
はじめてのアウトドア
知っておきたいキャンプの常識
知っておきたい野山歩きの常識